理解与欣赏

初中数学教学案例集

柯新立◎著

华东师范大学出版社

·上海·

图书在版编目（CIP）数据

理解与欣赏：初中数学教学案例集/柯新立著. —上海：华东师范大学出版社，2022

ISBN 978－7－5760－2705－1

Ⅰ.①理… Ⅱ.①柯… Ⅲ.①中学数学课－教案（教育）－初中 Ⅳ.①G633.602

中国版本图书馆 CIP 数据核字（2022）第 037573 号

理解与欣赏：初中数学教学案例集

著　　者	柯新立
责任编辑	王　焰（策划组稿）
	王国红（项目统筹）
审读编辑	陈　震
责任校对	时东明
装帧设计	卢晓红
封面图片	赵晓健

出版发行	华东师范大学出版社
社　　址	上海市中山北路 3663 号　邮编 200062
网　　址	www.ecnupress.com.cn
电　　话	021－60821666　行政传真 021－62572105
客服电话	021－62865537　门市（邮购）电话 021－62869887
地　　址	上海市中山北路 3663 号华东师范大学校内先锋路口
网　　店	http://hdsdcbs.tmall.com

印 刷 者	上海景条印刷有限公司
开　　本	787×1092　16 开
印　　张	20.25
字　　数	295 千字
版　　次	2022 年 7 月第 1 版
印　　次	2022 年 7 月第 1 次
书　　号	ISBN 978－7－5760－2705－1
定　　价	58.00 元

出 版 人　王　焰

（如发现本版图书有印订质量问题，请寄回本社客服中心调换或电话 021－62865537 联系）

目 录

推荐序 1　/ 1

推荐序 2　/ 3

前言　/ 5

自序　理解数学　欣赏数学　/ 9

1　一定要双垂直吗　/ 1

2　问题一般化及其引申——以一道与角平分线有关的赛题为例　/ 7

3　闲赏一道含 60 度角的三角形习题　/ 12

4　禅房花木深——两道平面几何题赏析　/ 18

5　探求新的结论——以一道经典平面几何习题为例　/ 23

6　意外的发现　/ 29

7　同心正三角形探究　/ 33

8　内嵌式同心正三角形探究　/ 40

9　正三角形——边角的转换器　/ 48

10　赏一路风景——以一道平面几何题为例　/ 55

11　从等腰三角形性质到高联二试题　/ 63

12　问题的实质与推广——以一道自主招生试题为例　/ 68

13　条件结论重组　/ 79

14　从中点三角形开始思考　/ 85

15　心心相印　/ 95

16　群"心"璀璨　/ 106

17　联想与反思——以两道自招训练题为例　/ 111

18　配对——一种思维方式　/ 120

19　尺规作图——两千多年前的神思　/ 128

20　圆的幂　/ 136

21　师生共玩平面几何题四则　/ 147

22　从多个角度思考——对一道自招试题解题思路的分析　/ 161

23　妙手偶得之吗——以第 55 届荷兰数学奥林匹克的一道试题为例　/ 168

24　从特殊到一般——三个学生作品展示　/ 173

25　为有源头活水来　/ 179

26　过圆锥曲线与直线交点的圆系方程　/ 187

27　函数 $f(x)=\sqrt{ax^2+bx+c}$ 的几何意义　/ 194

28　从群论视角看一道集合题　/ 202

29　有限集子集个数　/ 208

30　一道测验试题的评析与探究　/ 215

31　和即是差, 差即是和——以应用于抽屉原理为例　/ 223

32　美丽的方程(组)　/ 227

33　配方的实质　/ 239

34　图难于其易——为什么要学习《乘法公式》　/ 249

35　判别式——一个有用的不变量　/ 254

36　形形色色的平均数　/ 263

37　创设情境, 欣赏数学的生命价值——"数轴上两点间距离公式"教育价值探讨　/ 272

38　合理引导, 欣赏数学思考的过程——以分数拆分为例　/ 276

39　在图形中求角的度数　/ 284

40　一道熟知赛题的应用　/ 292

主要参考文献　/ 297

推荐序 1

　　柯新立老师是我的师弟,我们的研究生导师是刘鸿坤教授. 新立老师研究生毕业后先到上海中学任教,后来又去了延安中学,现在在华东师范大学第二附属中学,一直在教学第一线从事数学资优生的教学工作,硕果累累,学生中有数百人次获得了全国及上海市各类数学竞赛的等第奖. 我们平时见面的机会较多,经常在一起讨论一些数学问题,以及国内外数学资优生的发现和培养方面的一些做法和经验.

　　看了新立老师的《理解与欣赏:初中数学教学案例集》的电子稿后,我感慨良多. 近年来,人们已经逐渐地认识到数学的重要性,数学是自然科学的基础,也是重大技术创新的基础. 数学是一种工具学科,是学习其他学科的基础,往往数学上的突破,会带动很多其他学科的重大突破. 但是对于许多中学生来说,数学是枯燥的、抽象的、难懂的,在实际生活中是没有用的. 我们如何在中学数学教学中改变这种现象? 怎样使数学变得有趣,能启迪思维? 怎样激发学生的学习兴趣? 这些是摆在我们每一位数学教育工作者面前的一个问题.

　　新立老师在他三十多年的教学实践中,以问题解决为抓手,以问题探究、问题讨论为切入点,在学生理解数学、欣赏数学方面,作了一些有益的思考和探索.

　　本书蕴含了新立老师的教育教学理念. 如:书中《同心正三角形探究》这一讲,通过不断改变条件,鼓励学生"像数学家一样的思考";通过有数学内涵的对数学问题探究,解决数学问题,品鉴数学之美.《问题的实质与推广》这一讲,通过对一些数学问题的拓展与讨论,培养学生的归纳、总结与推广的能力,从而进一步理解数学、欣赏数学的美.《配方的实质》这一讲,帮助学生理解、掌握知识内容,在学习数学思想方法的同时感悟数学的价值、数学的美、数学的本质.《妙手偶得之吗》这一讲,则通过对试题的各种不同解法的探索,以及对这些解法的反思,进一步培养和提高数学创新能力.

在《理解与欣赏：初中数学教学案例集》出版之际,写了以上的一些体会,与新立老师共勉,同时也向各位读者请教,希望大家一起努力,在数学学习中更好地理解数学的精髓,欣赏数学的美,学好数学.

2021 年 5 月

推荐序 2

柯新立老师是我校的数学教研组组长,他常年耕耘在数学教学一线,业务能力突出,教学艺术精湛,是学者型教师,是同事们敬佩和信赖的老大哥,是学生眼中的大神级教师.他还是上海市业余数学学校的资深教练,在数学资优生培养方面成绩卓著,为我校乃至整个上海的数学拔尖人才培养做出了卓越贡献.

本书收录了柯新立老师 40 篇数学随笔及问题研究小论文,内容涉猎广泛,包含了平面几何、方程、函数等初中数学核心内容.本书篇目编排不强调知识顺序,更像是数学散文集:既是他日常教学的体悟,也是他与同事及学生分享的素材.柯老师善于引申和推广,他注重数学思想方法的提炼,写作思路很清晰,数学问题表述简洁明了,展示的解题方法多样且深刻;间或用诗一般的语言,将自己对数学问题的深邃思考呈现给读者.

柯新立老师热爱数学、欣赏数学,他理解并认同"数学美丽"、"数学好玩",并努力把自己对数学的感悟渗透于数学课堂教学和课外辅导活动中.书稿给人耳目一新的感觉,特别适宜爱好数学竞赛的中学生和数学教师阅读,是非常好的课外自学辅导书.全书以数学问题解决的简洁形态,准确、科学地呈现了数学问题的实质,展现数学方法解决问题的魅力,引导读者体味数学思想方法的深刻性与普适性.相信通过阅读本书,广大数学爱好者能领悟数学之魂、认识数学之功、经历数学之旅、欣赏数学之美、品味数学之趣、感受数学之妙.

让我们一起跟着柯老师的《理解与欣赏：初中数学教学案例集》一书来开启一场美好的数学之旅吧！

华东师大二附中、华东师大二附中附属初中

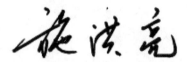

2021. 5. 30

前　言

　　我曾给数学成绩优秀的初二学生开设过一门拓展课. 参加的学生大约 20 人，占同年级学生比约 10％，可以认为这些学生为数学资优生. 这门课有一个很漂亮的名字，称作"数学很美丽"，课程目标为：理解数学、欣赏数学. 希望通过构作情景、创设条件，让学生在理解数学中欣赏数学，通过欣赏数学促进数学理解，甚至数学创造.

　　实现上述目标的主要途径是数学解题. 数学解题，不是一个热点或时髦话题，但它又是一个永恒的话题，因为人类从现实世界中抽象出数学以来，就离不开数学解题，研究或发现新的数学、学习现有的数学都离不开数学解题. 在学生、家长、老师的社会认知里，学数学需要解题，天经地义，容易接受. 喜欢数学的学生大都比较喜欢解题，但是由于对结果和效率的过度追求，很少驻足停留，欣赏一路美丽风景，这实在是一件憾事.

　　有人说：解数学题需要思考，思考，再思考. 这个说法很有道理，美国数学家 G. 波利亚的《怎样解题》一书十万余言，说的就是如何思考. 数学学习的目的是通过数学知识载体，习得数学思维方式、思想方法，感悟数学的价值、数学之美. 数学既是一种文化，也是一门有温度的学科，因此在教学过程中要尽可能体现数学的本质、数学生动的思考、数学的人文内涵，以帮助学生理解、掌握知识内容的同时感悟数学的育人内涵，从而理解生活、理解社会、理解客观世界. 数学思维方式、思想方法的习得，数学价值、数学美、数学的本质、数学的人文内涵的感悟都必须通过思考. 著名数学家陈省身先生曾为少年儿童题词"数学好玩". 陈先生这里说的"好玩"首先是殷切希望少年儿童喜欢数学，热爱数学；其次，我想这里的"玩"还有"玩味、品玩、鉴赏"之意，而玩味、品玩、鉴赏都需思考，只有深度思考方能味到数学之美,品出数学之味.所谓思考是思维的一种探索活动,是主体对输入信息的加工过程,对于个体而言,这就是理解的过程,因此,这门课实际上也可以说是通过解题学思考,在思考(理解)中欣赏数学,品味数学,通过品鉴数学促进理解数学、创造数学.

对于解题,获得结果固然重要,但解题的思考过程更重要.一道题如果我们认真思考了,即使没有解出,我们也有收获,至少我们知道那些途径不能解出它,即所谓"思考必有所得".如果我们解出了它,我们也要继续思考.裘宗沪先生认为我们不仅要"会解题",还要"会得好",这两者境界不一样.只有多思考、会多种方法,才能更深刻理解问题中条件和结论之间的内在联系、理解问题实质与内涵,才知道哪种方法好,才能"会得好".因此,我更希望学生品玩解题、品玩数学,如是否还有其他解法? 改变一些条件,情况会怎样? 一般情况下结论如何? 如果提出的问题不会解,怎么办? 有不会解之题很正常,我们不可能解出所有的问题,提出问题比解决问题更重要.遇到问题,首先要独立思考,然后再与别人交流讨论.现代技术为我们交流讨论提供了很大的便利,喜欢数学、讨论数学的人群和渠道越来越多.

这门课程内容主要是提供一些问题,带领学生研究、讨论、品玩.有时我们做些探究,如《问题的实质与推广》《探求新的结论》等;有时师生一起共玩一题多解,如《师生共玩平面几何题四则》《妙手偶得之吗》等,当然有时也作些专题讨论,如《配对——一种思维方式》《正三角形——边角的转换器》《和即是差,差即是和》等,总之课堂形式灵活、多样.但是由于课堂时间有限,我们的很多研究需要延伸到课外,很多工作并不是课堂上完成,课堂上更多的是作品展示.本书中很多素材来源于这门拓展课,因此,这本书也可以说是我们师生共同思考的成果汇集,书中也尽可能展现对这些问题的思考过程和思考方法.本书所选题目多偏向高中自招试题和数学竞赛题,因此适合八、九年级喜欢数学的学生课外阅读,也可作给八、九年级资优生开设拓展课的教师参考书或者课程资源.尽管对书中各问题尽可能用初中知识解答,但还是少量牵涉到高中的三角知识,如正弦定理、余弦定理,及一些三角公式,不过书中对一个问题的解答通常有多种,读者可跳过此部分而不影响理解,也可以先查阅一下这些知识点以方便阅读和理解.当然书中的观点和方法并非一定最优,只是一种思考,有时甚至可能有错误之处,欢迎批评指正,我们将继续修订,丰富和完善这门拓展课.

柯新立

2021.5

自　序　理解数学　欣赏数学

关于数学欣赏,国外最早提出是在 1989 年英国国家数学课程的基本理念中.1998 年,中国台湾数学课程标准中也提出:帮助学生欣赏数学中观察和思考的方式,进而培养学生愿意应用数学的态度.中国大陆地区对于数学欣赏没有提出明确要求,但在《义务教育数学课程标准(2011 年版)》中有所涉及,如"认识并欣赏自然界和现实生活中的中心对称图形","教材可以适时地介绍有关背景知识,包括数学在自然与社会中的应用,以及数学发展史的有关材料,帮助学生了解在人类文明发展中数学的作用,激发学习数学的兴趣,感受数学家治学的严谨,欣赏数学的优美","还应当开发多品种、多形式的数学普及类读物,使得学生在义务教育阶段能够有足够的机会阅读数学、了解数学、欣赏数学".2008 年,张奠宙、赵小平指出:数学是一种文化,是人做出来的,恢复数学的本来面目,揭示它的人文背景会使更多人亲近数学,喜欢数学,让我们教会学生"欣赏数学",学生既然会做数学,也一定能够欣赏数学.2010 年,张奠宙、柴俊发表《欣赏数学的真善美》;2010 年,《中学数学月刊》10、11、12 连续三个月发表张奠宙教授撰写的文章《谈课堂教学中如何进行数学欣赏》,从此开启了"数学欣赏"理念在数学教学上各方面的研究.

一、数学欣赏

(一) 数学欣赏的含义

究竟何谓"数学欣赏",国内外均无严格的界定.美国、英国的课程标准认为数学欣赏就是使学生意识到数学和它在其中取得发展的历史情境之间的相互作用,以及这些相互作用对他们的生活所造成的影响.百度搜索"欣赏"一词的释义:享受美好的事物,领略其中的情趣;认为好;喜欢.《辞海》对"欣赏"的解释是:享受美好的事物,领略其中的趣味.可见欣赏是一个与主观意识和心理倾向紧密相关的概念.数学欣赏可理解为"个体认同、喜欢数学的一种心理趋向,一种对于数学的美好情感和认知".我们认为:数学欣赏是以对数学理解、数学习得和数学认知作为前提,个体从数学中体验或获得的一种美好情感和认知.数学教育应该创造条件,构建合适的情景,促成学生感悟、感受、体验、获得,以期强化这种心理趋向、美好情感和认知.

(二) 数学欣赏融入数学教学活动的意义

数学欣赏融入数学教学活动能给学生带来多方面的收获:一是促使学生对数学知识的理解、方法的掌握、思想的感悟,二是激发学生学习数学的兴趣,三是让学生在倾心审美中受教,培养他们发现美的眼睛,四是向学生传递数学的"小用"与"大用",促进学生追求"从'小用'到'大用'".通过数学欣赏可提高学生的数学素养;帮助他们感受数学之美,激发其学习兴趣;从而激发其学习数学的内在动机,引发学生探究数学的热情.

(三) 数学欣赏的内容

"欣赏数学的简洁、欣赏数学的和谐、欣赏数学的奇异、欣赏数学的抽象、欣赏数学中的对称、欣赏数学的理性精神、欣赏数学的人文意境、欣赏数学的艺术境界、欣赏数学的历史生成"."数学欣赏是对价值的真正认识,可从内在价值和工具价值两个维度实现对价值的真正认识".张奠宙、柴俊倡导:欣赏数学的真善美.黄秦安、刘达卓、聂晓颖等认为:所谓数学的真,就是数学的真理属性,全部的数学知识都是以数学的真理性为依归的.而数学的善,则是衡量数学功用价值的一个重要尺度.至于数学的美,则是数学艺术价值的一种体现.数学的真、善、美构成了数学表现力的主要侧面,而三者的综合则是全面审视并欣赏数学的基本起点.因此,数学的欣赏可以从上述三个维度各自展开并予以适当的组合.

　　在数学教育的过程中,数学欣赏是伴随着一个立体的数学教学空间而展开的.具体如下:了解数学问题的研究过程,感受数学问题的趣味特性,掌握数学问题的思想内涵,明确数学问题的价值取向.

　　柏黎平在《处处都有好风景》中还指出:精彩的数学课堂教学活动组织形式值得欣赏,鲜活生命的学生同样值得欣赏.高劲松甚至还认为:欣赏学生的发现、欣赏学生的合作、欣赏学生创新、欣赏学生的过失.可见,数学欣赏的内容非常广泛,在具体的教学活动中,我们倾向赞同黄秦安的观点.另外,从教育意义上来讲,教育教学的对象、内容、过程都值得欣赏.

二、理解数学

(一) 理解数学的含义

　　"学习需要理解",这已成为一个不争的事实.有许多研究和措施的目的,就是为了推行理解式的学习.詹姆斯·罗伊(Jams M. Royer)曾发出"为理解而教"的呼吁(Jams M. Royer,1986),数学学习尤其如此.然而理解数学究竟是什么意思呢?有许多从事数学教育研究的学者曾先后作过此方面的工作.英国著名的数学教育家斯根普(Richard Skemp)就是其中的一位.1971年,他研究得出:理解某个概念就是将它同化到一个适当的图式之中.此外,他还通过研究得出:图式化的学习效果要比机械学习高出两倍,这里的图式化学习就是理解式学习.1976年,他又提出"关系性理解与工具性理解(Relation Understanding & Instrument Understanding)"的概念,以阐明学习不仅要知其然,更要知其所以然.赫斯卡维克(N. Herscovics)和伯克朗恩(Bergeron)曾于1988年提出"具体性理解与抽象性理解(Concrete Understanding & Symbolic Understanding)"的概念;施罗德(Schroder)提出了"直觉性理解与形式性理解(Intuitive Understanding & Formal Understanding)"的概念.美国教育家毕格(Morris L. Bigge)也对此做过深入的研究.关于理解数学的含义,建立在认知科学基础上的希伯特和卡彭特(James

Hiebert & Thomas P. Carpenter)两位学者的论述大概有一定的代表性. 华东师大数学系的李士锜老师对"理解"也进行了深入的研究,其观点也与上述观点基本一致,他还指出理解的心理机制是同化和顺应,并强调了反省思维;苏珊·皮里和托马斯·基伦(Susan Pirie & Thomas Kieren)通过实验对理解进行了研究并得出与希伯特基本一致的结论并提出了一个理解模式. 以下关于理解的论述将主要是希伯特与卡彭特的观点.

希伯特和卡彭特为讨论理解问题,对知识作出了如下假设:知识是一种内部的表示,而且这些表示是有条理的——结构性的. 为区别交流与思考数学的表示方法,他们指出:为了交流,表示的方法应该是外部的,它的形式是口头语言,书面符号,图画和物体客体. 一个特定的数学概念、事实和方法常常可以用上述一种和多种表示形式;为了思考数学,则用内部表示. 并继续作了两个假设:其一,外部和内部的表示间存在某些关系;其二,可以把内部表示之间以有用的方法关联起来.

一个数学概念、方法或事实被理解了,如果它的智力表示成了表示网络的一部分,也就是说找到了此数学概念、方法或事实与内部表示网络中相关内容之间的联系. 理解的程度由联系的数目和强度来确定. 随着网络的变大和组织的更完善,理解就增长了. 因此,理解不是一种全部的或者没有的现象. 如果概念、方法或事实的智力表示的联系很弱,理解将会很有限. 弱的和脆弱的联系在面对冲突或得不到支持的情况下就很可能没用,被激活的可能性就很小. 关于联系,他们认为:构建内部网络的那些联系可以形成多种关系,如相似关系,相异关系,包含关系,归属关系. 不同的表示形式之间及一个表示形式的内部均可建立联系. 建立联系的手段并不仅仅通过演绎来完成,其他方式如归纳、类比、猜想、直觉等手段均可用于建构知识信息间的联系.

(二) 理解的形式与过程

智力表示的网络是逐渐地从对现在的网络联上新的知识信息或在以前没有联系的知识信息之间建立起新的关系而建成的. 因此,理解不仅指在原有的表示网络联上新的知识信息(即外部输入),而且也包括对原有内部表示网络中的知识信息进行反省(即内部调整或整合).例如,通过几个结构反省到一般的结构;对已有的结构进行反省,构造出新的结构;在以前的知识信息网络中意识到新的关系等.知识信息输入时,主体将调动原有的内部网络结构去对它进行加工,即理解它.但是,并非所有输入的知识信息均能被理解,它会出现三种情况,第一种是淘汰.例如,对一个小学生讲授高深微分几何知识,如果这位学生不是好奇,则他对所讲的内容将充耳不闻.被淘汰的知识信息并不一定是对于主体内部表示网络的生存和发展都没有意义,而是不合乎主体的愿望和需求,当然也受主体的内部网络结构所限,主体的内部网络结构不合理,则更有可能把一些有用的知识信息拒之门外,出现我们常见的熟视无睹现象.事实上,这种情况也可以认为主体理解了知识信息,只是错误理解而已.第二种情况是理解了它,即这种知识信息已构成了内部表示网络的组成部分.例如,学生学习直角三角形时,会主动把它纳入到三角形体系中去,认为直角三角形是三角形的一种特殊情况.但是这种网络结构也不是一成不变的,通过反省思维,会被重新组织.事实上,对概念、事实、方法的理解是一个永无止境、永不终结的过程.第三种情况是对输入的知识信息有一定的理解,但又没有与原有的网络结构形成丰富、稳定的联系,这时,被理解的知识信息只好暂时悬挂在内部网络结构上,但其地位相对独立.这种知识信息若没有被遗忘,它还会被激活,而且,由于其在网络结构中的独特地位,它常迫使主体有意识地去整合原有的网络结构,以达到重新理解,这就是反省思维.应该说明,造成主体进行反省的原因并非仅仅上述一种,主体的反省意识及知识信息输入引起主体对原有网络结构中的知识信息产生怀疑,均会造成主体进行反省.事实上,反省更具有创新的潜力,它有可能促使内部表示网络突破原有的格局,出现开拓性的发展,使主体的表示网络跃到更高层次.

网络的成长可以是多种方式产生,但非线性增长.有时表现为暂时倒退,有时表现为进步,较适当的描述是重新组织,经过重新组织后形成新的联系,而旧的联系可以改变或被抛弃.新关系建立后可能强迫受影响的网络形成一个新的构形.重新整顿或组织可能是局部的或广泛的或剧变的,在众多的有关网络间回荡.重新组织表现为新的洞察力,也可能有暂时的混乱,但最终随着重新组织会产生更丰富的、联系着的、有凝聚力的网络.

网络的变化是动态的，而不是静态的，每当建立了新的关系时，网络经常要经历重新整合或组织，此时被理解的内容获得了意义，原有的知识也获得了新的意义.

(三) 理解的心理机制与模式

理解的心理机制是同化(Assimilation)和顺应(Accommodation).同化是指主体将其所遇到的外界知识信息直接纳入自己现有的内部表示网络中的过程.在这个过程中，主体虽然对自身的内部表示网络并未进行任何调整和改善，但也不能将此过程看成是一个完全被动的过程.因为，在这个过程中，主体对外界知识信息所作的不仅仅是感觉登记，还需要对这些知识信息进行某些调整和转换，以使其与主体当前的内部表示网络相匹配，便于被接纳.顺应是指主体通过调节自己的内部表示网络，以使其与外界知识信息相适应的过程.顺应的产生，对主体内部表示网络的发展与创造观念的产生具有十分积极的意义.

三、理解数学与欣赏数学的关系

(一) 理解数学是欣赏数学的前提

理解数学即建立联系，这种联系是广泛的，可以是数学之间的联系，也可以数学与其他学科知识，还可以是数学与生活之间的联系.理解的程度是由联系的数目和强度来确定的.理解数学实质是在努力揭示数学之间、数学与现实等方方面面的广泛联系，揭示数学的本质和内涵，展示数学之美、趣味性、价值所在，这就是数学的真善美，这正是数学欣赏的内容.相反，如果个体的内部表示中缺乏这些联系，例如不知道"方程"为何物，自然无法理解方程在解决问题中的意义，当然也不可能欣赏到方程思想的价值.因此，理解数学是数学欣赏的前提，是基础.

例如现行初中数学教材中，一元二次方程的解法分为几种：开平方法、因式分解法、配方法、求根公式法，每种方法分开教学，体现从特殊到一般，从简单到复杂的思想方法,符合学生的认识规律.但是各种方法之间有何关联呢? 如果老师不引导,学生也不去整合各种方法之间的联系,则学生可能只欣赏到一元二次方程有多种方法可解这个层次.如果老师适当引领,学生能主动反思,则可能会认识到:因式分解法(这里指十字相乘法)只能解决一些数字系数简单的一元二次方程,数字系数复杂的一元二次方程还是得求助于求根公式法;对于可用平方差公式分解法解决的一元二次方程,可转化为开平方法;用求根公式法可彻底解决二次三项式的因式分解问题;配方法和求根公式法的本质,都是开平方法.有了对各种方法关联的理解,我们就能欣赏到数学联系的多样性、方法之间的统一性以及方法的本质性,我们还能从求根公式法、配方法和开方法之间的联系,欣赏到配方的实质:化方程 $ax^2+bx+c=0$ 为 $(2ax+b)^2=b^2-4ac$,即化为最简的形式 $mx^2=k$.从而领悟到:配方是一种手段,判别式的实质为"实数能否开平方".如果教师引导合理,或许还可让学生欣赏到判别式里的不变性(变中有不变).这里欣赏到的一切,都源于对一元二次方程各种解法的理解.所以理解是欣赏的前提和基础.

理解数学知识发展的时代背景、历史条件、发展历程,方能欣赏到数学文化的厚重.如果不去了解古希腊发现无理数的历史,我们怎能理解真理来之不易,理解追求真理有时需要付出一定的代价,甚至生命.理解数学思想的内涵,方能欣赏到人类智慧的光辉.如平面几何中"点是什么?",如果回答"点是 A",那么,"A 是什么?",……没完没了,最终陷入"是先有鸡还是先有蛋"的问题纠缠.因此,数学先辈们注意到了这个问题,想到了"公理化"这一智慧的处理.现在的数学各分支都是建立在相应的公理化体系上.理解数学方法的实质,方能欣赏数学方法的价值,理解数学知识的内涵,才能应用自如.

例如:已知非零实数 a、b、c 同时满足 $a^2-b^2-bc=0$;$b^2-c^2-ca=0$,求 a^2-c^2-ab 的值.

因条件和结论中的三式均为齐次,故可设 $a=bk$,则 $c=\dfrac{a^2-b^2}{b}=(k^2-1)b$,代入 $b^2-c^2-ca=0$ 中整理得 $k^4+k^3-2k^2-k=0$.

若 $k=0$,则 $a=0$,不合题意,故 $k^3+k^2-2k-1=0$.

于是 $a^2 - c^2 - ab = b^2k^2 - (k^2-1)b^2 - kb^2$

$$= (-k^4 + 3k^2 - k - 1)b^2 = [-k(-k^2 + 2k + 1) + 3k^2 - k - 1]b^2$$

$$= (k^3 + k^2 - 2k - 1)b^2 = 0.$$

当然，这道题也有简洁的方法：由 $a^2 - b^2 - bc = 0$ 得 $b + c = \dfrac{a^2}{b}$，代入 $b^2 - c^2 - ca = 0$ 中整理得 $bc + ca = ab$，从而 $a^2 - c^2 - ab = a^2 - c^2 - bc - ca = (a^2 - b^2 - bc) + (b^2 - c^2 - ca) = 0$.

第二种方法虽然简洁漂亮，但是时有想不到的情况. 我们经常曾一周前想到，一周后再做此题却想不到第二种方法；而第一种方法建立在对变量关系、代数式次数、结构的理解上，容易想到，不易遗忘.

(二) 欣赏数学促进数学理解

理解即建立联系，通常有两种方式：一是外部刺激，二是内部反省. 知识信息输入时，主体将调动原有的内部网络结构去对它进行加工，即理解它；通过几个结构反省到一般的结构；对已有的结构进行反省，构造出新的结构；在以前的知识信息网络中意识到新的关系等，都是理解. 事实上，反省更具有创新的潜力，它有可能促使内部表示网络突破原有的格局，出现开拓性的发展，使主体的表示网络跃到更高层次. 无论是外部刺激还内部反省，都必须是个体主动，个体的内部网络结构不会自动变得稳固和强大，只可能逐渐消失、遗忘(如果不进行整理). 数学欣赏在情感、态度上提供了可能性，在外部输入信息时，会以欣赏的态度去激活内部表示网络、主动纳入内部表示网络；由于欣赏，会主动整合内部网络表示，这就促进了理解，这种理解反过来增强了数学欣赏的能力，欣赏能力的增强又促进理解加深，形成良性循环.

四、在理解数学中欣赏数学

数学欣赏如何融入数学教学活动呢？ 也有些研究. 姚进认为：注重学生自主

探究能力的培养,尽心选择教学内容,运用多媒体技术优化数学欣赏课教学,努力提高教师的综合素养. 任念兵认为:谋求数学概念的本质统一、挖掘数理方法的内在联系、注重文史内容的数学解读. 张奠宙、柴俊认为可通过以下途径欣赏数学的真善美:对比分析,体察古今中外的数学理性精神;提出问题,揭示冰冷形式后面的数学本质;梳理思想、领略抽象数学模型的智慧结晶;构作意境,沟通数学思考后的人文情景. 这些研究都说明:课堂教学实现数学欣赏的途径是:构作情景,促进理解.

(一)加强理解信念的教育,强化理解意识

理解数学有如下作用:影响数学信念,改进记忆,促进迁移,形成合理的知识网络结构. 所以加强理解数学的信念,强化理解意识也具有很重要的意义. 当前学生的理解意识较弱,往往倾向于机械记忆事实或在较狭窄的范围内理解知识,而缺乏知识间较宽、较广、较深层次的建构联系意识. 例如,对不等式 $\dfrac{a}{b} < \dfrac{a+m}{b+m}$ 的意义就主要局限于用分数的性质解释,从其他角度、其他层次予以解释的意识就较差,对思想、方法的理解,与日常生活中的经验的联系、建构意识也较差. 因此,在我们的教学实践中必须不断强化学生从多角度,并具备深度和广度地去理解知识的意识.

(二)注重知识的内在联系,引导学生构建合理的知识结构

合理的知识结构是理解加深的一个必要条件. 当前数学教学比较注重知识结构在量上的要求,即所谓的见多识广,而忽略了知识结构在质上的要求,对知识的内在联系关注不够. 教材上的数学知识是前人思维结果的表达,忽略了活生生的思维过程,割裂了知识间的某些内在联系,因此数学教学要教授知识的发生过程. 张奠宙先生认为,数学教学中最大的弊病是"学生不知道自己在做什么",知其然而不知其所以然. 由于数学成果的表达往往掩盖了思维的发生过程,把结果与思

维过程割裂开来,而这对学习数学来说又极为重要,所以在数学教学中教师必须弥补教材的这一缺陷,强调知识的发生过程.强调知识的发生过程是一种手段,不是目的.之所以这样做,最终的目的是希望学生学会这种思维意识、方式、方法,以至能自己主动地发现问题,发现新知识.强调思维的发散,广泛地构筑知识间的联系.知识的编排总是在一定的体系下进行,而且在量上总是有限度的,所以关键在于学习者自己去发现、建构.体系内的知识间联系需要学习者去建构;体系之间的知识间联系也要去建构,还有体系内知识与许多未经编排的隐含经验类知识的联系也要去建构.为此,我们应鼓励学生思维的发散,构筑广泛的联系网,形成合理知识结构.

(三) 加强理解能力的培养

加强知识的分析、比较.理解知识信息的最基本方法是分析.要建立输入的知识信息与原有知识网络中知识信息的联系,主体首先必须将它分成许多组成部分,然后逐个地与原有知识网络进行比较,建立关系,关系建立得越多,理解越深刻.一般来说,某一知识的输入,主体能说出它是什么,属于哪个范畴,这就等于把它纳入到知识网络中去了,即有了初步的理解.至于此知识信息还要哪些属性,这些属性在哪个场合下会同其他知识发生怎样的关系,这就属于比较深刻的理解了.如果把此知识信息的各个组成部分都逐个作出上述属性和关系的分析,然后在分析的基础上,再综合成一个全面系统的认识,那么这个知识系统就是对该知识信息更深刻的理解.主体的理解能力越强,就会分析得越深刻,因而建构的联系也越丰富、稳固,因而对该知识信息的理解也越深刻.当然理解的深刻程度还与主体原有的知识网络合理程度有关.

加强对原有知识结构的反省.仅仅立足于将输入的知识信息纳入到原有的知识网络结构中去是不够的,尽管在此过程中,主体也常常要调整原有网络结构,但是,我们还要加强对知识信息的反省,不断重组、整顿原有的网络结构.而且反省更具有创造发明的潜力.对知识信息的理解过程并不是直线发展的,而是螺旋式前进.已学过的知识信息能帮助理解新输入的知识信息,新输入的知识信息也能帮助理解已学过的知识信息. 所以,我们应经常回顾、总结、反省原有的知识网络结构. 一节学完了,要回顾、总结、反省它,一章、一本书学完了也要这样做;高年级应该回顾低年级的知识内容,大学应该回顾中、小学的知识内容. 每这样做一次定会有所收获,所谓"开卷有益",古人很早就懂得这个道理,我们还有什么理由不去这样做呢? 学习数学知识要如此,解决问题时也要如此. 问题解决时,我们应不断反省所用的策略成功与失败的原因,是否有普遍性? 是否可用于其他情境? 惟其如此,我们才会不断从理解数学概念、事实方法中悟出新的东西. 注重数学思想方法的教育. 日本数学家、数学教育家米山国藏曾说:"我搞了多年的数学教育,发现学生们在初中、高中等接受的数学知识,因毕业进入社会后几乎没有什么机会应用这种作为知识的数学,所以通常是出校门后不到一两年,很快就会忘掉了. 然而,不管他从事什么业务工作,唯有深深地铭刻于头脑中的数学精神、数学的思维方法、研究方法、推理方法和着眼点等(若培养了这方面的素质的话),都随时随地发生作用,使他们收益终生." 由此可见注重数学思想方法教育的重要性. 然而,由于演绎法在数学中的作用,使我们形成了一种错误倾向:数学就等于演绎. 事实上,数学 方面是合乎逻辑、客观、冷静、理性或严密——如同在教科书里一样,是完美的作品;另一方面,它又是充满想象、主观、个性化、本能和生动,包含了能够创造出新东西的过程. 培养学生的理解能力,就是培养学生寻求新的关系的能力,建立联系的手段并不仅仅通过演绎来完成,其他方式如归纳、类比、猜想、直觉等手段均可用于建构知识信息间的联系. 大量事实说明,只用演绎思维,不利于创造的产生,教学中,只强调演绎思维,不利于培养学生的创造能力. 所以,我们应注重数学思想方法的教育,特别是不可忽视非演绎思维如归纳、类比、猜测、直觉,甚至是观察、实验在数学理解、甚至创造中的作用.

1 | 一定要双垂直吗

角平分线定理:角平分线上的点到这个角的两边距离相等.

逆定理:在一个角的内部(包括顶点)到角的两边距离相等的点,在这个角的平分线上.这是沪教版八年级第一学期的教学内容.如图 1-1,若点 P 是 $\angle AOB$ 的角平分线上一点,$PE \perp OA$ 于 E,$PF \perp OB$ 于 F,则 $PE = PF$.反之,点 P 在 $\angle AOB$ 的内部,若 $PE \perp OA$ 于 E,$PF \perp OB$ 于 F,且 $PE = PF$,则 OP 平分 $\angle AOB$.

一、定理引申

在应用角平分线定理及其逆定理时,老师经常强调要写"$PE \perp OA$ 于 E,$PF \perp OB$ 于F",即所谓的"双垂直",但是仔细分析图 1-1 容易产生疑问:如果点 P 是 $\angle AOB$ 的角平分线上一点,点 E、F 分别在射线 OA、OB 上,要得到 $PE = PF$ 一定要 $PE \perp OA$ 于 E,$PF \perp OB$ 于 F 吗? 换个别的条件可以吗? 反之,点 P 在 $\angle AOB$ 的内部,当 $PE = PF$ 时,没有"$PE \perp OA$ 于 E,$PF \perp OB$ 于 F"这个条件,OP 一定不平分 $\angle AOB$ 吗?

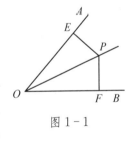

图 1-1

让我们来观察图 1-2,$PG \perp OA$ 于 G,$PH \perp OB$ 于 H,点 E(异于点 G)为线段 OG 上一点,以点 P 为圆心,PE 为半径画圆分别交 OA、OB 于点 E、E_1、F、F_1 四个点,即 $PE_1 = PF = PE = PF_1$,不难发现 $\triangle PEG \cong \triangle PFG \cong \triangle PE_1G \cong \triangle PF_1G$,$OP$ 平分 $\angle EPF$,OP 平分 $\angle E_1PF_1$,$\angle EPF_1$ 与 $\angle E_1PF$ 相等且都与 $\angle AOB$ 互补,分析这些结

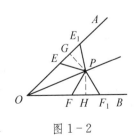

图 1-2

论后我们不难得到以下结论.

- **结论 1**:如图 1 - 3,若点 P 是 $\angle AOB$ 的角平分线上一点,点 E 在 OA 上,F 在 OB 上,且 $\angle EPF + \angle EOF = 180°$,则 $PE = PF$.

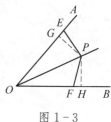

图 1 - 3

证明:若 $PE \perp OA$,易知 $PF \perp OB$,由角平分线定理知 $PE = PF$,若 PE 不垂直于 OA,作 $PG \perp OA$ 于 G,$PH \perp OB$ 于 H,则 $\angle EGP = 180° - \angle EOF - \angle FPG = \angle FHP$,$PG = PH$,$\angle EPG = \angle FPH$,从而 $\triangle PEG \cong \triangle PFH$,所以 $PE = PF$.

- **结论 2**:如图 1 - 3,若点 P 在 $\angle AOB$ 的内部,点 E 在 OA 上,F 在 OB 上,$PE = PF$ 且 $\angle EPF + \angle EOF = 180°$,则 OP 平分 $\angle AOB$.

证明:若 $PE \perp OA$,由于 $\angle EPF + \angle EOF = 180°$,从而易得 $PF \perp OB$,且 $PE = PF$,所以 $\angle EOP = \angle FOP$;当 PE 不与 OA 垂直,作 $PG \perp OA$ 于 G,$PH \perp OB$ 于 H,不难证明 $\angle EPG = \angle FPH$,从而 $\triangle EPG \cong \triangle FPH$,故 $PG = PH$,所以 $\angle EOP = \angle FOP$.

从图 1 - 2 的讨论中,我们还容易得到:

- **结论 3**:如图 1 - 3,若点 P 是 $\angle AOB$ 的角平分线上一点,点 E 在 OA 上,F 在 OB 上,且 $PE = PF$,则 $\angle EPF$ 与 $\angle EOF$ 互补或 OP 平分 $\angle EPF$.

特别地,当 $\angle AOB = 60°$ 或 $120°$ 时,我们有结论 4、5:

- **结论 4**:如图 1 - 4,当 $\angle AOB = 60°$ 时,OP 平分 $\angle AOB$,点 E 在 OA 上,F 在 OB 上,且 $\angle EPF = 120°$,则 $OP = \frac{\sqrt{3}}{3}(OE + OF)$.

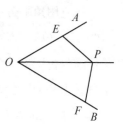

图 1 - 4

- **结论 5**:如图 1 - 5,当 $\angle AOB = 120°$ 时,OP 平分 $\angle AOB$,点 E 在 OA 上,F 在 OB 上,且 $\angle EPF = 60°$,则 $OP = OE + OF$.这是初一或初二常见的一道例题,教学时多见于用全等相关知识证明,但其实质可理解为角平分线的性质.

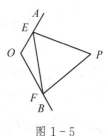

图 1 - 5

二、结论应用

■ **例1** 已知$\triangle ABC$中$\angle BAC=60°$，$AB=a$，$AC=b$，以边BC为边向外作正$\triangle DBC$，点O为其外心，求AO之长.（2015年上海市初三数学竞赛试题）

解法1：作$OH \perp AB$于H，作$OG \perp AC$于G，

如图1-6所示，因$\angle HBO=180°-\angle ABO=\angle OCG$，$OB=OC$，从而$\triangle OHB \cong \triangle OGC$，所以$BH=GC$，$OH=OG$，于是$\triangle OHA \cong \triangle OGA$，故$AH=GA$，$\angle HAO=\angle GAO=\dfrac{1}{2}\angle BAC=30°$.

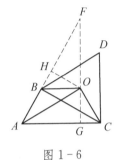

图1-6

于是$AB+AC=AH-BH+AG+GC=2AG=\sqrt{3}OA$，

即$OA=\dfrac{\sqrt{3}}{3}(AB+AC)=\dfrac{\sqrt{3}}{3}(a+b)$.

解法2：延长AB至F使得$BF=AC$，连结OF，如图1-6所示.

因为$\angle FBO=180°-\angle ABO=\angle ACO$，又$BO=CO$，从而$\triangle FBO \cong \triangle ACO$，故$AO=OF$，$\angle BOF=\angle COA$，于是$\angle FOB+\angle BOA=\angle AOC+\angle BOA=120°$.

所以$AB+AC=AB+BF=AF=\sqrt{3}OA$，即$OA=\dfrac{\sqrt{3}}{3}(AB+AC)=\dfrac{\sqrt{3}}{3}(a+b)$.

说明：1) 从圆的角度来看，因为$\angle BAC+\angle BOC=60°+120°=180°$，故$B$、$O$、$C$、$A$四点共圆，结合$OB=OC$，故$BC=\sqrt{3}OB$，由托勒密定理得$AO \times BC=AB \times OC+AC \times OB$，从而易得$OA=\dfrac{\sqrt{3}}{3}(a+b)$.

2) 用结论2可知OA平分$\angle BAC$，但上题的解答并未用这个结论，那为什么还要反思呢？反思的目的是弄清问题的实质. 解法1中作"垂线"、解法2中"延长BF"的合理性正是源于结论2，结论2的"OP平分$\angle BAC$"让我们较快找到了思

路,缩短了解决例 1 的思维长度. 当然解法 2 中"延长 BF"也可能源于看到 $\angle BAC$ 与 $\angle BOC$ 互补,且 $BO=CO$.

■ **例 2** 延长正 $\triangle ABC$ 的边 AB 至 D,连结 CD,作 CD 中垂线与 $\angle DBC$ 的平分线,两线交于 $E(DB \neq BC)$,若 $BC=2BD$,若 $S_{\triangle BCE}-S_{\triangle BDE}=3\sqrt{3}$,求 CD 之长.

解:作 $EH \perp BA$ 于 H, $EG \perp CB$ 于 G.

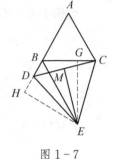

图 1 - 7

如图 1 - 7 所示,则 $\triangle EHB \cong \triangle EGB$,从而 $\angle DEC = \angle GEH=60°$. 又点 E 在 CD 中垂线上,故 $DE=EC$,从而 $\triangle CDE$ 为正三角形.

设 $BD=x$,则 $BC=2x$,由**结论 5** 知: $BE=BD+BC=3x$,从而 $EG=\dfrac{3\sqrt{3}x}{2}$,从而 $3\sqrt{3}=S_{\triangle BCE}-S_{\triangle BDE}=\dfrac{1}{2}BC \cdot EG-\dfrac{1}{2}BD \cdot EH=\dfrac{3\sqrt{3}}{4}x^2$,解得 $x=2$.

所以 $CD^2=BD^2+BC^2+BD \cdot BC=28$, $CD=2\sqrt{7}$.

这道题并不算难题,还有许多其他解法,请读者尝试找出其他解法.

■ **例 3** 四边形 $ABCD$ 中, $\angle ABC=120°$,连对角线 AC、BD,若 $\triangle ACD$ 为等边三角形, $BC=2$,点 E 为 BD 中点, $\angle EAD=3\angle BAC$,求 AE 之长.

解:因为 $\angle ABC=120°$,易知 $\angle ADC=60°$,从而 A、B、C、D 四点共圆.

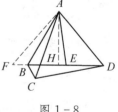

图 1 - 8

从而 $\angle ABD=\angle ACD=60°$,延长 DB 至 F 使得 $\angle FAB=\angle BAC$,如图 1 - 8,于是 $\angle ABF=\angle ABC$,则 $\triangle ABF \cong \triangle ABC$. 故 $FB=BC=2$,且 $\angle F=\angle BCA=60°-\angle BAC=\angle ADB$,从而 $AF=AD$.

作 $AH \perp BD$ 于 H,由**结论 5** 知:$\boldsymbol{BD=BC+AB}$.

设 $AB=2x$,则 $HF=HD=x+2$, $AH=\sqrt{3}x$, $HE=HD-DE=x+2-(x+1)=1$.

因为 $\angle FAE=\angle FAB+\angle BAC+\angle CAE=2\angle BAC+60°-\angle EAD=60°-\angle BAC=\angle EFA$,于是 $AE=FE=HF+HE=x+3$,所以 $(x+3)^2=(\sqrt{3}x)^2+$

1,解得 $x=4$.

从而 $AE=7$.

■ **例 4** 如图 1-9,分别以锐角 $\triangle ABC$ 的三边 AB、BC、CA 为边向形外作正 $\triangle ABD$、正 $\triangle BCE$,正 $\triangle CAF$,若记 $S_{\triangle ABD}=S_1$,$S_{\triangle BCE}=S_2$,$S_{\triangle CAF}=S_3$,$S_{\triangle ABC}=S$.

求证:$S_1+S_2+S_3\geqslant 3S$.

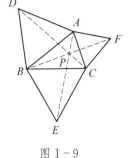

图 1-9

这道题确实很漂亮,条件、结论、题图都非常漂亮. 条件中的正三角形提示联想到**结论4**,结合费马点得到证法 1.

证法1: 因为 $\triangle ABC$ 为锐角三角形,从而 $\triangle ABC$ 内一定存在点 P(费马点),使得 $\angle APB=\angle BPC=\angle CPA=120°$.

连结 PD、PE、PF,设 $PA=x$,$PB=y$,$PC=z$,则 $PD=PA+PB=x+y$,$PE=PB+PC=y+z$,$PF=PC+PA=z+x$,于是 $S=\dfrac{\sqrt{3}}{4}(xy+yz+zx)$,而

$$S_1+S_2+S_3+S$$
$$=S_{\triangle APD}+S_{\triangle BPD}+S_{\triangle BPE}+S_{\triangle CPE}+S_{\triangle CPF}+S_{\triangle APF}$$
$$=\dfrac{\sqrt{3}}{4}\left[(x+y)^2+(y+z)^2+(z+x)^2\right]\geqslant\sqrt{3}(xy+yz+zx)=4S.$$

所以 $S_1+S_2+S_3\geqslant 3S$,当且仅当 $x=y=z$ 时取等号,此时 $\triangle ABC$ 为正三角形.

证法2:由费马点的作法联想到做外接圆.

分别作 $\triangle ABD$、$\triangle BCE$、$\triangle CAF$ 的外接圆,三圆交于点 P,则 $\angle APB=\angle BPC=\angle CPA=120°$,现将 $\triangle BPC$ 及 $\overset{\frown}{BPC}$ 沿 BC 翻折得到 $\triangle BQC$,$\overset{\frown}{BQC}$,如图 1-10,点 O 为 $\overset{\frown}{BQC}$ 的中点,作 $OH\perp BC$ 于 H,$QG\perp BC$ 于 G,易知 $OH\geqslant QG$,从而 $S_{\triangle BOC}\geqslant S_{\triangle BQC}=S_{\triangle BPC}$,即 $\dfrac{1}{3}S_{\triangle BCE}\geqslant S_{\triangle BPC}$,同理,$\dfrac{1}{3}S_{\triangle ABD}\geqslant$

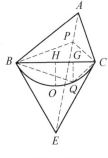

图 1-10

$S_{\triangle APB}$，$\frac{1}{3}S_{\triangle CAF} \geqslant S_{\triangle CPA}$，从而 $\frac{1}{3}S_{\triangle ABD} + \frac{1}{3}S_{\triangle BCE} + \frac{1}{3}S_{\triangle CAF} \geqslant S_{\triangle APB} + S_{\triangle BPC} + S_{\triangle CPA} = S$，即 $S_1 + S_2 + S_3 \geqslant 3S$，当且仅当点 P 分别关于 BC、CA、AB 的对称点分别为 $\triangle BCE$、$\triangle CAF$、$\triangle ABD$ 的外心，此时 $BP = CP = AP$，且 $\angle APB = \angle BPC = \angle CPA = 120°$，从而 $\triangle ABC$ 为正三角形.

波利亚在《怎样解题》中写道："你以前见过它吗？你见过相同的题目以一种稍有不同的形式出现吗？你知道一道与它有关的题目吗？你是否知道一个可能用得上的定理？"这说明解题者现有的知识、方法、经验储备有助于问题解决. 解题者知识、方法、经验的积累可缩短解决问题的思维链条长度. 如果解决一个问题从条件到结论有五个关键环节，而我们对前两个关键环节很熟悉，则解决这个问题就可以从第三个环节开始思考，得到结果只需要三个关键环节，从而缩短了思维链条的长度，帮助解决问题，所以一定量的知识、方法、经验的积累是必要的. 一些常见的例题、基本图形、基本结论通常可以帮助我们缩短思维链条的长度. 多思考、多反思也可帮助我们缩短思维链条的长度，提高思维的效能.

2 | 问题一般化及其引申

——以一道与角平分线有关的赛题为例

1991 年北京市初中数学竞赛试卷中有这样一道试题,现在已走进平常课堂,并非难题,有很多变式,静心玩味也颇有意思.

如图 2-1,$\triangle ABC$ 是边长为 1 的正三角形,$\triangle BDC$ 是顶角为 $120°$ 的等腰三角形,以 D 为顶点作一个角,角的两边分别交 AB 于 M,交 AC 于 N,连结 MN,$\triangle AMN$ 的周长为 2,求 $\angle MDN$.

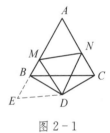

图 2-1

一、问题的解答与思考

解:延长 MB 至 E,使得 $BE = CN$,由已知易得:$DB = DC$,$\angle DBE = \angle DCN = 90°$,从而 $\triangle DBE \cong \triangle DCN$,故 $DE = DN$,又 $MN = 2 - AM - AN = AB + AC - AM - AN = MB + NC = MB + BE = ME$,$DM = DM$,从而 $\triangle MDE \cong \triangle MDN$,于是 $\angle NDM = \angle EDM = \angle MDB + \angle BDE = \angle MDB + \angle CDN$,而 $\angle NDM + \angle MDB + \angle CDN = 120°$,所以 $\angle NDM = 60°$.

分析上面的解法不难得到:如图 2-1,$\triangle ABC$ 是边长为 1 的正三角形,$\triangle BDC$ 是顶角 $\angle BDC = 120°$ 的等腰三角形,以 D 为顶点作一个角,角的两边分别交 AB 于 M,交 AC 于 N,连结 MN,若 $\angle MDN = 60°$,则 $\triangle AMN$ 的周长为 2.

分析上面两题及其解答,我们发现:正 $\triangle ABC$,等腰 $\triangle BDC$ 都是在表达 $DB = DC$,$DB \perp AB$、$DC \perp AC$,即 AD 平分 $\angle BAC$,从而 $\triangle DCN$ 与 $\triangle MBD$ "拼合"

成功,而 $\triangle MDE \cong \triangle MDN$ 则只需要条件 $\angle MDN = \dfrac{1}{2}\angle BDC$ 即可,而 $\angle BDC$

与 $\angle A$ 互补,基于这些思考,于是尝试改变 $\angle A$ 的度数,使得 $\angle MDN = \dfrac{1}{2}(180^\circ -$

$\angle A)$,发现 $\triangle AMN$ 周长也为定值. 于是得到以下结论.

二、一般化的结论

- **结论 1**:如图 2-2,给定 $\angle POQ = 2\theta$ 及 $\angle POQ$ 的平分线上定点 R,过点 R 作 $\angle ARB$, $\angle ARB$ 的边 AR、BR 分别交 $\angle POQ$ 的边 OP、OQ 于 A、B,则 $\angle ARB = 90^\circ - \theta$ 的充要条件为 $\triangle OAB$ 的周长为定值 $2OR\cos\theta$.

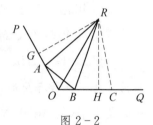

图 2-2

　　分析:作 $RG \perp OP$ 于 G,$RH \perp OQ$ 于 H,在 OQ 上截取 $HC = GA$,如图 2-2 所示,不难证明结论 1 成立.

　　在结论 1 的条件下,$\triangle RGA$ 总可以通过旋转与 $\triangle RHC$ 重合,而得到 $\triangle RAB \cong \triangle RCB$,从而 $\angle RBA = \angle RBC$,RB 为 $\angle ABQ$ 的平分线,又 OR 平分 $\angle POQ$,所以点 R 为 $\triangle OAB$ 的旁心. 于是我们有结论 2.

- **结论 2**:如图 2-2,已知 $\angle POQ = 2\theta$,OR 平分 $\angle POQ$,过 R 点作 $\angle ARB = 90^\circ - \theta$,$\angle ARB$ 的边 AR、BR 分别交 $\angle POQ$ 的边 OP、OQ 于 A、B,则点 R 为 $\triangle OAB$ 的旁心.

　　由于 R 为 $\triangle OAB$ 的旁心,从而点 R 到直线 AB、直线 OP、直线 OQ 的距离相等,都等于 $OR\sin\theta$,于是我们又有结论 3.

- **结论 3**:如图 2-2,已知 $\angle POQ = 2\theta$,OR 平分 $\angle POQ$,过 R 点作 $\angle ARB = 90^\circ - \theta$,$\angle ARB$ 的边 AR,BR 分别交 $\angle POQ$ 的边 OP、OQ 于 A、B,则直线 AB 一定与以点 R 为圆心,半径为 $OR\sin\theta$ 的圆相切.

　　由于 R 为 $\triangle AOB$ 的旁心,RA 平分 $\angle BAP$,则 $\angle RAB = \angle RAP$,记 $\triangle AOB$ 的内心为 I,又 $\angle IAB = \angle IAO$,故 $\angle RAI = \angle RAB + \angle IAB = \dfrac{1}{2}\angle BAP +$

$\dfrac{1}{2}\angle BAO=90°$.从而结论 4 成立.

■ **结论 4**:如图 2-3,已知 $\angle POQ=2\theta$,OR 平分 $\angle POQ$,过 R 点作 $\angle ARB=90°-\theta$,$\angle ARB$ 的边 AR、BR 分别交 $\angle POQ$ 的边 OP、OQ 于 A、B,记 $\triangle AOB$ 的内心为 I,则 $IA\perp RA$,$IB\perp RB$.

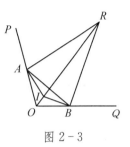

图 2-3

三、合理引申

当点 A 移动到射线 OP 的反向延长线上,点 B 在 OQ 上,且 $\angle ARB=90°-\theta$ 时,线段 AB、OA、OB 又有怎样的数量关系呢?继续运用"旋转"思路,我们得到结论 5.

■ **结论 5**:如图 2-4,已知 $\angle POQ=2\theta$,点 R 是 $\angle POQ$ 平分线上一点,作 RA 交射线 OP 的反向延长线于点 A,作 RB 交 OQ 于点 B,则 $\angle ARB=90°-\theta$ 的充要条件为 $AB+OB-OA=2OR\cos\theta$.

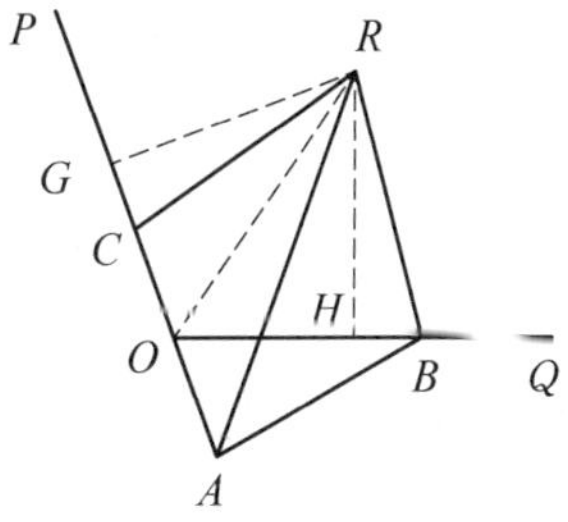

分析:如图 2-4,旋转 $\triangle RHB$ 至 $\triangle RGC$,则 $RC=RB$,$\angle CRB=\angle CRH+\angle HRB=\angle CRH+\angle GRC=\angle GRH=180°-2\theta$.

图 2-4

又 $\angle ARB=90°-\theta$,所以 $\angle CRA=\angle ARB=90°-\theta$.

结合 $AR=AR$ 可知 $\triangle CRA\cong\triangle BRA$,从而 $AB=AC$,所以

$$AB+OB-OA=AC+OB-OA=OA+OC+OB-OA$$
$$=OC+OH+HB=OC+OH+CG=OH+OG=2OR\cos\theta.$$

从上面的分析中,注意到 RA、RO 分别平分 $\angle OAB$、$\angle POB$,所以 R 为 $\triangle OAB$ 的旁心.于是也有:

■ **结论 6**:如图 2-4,已知 $\angle POQ=2\theta$,点 R 是 $\angle POQ$ 平分线上一点,作 $\angle ARB=90°-\theta$ 使 $\angle ARB$ 的边 RA 交射线 OP 反向延长线于点 A,RB 交 OQ 于点 B,则点 R 为 $\triangle OAB$ 的旁心.

- **结论 7:** 如图 2 - 4,已知 $\angle POQ = 2\theta$,点 R 是 $\angle POQ$ 平分线上一点,作 $\angle ARB = 90° - \theta$,便使 $\angle ARB$ 的边 RA 交射线 OP 反向延长线于点 A,RB 交 OQ 于点 B,且 $\angle ARB = 90° - \theta$,则直线 AB 一定与以点 R 为圆心,半径为 $OR\sin\theta$ 的圆相切.

- **结论 8:** 如图 2 - 4,已知 $\angle POQ = 2\theta$,点 R 是 $\angle AOB$ 平分线上一点,作 $\angle ARB = 90° - \theta$,便使 $\angle ARB$ 的边 RA 交射线 OP 反向延长线于点 A,RB 交 OQ 于点 B,记 $\triangle AOB$ 的内心为 I,则 $IO \perp RO$,$IB \perp RB$.

前面的结论中,$\angle ARB = 90° - \theta$,根据上述思路,我们有理由想到 $\angle ARB = 180° - 2\theta$,如图 2 - 5、图 2 - 6 中,易证:$\triangle GAR \cong \triangle HBR$,于是我们发现结论 9—12.

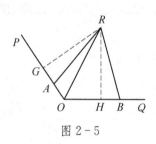
图 2 - 5

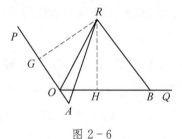
图 2 - 6

- **结论 9:** 如图 2 - 5,已知 $\angle POQ = 2\theta$,R 是 $\angle POQ$ 平分线上一点,过点 R 作 $\angle ARB = 180° - 2\theta$,$\angle ARB$ 的边 RA、RB 分别交 $\angle POQ$ 的边 OP、OQ 于 A、B,则(1)$RA = RB$;(2)$OA + OB = 2OR\cos\theta$.

- **结论 10:** 如图 2 - 6,已知 $\angle POQ = 2\theta$,R 是 $\angle POQ$ 平分线上一点,过点 R 作 $\angle ARB = 180° - 2\theta$,$\angle ARB$ 的边 RA、RB 分别交 $\angle POQ$ 的边 OP 的反向延长线和 OQ 于 A、B,则(1)$RA = RB$;(2)$OB - OA = 2OR\cos\theta$.

- **结论 11:** 如图 2 - 7,已知 $\angle POQ = 2\theta$,R 是 $\angle POQ$ 平分线上一点,过点 R 作直线分别交 $\angle POQ$ 的边 OP、OQ 于 A、B,则 $\dfrac{1}{OA} + \dfrac{1}{OB} = \dfrac{2\cos\theta}{OR}$.

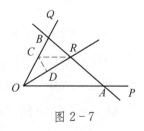
图 2 - 7

事实上:如图 2 - 7,过点 R 作 $RC \parallel OA$ 交 OB 于 C,过点 C 作 $CD \perp OR$ 于 D,则易知 $RC = OC$,$\dfrac{BC}{OB} = \dfrac{RC}{OA}$,从

而 $\dfrac{OB - OC}{OB} = \dfrac{OC}{OA}$，又 $2\cos\theta = \dfrac{2OD}{OC} = \dfrac{OR}{OC}$，整理上述两式得 $\dfrac{1}{OA} + \dfrac{1}{OB} = \dfrac{2\cos\theta}{OR}$.

■ **结论 12**：如图 2-8，已知 $\angle POQ = 2\theta$，R 是 $\angle POQ$ 平分线上一点，过点 R 作直线分别交 $\angle POQ$ 的边 OP 及 OQ 的反向延长线于 A、B，则 $\dfrac{1}{OA} - \dfrac{1}{OB} = \dfrac{2\cos\theta}{OR}$.

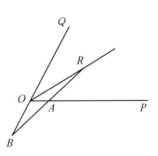

图 2-8

结论 12 的证明类似结论 11. 特别地：当 $AB \,/\!/\, OA$ 时，$OA \to \infty$，$\dfrac{1}{OA} \to 0$，结论 11 亦成立. 结论 11、12 的证明还有许多其他方法.

3 | 闲赏一道含 60 度角的三角形习题

　　最近整理一份全国高中数学联赛资料,发现下面的题目,感觉题目很漂亮,条件和结论都简洁、清新,似乎可给初中学生思考.

■ **题目 1**　已知 $\triangle ABC$ 中,$\angle BAC = 60°$,点 P 在 $\triangle ABC$ 内,且 $\angle BAP = \angle CAP$,连结 BP 并延长交 AC 于点 Q. 求证:P 是 $\triangle ABC$ 的内心的充要条件是 $\dfrac{1}{BP} + \dfrac{1}{CP} = \dfrac{1}{PQ}$.

　　思考了一下,发现有点难度. 为证明题目 1,先介绍两个基本结论.

一、两个基本结论

■ **定理 1**　如图 3-1,若点 P 为 $\triangle ABC$ 的内心,$\angle BPC = 90° + \dfrac{1}{2}\angle BAC$.

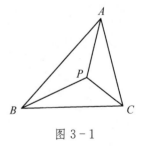

图 3-1

　　证明: $\angle BPC = \angle ABP + \angle BAC + \angle ACP$

$$= \dfrac{1}{2}(\angle ABC + \angle BAC + \angle ACB) + \dfrac{1}{2}\angle BAC$$

$$= 90° + \dfrac{1}{2}\angle BAC.$$

　　同理,$\angle APB = 90° + \dfrac{1}{2}\angle BCA$,　$\angle APC = 90° + \dfrac{1}{2}\angle ABC$.

　　这个结论是初一几何常见结论.

■ **定理 2**　在 $\triangle ABC$ 中,若 AP 平分 $\angle BAC$,且 $\angle BPC = 90° + \dfrac{1}{2}\angle BAC$,则点

P 为 $\triangle ABC$ 的内心.

证明: 如图 3-2,延长 AP 交 $\triangle ABC$ 外接圆 于 G,则 $GB=GC$,在 AG 延长线上截取 $GH=$ GB,则 $GH=GB=GC$,从而不难得到 $\angle BHC=$ $\frac{1}{2}\angle BGC=\frac{1}{2}(180°-\angle BAC)=90°-\frac{1}{2}\angle BAC.$

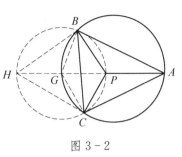

图 3-2

又 $\angle BPC=90°+\frac{1}{2}\angle BAC$,故 $\angle BHC+\angle BPC=180°$,即 H、B、P、C 四 点共圆,点 G 为圆心,从而 $GB=GP=GC$,于是 $\angle CBP=\angle GBP-\angle GBC=$ $\frac{180°-\angle BGA}{2}-\frac{1}{2}\angle BAC=90°-\frac{1}{2}\angle ACB-\frac{1}{2}\angle BAC=\frac{1}{2}\angle ABC.$

所以 BP 平分 $\angle ABC$,又 AP 平分 $\angle BAC$,故点 P 为 $\triangle ABC$ 内心.

二、题目 1 的证明

证法 1: 若点 P 是内心,则 $\angle BPC=120°$,如图 3-3,延 长 CP 至 D,使得 $PD=PB$,易知 $\triangle PBD$ 为正三角形,由于 $\angle DCB=\angle PCQ$,$\angle CQP=60°+\frac{1}{2}\angle ABC=\angle CBD$,所以 $\triangle CDB \backsim \triangle CPQ$,从而 $\frac{CP+BP}{CP}=\frac{CD}{CP}=\frac{DB}{PQ}=\frac{BP}{PQ}$,即 $\frac{1}{BP}+\frac{1}{PC}=\frac{1}{PQ}.$

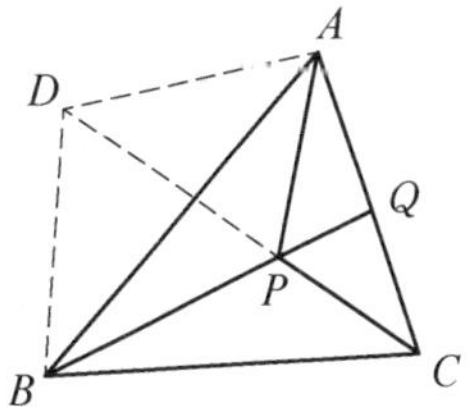

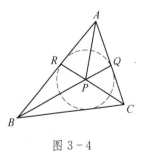

图 3-3

反之,设 CP 交 AB 于 R,由于对称性,易知 $PR=$ PQ,由于以 P 为圆心,PR 为半径的圆 P 与 AB 至多有两 个交点,如图 3-4 所示,所以 $\angle ARP=\angle AQP$ 或者 $\angle ARP+\angle AQP=180°$.

若 $\angle ARP+\angle AQP=180°$,则 A、R、P、Q 四点共 圆,从而 $\angle BPC=\angle RPQ=120°=90°+\frac{1}{2}\angle BAC$,又 AP

图 3-4

平分 $\angle BAC$，根据定理 2 知点 P 为 $\triangle ABC$ 的内心.

若 $\angle ARP = \angle AQP$，则 $\triangle ARP \cong \triangle AQP$，进而 $\triangle ARC \cong \triangle AQB$，$AB = AC$，于是 $\triangle ABC$ 为正三角形，且 $AQ = AR$、$BR = CQ$、结合 $\dfrac{1}{BP} + \dfrac{1}{CP} = \dfrac{1}{PQ}$ 可得

$BP = CP = 2PQ = 2PR$，由于 $\dfrac{AQ}{CQ} = \dfrac{AR}{BR}$，从而 $QR \parallel BC$，所以 $\dfrac{AQ}{AC} = \dfrac{QR}{BC} = \dfrac{PQ}{BP} = \dfrac{1}{2}$，即 Q、R 分别为 AC、AB 中点，点 P 为 $\triangle ABC$ 的重心，但 $\triangle ABC$ 为正三角形，故 P 也是内心.

证法 2：设 $\angle ACP = \alpha$，$\angle ABP = \beta$，因为 $\dfrac{1}{BP} + \dfrac{1}{CP} = \dfrac{1}{PQ}$，故 $\dfrac{PC}{PB} + 1 = \dfrac{PC}{PQ}$.

而 $\dfrac{PC}{PB} = \dfrac{PC}{PA} \cdot \dfrac{PA}{PB} = \dfrac{\sin 30^\circ}{\sin \alpha} \cdot \dfrac{\sin \beta}{\sin 30^\circ} = \dfrac{\sin \beta}{\sin \alpha}$，$\dfrac{PC}{PQ} = \dfrac{\sin(60^\circ + \beta)}{\sin \alpha}$，所以 $\dfrac{\sin \beta}{\sin \alpha} +$

$1 = \dfrac{\sin(60^\circ + \beta)}{\sin \alpha}$，整理得 $\sin \alpha = \sin(120^\circ + \beta)$.

考虑到 $0 < \alpha$，$\beta < 60^\circ$，故 $\alpha = 120^\circ + \beta$ 或 $\alpha + \beta + 120^\circ = 180^\circ$.

若 $\alpha = 120^\circ + \beta$，则 $\angle BPC = \alpha + \beta + 60^\circ = 180^\circ + 2\beta > 180^\circ$，矛盾.

若 $\alpha + \beta + 120^\circ = 180^\circ$，则 $\angle BPC = \alpha + \beta + 60^\circ = 120^\circ = 90^\circ + \dfrac{1}{2}\angle BAC$. 又

AP 平分 $\angle BAC$，所以点 P 为 $\triangle ABC$ 内心. 这是学生提供的证法.

三、小结

事实上，点 P 为 $\triangle ABC$ 内一点，BP 交 AC 于 Q，则 (1) $\angle BAC = 60^\circ$，(2) 点 P 为 $\triangle ABC$ 的内心，(3) $\dfrac{1}{BP} + \dfrac{1}{CP} = \dfrac{1}{PQ}$ 中任意两个作为条件，另一个作为结论所构成的命题都是真命题.

进一步思考发现：这个含 60 度角的三角形有许多漂亮的结论.

已知 $\triangle ABC$ 中，$\angle BAC = 60^\circ$，点 P 为内心，连结 BP、CP 并延长分别交 AC、AB 于 Q、R. 如图 3-5，则

1）$\angle BPC = 90° + \dfrac{1}{2}\angle BAC$，$\angle APB = 90° +$

$\dfrac{1}{2}\angle BCA$，$\angle APC = 90° + \dfrac{1}{2}\angle ABC$；

2）$BC = BR + CQ$；

3）$BR \cdot BA = BP \cdot BQ$，$CQ \cdot CA = CP \cdot CR$；

4）$RQ = \sqrt{3}\,PR = \sqrt{3}\,PQ$；

5）$AR + AQ = \sqrt{3}\,AP$；

6）$\dfrac{1}{BP} + \dfrac{1}{CP} = \dfrac{1}{PQ}$，$\dfrac{1}{BP} + \dfrac{1}{CP} = \dfrac{1}{PR}$.

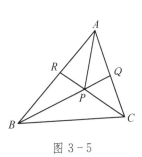

图 3 - 5

四、更深刻的刻画

题目 1 的实质是对 △ABC 中 $\angle BAC = 60°$ 的一个比较含蓄的刻画. 比较直白的有：△ABC 中，$\angle BAC = 60°$，点 P 为内心，连结 BP、CP 并延长分别交 AC、AB 于 Q、R，求证：$\angle BAC = 60°$ 的充要条件是 $BC = BR + CQ$. 这个结论七年级学生可独立完成证明.

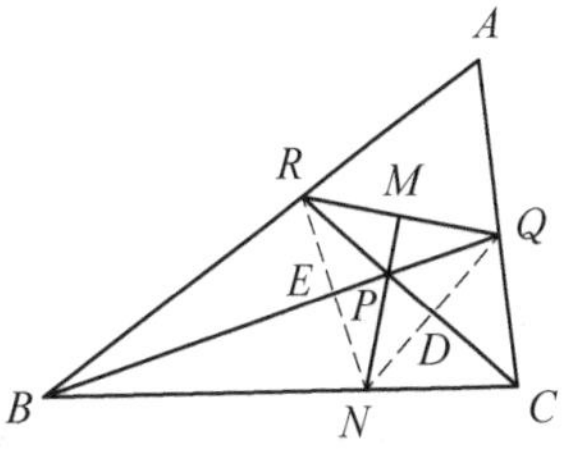

对 △ABC 中 $\angle BAC = 60°$ 更深刻的一个刻画为：如图 3-6，△ABC 中，点 P 为内心，连结 BP、CP 并延长分别交 AC、AB 于 Q、R. 作 $PM \perp RQ$ 于 M，且交 BC 于 N，则 $\angle BAC = 60°$ 充要条件是 $PN = 2PM$.

图 3 - 6

证明：若 $PN = 2PM$，设 $\angle PBC = \alpha$，$\angle PCB = \beta$，$\angle PRQ = \theta$，$\angle PQR = \gamma$，则在 △PMQ 中，$PM = PQ\sin\gamma$.

在 △BPN 中，

$$PN = \frac{BP}{\sin\angle PNB} \cdot \sin\alpha = \frac{BP}{\sin(90° + \gamma - \alpha)} \cdot \sin\alpha,$$

从而 $\dfrac{1}{2} = \dfrac{PQ}{BP} \cdot \dfrac{\sin\gamma}{\sin\alpha} \cdot \sin(90° + \gamma - \alpha) = \dfrac{CQ}{CB} \cdot \dfrac{\sin\gamma}{\sin\alpha} \cdot \sin(90° + \gamma - \alpha)$

$$=\frac{\sin\alpha}{\sin\angle BQC}\cdot\frac{\sin\gamma}{\sin\alpha}\cdot\sin(90°+\gamma-\alpha)=\frac{\sin\gamma\sin(90°+\gamma-\alpha)}{\sin(\alpha+2\beta)},$$

即 $\sin(\alpha+2\beta)=2\sin\gamma\cos(\gamma-\alpha)$，即 $\sin(\alpha+2\beta)=\sin(2\gamma-\alpha)+\sin\alpha$，从而

$$\sin(2\gamma-\alpha)=\sin(\alpha+2\beta)-\sin\alpha=2\cos(\alpha+\beta)\sin\beta.$$

同理，$\sin(2\theta-\beta)=2\cos(\alpha+\beta)\sin\alpha$，所以 $\sin(2\gamma-\alpha)\sin\alpha=\sin(2\theta-\beta)\sin\beta$.

于是 $-\dfrac{1}{2}\big[\cos 2\gamma-\cos(2\gamma-2\alpha)\big]=-\dfrac{1}{2}\big[\cos 2\theta-\cos(2\theta-2\beta)\big].$

注意到 $\alpha+\beta=\theta+\gamma$，从而 $\cos(2\gamma-2\alpha)=\cos(2\beta-2\theta)=\cos(2\theta-2\beta)$，所以 $\cos 2\gamma=\cos 2\theta$. 且由于 $\theta+\gamma<90°$，从而 $\gamma=\theta$，从而点 M 为 RQ 中点，点 P 为 $\triangle RQN$ 的重心. BQ 交 RN 于 E，CR 交 NQ 于 D，则点 D、E 分别为 NQ、NR 的中点，从而 $BR=\dfrac{RE}{\sin\angle RBE}\cdot\sin\angle BER=\dfrac{EN}{\sin\angle NBE}\cdot\sin\angle BEN=BN$. 同理，$CN=CQ$，由前文所述知 $\angle BAC=60°$.

若 $\angle BAC=60°$，证明 $PN=2PM$ 并不困难，这里从略.

中间的 $\triangle RQN$ 是正三角形，其中心与 $\triangle ABC$ 的内心重合. 特殊的条件导致特殊的图形，特殊的结论. 期待有人提供更好的证法.

五、加强一下条件

已知 $\triangle ABC$ 中，$\angle BAC=60°$，$\angle ABC=40°$，点 P 为内心，连结 AP、BP、CP 并延长分别交 BC、CA、AB 于 S、Q、R. 如图 $3-7$，则

1）$BQ=BC$；

2）$RB=RC$；

3）$AR\cdot BC=BR\cdot AC$；$BS\cdot AC=CS\cdot AB$；$AQ\cdot BC=QC\cdot AB$；

4）$BC=BR+CQ$；

5）$AR+CR=AC+CS$；

6）$AB=PB+PC$；

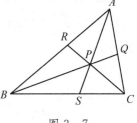

图 $3-7$

7）$AC = BP$；

8）$AB = AC + CS$；

9）$RQ = \sqrt{3}\, PR = \sqrt{3}\, PQ$；

10）$AR + AQ = \sqrt{3}\, AP$；

11）$BR \cdot BA = BP \cdot BQ$；$CQ \cdot CA = CP \cdot CR$；

12）$\dfrac{1}{BP} + \dfrac{1}{CP} = \dfrac{1}{PQ}$，$\dfrac{1}{BP} + \dfrac{1}{CP} = \dfrac{1}{PR}$.

这些结论初中学生都不难证明，证明方法也多，教学时合理利用，对提高学生的数学兴趣、培养学生的探究能力大有裨益. 许多漂亮的结论集中在一起，相信对每一位解题者都会有一定的震撼力，给解题者带来美好的体验. 通过解一道题想出多种解题方法、发现更多的新结论恐怕是数学教育真正所期.

4 禅房花木深
——两道平面几何题赏析

"曲径通幽处,禅房花木深."出自唐朝诗人常建的诗《题破山寺后禅院》:"清晨入古寺,初日照高林. 曲径通幽处,禅房花木深. 山光悦鸟性,潭影空人心. 万籁此俱寂,但余钟磬音."为何人们特别喜欢这句诗呢? 事实上,这是人们的审美情趣上的共鸣,传统审美情趣讲究"含蓄",所以"疏影横斜水清浅,暗香浮动月黄昏"是美、"犹抱琵琶半遮面"是美. 为文讲究"文似看山不喜平",数学命题亦如此,宜含蓄,不能太直白,在情理之中,却在意料之外. 以下两道题从微信交流群里所得,让人思考之后感觉有些意思.

■ **题1**:如图 $4-1$,$\triangle ABC$ 中,$AB=AC$,$AB \perp AC$,点 D 为边 AC 上一点,连结 BD,作 $AE \perp BD$ 于 E,点 G 为边 BC 中点,连结 EG,点 F 在边 BC 上,且 $\angle ADB = \angle CDF$. 若 $EG = 10\sqrt{2}$,$DF = 17$,求 DE 之长.

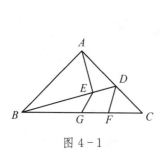

图 $4-1$

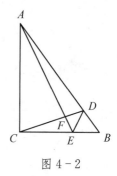

图 $4-2$

■ **题2**:如图 $4-2$,$\triangle ABC$ 中,$\angle ACB = 90°$,点 D 在斜边 AB 上,且 $AD=AC$,点 E 在边 BC 上,且 $\angle AEC = \angle DEB$,$\angle CDE = 45°$,$CE = \dfrac{7\sqrt{10}}{4}$,求 FC 之长.

一、寻路

　　客观地说,这两道题对于初中学生来说,确实不易.题1有7个条件,题2有5个条件,都很难看出其与结论之间的联系,但是,这些看似杂乱无章的条件堆积在一起,却勾勒出两幅简洁、漂亮的图形,这让我想到元代马致远的《天净沙·秋思》:"枯藤老树昏鸦,小桥流水人家,古道西风瘦马."作者用简单的白描手法

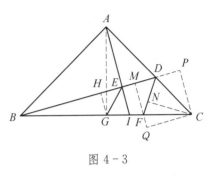

图 4-3

勾勒出一幅悲凉的深秋意境图.图形虽然漂亮,但求解之路在何方呢? 题1的7个条件为:①$\angle BAC = 90°$,②$AB = AC$,③G 是 BC 中点,④$\angle ADB = \angle CDF$,⑤$AE \perp BD$,⑥$EG = 10\sqrt{2}$,⑦$DF = 17$,组合这些条件发现:由 ①、② 可得:⑧$\angle ACB = 45°$,由③、⑤ 可得:⑨$\angle BEG = 45°$(如图 4-3 所示,连结 AG,B、G、E、A 四点共圆),现在条件的意义似乎明晰了些,由⑥中的$\sqrt{2}$ 及⑨想到作$GH \perp BD$,再结合③想到作 $CP \perp BD$ 于 P,于是④的意义显现,CD 平分 $\angle PDF$,所以作 $CN \perp DF$ 于 N,则$\triangle CPD \cong \triangle CND$,此时注意到⑧,想到作 $FM \perp BD$ 于 M,$CQ \perp MF$ 于 Q,易得四边形 $PMQC$ 为正方形.至此,各条件之间关系建立,终于柳暗花明了.设 $DN = x$,则 $DP = x$,$MD = 20 - x$,$QF = NF = 17 - x$,$MF = 20 - (17 - x) = x + 3$,由 $DF^2 = MF^2 + MD^2$,解得 $x = 5$ 或 $x = 12$.由 $\dfrac{AD}{BD} = \dfrac{DN}{CD}$ 得

$$\frac{AD^2}{AD^2 + (AD + CD)^2} = \frac{DN^2}{CN^2 + DN^2}.$$

　　当 $DN = 5$ 时,解得$\dfrac{AD}{CD} = \dfrac{1}{3}$,此时 $DE = \dfrac{AD}{CD} \cdot DP = \dfrac{5}{3}$;

　　当 $DN = 12$ 时,解得$\dfrac{AD}{CD} = \dfrac{3}{2}$,此时 $DE = \dfrac{AD}{CD} \cdot DP = 18$.

　　对于题2,考虑延长 DE、AC 交于点 J,如图 4-4 所示,这似乎可理解为条件"$\angle AEC = \angle DEB$,$\angle ACB = 90°$"的一个较合理的运用,构造出了对称图形,

"$\angle CDE=45°$"暗示着什么呢？作 $DK\perp DE$ 交 AC 于 K 试试，此时 CD"变身"为角平分线了，于是作 $CH\perp DE$ 于 H，作 $CG\perp DK$ 于 G，符合逻辑了，出现了正方形 $DGCH$，从而 $AD=AC$ 的作用也显现，连结 AG，现在容易发现 $\triangle AGD\cong\triangle AGC$，从而 $\angle ADK=\angle ACG=\angle AJD$，易得 $\triangle DAK\backsim\triangle JAD$，又 $\triangle EAC\cong\triangle EJC$，$\triangle CGK\cong\triangle CHE$，从而不难得到 $AC=2CE$，于是 $CH=2EH=DH$，$HJ=2CH=4EH$，$JE=5DE$，$AJ=2CA$，由于 $\triangle DCJ$ 被直线 AFE 截，故 $\dfrac{DF}{FC}\cdot\dfrac{CA}{AJ}\cdot\dfrac{JE}{ED}=1$，

图 4-4

所以 $\dfrac{DF}{FC}=\dfrac{2}{5}$，由于 $CD=\sqrt{2}CH$，$CH=\dfrac{2}{\sqrt{5}}CE=\dfrac{7\sqrt{2}}{2}$，故 $CD=7$，$FC=5$.

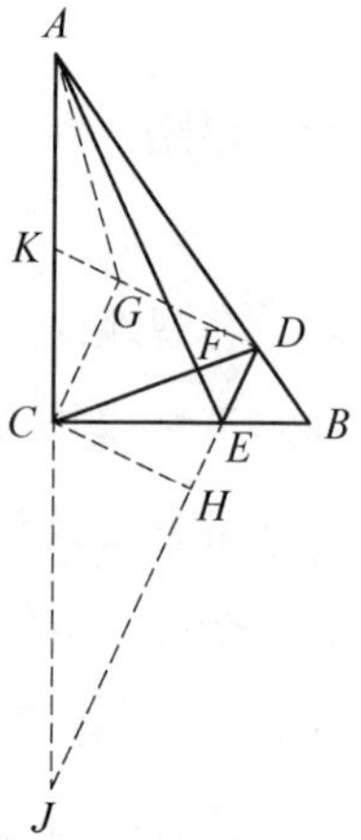

二、赏景

回顾这两道题的思考过程，曲曲折折，但风光无限. 两题的题图和解答图都很漂亮，像小山、像帆船、像舢板、像快艇、像弯弓，抑或像其他东西，你可尽情发挥你的想象，只要你愿意. 解答题 1、2 的过程中，对每个条件的联想、理解、尝试都在情理之中，却又要费些思量. 如题 1 中连结 AG，相似三角形对应角相等，$\sqrt{2}$ 的合理联想，中点的使用，$\angle ADB=\angle CDF$ 的巧妙转化；题 2 中，延长 DE、AC，作 $DK\perp DE$ 交 AC 于 K，作 $CH\perp DE$ 于 H，作 $CG\perp DK$ 于 G，构造正方形 $DGCH$.

最是"正方形"这边风景独好. 两道题中都不约而同构造出了正方形，从而导致问题解决. 题 1 的解答中，图 4-3 所示的正方形 $CPMQ$ 中还有许多漂亮的结论. 如 $\angle DCF=45°$ 的充要条件是 $DF=DP+FQ$；$\triangle DMF$ 的周长等于正方形 $PMQC$ 边长的两倍；点 C 为 $\triangle DMF$ 的旁心等. 题 2 的解答中，正方形 $CGDH$ 中，若设 DG 与 AE 交于 T，则点 C 是 $\triangle DET$ 的旁心；$\angle TCE=45°$；$ET=GT+HE$，$\triangle DET$ 的周长等于正方形 $CGDH$ 边长的两倍.

美丽的图形，漂亮的结论重复出现，显示应用的范围广泛.

三、另外的例子

■ **题 3:** 如图 $4-5$,点 E、F 分别在矩形 $ABCD$ 的边 BC、AB 上,$BF=3$,$BE=4$,$CE=3$,AE 与 CF 交于点 P,且 $\angle APC=\angle AEB+\angle CFB$,求矩形 $ABCD$ 的面积.

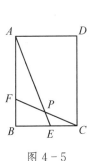

图 $4-5$

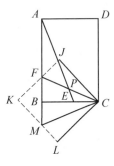

图 $4-6$

解: 因为 $\angle AEB+\angle CFB=\angle APC=90°+\angle BAE+\angle FCB=270°-\angle AEB-\angle CFB$,所以 $\angle APC=\angle AEB+\angle CFB=135°$,从而 $\angle BAE+\angle BCF=45°$. 如图 $4-6$,作 $\angle BCM=\angle BAE$,延长 AB 与 CM 交于 M,则 $\angle MCF=45°$. 将 $\triangle BFC$ 延 FC 翻折得到 $\triangle FJC$,$\triangle BMC$ 延 MC 翻折得到 $\triangle CLM$,延长 JF、LM 交于 K,则 $LKJC$ 为正方形. 设 $BM=x$,则 $LM=x$,$KM=7-x$,$JF=3$,$FK=4$,由 $KM^2+KF^2=FM^2$ 得 $(7-x)^2+4^2=(3+x)^2$,解得 $x=\dfrac{14}{5}$.

易知 $\triangle BAE \backsim \triangle BCM$,所以 $\dfrac{AB}{BE}=\dfrac{BC}{BM}$,得 $AB=10$. 所以 $ABCD$ 的面积为 $AB \times BC=10 \times 7=70$.

■ **题 4:** 如图 $4-7$,已知平行四边形 $ABCD$ 中,$CE \perp AB$ 于 E,点 F 在边 BC 上,AF 交 CE 于点 G,连结 DG,且 $CE=AF=AB$,(1) 求 $\angle ADG$ 的度数;(2) 求证:$AG=BE+CG$,$GE=GF+BE$.

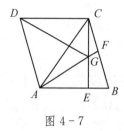

图 4-7

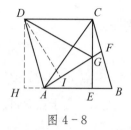

图 4-8

解及证：(1) 如图 4-8，作 $DH \perp AB$ 于 H，作 $DI \perp AG$ 于 I，因为 $AD /\!/ BC$，故 $\angle HAD = \angle ABF$，$\angle IAD = \angle AFB$，因为 $AF = AB$，从而 $\angle AFB = \angle ABF$，从而 $\angle HAD = \angle IAD$. 又 $\angle AHD = \angle AID$，$AD = AD$，于是 $\triangle DHA \cong \triangle DIA$. 故 $DH = DI$，$\angle HDA = \angle IDA$. 注意到四边形 $CDHE$ 是正方形，从而 $DI = DC$，进而 $\triangle DIG \cong \triangle DCG$. 从而 $IG = GC$，$\angle IDG = \angle CDG$. 所以 $\angle ADG = \frac{1}{2}(\angle HDI + \angle IDC) = 45°$.

(2) 因为 $IA = HA = HE - AE = CD - AE = AB - AE = BE$，$IG = GC$，从而 $AG = AI + IG = BE + GC$. 所以 $GE = CE - GC = AF - GC = AI + IG + FG - GC = BE + FG$.

5   探求新的结论

——以一道经典平面几何习题为例

■ **题目**:如图 5-1,点 C 为线段 AB 上一点,分别以 AC、CB 为边在 AB 的同侧作等边 $\triangle ACD$ 和等边 $\triangle BCE$,试说明 $\triangle ACE \cong \triangle DCB$.

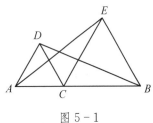

图 5-1

这是上海市七年级第二学期数学课本第 114 页中的一道练习题,结论和图形都非常漂亮、简洁,许多老师把它作为例题,《中学数学问题集》(张奠宙,戴再平)第六章的 6.9"题中有题"中也全面讨论了这道题,并给出了 10 个有趣的结论. 研究发现这道例题还具有广阔的后续思考空间,在实际教学中没有充分发挥其丰富的教育价值.

一、漂亮的结论群

点 C 为线段 AB 上一点,分别以 AC、CB 为边在 AB 的同侧作等边 $\triangle ACD$ 和等边 $\triangle BCE$,设 AE 交 BD 于点 P,AE 交 CD 于点 F,BD 交 EC 于点 G,连结 PC、FG(如图 5-2 所示),设 $AC = a$,$BC = b$,$CF = c$,则

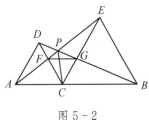

图 5-2

1) $AD \parallel CE$,$CD \parallel BE$;   2) $AE = BD$;   3) $\angle APD = 60°$;

4) $\triangle CFG$ 为正三角形;   5) $FG \parallel AB$;

6) 若 M、N 分别为 BD、AE 的中点,则 $\triangle CMN$ 为正三角形;

7) $\dfrac{1}{c} = \dfrac{1}{a} + \dfrac{1}{b}$；   8) CP 平分 $\angle APB$；

9) $DC^2 = DP \cdot DB$，$EC^2 = EP \cdot EA$；   10) $PC^2 = PD \cdot PE$；

11) $a^2 = AF \cdot AP$，$b^2 = BG \cdot BP$；

12) $PA = PD + PC$，$PB = PE + PC$；

13) $PA^2 + PD^2 + PC^2 = 2a^2$，$PB^2 + PE^2 + PC^2 = 2b^2$；

14) $PA^4 + PD^4 + PC^4 = 2a^4$，$PB^4 + PE^4 + PC^4 = 2b^4$；

15) 若在图 5 - 2 中连结 FB 交 CE 于点 E_1，连结 AE_1 交 CF 于点 F_1，则 $\dfrac{1}{CF_1} = \dfrac{1}{a} + \dfrac{1}{b} + \dfrac{1}{c}$.

这些结论证明并不难，读者可以尝试给出证明.

二、正三角形序列

由上述结论 15 的启发我们想到：在图 5 - 2 中连结 FB 交 CE 于点 E_1，连结 AG 交 CD 于点 D_1，连结 AE_1 交 CF 于 F_1，连结 D_1B 交 CG 于 G_1（如图 5 - 3 所示），则 $\triangle CF_1G_1$ 是等边三角形.

因为 $CD \parallel BE$，故 $\dfrac{CF}{BE} = \dfrac{CE_1}{CE - CE_1}$，所以 $\dfrac{CF}{b + CF} = \dfrac{CE_1}{b}$. 而 $CE \parallel AD$，故 $\dfrac{CE_1}{AD} = \dfrac{CF_1}{CD - CF_1}$，从而 $\dfrac{CE_1}{a + CE_1} = \dfrac{CF_1}{CD}$，而 $CF = \dfrac{ab}{a + b}$，消去 CE_1 得 $\dfrac{1}{CF_1} = \dfrac{2}{a} + \dfrac{2}{b}$.

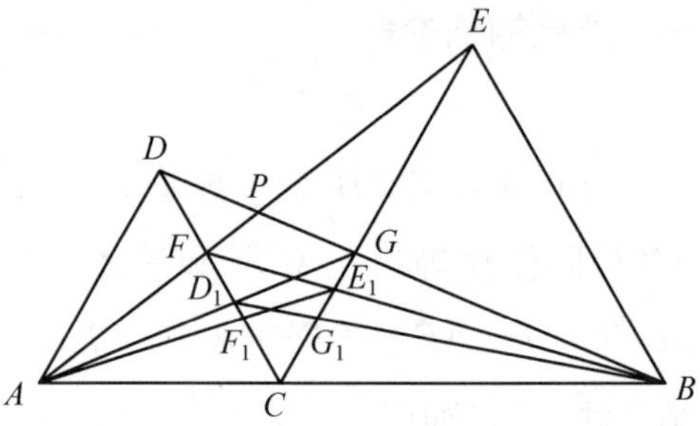

图 5 - 3

同理，$\dfrac{1}{CG_1} = \dfrac{2}{a} + \dfrac{2}{b}$，而 $\angle F_1CG_1 = 60°$，故 $\triangle CF_1G_1$ 为正三角形.

重复上述连线方式得到点 F_2、G_2，F_3、G_3，$\cdots$，F_n、G_n，类似地我们不难证

明：$\triangle CF_nG_n$ 为等边三角形，且 $\dfrac{1}{F_nC}=\dfrac{1}{G_nC}=\dfrac{n+1}{a}+\dfrac{n+1}{b}$，即以下命题 1 正确.

■ **命题 1** 点 C 为线段 AB 上一点，分别以 AC、CB 为边在 AB 的同侧作等边 $\triangle ACD$ 和等边 $\triangle BCE$. 若设 AE 交 CD 于点 F_0，BD 交 EC 于点 G_0. 现连结 F_0B 交 CE 于点 E_1，连结 AG_0 交 CD 于点 D_1，连结 AE_1 交 CD 于点 F_1，连结 D_1B 交 CE 于点 G_1，…… 重复上述操作得到点 F_2、G_2，F_3、G_3，…，F_n、G_n，则 $\triangle CF_nG_n$ 为等边三角形，且 $\dfrac{1}{F_nC}=\dfrac{1}{G_nC}=\dfrac{n+1}{a}+\dfrac{n+1}{b}$，$n=0，1，2，\cdots$.

上面的发现容易让我们思考：在图 5-3 中，当点 F 为直线 CD 上任意一点，且 $FG\parallel AB$ 交 CE 于点 G，按上述方式操作得到 F_1G_1，$\triangle CF_1G_1$ 为等边三角形吗？研究可得以下结论.

■ **命题 2** 如图 5-4 所示，点 C 为线段 AB 上一点，过点 C 作两条射线 CP、CQ 使得 $\angle ACP=\angle PCQ=\angle QCB=60^\circ$，点 F 在射线 CP 上，过点 F 作 $FG\parallel AB$ 交射线 CQ 于点 G，连结 AG 交射线 CP 于点 D，连结 BF 交射线 CQ 于点 E，连结 AE 交射线 CP 于点 F_1，连结 BD 交射线 CQ 于点 G_1，则 $\triangle CF_1G_1$ 为等边三角形.

证明：如图 5-4 所示，$\triangle CFB$ 被直线 AF_1E 截，由梅涅劳斯(Menelaus)定理可得 $\dfrac{CF_1}{F_1F}\cdot\dfrac{FE}{EB}\cdot\dfrac{BA}{AC}=1$. $\triangle CGA$ 被直线 DG_1B 截，由梅涅劳斯定理可得 $\dfrac{CG_1}{G_1G}\cdot\dfrac{GD}{DA}\cdot\dfrac{AB}{BC}=1$.

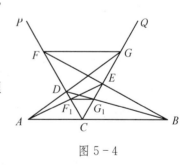

图 5-4

由于 $FG\parallel AB$，故 $\dfrac{EB}{EF}=\dfrac{BC}{FG}$，$\dfrac{DA}{GD}=\dfrac{AC}{FG}$，所以

$\dfrac{CF_1}{FF_1}=\dfrac{EB}{FE}\cdot\dfrac{AC}{BA}=\dfrac{BC}{FG}\cdot\dfrac{AC}{BA}$，$\dfrac{CG_1}{G_1G}=\dfrac{DA}{GD}\cdot\dfrac{BC}{AB}=\dfrac{AC}{FG}\cdot\dfrac{BC}{AB}$，从而 $\dfrac{CF_1}{FF_1}=\dfrac{CG_1}{G_1G}$，故 $F_1G_1\parallel AB$. 又 $\angle F_1CG_1=60^\circ$，从而 $\triangle CF_1G_1$ 为等边三角形.

同样地，若连结 AG_1 交射线 CP 于点 D_1，连结 B_1F 交射线 CQ 于点 E_1，连结 AE_1 交射线 CP 于点 F_2，连结 BD_1 交射线 CQ 于点 G_2，重复上述连线方式得到点 F_3、G_3，F_4、G_4，…，F_n、G_n，则 $\triangle CF_nG_n$ 为等边三角形，$n=2，3，\cdots$.

图 5-4 中,若点 F、G 分别在射线 CP、射线 CQ 的反向延长线上,且 $FG \parallel AB$,如果连结 AG 交射线 CP 反向延长线于点 D,连结 BF 交射线 CQ 反向延长线于点 E,连结 AE 交射线 CP 反向延长线于点 F_1,连结 BD 交射线 CQ 反向延长线于点 G_1,则 $\triangle CF_1G_1$ 为等边三角形.继续按照上述方式连线,如果点 F_n、G_n 存在,则 $\triangle CF_nG_n$ 为等边三角形.证明方法与命题 2 类似.

三、$FG \parallel AB$ 证明的启示

如图 5-2,证明 $FG \parallel AB$ 的方法至少有两种,其中之一是:因为 $CD \parallel BE$,故 $\dfrac{CG}{GE} = \dfrac{DG}{GB}$,从而 $\dfrac{CG}{CE} = \dfrac{DG}{DB}$,又 $CE \parallel AD$,从而 $\dfrac{DG}{DB} = \dfrac{AC}{AB}$,故 $\dfrac{CG}{CE} = \dfrac{AC}{AB}$,又由 $CD \parallel BE$,得 $\dfrac{AF}{AE} = \dfrac{AC}{AB}$,所以 $\dfrac{CG}{CE} = \dfrac{AF}{AE}$,于是 $FG \parallel AB$.

从上面的证明中发现 $FG \parallel AB$ 与 $\angle ECB$、$\angle ECD$ 的度数无关.由此分析说明命题 3 正确.

■ **命题 3** 如图 5-5 所示,设点 C 为线段 AB 上一点,点 D、E 在直线 AB 的同侧,使得 $CD \parallel BE$,$AD \parallel CE$,AE 与 CD 交于点 F,BD 与 CE 交于点 G,则 $FG \parallel AB$.

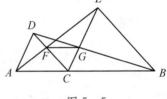

图 5-5

同样地,连结 FB 交 CE 于点 E_1,连结 AG 交 CD 于点 D_1,连结 AE_1 交 CD 于点 F_1,连结 D_1B 交 CE 于点 G_1,……重复上述操作得到点 F_2、G_2,F_3、G_3,…,F_n、G_n,则 $F_nG_n \parallel AB$,$n=1,2,\cdots$.

类似命题 2 的证明,我们可以证明以下命题 4 成立.

■ **命题 4** 如图 5-6 所示,点 C 为线段 AB 上一点,过点 C 任作两条射线 CP、CQ,点 F 在射线 CP 上,过点 F 作 $FG \parallel AB$ 交射线 CQ 于点 G,若连结 AG 交射线 CP 于点 D,连结 BF 交射线 CQ 于点 E,连结 AE 交射线 CP 于点 F_1,连结 BD

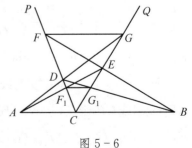

图 5-6

交射线 CQ 于点 G_1，则 $F_1G_1 \parallel AB$.

同样地，若连结 AG_1 交射线 CP 于点 D_1，连结 B_1F 交射线 CQ 于点 E_1，连结 AE_1 交射线 CP 于点 F_2，连结 BD_1 交射线 CQ 于点 G_2，……重复上述连线方式得到点 F_3、G_3、F_4、G_4，…，F_n、G_n，则 $F_nG_n \parallel AB$，$n=2,3,4,\cdots$.

四、改变点 C 的位置

如果 A、B、C 三点不共线，结论还成立吗？

■　**命题 5**　如图 $5-7$，点 C 为线段 AB 外一点，作 $\triangle ACD$ 与 $\triangle BCE$ 使得 $CD \parallel BE$，$AD \parallel CE$，设 AE 与 CD 交于点 F，BD 与 CE 交于点 G，则 $FG \parallel AB$.

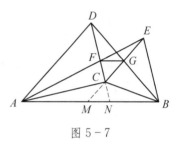

图 $5-7$

证明：设 EC 交 AB 于点 M、DC 交 AB 于点 N，由 $\triangle MGB$ 被直线 DCN 截，故 $\dfrac{MC}{CG} \cdot \dfrac{GD}{DB} \cdot \dfrac{BN}{NM} = 1$，$\triangle AFN$ 被直线 ECM 截，故 $\dfrac{NC}{CF} \cdot \dfrac{FE}{EA} \cdot \dfrac{AM}{MN} = 1$，注意到 $AD \parallel EM$，故 $\dfrac{DB}{DG} = \dfrac{AB}{AM}$；$BE \parallel DN$，故 $\dfrac{EA}{EF} = \dfrac{BA}{BN}$，于是 $\dfrac{MC}{CG} = \dfrac{DB}{GD} \cdot \dfrac{NM}{BN} = \dfrac{AB}{AM} \cdot \dfrac{NM}{BN}$，$\dfrac{NC}{CF} = \dfrac{EA}{FE} \cdot \dfrac{MN}{AM} = \dfrac{AB}{BN} \cdot \dfrac{MN}{AM}$，从而 $\dfrac{MC}{CG} = \dfrac{NC}{CF}$，所以 $FG \parallel AB$.

同样地，连结 FB 交 CE 于点 E_1，连结 AG 交 CD 于点 D_1，连结 AE_1 交 CD 于点 F_1，连结 D_1B 交 CE 于点 G_1，……重复上述操作得到点 F_2、G_2、F_3、G_3，…，F_n、G_n，则 $F_nG_n \parallel AB$，$n=1,2,\cdots$.

类似地，我们容易得到以下结论.

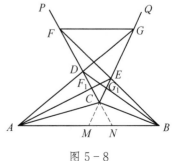

图 $5-8$

■　**命题 6**　如图 $5-8$ 所示，点 C 为线段 AB 上方一点，过点 C 任作两条射线 CP、CQ，点 F 在射线 CP 上，过点 F 作 $FG \parallel AB$ 交射线 CQ 于点 G，连结 AG 交射线 CP 于点 D，连结 BF 交射线 CQ 于点 E，

连结 AE_1 交射线 CP 于点 F_1，连结 BD_1 交射线 CQ 于点 G_1，则 $F_1G_1 \ /\!/ \ AB$.

证明： 如图 5-8 所示，设 CG、CF 分别交 AB 于点 M、N，$\triangle NFB$ 被直线 AF_1E 截，由梅涅劳斯定理可得 $\dfrac{NF_1}{F_1F} \cdot \dfrac{FE}{EB} \cdot \dfrac{BA}{AN} = 1$，$\triangle MGA$ 被直线 BG_1D 截，由梅涅劳斯定理可得 $\dfrac{MG_1}{G_1G} \cdot \dfrac{GD}{DA} \cdot \dfrac{AB}{BM} = 1$，由于 $FG \ /\!/ \ AB$，故 $\dfrac{EB}{FE} = \dfrac{BM}{FG}$，$\dfrac{DA}{GD} = \dfrac{AN}{FG}$.

所以 $\dfrac{NF_1}{F_1F} = \dfrac{EB}{FE} \cdot \dfrac{AN}{BA} = \dfrac{BM}{FG} \cdot \dfrac{AN}{BA}$，$\dfrac{MG_1}{G_1G} = \dfrac{DA}{GD} \cdot \dfrac{BM}{AB} = \dfrac{AN}{FG} \cdot \dfrac{BM}{AB}$，从而 $\dfrac{NF_1}{F_1F} = \dfrac{MG_1}{G_1G}$，故 $\dfrac{NF_1}{NF} = \dfrac{MG_1}{MG}$，又由 $FG \ /\!/ \ AB$ 可得 $\dfrac{NC}{CF} = \dfrac{MC}{CG}$，于是有 $\dfrac{NC}{NF} = \dfrac{MC}{MG}$，故 $\dfrac{NC}{NF_1} = \dfrac{MC}{MG_1}$，从而 $\dfrac{NC}{CF_1} = \dfrac{MC}{CG_1}$，所以 $F_1G_1 \ /\!/ \ AB$.

同样地，若连结 AG_1 交射线 CP 于点 D_1，连结 B_1F 交射线 CQ 于点 E_1，连结 AE_1 交射线 CP 于点 F_2，连结 BD_1 交射线 CQ 于点 G_2，……重复上述连线方式得到点 F_3、G_3、F_4、G_4、$\cdots$、F_n、G_n，则 $F_nG_n \ /\!/ \ AB$，$n = 2、3、4、\cdots$.

6 │ 意外的发现

■ **题目** 如图 6 - 1, $\triangle ABC$ 中, $\angle ABC = 60°$, 点 E 在边 BC 上, $AB = BE$, 作 $\angle AED = \angle ACB$ 交 AC 于 D, 交 BA 延长线于 F, 连结 CF, 取 CF 中点 M, 连结 BM 交 AC 于 N, 若 $\angle ABM = 3\angle ACB$, $CN = 2$, 求 $\triangle BNC$ 的面积.

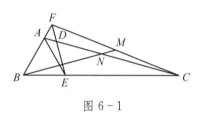

图 6 - 1

有人问遇到上述题目, 如何思考? 这是一个很难回答的问题.

一、从数量关系入手

如果是初中高年级学生或高中学生, 或许定量思考较好, 利用正弦定理, 从数量关系入手, 能较快解决问题.

设 $AB = a$, $EC = b$, 因为 $\angle FAE = \angle AEC = 120°$, $\angle FEA = \angle AED = \angle ACB = \angle ACE$, 所以 $\triangle FEA \backsim \triangle ACE$, 从而 $\dfrac{FA}{AE} = \dfrac{AE}{EC}$, 从而 $AF = \dfrac{a^2}{b}$. 设 $\angle ACB = \angle AED = \alpha$, $\angle ABM = \beta$, 于是在 $\triangle BFM$ 中, $\dfrac{FM}{\sin\beta} = \dfrac{BF}{\sin\angle BMF}$. 在 $\triangle BMC$ 中, $\dfrac{CM}{\sin(60° - \beta)} = \dfrac{BC}{\sin\angle BMC}$, 注意到 $FM = CM$, 且 $\sin\angle BMF = \sin\angle BMC$, 从而 $\dfrac{\sin(60° - \beta)}{\sin\beta} = \dfrac{BF}{BC} = \dfrac{BA + AF}{BE + EC} = \dfrac{a}{b}$. 而在 $\triangle AEC$ 中, $\dfrac{a}{b} = \dfrac{AE}{EC} = \dfrac{\sin\alpha}{\sin(60° - \alpha)}$, 于是 $\dfrac{\sin(60° - \beta)}{\sin\beta} = \dfrac{\sin\alpha}{\sin(60° - \alpha)}$, 所以 $\sin(60° - \beta) \cdot \sin(60° - \alpha) = $

$\sin\alpha \cdot \sin\beta.$

积化和差并整理得 $\cos(120° - \alpha - \beta) = \cos(\alpha + \beta)$.

注意到 $\beta = \angle ABM < \angle ABC = 60°$，$\alpha < \angle ABC = 60°$，所以 $0° < \alpha + \beta < 120°$，于是 $\alpha + \beta = 60°$. 当 $\angle ABM = 3\alpha$ 时，$\alpha = 15°$，从而 $\angle BNC = 150°$，故 $S_{\triangle BNC} = \frac{1}{2} \cdot BN \cdot NC \cdot \sin\angle BNC = \frac{1}{2} \cdot 2 \cdot 2 \cdot \sin 150° = 1.$

二、结论 $\alpha + \beta = 60°$ 的另证

上面的讨论意外得到一个很好的结果：$\alpha + \beta = 60°$. 代数方法有代数方法的优势，几何方法有几何方法的长处，本题中，通过数学运算的力量，得到了 α 与 β 之间的数量关系，即 $\alpha + \beta = 60°$，但是，对图形之间的内在联系还是缺少直观的感受，所以著名数学家华罗庚说："数无形时少直觉，形少数时难入微". 前面我们用三角知识得到了结论 $\alpha + \beta = 60°$，如何用平面几何方法证明这个结论呢？

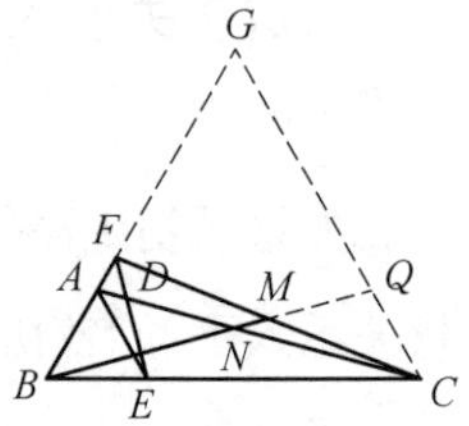

延长 BA 至点 G，使得 $BG = BC$，连结 CG，则 $\triangle BCG$ 为正三角形，$BG = BC = CG$，延长 BM 交 CG 于点 Q，因 $\triangle CFG$ 被直线 BMQ 所截，故 $\frac{CQ}{QG} \cdot \frac{GB}{BF} \cdot \frac{FM}{MC} = 1$，注意到 $FM = MC$，从而 $\frac{CQ}{QG} = \frac{BF}{BG}$. 设 $AB = a$，$EC = b$.

图 6 - 2

因为 $\angle FAE = \angle AEC = 120°$，$\angle FEA = \angle AED = \angle ACB = \angle ACE$，所以 $\triangle FEA \backsim \triangle ACE$，从而 $\frac{FA}{AE} = \frac{AE}{EC}$，从而 $AF = \frac{a^2}{b}$.

于是 $\frac{BF}{BG} = \frac{BA + AF}{BC} = \frac{a}{b} = \frac{BA}{AG}$，所以 $\frac{CQ}{QG} = \frac{BA}{AG}$，即 $\frac{CQ}{CG} = \frac{BA}{BG}$，于是 $CQ = BA$，从而不难证明 $\triangle BAC \cong \triangle CQB$.

所以 $\alpha = \angle ACB = \angle QBC = 60° - \angle ABM = 60° - \beta$，即 $\alpha + \beta = 60°$.

反之，若 $\alpha + \beta = 60°$，则易得 $\angle QBC = \angle ACB$，从而 $\triangle BAC \cong \triangle CQB$，于是

$CQ = BA$，所以 $\dfrac{CQ}{QG} = \dfrac{BA}{AG} = \dfrac{BF}{BG}$，于是因 $\triangle CFG$ 被 BMQ 所截，故 $\dfrac{CQ}{QG} \cdot \dfrac{GB}{BF} \cdot \dfrac{FM}{MC} = 1$，得 $FM = MC$，即点 M 是 FC 中点.

三、图形的再思考

分析题目的条件，不难发现：$\triangle ADE \backsim \triangle AEC$，于是 $\angle ADE = \angle AEC = 120°$，所以 A、D、E、B 四点共圆，从而 $\angle ABD = \angle AED$（也可通过延长 ED 至 K，使得 $DK = AD$，连结 AK，证明 $\triangle KEA \cong \triangle DBA$ 得证）.

延长 BD 交 CG 于点 P，若 $\angle AEF = \angle ACB$，则 $\angle GBP = \angle ABD = \angle ACB$，从而不难证明：$\triangle GBP \cong \triangle BCA$.

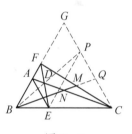

故 $GP = BA = BE$，于是 $\triangle PEC$ 为正三角形.

此时点 D 也是 AC 与 BP 的交点. 于是我们不难得到下面的结论：

图 6-3

在线段 AC 上取一点 B，分别以 AB、BC 为边在线段 AC 的同侧作正 $\triangle ABD$、正 $\triangle BCE$，如图 6-4 所示，连结 AE、CD 交于 F，连结 BF 并延长与 AD 延长线交于点 G，连结 CG，点 H 在 CG 上，连结 AH 并延长交 CE 于点 I，则把（1）点 H 是 CG 中点，（2）$CI = AD$，（3）$\angle IAC = \angle DCB$，（4）$\angle GAH + \angle DCA = 60°$ 中任何一个作为条件，其他三个作为结论所得的命题都是真命题.

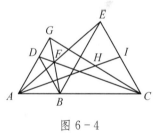

图 6-4

由于对称性，很自然地我们会问，当 BF 与 CE 延长线相交的情况，经过研究，发现有同样的结论.

在线段 AC 上取一点 B，分别以 AB、BC 为边在线段 AC 的同侧作正 $\triangle ABD$、正 $\triangle BCE$，如图 6-5 所示，连结 AE、CD 交于 F，连结 BF 并延长与 CE 延长线交于点 J，连结 AJ，点 K 在 AJ 上，设 AD 延长线交 CK 于 L，则把（1）点 K 是 AJ 中点，（2）$AL = EC$，（3）$\angle KCA = \angle EAC$，（4）$\angle JCK + \angle EAC = 60°$

中任何一个作为条件，其他三个作为结论所得的命题都是真命题.

特别地，当 B 为 AC 中点时，点 K、L、D 重合，J、M 重合，点 F 为正三角形 ACM 的中心.

现在，我们已无法查找这道题的命题来源，但通过上面的分析，我们可以看出它与上一章文首所提的经典习题的关联.

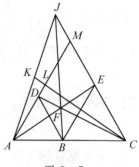

图 6 - 5

7　同心正三角形探究

例题　如图 7-1,已知正△ABC 中,点 D、E、F 分别在边 AB、BC、CA 上,且△DEF 为正三角形,求证:$AD = BE = CF$,且 $\angle AFD = \angle BDE = \angle CEF$.

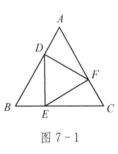

图 7-1

这是一道经典例题,由此得到的变式很多,由于正△ABC、正△DEF 的中心重合,故称它们为同心正三角形,本文将对这些变式作些研究,并给出一个相对统一的方法——代数方法解决这类问题.

一、弱化正三角形 ABC

如图 7-1,将"正△ABC"改为"△ABC",若加上"$\angle ADF = \angle BED = \angle CFE$"、"$\angle AFD = \angle BDE = \angle CEF$"这两组中的任意一组,且 △DEF 为正三角形,则 △ABC 为等边三角形.利用全等三角形知识容易证之(见上海市《九年义务教育课本——数学(七年级第二学期)(试用本)》第 114 页,练习 14.7 第 3 题).如图 7-1,若将"正△ABC"改为"△ABC",加上 $AD = BE = CF$,且△DEF 为正三角形,此时 △ABC 也为等边三角形吗? 结论是肯定的.于是有:

命题 1　如图 7-2,已知△ABC 中,点 D、E、F 分别在边 AB、BC、CA 上,$AD = BE = CF$,且△DEF 为正三角形,求证:△ABC 为等边三角形.

证明:设 $AD = BE = CF = a$,$BD = x$,$EC = y$,$AF = z$,$DE = EF = FD = k$,则

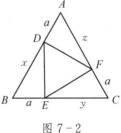

图 7-2

$$\frac{a^2 + z^2 - k^2}{2az} = \cos A = \frac{(a+z)^2 + (a+x)^2 - (a+y)^2}{2(a+z)(a+x)},$$

即 $a^2 + z^2 - k^2 = az\left[\dfrac{(a+z)^2 + (a+x)^2 - (a+y)^2}{(a+z)(a+x)}\right].$

同理，$a^2 + x^2 - k^2 = ax\left[\dfrac{(a+x)^2 + (a+y)^2 - (a+z)^2}{(a+x)(a+y)}\right],$

$$a^2 + y^2 - k^2 = ay\left[\frac{(a+y)^2 + (a+z)^2 - (a+x)^2}{(a+y)(a+z)}\right].$$

令 $a + x = p$, $a + y = q$, $a + z = r$, 则

$$a^2 + (r-a)^2 - k^2 = a(r-a)\left(\frac{r^2 + p^2 - q^2}{rp}\right),$$

$$a^2 + (q-a)^2 - k^2 = a(q-a)\left(\frac{q^2 + r^2 - p^2}{qr}\right),$$

$$a^2 + (p-a)^2 - k^2 = a(p-a)\left(\frac{p^2 + q^2 - r^2}{pq}\right),$$

从而 $(r - q)(r + q - 2a) = (ar - a^2)\left(\dfrac{r^2q + p^2q - q^3}{rpq}\right) - (aq - a^2)\left(\dfrac{pq^2 + pr^2 - p^3}{pqr}\right)$, 故

$pqr(r-q)(r+q-2a)$

$= a^2(p-q)(r^2 - p^2 - q^2 - 2pq) + aqr(r-q)(r+q) + apqr(p-r) + apq(p-q)(p+q)$

$= a^2(p-q)[(r^2 - (p+q)^2] + aqr(r-q)(r+q) + apqr(p-q+q-r) + apq(p-q)(p+q),$

从而$(q-r)qr[p(q+r) - a(p+q+r)] = a(p-q)[a(p+q-r) - pq](p+q+r).$ ①

同理，$(p-q)pq[r(p+q) - a(p+q+r)] = a(r-p)[a(r+p-q) - rp](p+q+r),$ ②

$(r-p)rp[q(r+p) - a(p+q+r)] = a(q-r)[a(q+r-p) - qr](p+$

$q + r$).　　　　　　　　　　　　　　　　　　　　　　　　　　　　　　③

注意到 a，p，q，$r > 0$，且 $a(p+q-r) - pq = a(x+y-z+a) - (x+a)(y+a) = -xy - az < 0$，$a(r+p-q) - rp < 0$，$a(q+r-p) - qr < 0$，于是：

1）若 $p - q$，$q - r$，$r - p$ 中有一个为 0，不妨设 $q - r = 0$，则由 ① 知 $p = q$，从而 $p = q = r$，进而 $x = y = z$，$\triangle ABC$ 为等边三角形.

2）若 $p - q$，$q - r$，$r - p$ 均不为 0，则①②③相乘并约去 $(p-q)(q-r)(r-p)$ 得

$$0 > p^2 q^2 r^2 [p(q+r) - a(p+q+r)] \cdot [r(p+q) - a(p+q+r)] \cdot [q(r+p) - a(p+q+r)]$$

$$= a^3 (p+q+r)^3 [a(p+q-r) - pq] \cdot [a(q+r-p) - qr] \cdot [a(r+p-q) - rp],$$

故 $a(p+q-r) - pq$，$a(q+r-p) - qr$，$a(r+p-q) - rp$ 或者三个全负，或者两正一负.

若有两正，不妨设 $a(p+q-r) - pq > 0$，$a(q+r-p) - qr > 0$，则 $0 < a(p+q-r) - pq + a(q+r-p) - qr = q(2a - p - r) = -q(x+y)$，矛盾.

从而 $a(p+q-r) - pq$，$a(q+r-p) - qr$，$a(r+p-q) - rp$ 均为负数.

于是若 $p > q$，则由 ① 知 $q > r$，再由 ③ 知 $r > p$，矛盾. 同理，若 $p < q$，也产生矛盾. 于是 $p = q = r$，同样产生矛盾. 总之有 $p = q = r$，$\triangle ABC$ 为等边三角形.

二、弱化正三角形 DEF

如图 7 - 1，$\triangle ABC$ 为正三角形，将"正 $\triangle DEF$"改为"$\triangle DEF$"，若加上"$\angle ADF = \angle BED = \angle CFE$"、"$\angle AFD = \angle BDE = \angle CEF$"这两组中的任意一组，则 $\triangle DEF$ 为等边三角形；若加上 $AD = BE = CF$，此时 $\triangle DEF$ 也为等边三角形. 利用全等三角形知识容易证之.

三、重组条件

如图 7-1 中，考虑两组边的条件：$AD = BE = CF$、$BD = EC = FA$ 和两组角

的条件：$\angle AFD = \angle BDE = \angle CEF$、$\angle ADF = \angle BED = \angle CFE$. 不难证明以下两个结论：若 $AD = BE = CF$、$BD = EC = FA$，则 $\triangle ABC$、$\triangle DEF$ 均为正三角形；若 $\angle AFD = \angle BDE = \angle CEF$、$\angle ADF = \angle BED = \angle CFE$，则 $\triangle ABC$、$\triangle DEF$ 均为正三角形；若在边、角两组条件中各选一个，此时 $\triangle ABC$ 为正三角形吗？$\triangle DEF$ 为正三角形吗？下面的命题 2、3 给出了答案.

■ **命题 2** 如图 7-3，已知 $\triangle ABC$ 中，点 D、E、F 分别在边 AB、BC、CA 上，且 $AD = BE = CF$，$\angle AFD = \angle BDE = \angle CEF$，求证：$\triangle ABC$ 为等边三角形.

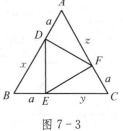

图 7-3

证明：设 $\angle AFD = \angle BDE = \angle CEF = \alpha$，$AD = BE = CF = a$，$BD = x$，$CE = y$，$AF = z$. 因 $\angle CFE + \angle EFD + \angle AFD = 180° = \angle CFE + \angle CEF + \angle C$，从而 $\angle EFD = \angle C$. 同理，$\angle FDE = \angle A$，$\angle DEF = \angle B$，即 $\triangle ABC \backsim \triangle DEF$.

所以 $\dfrac{DE}{a+x} = \dfrac{EF}{a+y} = \dfrac{FD}{a+z} = k$，$k$ 为相似比.

故在 $\triangle ADF$ 中用正弦定理得 $\dfrac{a}{\sin\alpha} = \dfrac{DF}{\sin A} = \dfrac{k(a+z)}{\sin A}$，又 $\dfrac{a+y}{\sin A} = \dfrac{BC}{\sin A} = 2R$，$R$ 为 $\triangle ABC$ 外接圆半径，所以 $a(a+y) = 2kR(a+z)\sin\alpha$.

同理，$a(a+z) = 2kR(a+x)\sin\alpha$，$a(a+x) = 2kR(a+y)\sin\alpha$，从而

$$\dfrac{a+y}{a+z} = \dfrac{a+z}{a+x}, \dfrac{a+z}{a+x} = \dfrac{a+x}{a+y}, \dfrac{a+x}{a+y} = \dfrac{a+y}{a+z},$$

即 $(a+z)^2 = (a+x)(a+y)$，$(a+x)^2 = (a+y)(a+z)$，$(a+y)^2 = (a+z)(a+x)$.

三式相加并配方得 $\dfrac{1}{2}[(a+x)-(a+y)]^2 + \dfrac{1}{2}[(a+y)-(a+z)]^2 + \dfrac{1}{2}[(a+z)-(a+x)]^2 = 0$，即 $x = y = z$，从而 $AB = BC = CA$，$\triangle ABC$ 为等边三角形.

■ **命题 3** 如图 7-4，已知 $\triangle ABC$ 中，点 D、E、F 分别在边 AB、BC、CA 上，且 $BD = CE = AF$，$\angle AFD = \angle BDE = \angle CEF$，求证：$\triangle ABC$ 为等边三角形.

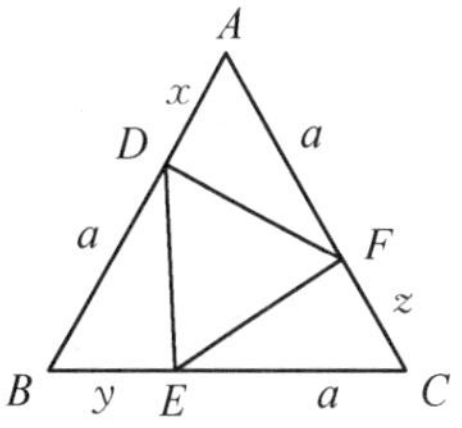

证明:设 $\angle AFD = \angle BDE = \angle CEF = \alpha$，$BD = CE = AF = a$，$AD = x$，$BE = y$，$CF = z$.

因为 $\angle CFE + \angle EFD + \angle AFD = 180° = \angle CFE + \angle CEF + \angle C$，从而 $\angle EFD = \angle C$.

同理，$\angle FDE = \angle A$，$\angle DEF = \angle B$，即 $\triangle ABC \backsim$ $\triangle DEF$，所以 $\dfrac{DE}{a+x} = \dfrac{EF}{a+y} = \dfrac{FD}{a+z} = k$，$k$ 为相似比.

图 7-4

故在 $\triangle ADF$ 中用正弦定理得 $\dfrac{x}{\sin\alpha} = \dfrac{DF}{\sin A} = \dfrac{k(a+z)}{\sin A}$，又 $\dfrac{a+y}{\sin A} = \dfrac{BC}{\sin A} = 2R$，$R$ 为 $\triangle ABC$ 外接圆半径，所以 $x(a+y) = 2kR(a+z)\sin\alpha$.

同理，$y(a+z) = 2kR(a+x)\sin\alpha$，$z(a+x) = 2kR(a+y)\sin\alpha$，从而

$$\frac{x(a+y)}{y(a+z)} = \frac{a+z}{a+x}, \frac{y(a+z)}{z(a+x)} = \frac{a+x}{a+y}, \frac{z(a+x)}{x(a+y)} = \frac{a+y}{a+z}.$$

令 $p = a+x$，$q = a+y$，$r = a+z$，则 $\dfrac{q(p-a)}{r(q-a)} = \dfrac{r}{p}$，$\dfrac{r(q-a)}{p(r-a)} = \dfrac{p}{q}$，$\dfrac{p(r-a)}{q(p-a)} = \dfrac{q}{r}$.

于是 $pq(p-a) = r^2(q-a)$，$p^2 - r^2 = \dfrac{a(pq-r^2)}{q}$.

同理，$q^2 - p^2 = \dfrac{a(qr-p^2)}{r}$，$r^2 - q^2 = \dfrac{a(rp-q^2)}{p}$.

三式相加得 $\dfrac{pq-r^2}{q} + \dfrac{qr-p^2}{r} + \dfrac{rp-q^2}{p} = 0$，即 $\dfrac{r^2}{q} + \dfrac{p^2}{r} + \dfrac{q^2}{p} = p + q + r$.

因为 $\dfrac{r^2}{q} + q \geqslant 2r$，$\dfrac{p^2}{r} + r \geqslant 2p$，$\dfrac{q^2}{p} + p \geqslant 2q$，从而 $\dfrac{r^2}{q} + \dfrac{p^2}{r} + \dfrac{q^2}{p} \geqslant p + q + r$，等号当且仅当 $p = q = r$ 时取到，即 $x = y = z$，从而 $AB = BC = CA$，$\triangle ABC$ 为等边三角形.

不难证明命题 2、3 中 $\triangle DEF$ 均为正三角形.

四、正三角形的存在性

1. 给定△DEF，作一个正△ABC，使得点 D、E、F 分别在边 AB、BC、CA 上，这样的正△ABC 存在吗？有多少个？如何作？

若△DEF 的最大内角小于 120°，则分别以 DE、EF、FD 为边向△DEF 外作正三角形，设这三个正三角形的外心分别为 O_1、O_2、O_3. 分别以 O_1D、O_2E、O_3F 为半径画圆 O_1、O_2、O_3，在⊙O_1 的优弧 DE 上任取一点 B，连结 BD、BE 并延长分别交⊙O_2、⊙O_3 于另一点 C、A，连结 AC. 如图 7-5 所示，由于△DEF 的最大内角都小于 120°，⊙O_1、⊙O_2、⊙O_3 必交于一点 P，且点 P 在△DEF 内，为△DEF 的费马点，所以∠DPE＝∠EPF＝∠FPD＝120°，从而易知 B、D、P、E 四点共圆，A、D、P、F 四点共圆，C、E、P、F 四点共圆. ∠A＝∠B＝∠C＝60°，而且∠PFA＋∠CFP＝∠PDB＋∠BEP＝∠PDB＋∠ADP＝180°，即点 F 在 AC 上，所以 △ABC 即为所求.

若△DEF 的最大内角大于或等于 120°，作法相同. 如图 7-6 所示，不妨设∠DFE≥120°，则 ⊙O_1、⊙O_2、⊙O_3 必交于一点 P，此时点 P 在△DEF 外或与点 F 重合，也不难证明点 F 在 AC 上，所以 △ABC 即为所求.

从上面的作法可知：点 B 只要在⊙O_1 的优弧 DE 上，且在∠DFE 的内部，△ABC 就存在，由于这样的点有无数个，从而满足条件的△ABC 也有无数个.

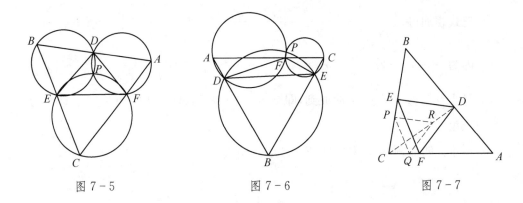

图 7-5   图 7-6   图 7-7

2. 给定△ABC,如何作正△DEF,使得使得点 D、E、F 分别在边 AB、BC、CA 上,这样的正△DEF 存在吗? 有多少个? 如何作?

如图 7 - 7,分别取 BC、CA 上的点 P、Q,以 PQ 为边作正三角形 PQR,连结 CR 交 AB 于 D,作 DE // PR,DF // QR,则 △DEF 即为所作.

关于△ABC 内接正△DEF 的个数,可参看中学数学月刊 2005 年第五期《三角形内接正三角形的个数》一文,答案是:无数个.

8 　 内嵌式同心正三角形探究

　　七年级学生也常遇到下面的例题,此时正 $\triangle ABC$ 与正 $\triangle DEF$ 中心重合,也是同心正三角形,为区别内接式同心正三角形,我们称之为内嵌式同心正三角形.

- **例题** 已知 $\triangle ABC$ 为正三角形,分别延长 $\triangle ABC$ 的边 AB、BC、CA 至 D、E、F,连结 DE、EF、FD,若 $BD=CE=AF$,则 $\triangle DEF$ 为正三角形.

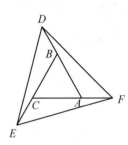

图 8-1

　　易知 $\triangle ABC$ 为正三角形这一条件不变,将"$BD=CE=AF$"改为"$\angle DFA=\angle EDB=\angle FEC$"或"$\angle ADF=\angle BED=\angle CFE$",则 $\triangle DEF$ 也为正三角形. 利用全等三角形相关知识不难证明上述判断. 本文将对该例做些探究.

一、弱化正三角形 ABC

　　将"$\triangle ABC$ 为正三角形",其他条件改为"$BD=CE=AF$ 且 $\angle ADF=\angle BED=\angle CFE$"或者"$AF=BD=CE$,且 $\angle DFA=\angle EDB=\angle FEC$"或者"$\angle ADF=\angle BED=\angle CFE$,$\angle DFA=\angle EDB=\angle FEC$",此时 $\triangle DEF$ 还是正三角形吗? 答案是肯定的,其中"若 $\angle ADF=\angle BED=\angle CFE$,$\angle DFA=\angle EDB=\angle FEC$,则 $\triangle ABC$、$\triangle DEF$ 均为正三角形"这一命题不难证明,另外两个证明如下.

- **命题1** 分别延长 $\triangle ABC$ 的边 AB、BC、CA 至 D、E、F,连结 DE、EF、FD,$AF=BD=CE$,且 $\angle ADF=\angle BED=\angle CFE$,求证: $\triangle ABC$、$\triangle DEF$ 均为正三角形.

证明:如图 8-1,设 $AF=BD=CE=t$, $\angle ADF=\angle BED=\angle CFE=\alpha$, $AB=c$, $BC=a$, $CA=b$, $DE=x$, $EF=y$, $FD=z$.首先 $\angle BAC=\angle DFA+\angle ADF=\angle DFA+\angle CFE=\angle DFE$,同理, $\angle ABC=\angle FDE$,从而 $\triangle ABC \backsim \triangle FDE$,从而 $\dfrac{c}{z}=\dfrac{a}{x}=\dfrac{b}{y}=k$, k 为相似比.又在 $\triangle AFD$ 中, $\dfrac{t}{\sin\alpha}=\dfrac{z}{\sin(\pi-A)}=\dfrac{z}{\sin A}$,在 $\triangle ABC$ 中, $\dfrac{a}{\sin A}=2R$, R 为 $\triangle ABC$ 的外接圆半径,于是 $a=2R\sin A=2R\cdot$ $\dfrac{z\sin\alpha}{t}=\dfrac{2Rc\sin\alpha}{kt}$.同理, $b=\dfrac{2Ra\sin\alpha}{kt}$, $c=\dfrac{2Rb\sin\alpha}{kt}$,从而 $\dfrac{a}{c}=\dfrac{b}{a}=\dfrac{c}{b}$,于是 $a^2=bc$, $b^2=ca$, $c^2=ab$,从而 $a^2+b^2+c^2=ab+bc+ca$, $\dfrac{1}{2}(a-b)^2+\dfrac{1}{2}(b-c)^2+\dfrac{1}{2}(c-a)^2=0$,所以 $a=b=c$,进而 $x=y=z$,即 $\triangle ABC$ 、 $\triangle DEF$ 均为正三角形.

■ **命题 2**　分别延长 $\triangle ABC$ 的边 AB 、 BC 、 CA 至 D 、 E 、 F ,连结 DE 、 EF 、 FD , $AF=BD=CE$,且 $\angle DFA=\angle EDB=\angle FEC$,求证: $\triangle ABC$ 、 $\triangle DEF$ 均为正三角形.

证明:如图 8-1,设 $AF=BD=CE=t$, $\angle DFA=\angle EDB=\angle FEC=\beta$, $AB=c$, $BC=a$, $CA=b$, $DE=x$, $EF=y$, $FD=z$,首先 $\angle BAC=\angle DFA+\angle ADF=\angle EDB+\angle ADF=\angle EDF$.同理, $\angle ABC=\angle DEF$,从而 $\triangle ABC \backsim \triangle DEF$,从而 $\dfrac{c}{x}=\dfrac{a}{y}=\dfrac{b}{z}=k$, k 为相似比.又在 $\triangle AFD$ 中, $\dfrac{c+t}{\sin\beta}=\dfrac{z}{\sin(\pi-A)}=\dfrac{z}{\sin A}$,在 $\triangle ABC$ 中, $\dfrac{a}{\sin A}=2R$, R 为 $\triangle ABC$ 的外接圆半径,于是 $c+t=\dfrac{2Rb\sin\beta}{ka}$.同理, $b+t=\dfrac{2Ra\sin\beta}{kc}$, $a+t=\dfrac{2Rc\sin\beta}{kb}$,从而 $\dfrac{a(c+t)}{b}=\dfrac{b(a+t)}{c}=\dfrac{c(b+t)}{a}$,于是 $c^2-b^2=\dfrac{b^2-ca}{a}t$, $a^2-c^2=\dfrac{c^2-ab}{b}t$, $b^2-a^2=\dfrac{a^2-bc}{c}t$,三式相加得 $\left(\dfrac{b^2-ca}{a}+\dfrac{c^2-ab}{b}+\dfrac{a^2-bc}{c}\right)t=0$,但 $t>0$,从而

$$\dfrac{b^2-ca}{a}+\dfrac{c^2-ab}{b}+\dfrac{a^2-bc}{c}=0,$$

于是 $0 = \dfrac{b^2}{a} - a + \dfrac{c^2}{b} - b + \dfrac{a^2}{c} - c = \dfrac{1}{2}\left(\dfrac{b}{\sqrt{a}} - \sqrt{a}\right)^2 + \dfrac{1}{2}\left(\dfrac{c}{\sqrt{b}} - \sqrt{b}\right)^2 +$

$\dfrac{1}{2}\left(\dfrac{a}{\sqrt{c}} - \sqrt{c}\right)^2$，从而 $a = b = c$，进而 $x = y = z$，即△ABC、△DEF 均为正三角形．

二、将"正△DEF"作为条件

如图 8 - 1，将"△ABC 为正三角形"改为△ABC，但△DEF 为正三角形，另增加条件"$BD = CE = AF$"、"$\angle ADF = \angle BED = \angle CFE$"、"$\angle DFA = \angle EDB = \angle FEC$"三者之一，此时 △$ABC$ 是正三角形吗？显然，增加角的条件，△ABC 是正三角形．增加"$BD = CE = AF$"的情况即下面的命题 3.

■ **命题 3** 如图 8 - 2，分别延长△ABC 的边 AB、BC、CA 至 D、E、F，连结 DE、EF、FD，若 $BD = CE = AF$，且 △DEF 为正三角形，求证：△ABC 为正三角形．

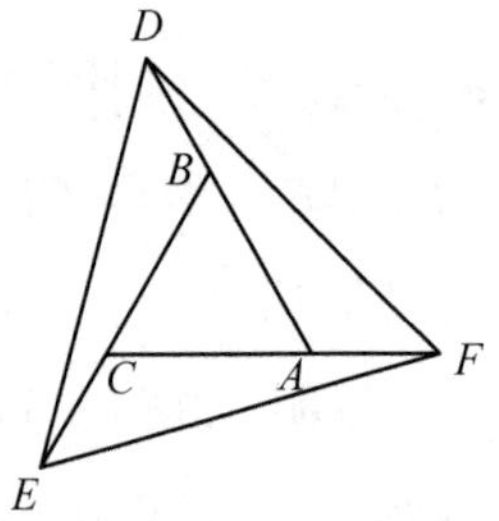

证明： 设 $BC = a$，$CA = b$，$AB = c$，$BD = CE = AF = t$，$DE = EF = FD = k$，则 $\dfrac{t^2 + (t+a)^2 - k^2}{2t(t+a)} =$

图 8 - 2

$\cos\angle DBE = -\cos\angle ABC = \dfrac{b^2 - a^2 - c^2}{2ac}$，故 $\dfrac{a^2 - k^2}{t(t+a)} =$

$\dfrac{b^2 - (c+a)^2}{ca}$．同理，$\dfrac{b^2 - k^2}{t(t+b)} = \dfrac{c^2 - (a+b)^2}{ab}$，$\dfrac{c^2 - k^2}{t(t+c)} = \dfrac{a^2 - (b+c)^2}{bc}$．

于是 $\dfrac{a^2 - k^2}{t(t+a)} - \dfrac{b^2 - k^2}{t(t+b)} = \dfrac{b^2 - (c+a)^2}{ca} - \dfrac{c^2 - (a+b)^2}{ab}$，整理得

$$\dfrac{(a-b)(ta + tb + ab + k^2)}{t(t+a)(t+b)} = \dfrac{(a+b+c)(b-c)(b+c-a)}{abc}, \qquad \text{①}$$

同理，$$\dfrac{(b-c)(tb + tc + bc + k^2)}{t(t+b)(t+c)} = \dfrac{(a+b+c)(c-a)(c+a-b)}{abc}, \qquad \text{②}$$

$$\dfrac{(c-a)(tc + ta + ca + k^2)}{t(t+c)(t+a)} = \dfrac{(a+b+c)(a-b)(a+b-c)}{abc}. \qquad \text{③}$$

若 $a>b$，则由 ① 知 $b>c$，由 ② 知 $c>a$，从而 $a>b>c>a$，矛盾；若 $a<b$，则由 ① 知 $b<c$，由 ② 知 $c<a$，从而 $a<b<c<a$，矛盾. 所以 $a=b$，同理，$b=c$，$c=a$，即 $a=b=c$，$\triangle ABC$ 为正三角形.

三、命题 3 的三个漂亮变式

作为命题 3 的变式，以下三个问题都成立.

■ **命题 4**　如图 8 - 3，分别延长 $\triangle ABC$ 的边 AB、BC、CA 至 D、E、F，连结 DE、EF、FD，若 $BD=AC=b$，$CE=AB=c$，$AF=BC=a$，且 $\triangle DEF$ 为正三角形，求证：$\triangle ABC$ 为正三角形.

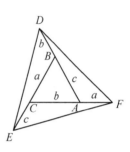

图 8 - 3

证明：设 $DE=EF=FD=k$，则

$$\frac{a^2+(b+c)^2-k^2}{2a(b+c)}=\cos\angle DAF=-\cos\angle BAC=$$

$$\frac{a^2-b^2-c^2}{2bc};$$

$$\frac{b^2+(c+a)^2-k^2}{2b(c+a)}=\cos\angle DBE=-\cos\angle ABC=\frac{b^2-c^2-a^2}{2ca};$$

$$\frac{c^2+(a+b)^2-k^2}{2c(a+b)}=\cos\angle ECF=-\cos\angle ACB=\frac{c^2-a^2-b^2}{2ab},$$

所以 $a^2+b^2+c^2-k^2=\dfrac{a(b+c)(a^2-b^2-c^2)}{bc}-2bc$

$$=\frac{a^2(b+c)(a^2-b^2-c^2)-2ab^2c^2}{abc}.$$

同理，$a^2+b^2+c^2-k^2=\dfrac{b^2(c+a)(b^2-c^2-a^2)-2bc^2a^2}{abc}=$

$\dfrac{c^2(a+b)(c^2-a^2-b^2)-2ca^2b^2}{abc}$，于是

$$0=a^2(b+c)(a^2-b^2-c^2)-2ab^2c^2-b^2(c+a)(b^2-c^2-a^2)+2bc^2a^2$$

$$=(b+c)(a^4-a^2b^2-a^2c^2)-(c+a)(b^4-b^2c^2-b^2a^2)+2abc^2(a-b)$$

$$=c(a^4-a^2b^2-a^2c^2-b^4+b^2c^2+b^2a^2)+(a^4b-a^2b^3-ba^2c^2-ab^4+$$
$$ab^2c^2+b^2a^3)+2abc^2(a-b)=(a-b)\{c(a+b)(a^2+b^2-c^2)+$$
$$ab[(a+b)^2+c^2]\}.$$

但 $c(a+b)(a^2+b^2-c^2)+ab[(a+b)^2+c^2]\geqslant c(a+b)(a^2+b^2-c^2)+$ $2abc(a+b)=c(a+b)[(a+b)^2-c^2]>0$，从而 $a=b$，同理，$b=c$，$c=a$，即 $a=b=c$，$\triangle ABC$ 为正三角形.

另证：设 $DE=EF=FD=k$，则

$$\frac{a^2+(b+c)^2-k^2}{2a(b+c)}=\frac{a^2-b^2-c^2}{2bc};$$

$$\frac{b^2+(c+a)^2-k^2}{2b(c+a)}=\frac{b^2-c^2-a^2}{2ca};$$

$$\frac{c^2+(a+b)^2-k^2}{2c(a+b)}=\frac{c^2-a^2-b^2}{2ab},$$

所以 $\dfrac{a^2+(b+c)^2-k^2}{a(b+c)}-\dfrac{b^2+(c+a)^2-k^2}{b(c+a)}=\dfrac{a^2-b^2-c^2}{bc}-\dfrac{b^2-c^2-a^2}{ca}.$

整理得 $\dfrac{c(a^2+b^2+c^2-k^2)(b-a)+2bc(bc+ba)-2ca(ab+ac)}{ab(b+c)(c+a)}=$

$\dfrac{(a-b)(a+b+c)(a+b-c)}{abc}$，即

$$\frac{c(b-a)[(a+b+c)^2-k^2]}{ab(b+c)(c+a)}=\frac{(a-b)(a+b+c)(a+b-c)}{abc};$$

同理，$\dfrac{a(c-b)[(a+b+c)^2-k^2]}{bc(c+a)(a+b)}=\dfrac{(b-c)(a+b+c)(b+c-a)}{abc};$

$$\frac{b(a-c)[(a+b+c)^2-k^2]}{ca(a+b)(b+c)}=\frac{(c-a)(a+b+c)(c+a-b)}{abc}.$$

注意到 $\dfrac{c[(a+b+c)^2-k^2]}{ab(b+c)(c+a)}$、$\dfrac{(a+b+c)(a+b-c)}{abc}$ 均为正数，若 $a\neq b$，则左右两边一正一负，不可能相等，从而 $a=b$. 同理，$b=c$，$c=a$，即 $a=b=c$，$\triangle ABC$ 为正三角形.

■ **命题 5** 如图 $8-4$，分别延长 $\triangle ABC$ 的边 AB、BC、CA 至 D、E、F，连结 DE、EF、FD，若 $BD=AB=c$，$CE=BC=a$，$AF=CA=b$，且 $\triangle DEF$ 为正三

角形,求证:$\triangle ABC$ 为正三角形.

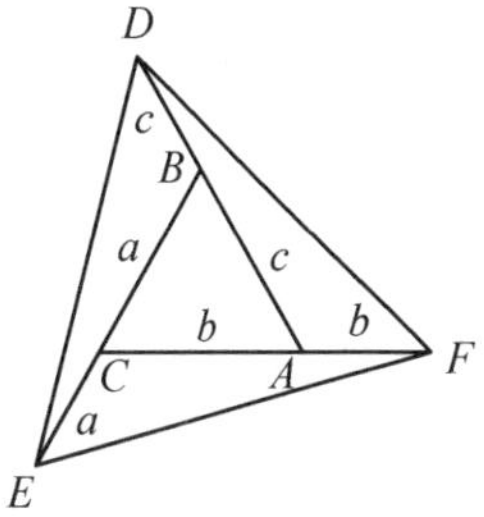

证明:设 $DE=EF=FD=k$,则

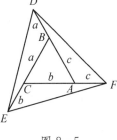

$$\frac{c^2+4a^2-k^2}{4ca} = \cos\angle DBE = -\cos\angle ABC = \frac{b^2-c^2-a^2}{2ca};$$

$$\frac{a^2+4b^2-k^2}{4ab} = \cos\angle ECF = -\cos\angle BCA = \frac{c^2-a^2-b^2}{2ab};$$

图 8-4

$$\frac{b^2+4c^2-k^2}{4bc} = \cos\angle FAD = -\cos\angle CAB = \frac{a^2-b^2-c^2}{2bc}.$$

所以 $k^2=3c^2+6a^2-2b^2=3a^2+6b^2-2c^2=3b^2+6c^2-2a^2$,则

$$3(a^2-b^2)=5(b^2-c^2); \qquad \text{④}$$

$$3(b^2-c^2)=5(c^2-a^2); \qquad \text{⑤}$$

$$3(c^2-a^2)=5(a^2-b^2). \qquad \text{⑥}$$

若 $a^2>b^2$,则由 ④ 知 $b^2>c^2$,再由 ⑤ 知 $c^2>a^2$,于是 $a^2>b^2>c^2>a^2$,矛盾.同样地,若 $a^2<b^2$ 也矛盾,这说明 $a^2=b^2$.同理,$b^2=c^2$,$c^2=a^2$,故 $a^2=b^2=c^2$.从而 $a=b=c$,$\triangle ABC$ 为正三角形.

- **命题 6** 如图 8-5,分别延长 $\triangle ABC$ 的边 AB、BC、CA 至 D、E、F,连结 DE、EF、FD,若 $BD=BC=a$,$CE=CA=b$,$AF=AB=c$,且 $\triangle DEF$ 为正三角形,求证:$\triangle ABC$ 为正三角形.

证明:设 $DE=EF=FD=k$,则

$$\frac{a^2+(a+b)^2-k^2}{2a(a+b)} = \cos\angle DBE = -\cos\angle ABC = \frac{b^2-c^2-a^2}{2ca};$$

图 8-5

$$\frac{b^2+(b+c)^2-k^2}{2b(b+c)} = \cos\angle ECF = -\cos\angle BCA = \frac{c^2-a^2-b^2}{2ab};$$

$$\frac{c^2+(c+a)^2-k^2}{2c(c+a)}=\cos\angle FAD=-\cos\angle CAB=\frac{a^2-b^2-c^2}{2bc}.$$

所以 $\dfrac{a^2+(a+b)^2-k^2}{a+b}=\dfrac{b^2-c^2-a^2}{c}$；$\dfrac{b^2+(b+c)^2-k^2}{b+c}=\dfrac{c^2-a^2-b^2}{a}$；

$\dfrac{c^2+(c+a)^2-k^2}{c+a}=\dfrac{a^2-b^2-c^2}{b}$，从而

$$\frac{b^2-k^2}{a+b}=\frac{b^2-(c+a)^2}{c};\ \frac{c^2-k^2}{b+c}=\frac{c^2-(a+b)^2}{a};\ \frac{a^2-k^2}{c+a}=\frac{a^2-(b+c)^2}{b}.$$

于是 $k^2=\dfrac{(a+b+c)(c+a-b)(a+b)}{c}+b^2$

$$=\frac{(a+b+c)(a+b-c)(b+c)}{a}+c^2$$

$$=\frac{(a+b+c)(b+c-a)(c+a)}{b}+a^2,$$

所以 $\dfrac{(a+b+c)(c+a-b)(a+b)}{c}-\dfrac{(a+b+c)(a+b-c)(b+c)}{a}=c^2-$

$b^2\Rightarrow ca(c^2-b^2)=(a+b+c)[a(c+a-b)(a+b)-c(a+b-c)(b+c)]$

$=(a+b+c)[(a^2-b^2)(c+a)+c^2(c-b+b-a)]$，整理得

$(a-b)(a+b+c)(a^2+ab+bc+ca-c^2)=c(b-c)(c^2+cb-ab)$；⑦

同理，

$(b-c)(a+b+c)(b^2+bc+ca+ab-a^2)=a(c-a)(a^2+ac-bc)$；⑧

$(c-a)(a+b+c)(c^2+ca+ab+bc-b^2)=b(a-b)(b^2+ba-ca)$.⑨

若 $a-b$、$b-c$、$c-a$ 有一个为 0，不妨设 $a-b=0$，则由⑨知 $c-a=0$，从而 $a=b=c$.

若 $a-b$、$b-c$、$c-a$ 均不为 0，注意到 $a^2+ab+bc+ca-c^2$、$b^2+cb+ca+ab-a^2$、$c^2+ca+ab+bc-b^2$、$a+b+c$、a、b、c 均为正数，则将⑦、⑧、⑨三式相乘并约去 $(a-b)(b-c)(c-a)$ 得 $(a^2+ab+bc+ca-c^2)(b^2+cb+ca+ab-a^2)(c^2+ca+ab+bc-b^2)(a+b+c)^3=abc(c^2+cb-ab)(a^2+ac-bc)(b^2+ba-ca)>0$.

若 $c^2+cb-ab$、$a^2+ac-bc$、$b^2+ba-ca$ 中有两负，不妨设 $c^2+cb-ab<$

0, $a^2 + ac - bc < 0$, 从而 $0 > c^2 + cb - ab + a^2 + ac - bc = c^2 + a(a + c - b) > 0$, 矛盾, 故 $c^2 + cb - ab$、$a^2 + ac - bc$、$b^2 + ba - ca$ 均为正数, 于是若 $a > b$, 则由 ⑦ 知 $b > c$, 再由 ⑧ 知 $c > a$, 于是 $a > b > c > a$ 矛盾. 同理, 若 $a < b$ 也产生矛盾, 从而 $a = b$, 这也与 $a - b$ 不为 0 矛盾. 总之, $a = b = c$, 即 $\triangle ABC$ 为正三角形.

9 | 正三角形

——边角的转换器

正三角形的三内角都是 $60°$，三条边都相等. 利用这个性质，我们在处理几何问题时可以在三个不同位置用到 $60°$，用到这条相等的线段. 从这个意义上来说，它方便了"边"、"角"的转换，因此我们称之为"边角的转换器". 下面我们将例说正三角形在解决问题时的作用.

一、利用正三角形求角的度数

■ **例1** 如图 9-1，在 $\triangle ABC$ 中，$\angle ABC = 60°$，$\angle ACB = 20°$，M 是 $\angle ACB$ 的平分线上的一点，且 $\angle MBC = 20°$，求 $\angle MAB$ 的度数.

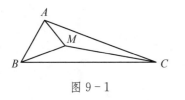

图 9-1

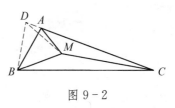

图 9-2

解： 考虑到 $\angle ABM = 40°$ 加上 $20°$ 等于 $60°$，且 $\angle BAC = 100°$，其补角为 $80°$，而 $\angle BCA = 20°$，于是延长 CA 至 D，如图 9-2，使得 $CD = CB$，构造出两个顶角为 $20°$ 的等腰 $\triangle CBD$、等腰 $\triangle ABD$，同时得到正 $\triangle BDM$，于是 $AB = BM$，且注意到 $\angle ABM = 40°$，从而易得 $\angle MAB = 70°$.

■ **例2** 如图 9-3，$\triangle ABC$ 中，$\angle BAC = 120°$，$AB = AC$，D 在 BC 上，E 在 AC 上，$\angle DAB = 80°$，$\angle ABE = 20°$，求 $\angle ADE$ 的度数.

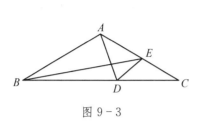

图 9 - 3

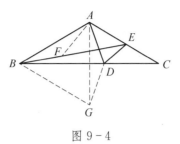

图 9 - 4

解:如图 9 - 4,作正 $\triangle ABG$,连结 DG,易知 $\triangle ADG$ 是底角为 $20°$ 的等腰三角形,而 $\angle ABE = 20°$,于是取 $BF = GD$,不难证明 $\triangle BAF \cong \triangle GAD$,故 $FA = DA$.

注意到 $\angle ABD = 30° = \angle GBD$,$BA = BG$,$BD = BD$,故 $\triangle BAD \cong \triangle BGD$,于是 $DA = DG$,从而 $BF = GD = DA = FA$,故容易计算得到 $\angle AFE = \angle AEF = 40°$,所以 $AE = AF$,进而 $AD = AE$.结合 $\angle DAE = 40°$,易得 $\angle ADE = 70°$.

■ **例3** 如图 9 - 5,凸四边形 $ABCD$ 中,$\angle ABD = 16°$,$\angle DBC = 48°$,$\angle BCA = 58°$,$\angle ACD = 30°$,求 $\angle ADB$ 的度数.(2010 环球城市数学竞赛题)

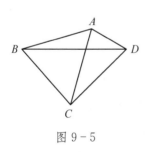

图 9 - 5

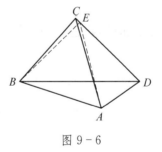

图 9 - 6

分析及解:从已知各角度数中发现:$\angle ABD + \angle DBC = 64° = 60° + 4°$,$\angle BCA + \angle ACD = 88° = \dfrac{180° - 4°}{2}$.如图 9 - 6,作 $\angle EBA = 60°$,点 E 在边 CD 上,连结 AE,则因为 $\angle BAC = 180° - \angle ABC - \angle ACB = 180° - 16° - 48° - 58° = 58°$,所以 $BC = BA$,从而 $\triangle BEA$ 为正三角形,即 $BC = BA = BE = AE$.

又 $\angle EBD = \angle CBD - \angle CBE = 44°$,$\angle CDB = 180° - \angle DBC - \angle BCD = 44°$,故 $BE = DE$,于是 $AE = DE$.而 $\angle AED = 180° - \angle AEB - \angle BEC = 180° - 60° -$

$88° = 32°$，于是 $\angle EDA = 74°$，$\angle ADB = \angle EDA - \angle EDB = 74° - 44° = 30°$.

■ **例4** 如图 $9-7$，点 P 是三角形 ABC 内一点，且 $\angle ABP = 20°$，$\angle PBC = 10°$，$\angle ACP = 20°$，$\angle PCB = 30°$，则 $\angle CAP =$ _____.（2010 环球城市数学竞赛题）

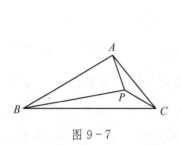

图 9-7

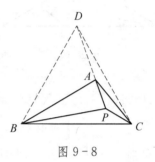

图 9-8

分析：如图 $9-8$，以 BC 为边作正 $\triangle BCD$，连结 AD，易知 $\triangle BDA \cong \triangle BCA$，从而 $AD = AC$，结合 $\angle ACB = 50°$，于是 $\angle ADC = \angle ACD = 10°$.

又易证 $\triangle CPD \cong \triangle CPB$，从而 $\angle PDC = \angle PBC = 10°$，于是 P、A、D 三点共线，所以 $\angle CAP = \angle ADC + \angle ACD = 20°$.

二、利用正三角形处理角的数量关系

■ **例5** 如图 $9-9$，已知 $\triangle ABC$ 中，$\angle BAC = 30°$，$AD \perp BC$ 于 D，点 E 在高 AD 上，且 $\angle ABE = 30°$，连结 EC，求证：$\angle ECA = 2\angle EAC$.

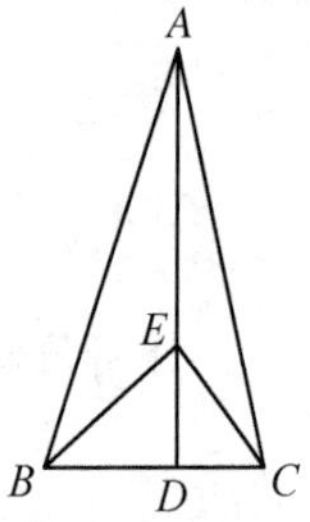

证明：如图 $9-10$，作 $BF = BA$，且 $\angle ABF = 60°$，连结 CF、AF，则 $\triangle BAF$ 为正三角形，且 $\triangle ABC \cong \triangle AFC$，从而 $\triangle BCF$ 为等腰三角形，且 $AC \perp BF$，注意到 $AD \perp BC$，从而 $\angle FBC = \angle BFC = \angle DAC$. 作 $\angle AFG = \angle BFC$，FG 与 BE 的延长线交于点 G，连结 AG，则 $\triangle AFG \cong BFC$，$\triangle FCG$ 为正三角形. 因为 $\triangle AEB \cong \triangle FEB$，所以 $\angle CFE = \angle CFB + \angle BFE = \angle DAC + \angle BAD = 30°$，故 $\angle GFE = 30°$.

图 9-9

从而 $\triangle GFE \cong \triangle CFE$，所以 $\angle CEF = \angle GEF = \angle AEG$.

设 $\angle EAC = \alpha$，$\angle ECA = \beta$，则 $\angle BEF = \angle BEA = 120° + \alpha$，从而 $\angle GEF = 60° - \alpha$，于是 $\angle BEC = 60° + 2\alpha$.

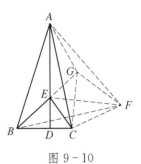

图 9 - 10

另一方面，$\angle BEC = \angle EBA + \angle BAC + \angle ECA = 60° + \beta$，从而 $60° + \beta = 60° + 2\alpha$，即 $\angle ECA = 2\angle EAC$.

■ **例 6** 如图 9 - 11,已知：$\triangle ABC$ 中，$\angle C = 2\angle B$，$AP = AC$，$BP = PC$.

求证：$\angle BAP = \dfrac{1}{3}\angle BAC$.

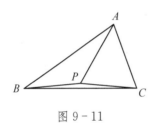

图 9 - 11

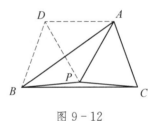

图 9 - 12

证明:如图 9 - 12,作 $\angle DBC = \angle ACB$,且 $DB = AC$,从而易证 $\triangle DBP \cong \triangle ACP$，于是 $DP = AP$.

又不难证明四边形 $ADBC$ 为等腰梯形,从而 $AD \parallel BC$.

于是 $\angle DAB = \angle ABC = \dfrac{1}{2}\angle ACB = \dfrac{1}{2}\angle DBC = \angle DBA$,故 $AD = BD = DP = AP$,即 $\triangle PAD$ 为正三角形.

所以 $\angle BAP = 60° - \angle DAB = 60° - \angle ABC = 60° - \dfrac{180° - \angle BAC}{3} = \dfrac{\angle BAC}{3}$.

三、利用正三角形处理线段间的数量关系

■ **例 7** 如图 9 - 13,已知点 P 为 $\triangle ABC$ 内一点,使得 $2\angle PBA = \angle BAP = 20°$，$\angle PCB = 30°$，$\angle CBP = 40°$,求证:$AB = AC$.

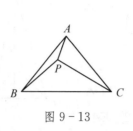

图 9-13

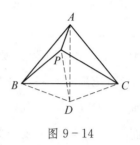

图 9-14

证明：注意到 $\angle APB=150°$，将 $\triangle APB$ 沿 AP 翻折得到 $\triangle APD$，如图 9-14，则 $\triangle PBD$ 为正三角形，从而 $BD=PD$. 又从角的度数来看易知 $AD \perp BC$，另一方面，注意到 $\angle PCB=30°=\dfrac{1}{2}\angle PDB$，所以点 D 为 $\triangle BPC$ 外接圆的圆心，从而 $DC=DB$，所以 DA 垂直平分 BC，从而 $AB=AC$.

■ **例8** 如图 9-15，已知线段 AD 与线段 CB 交于点 O，$AD=CB=1$，$\angle AOC=60°$，求证：$AC+BD \geqslant 1$.

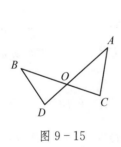

图 9-15

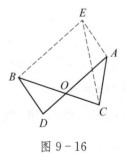

图 9-16

证明：如图 9-16，作 $BE \parallel AD$，$AE \parallel BD$，两线交于点 E，连结 CE，则 $\triangle CBE$ 为正三角形. 于是 $AC+BD=AC+AE \geqslant CE=BC=1$，当且仅当 A、E、C 三点共线时取等号，此时 $AO=CO$，$OD=OB$，$\triangle AOC$、$\triangle BOD$ 均为正三角形.

■ **例9** 如图 9-17，已知 ABC 为正三角形，点 D 为 AB 上一点，$DE \perp BC$ 于 E，点 F 为 CD 中点，连结 AF，作 $FG \perp AF$ 交 DE 于 G，求证：$DG=2GE$.

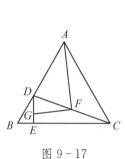

图 9-17

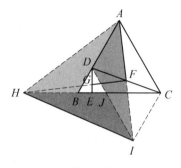

图 9-18

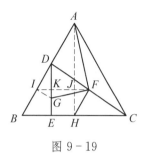

图 9-19

证明 1:如图 9-18,作 $DI \parallel AC$,与 AF 的延长线交于 I,DI 与 BC 交于 J,连结 CI,延长 CB 至 H,使得 $BH=CI$. 易知 $\triangle JIC$ 为正三角形,所以 $JI=IC=JC$.

不难证明 $\triangle ACI \cong \triangle HJI \cong \triangle ABH$,从而 $\triangle HAI$ 为正三角形,点 F 为 AI 的中点,从而 $HF \perp AI$,又 $GF \perp AI$,所以 H、G、F 共线.

$\triangle DEC$ 被 HGF 截,故 $\dfrac{CF}{FD} \cdot \dfrac{DG}{GE} \cdot \dfrac{EH}{HC}=1$,注意到 $CF=FD$,由于 $\triangle BDJ$ 为正三角形,$DE \perp BJ$,所以 $BE=EJ$. 从而 $HC=HB+BE+EJ+JC=2HE$,于是易得 $\dfrac{DG}{GE}=2$.

证明 2:如图 9-19,作 $AH \perp BC$ 于 H,连结 HF,作 $FI \parallel BC$ 交 AB 于 I,交 AH 于 J,交 DE 于 K. 连结 GI,则 $\angle AJF = \angle FKG = 90°$,$\angle FAJ = 90° - \angle JFA = \angle GFK$,所以 $\triangle AJF \backsim \triangle FKG$,$\dfrac{AF}{FG}=\dfrac{AJ}{FK}$;因为 F 为 CD 中点,故 I 为 BD 中点,从而 $IB=BE$,所以 $\dfrac{AI}{IB}=\dfrac{EC}{BE}$.

又 $\dfrac{AI}{IB}=\dfrac{AJ}{JH}$,$\dfrac{EC}{EB}=\dfrac{KF}{IK}$,所以 $\dfrac{AJ}{JH}=\dfrac{KF}{IK}$,从而 $\dfrac{AJ}{AH}=\dfrac{KF}{IF}$,于是 $\dfrac{AF}{FG}=\dfrac{AJ}{FK}=\dfrac{AH}{IF}$,注意到 $\angle FAH = \angle IFG$,所以 $\triangle AHF \backsim \triangle FIG$.

故 $\angle FIG = \angle AHF = 30°$,而 $\angle FIA = 60°$,从而 $GI \perp AB$,所以 $DG = \dfrac{2\sqrt{3}}{3}ID = \dfrac{\sqrt{3}}{3}BD$,$DE = \dfrac{\sqrt{3}}{2}BD$,从而 $EG = \dfrac{\sqrt{3}}{6}BD$,即有 $DG=2GE$.

说明：从证明 1 中还可得：$HG=2GF$，点 G 是正 $\triangle AHI$ 与正 $\triangle BDJ$ 的重心，也是中心，即正 $\triangle AHI$ 与正 $\triangle BDJ$ 是同心正三角形. 证明 2 由六年级学生刘澈提供.

■ **例 10** 如图 9-20，$\triangle ABC$ 中，$\angle ABC=60°$，$\angle BAC=40°$，$\angle CBD=40°$，$\angle BCE=70°$，求证：$AF \perp BC$.

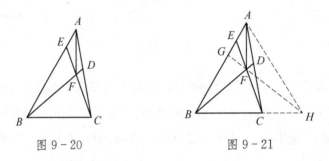

图 9-20   图 9-21

证明：如图 9-21，在 BA 上取 $BG=BF$，连结 GF 并延长交 BC 延长线于点 H，连结 AH. 因为 $\angle ABD=20°$，$BF=BG$，从而 $\angle BGH=80°$，又不难知道 $\angle ACB=80°$，即

$$\angle ACB = \angle BGH. \qquad ①$$

注意到 $\angle FBC=\angle DBC=40°$，$\angle FCB=\angle ECB=70°$，从而 $\angle BFC=70°$，即 $BC=BF$，于是

$$BC=BG. \qquad ②$$

又由①②及 $\angle ABC=\angle HBG$ 可得 $\triangle ACB \cong \triangle HGB$，所以 $AB=BH$，$\angle BHG=\angle BAC=40°$，注意到 $\angle ABC=60°$，故 $\triangle ABH$ 为正三角形，从而 $AB=AH$. 注意到 $\angle CBD=40°$，从而 $BF=FH$，所以点 A、F 都在 BH 的垂直平分线上，从而 $AF \perp BC$.

10 | 赏一路风景
——以一道平面几何题为例

- **题目:** 如图 10-1,正三角形 ABC 中,点 D、E 分别在边 CA、AB 上,且 $CD=AE$,BD 交 CE 于 P,将 $\triangle CDP$ 沿 CP 翻折得到 $\triangle CPM$,PM 交 BC 于点 F,若 $AB=2\sqrt{3}$,$PF=1$,求 CE 之长.

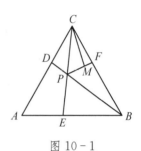

图 10-1

一、意外的结果与收获

看到题目,首先想到的是一道熟知的练习题:

正 $\triangle ABC$ 中,点 D、E 分别在边 CA、AB 上,且 $CD=AE$,BD 交 CE 于点 P,求证:$\triangle CDB\cong\triangle AEC$,且 $\angle CPD=60°$.

这是初一数学的一道常见例题或习题.

由于翻折,故 $\angle CPF=\angle FPB=\angle CPD=60°$,即 PF 平分 $\angle CPB$,且 $\angle CPB=120°$.习惯于定量思考,于是尝试在 $\triangle CPB$ 里寻找各线段的数量关系,以期解决问题.于是有解法 1.

解法 1: 设 $CF=a$,$FB=b$,则 $a+b=2\sqrt{3}$,因为 PF 平分 $\angle CPB$,所以 $\dfrac{CP}{PB}=\dfrac{CF}{FB}$,于是设 $CP=ka$,$PB=kb$,由余弦定理得:

$$12=(2\sqrt{3})^2=(a+b)^2=(ka)^2+(kb)^2-2kakb\cos120°=k^2(a^2+b^2+ab).$$

为建立 CP、PB、PF 的数量关系,延长 CE 与过 B 且平行于 PF 的直线交于点 Q,如图 10-2 所示,易知 $\triangle PQB$ 为正三角形,故 $BQ=PQ=PB=kb$,因为 $PF/\!/BQ$,

故 $\dfrac{PF}{BQ}=\dfrac{CF}{CB}$,所以 $PF^2=\dfrac{CF^2\cdot BQ^2}{CB^2}=\dfrac{k^2a^2b^2}{(a+b)^2}=$

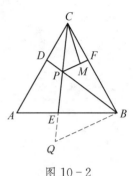

$\dfrac{12a^2b^2}{(a+b)^2(a^2+b^2+ab)}$,由于 $(a+b)^2(a^2+b^2+ab)\geqslant$

$(2\sqrt{ab})^2(2ab+ab)=12a^2b^2$,从而 $PF^2\leqslant 1$,即 $PF\leqslant 1$,

等号当且仅当 $a=b$,即 F 为 BC 中点时取到. 从而点 D、E

也是中点,于是 $CE=\dfrac{\sqrt{3}}{2}AB=3$.

图 10-2

点 F 是 BC 中点,这结果很意外,一开始并没有从这种
特殊情况考虑. 获得这个结果也是个意外,原本想建立 a、b 的方程,求出 a、b,进
而设法求 BD. 也许没有来得及想,也许不想破坏式子结构美观与齐次性,条件
$a+b=2\sqrt{3}$ 并没有马上用于化简 $PF^2=\dfrac{12a^2b^2}{(a+b)^2(a^2+b^2+ab)}$,该式右边分子和
分母的齐次性让我不自觉地运用均值不等式,从而得到 $PF\leqslant 1$,当且仅当点 F 是
BC 中点取等号. 本题中 $PF=1$ 是一种非常特殊的情况,即当点 D 在边 AC 上移动
时的最大值. 由于这个结果,于是有以下几类求 PF 最大值的"玩法".

1. 利用均值不等式

解法 1 就是利用均值不等式 $\dfrac{a+b}{2}\geqslant\sqrt{ab}$(其中 a、b 为正实数),由于 PF 表
达式的不同,我们还有解法 2.

解法 2:由解法 1 中 $PF\parallel BQ$,于是有 $\dfrac{PF}{QB}=\dfrac{CP}{CQ}$,从而 $\dfrac{PF}{PB}=\dfrac{CP}{CP+PB}$,整理得
到熟知的结论 $\dfrac{1}{PF}=\dfrac{1}{PC}+\dfrac{1}{PB}$. 设 $CP=m$,$BP=n$,又 $m^2+n^2+mn=12$(利用
余弦定理),从而 $12=m^2+n^2+mn\geqslant 3mn$,即 $mn\leqslant 4$,故 $\dfrac{1}{PF}=\dfrac{1}{PC}+\dfrac{1}{PB}\geqslant$
$2\sqrt{\dfrac{1}{mn}}\geqslant 1$,故 $PF\leqslant 1$.

2. 函数法
建立 PF 于某个变量之间的函数关系式,利用函数的性质解决问题.

解法 3:解法 1 中 $PF^2 = \dfrac{12a^2b^2}{(a+b)^2(a^2+b^2+ab)} = \dfrac{12}{\left(\sqrt{\dfrac{a}{b}}+\sqrt{\dfrac{b}{a}}\right)^2\left(\dfrac{a}{b}+\dfrac{b}{a}+1\right)}$,

令 $\dfrac{a}{b}+\dfrac{b}{a}=x$,则 $x \geqslant 2$,且 $PF^2 = \dfrac{12}{x^2+3x+2}$,由于函数 $y=\dfrac{12}{x^2+3x+2}$ 在 $x \geqslant$

2 上单调递减,所以 $PF^2 = \dfrac{12}{x^2+3x+2} \leqslant \dfrac{12}{2^2+3\times 2+2} = 1$,等号当且仅当 $x=2$

即 $a=b$ 时取到. 若令 $\dfrac{a}{b}=x$,$PF^2 = \dfrac{12x^2}{(x^2+2x+1)(x^2+x+1)} = $

$\dfrac{12}{\left(x+\dfrac{1}{x}+2\right)\left(x+\dfrac{1}{x}+1\right)} = \dfrac{12}{\left(x+\dfrac{1}{x}\right)^2+3\left(x+\dfrac{1}{x}\right)+2} = \dfrac{12}{t^2+3t+2}$,其中 $t=$

$x+\dfrac{1}{x}$,且 $t \geqslant 2$,同样得到 $PF \leqslant 1$.

解法 4:由解法 2 知:$\dfrac{1}{PF} = \dfrac{m+m}{mn} = \sqrt{\left(\dfrac{m+n}{mn}\right)^2} = \sqrt{\dfrac{m^2+n^2+mn+mn}{m^2n^2}} = $

$\sqrt{\dfrac{12+mn}{m^2n^2}} = \sqrt{\dfrac{12}{m^2n^2}+\dfrac{1}{mn}}$,设 $\dfrac{1}{mn}=x$,$mn \leqslant 4$(见解法 2),从而 $x \geqslant \dfrac{1}{4}$,由二次

函数 $y=12x^2+x$ 性质知:$y \geqslant 1$,从而 $\dfrac{1}{PF} = \sqrt{y} \geqslant 1$,$PF \leqslant 1$.

解法 5:由解法 2 知:$PF = \dfrac{mn}{m+n} = \dfrac{(m+n)^2-12}{m+n} = m+n-\dfrac{12}{m+n}$,设 $m+$

$n=x$,由 $12=m^2+n^2+mn=(m+n)^2-mn \geqslant \dfrac{3(m+n)^2}{4}$,得 $m+n \leqslant 4$,故 $0<$

$x \leqslant 4$,因函数 $y=x-\dfrac{12}{x}$ 在 $0<x \leqslant 4$ 上单调递增,故 $PF \leqslant 1$.

3. 转化为方程根的分布

观察函数法中 PF 的函数解析式可知,求 PF 的最小值都可以转化为一元二次方程根的分布问题.

解法 6:由解法 3 知:$PF^2 = \dfrac{12}{x^2+3x+2}(x \geqslant 2)$,易知 $PF>0$,从而关于 x 的一元二次方程 $PF^2 \cdot x^2+3PF^2 \cdot x+2PF^2-12=0$ 有不小于 2 的实根. 考察

在 $x \geqslant 2$ 上函数 $f(x) = PF^2 \cdot x^2 + 3PF^2 \cdot x + 2PF^2 - 12$ 的图象知：$f(2) \leqslant 0$，解得 $PF \leqslant 1$.

解法 7： 由解法 4 知 $\dfrac{1}{PF^2} = 12x^2 + x\left(x \geqslant \dfrac{1}{4}\right)$，从而关于 x 的一元二次方程 $12PF^2 \cdot x^2 + PF^2 \cdot x - 1 = 0$ 有不小于 $\dfrac{1}{4}$ 的实根. 设 $g(x) = 12PF^2 \cdot x^2 + PF^2 \cdot x - 1$，考察函数 $g(x)$ 在 $x \geqslant \dfrac{1}{4}$ 上的图象知：$g\left(\dfrac{1}{4}\right) \leqslant 0$，解得 $PF \leqslant 1$.

解法 8： 由解法 5 知 $PF = x - \dfrac{12}{x}(0 < x \leqslant 4)$，故关于 x 的一元二次方程 $x^2 - PF \cdot x - 12 = 0$ 在 $0 < x \leqslant 4$ 上有实根. 考察函数 $h(x) = x^2 - PF \cdot x - 12$ 在 $0 < x \leqslant 4$ 上的图象知：$h(4) \geqslant 0$，解得 $PF \leqslant 1$.

4. 几何法

解法 9： 以 BC 为边作正 $\triangle BCT$，再作 $\triangle BCT$ 的外接圆，点 F 为 BC 与 PT 的交点，如图 10 - 3 所示，由于 $\angle CPB = 120°$，故点 P 一定在劣弧 BC 上，且 PT 平分 $\angle CPB$，$PT = CP + PB$.

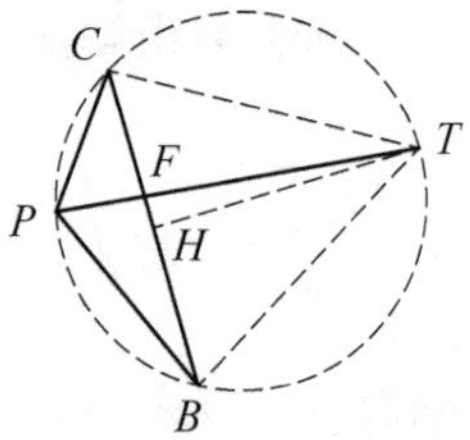

图 10 - 3

于是 $PF = PT - FT = CP + PB - FT$，由解法 5 知：

$CP + PB \leqslant 4$，又 $TF \geqslant TH = \dfrac{\sqrt{3}}{2}BC = 3$，从而 $PF \leqslant 1$，

当且仅当点 H 与 F 重合时取等号.

二、列方程组求解

现在回归初心，建立方程组解决问题. 尽管解法 1 中 $\dfrac{12a^2b^2}{(a+b)^2(a^2+b^2+ab)} = 1$ 还可简化，但次数的整齐性使得分解因式方便，于是我们有解法 10：

解法 10： 由 $\dfrac{12a^2b^2}{(a+b)^2(a^2+b^2+ab)} = 1$ 得 $(a^2 + b^2 - 2ab)(a^2 + b^2 + 5ab) = 0$，从而 $a = b$，又 $a + b = 2\sqrt{3}$，从而 $a = b = \sqrt{3}$，即点 F 为 BC 中点. (以下部分同解

法 1,略)

解法 11：由解法 1 中 $1 = PF^2 = \dfrac{CF^2 \cdot BQ^2}{CB^2} = \dfrac{k^2 a^2 b^2}{12}$ 及 $12 = k^2(a^2 + b^2 + ab)$

可得 $a^2 + b^2 + ab = a^2 b^2$，联立 $a + b = 2\sqrt{3}$ 解得 $a = b = \sqrt{3}$. 故点 F 为 BC 中点.

解法 12：由解法 2 得到方程组 $\begin{cases} m^2 + n^2 + mn = 12, \\ \dfrac{1}{m} + \dfrac{1}{n} = 1, \end{cases}$ 解得 $m = n = 2$. 由于等

腰三角形三线合一，故点 F 为 BC 中点.

结论 $\dfrac{1}{PF} = \dfrac{1}{PC} + \dfrac{1}{PB}$ 是张角定理的特例，一般地：如

图 $10 - 4$，在 $\triangle BPC$ 中，点 F 在边 BC 上，则 $\dfrac{\sin\angle CPF}{PB} +$

图 $10 - 4$

$\dfrac{\sin\angle FPB}{PC} = \dfrac{\sin\angle BPC}{PF}$.

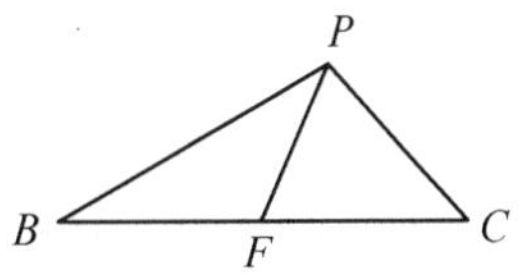

事实上，由于 $S_{\triangle PBC} = S_{\triangle PBF} + S_{\triangle PFC}$，故 $\dfrac{1}{2} PC \cdot PB \cdot \sin\angle CPB = \dfrac{1}{2} PF \cdot PB \cdot$

$\sin\angle FPB + \dfrac{1}{2} PC \cdot PF \cdot \sin\angle CPF$，两边同时除以 $\dfrac{1}{2} PC \cdot PB \cdot PF$ 得

$\dfrac{\sin\angle CPF}{PB} + \dfrac{\sin\angle FPB}{PC} = \dfrac{\sin\angle BPC}{PF}$，此即张角定理.

当 $\angle CPF = \angle BPF = 60°$ 时，即有 $\dfrac{1}{PB} + \dfrac{1}{PC} = \dfrac{1}{PF}$.

解法 13：如图 $10 - 4$，设 $CP = m$，$BP = n$，则 $\dfrac{\sin 60°}{CP} + \dfrac{\sin 60°}{BP} = \dfrac{\sin 120°}{PF}$，即 $\dfrac{1}{m} +$

$\dfrac{1}{n} = 1$，又 $12 = m^2 + n^2 + mn$，解得 $m = n = 2$，故点 F 为 BC 中点.

解法 14：如图 $10 - 4$，设 $CP = m$，$BP = n$，则 $12 = m^2 + n^2 + mn$，$CF^2 = m^2 -$

$m + 1$，$BF^2 = n^2 - n + 1$，于是得方程组 $\begin{cases} m^2 + n^2 + mn = 12, \\ \sqrt{m^2 - m + 1} + \sqrt{n^2 - n + 1} = 2\sqrt{3}. \end{cases}$ 这

个方程确实不易求解. 注意到结构的特征，于是设 $m + n = x$，$mn = y$，则

$$12 = x^2 - y,$$

$$12 = m^2 - m + 1 + n^2 - n + 1 + 2\sqrt{m^2 - m + 1} \cdot \sqrt{n^2 - n + 1}$$

$$= m^2 + n^2 - m - n + 2 + 2\sqrt{m^2 n^2 - mn(m+n) + m^2 + n^2 + mn - m - n + 1}$$

$$= x^2 - 2y - x + 2 + 2\sqrt{y^2 - xy + x^2 - y - x + 1}$$

$$= 12 - y - x + 2 + 2\sqrt{y^2 - xy + x^2 - y - x + 1},$$

于是 $(x + y - 2)^2 = 4(x^2 + y^2 - xy - x - y + 1)$，整理得 $3x^2 - 6xy + 3y^2 = 0$.

从而 $(x - y)^2 = 0$，即 $x = y$，进而 $m = n = 2$，故点 F 为 BC 中点.

三、考虑一般情况

点 F 是 BC 中点，情况特殊，如果本题其他条件不变，而 PF 不等于 1，情况如何呢？

由前面的讨论知：$PF \leqslant 1$. 一般地，设 $PF = t$，$0 < t \leqslant 1$ 时，由解法 11 得到方程组 $\begin{cases} a + b = 2\sqrt{3}, \\ \dfrac{a^2 b^2}{a^2 + b^2 + ab} = t, \end{cases}$ 解方程组可求得 a、b，即 CF、FB，利用 $12 = k^2(a^2 + b^2 + ab)$ 求得 k，进而求得 CP、BP 之值；由解法 12 得到方程组 $\begin{cases} \dfrac{1}{m} + \dfrac{1}{n} = \dfrac{1}{t}, \\ m^2 + n^2 + mn = 12, \end{cases}$ 解方程组可求得 m、n，即 CP、PB，然后利用 $\dfrac{CF}{FB} = \dfrac{CP}{PB}$，$CF + FB = 2\sqrt{3}$ 求出 CF、FB. 总之，$\triangle CPB$ 的情况完全清楚.

例如：当 $PF = \dfrac{4\sqrt{21}}{21}$ 时，由 $\dfrac{1}{a} + \dfrac{1}{b} = \dfrac{21}{4\sqrt{21}}$ 得 $(a + b)^2 = \dfrac{21}{16} a^2 b^2$，又 $a^2 + b^2 + ab = 12$，于是得 $\dfrac{21}{16} a^2 b^2 = ab + 12$，即 $(7ab - 24)(3ab + 8) = 0$，进而解得 $a = \dfrac{2\sqrt{3}}{\sqrt{7}}$，$b = \dfrac{4\sqrt{3}}{\sqrt{7}}$，于是 $\dfrac{CF}{FB} = \dfrac{1}{2}$ 或 $\dfrac{CF}{FB} = 2$，所以 $BF = \dfrac{2\sqrt{3}}{3}$ 或 $BF = \dfrac{4\sqrt{3}}{3}$. 接下来如何求 CE 呢？根据现有的条件容易注意到 $\triangle BPF$ 与 $\triangle BCD$ 的关系. 因为 $\angle DCB = $

$\angle FPB = 60°$，$\angle DBC = \angle FBP$，所以 $\triangle BPF \backsim \triangle BCD$，故 $\dfrac{BP}{BC} = \dfrac{BF}{BD}$，从而 $CE =$

$BD = \dfrac{2\sqrt{21}}{3}$．利用方程组 $\begin{cases} a + b = 2\sqrt{3}, \\ \dfrac{a^2 b^2}{a^2 + b^2 + ab} = \dfrac{4}{\sqrt{21}} \end{cases}$ 也可得解．

四、反思

反思前面的解法，主要利用了两个条件：$\angle CPB = 120°$ 和 PF 平分 $\angle CPB$，对这两个条件所建立的关系式运用方式不同而已导致解法相异．但在对于一般情况的讨论中我们得到了新的关系：$\triangle BPF \backsim \triangle BCD$，由此我们可得到：$\angle PFB = \angle CDB$，从而 $\angle CFP = 180° - \angle PFB = 180° - \angle CDB = 180° - \angle CMP = \angle CMF$，于是 $DC = CM = CF$．这个结论能用其他方式证明吗？可以，因为 $\angle DCF = 60°$，$\angle DPF = 120°$，于是 $\angle CFP = 360° - \angle DCF - \angle FPD - \angle CDP = 180° - \angle CDP = 180° - \angle CMP = \angle CMF$，于是 $DC = CM = CF$．

解题时，我们总是努力寻找隐含的条件和关系，说起来容易，做起来其实不易，如何做到独具慧眼呢？或许只有多思考，多琢磨．发现新的关系有何用处？首先，由于 $CD = CF$，当我们求得 CF 后，可直接在 $\triangle CDB$ 中用余弦定理直接求得 BD 之长．若先求得 CP、BP，则可利用 $\dfrac{CF}{FB} = \dfrac{CP}{PB}$，$CF + FB = 2\sqrt{3}$ 求出 CF，再在 $\triangle CDB$ 中用余弦定理直接求得 BD 之长．其次，延长 PF 与过点 C 且平行于 AB 的直线交于点 G，如图 $10 - 5$ 所示，于是构造出 $\triangle CDB \cong \triangle CFG$，$\triangle CPG \backsim \triangle FCG$，使得已知条件与 CE 也即 FG 统一于一组相似三角形中，非常完美的构造，从而无须求 CP、BP、CF、BF 之长，只需 PF、BC 之长即可求得 BD 之长．于是我们得到非常完美的解法 15．

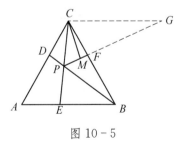

图 $10 - 5$

解法 15：因为 $CD=AE$，$\angle DCB=\angle EAC$，$CB=AC$，故 $\triangle DCB \cong \triangle EAC$，从而 $\angle DBC=\angle ECA$，所以 $\angle DPC=\angle DBC+\angle PCB=\angle ECA+\angle PCB=\angle DCB=60°$. 因为翻折，从而 $\angle MCP=\angle DPC=60°$，故 $\angle CFP=360°-\angle DCF-\angle FPD-\angle CDP=180°-\angle CDP=180°-\angle CMP=\angle CMF$，于是 $CM=CF$. 作 $CG\parallel AB$，延长 PF 与之交于 G，则 $\angle FCG=60°$，由 $\angle CFG=180°-\angle CFP=180°-\angle CMF=\angle PMF=\angle CDP$，$\angle FCG=\angle DCB$，$CF=CD$ 知 $\triangle CFG \cong \triangle CDB$，易知 $\triangle CPG \backsim \triangle FCG$，故 $\dfrac{CG}{PG}=\dfrac{FG}{CG}$，注意到 $CG=AB=2\sqrt{3}$，$PG=1+FG=1+CE$，$FG=CE$，从而 $CE^2+CE-12=0$，解得 $CE=3$.

当点 D 在边 AC 上移动，点 M 可能运动至 $\triangle ABC$ 外部，如图 10-6 所示，但不影响上述各种思考和结论. 本题中翻折 $\triangle DCP$ 只是 PF 平分 $\angle CPB$ 的不同表述而已，因此将本题改为：正三角形 ABC 中，D、E 分别在边 CA、AB 上，且 $CD=AE$，BD 交 CE 于 P，PF 平分 $\angle CPB$ 交 BC 于 F，若 $AB=2\sqrt{3}$，$PF=1$，求 CE 之长. 则无论题干的表

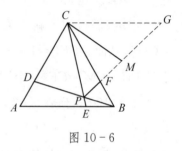

图 10-6

述，还是题图都更简洁、漂亮，解题思路不受任何影响. 而且只要 $0<PF\leqslant 1$，以上讨论的各种解法适用，解法 15 是最漂亮、完美的解法.

解题，实质为构建已知与未知之间的联系，联系丰富，思路则宽，从而容易解决问题，所以尽管本文中有些方法并非很漂亮，但重在思考，重在多角度建立联系. 文中这道题虽然不是很难，但做做、想想，收获不错. 解题如是，或是乐事一桩.

11 | 从等腰三角形性质到高联二试题

如图 11-1,在锐角 $\triangle ABC$ 中,点 M 是边 BC 中点,点 P 在 $\triangle ABC$ 内使得 AP 平分 $\angle BAC$,直线 MP 与 $\triangle ABP$、$\triangle ACP$ 的外接圆分别交于异于 P 点的两点 D、E,若 $DE=MP$,求证: $BC=2BP$.（2019年全国高中数学联赛二试第一题）

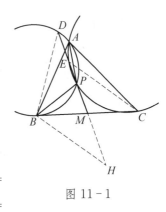

图 11-1

证明: 过点 B 作 CE 的平行线与 PM 延长线交于 H,因为 M 是 BC 中点,易知 $BH=CE$,且 $\angle BHE=\angle CEP=\angle CAP=\angle BAP=\angle BDP$，从而 $BD=BH=CE$.

注意到 $PD=PE+DE=PE+PM=EM$,从而 $\triangle BDP\cong\triangle CEM$.

于是 $BP=CM=\dfrac{1}{2}BC$,即 $BC=2BP$.

这道题不是很难,初三学生和高中学生都能入手,证法也不只一种,但我比较欣赏上面的证法,想法自然,用简单的知识解决问题,是问题解决能力的体现,也反映常规数学教学与数学竞赛教学的关联.这道题及其上面的证法使我想到几道与之相关的例习题,本文借此对这道二试题可能的演变作一个分析.

一、等腰三角形的性质

我们知道等腰三角形有一个很漂亮的性质:三线合一.这个性质实质为等腰三角形轴对称性的表现形式,是三个结论的综合表述.这三个结论分别为:

如图 11-2 所示，$\triangle ABC$ 中，$AB = AC$，

1) 若 $AM \perp BC$，则 $\angle BAM = \angle CAM$ 且 $BM = CM$；

2) 若 $\angle BAM = \angle CAM$，则 $AM \perp BC$ 且 $BM = CM$；

3) 若 $BM = CM$，则 $\angle BAM = \angle CAM$ 且 $AM \perp BC$.

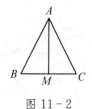

图 11-2

前两个直接利用全等三角形判定定理可证. 第三个利用一个常见思路：倍长中线可证，如图 11-3，延长 AM 至 D 使得 $DM = AM$，连结 BD，则 $\triangle AMC \cong \triangle DMB$，从而 $BD = AC = AB$，所以 $\angle BAM = \angle BDM = \angle CAM$.

再由 2)知 $AM \perp BC$.

事实上，我们容易得到：在 $\triangle ABC$ 中，点 M 在边 BC 上，如图 11-2 所示，

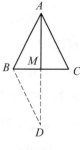

图 11-3

1) 若 $AM \perp BC$，$\angle BAM = \angle CAM$，则 $BM = CM$；

2) 若 $BM = CM$，$AM \perp BC$，则 $\angle BAM = \angle CAM$；

3) 若 $BM = CM$，$\angle BAM = \angle CAM$，则 $AM \perp BC$.

前两个结论容易用全等三角形判定定理证明. 第三个可用"倍长中线"法证明.

二、变换点 A 的位置

对于图 11-2，沿 $\overrightarrow{BC}$ 方向移动点 A，则 $\triangle ABC$ 不是等腰三角形，此时底边 BC 的中线与 $\angle BAC$ 的平分线不重合. 如图 11-4，若 AD 是 $\angle BAC$ 的平分线，$CD = DE$，作 $EF \parallel AB$ 交 AD 于点 F，这样保持了 $\angle EFD = \angle DAC$，此时 $EF = AC$ 吗？答案是肯定的，于是我们有：

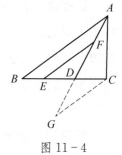

图 11-4

- **结论 1**：如图 11-4，$\triangle ABC$ 中，AD 平分 $\angle BAC$，$CD = DE$，作 $EF \parallel AB$ 交 AD 于 F，若 $\angle CAD = \angle EFD$，则 $AC = EF$；反之，若 $AC = EF$，则 $\angle CAD = \angle EFD$.

证明：过点 C 作 $CG \parallel EF$ 交 AD 延长线于 G，则易知 $EF = CG$，且 $\angle CGA =$

$\angle EFD = \angle BAD = \angle CAD$，所以 $CA = CG = EF$.

反之，若 $CG = EF = AC$，则 $\angle EFD = \angle CGD = \angle DAC$.

事实上，如图 11 - 4，$\triangle ABC$ 中，AD 平分 $\angle BAC$，$CD = DE$，点 F 在 AD 上，则 ①$EF \parallel AB$，②$\angle CAD = \angle EFD$，③$AC = EF$ 中任意两个可推出第三个.

简化图 11 - 4 得到图 11 - 5，于是我们有：

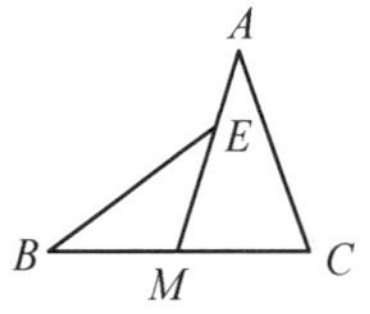

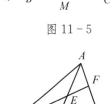

- **结论 2**：如图 11 - 5，点 M 为 BC 中点.

若 $\angle BEM = \angle CAM$，则 $BE = AC$；反之，若 $BE = AC$，则 $\angle BEM = \angle CAM$.

图 11 - 5

在图 11 - 5 中，延长 BE 交 AC 于 F，如图 11 - 6 所示.

将 $\angle BEM = \angle CAM$ 换成 $AF = EF$，于是得到：

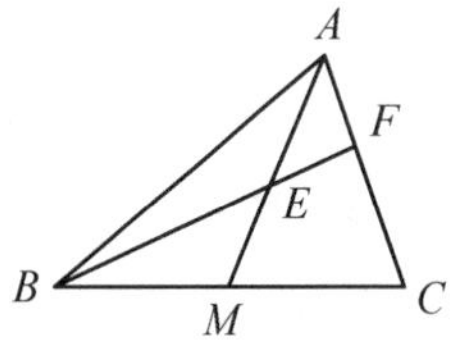

- **结论 3**：如图 11 - 6，点 M 为 BC 中点，若 $AF = EF$，则 $BE = AC$；反之，若 $BE = AC$，则 $AF = EF$.

图 11 - 6

三、考虑 AE 与 BM 的数量关系

在图 11 - 6 中，延长 AM 至点 G，使得 $MG = MA$.

连结 BG，如图 11 - 7 所示，易得 $BG = AC$. 又因为 $AF = EF$，容易证明 $BG = BE$.

因为 $AE < AM = MG$，故可在线段 MG 上截取 $MH = AE$，从而 $GH = GM - MH = AM - AE = EM$，注意到 $\angle BEM = \angle CAM = \angle BGH$，故 $\triangle BGH \cong \triangle BEM$，于是 $BH = BM$. 所以 $\triangle BHM$ 为等腰三角形.

设 $AE = kBC$，则已知 $\cos\angle AMC = \dfrac{HM}{2BM} = \dfrac{AE}{BC} = k$. 于是我们有：

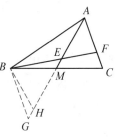

- **结论 4**：如图 11 - 7，$\triangle ABC$ 中，AM 是中线，E 为 AM 上一点，BE 交 AC 于 F，$AF = EF$.

若 $AE = kBC$，则 $\cos\angle AMC = k$；反之，若 $\cos\angle AMC = k$，则 $AE = kBC$.

特别地，若 $AE = BM$，则 $\angle AMC = 60°$；若 $AE = \sqrt{2}BM$，

图 11 - 7

则 $\angle AMC = 45°$.

四、构造全等三角形

由前面的讨论可知，如图 11-8 所示，点 M 是 BC 中点. 若 $\angle BDM = \angle CEM$，则 $BD = CE$；反之，若 $BD = CE$，则 $\angle BDM = \angle CEM$. 于是想到在 DM 上取一点 P，使得 $DP = EM$，从而 $\triangle BPD \cong \triangle CME$，于是 $BP = CM$，即 $BC = 2BP$.

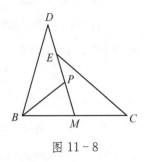

图 11-8

于是有：

■ **结论 5**：如图 11-8 所示，点 M 是 BC 中点，点 P 在 MD 上，$\angle BDM = \angle CEM$. 若 $DE = PM$，则 $BC = 2BP$；反之，若 $BC = 2BP$，则 $DE = PM$.

五、构造圆

在图 11-8 中，分别作 $\triangle BPD$、$\triangle EPC$ 的外接圆，两圆交于异于点 P 的点 A，连结 AB、AC，则 $\angle BAP = \angle BDP$，$\angle CAP = \angle CEP$，AP 平分 $\angle BAC$ 等价于 $\angle BDP = \angle CEP$，于是易得：

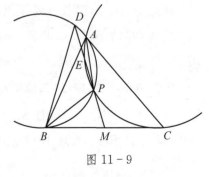

图 11-9

■ **结论 6**：如图 11-9，锐角 $\triangle ABC$ 中，$AC > AB$，AP 平分 $\angle BAC$，点 M 为 BC 中点，作 $\triangle ABP$、$\triangle ACP$ 的外接圆分别交直线 MP 于异于点 P 的点 D、E，则 $BD = AC$.

■ **结论 7**：如图 11-9，在锐角 $\triangle ABC$ 中，$AC > AB$，点 M 是边 BC 中点，点 P 在 $\triangle ABC$ 内使得 AP 平分 $\angle BAC$，直线 MP 与 $\triangle ABP$、$\triangle ACP$ 的外接圆分别交与异于 P 点的两点 D、E. 若 $DE = MP$，则 $BC = 2BP$；反之，若 $BC = 2BP$，则 $DE = MP$.

■ **结论 8**：如图 11 - 10，在锐角 $\triangle ABC$ 中，点 M 是边 BC 中点，点 P 在 $\triangle ABC$ 内使得 AP 平分 $\angle BAC$，直线 MP 与 $\triangle ABP$、$\triangle ACP$ 的外接圆分别交与异于 P 点的两点 D、E. 若 $DE = MB$，则 $\angle PMB = 60°$.

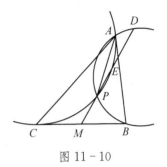

图 11 - 10

12 | 问题的实质与推广
——以一道自主招生试题为例

《全日制义务教育数学课程标准》指出：数学教学活动必须激发学生兴趣，调动学生积极性，引发学生思考，鼓励学生的创造性思维；教师教学应为学生提供充分的数学活动的机会，使学生获得广泛的数学活动经验. 可以说数学教学是数学活动的教学，数学活动是有数学思维的活动，反映数学思想和方法的活动. 数学解题活动也是一样，数学解题应该像"数学家"一样的思考，通过有数学内涵的思考，解决数学问题，品鉴数学之美.

■ **问题 1**：如图 12 - 1，$AB \parallel CD$、$AD \parallel CE$，F、G 分别是 AC 和 FD 的中点，过 G 的直线依次交 AB、AD、CD、CE 于点 M、N、P、Q，求证：$MN + PQ = 2PN$.

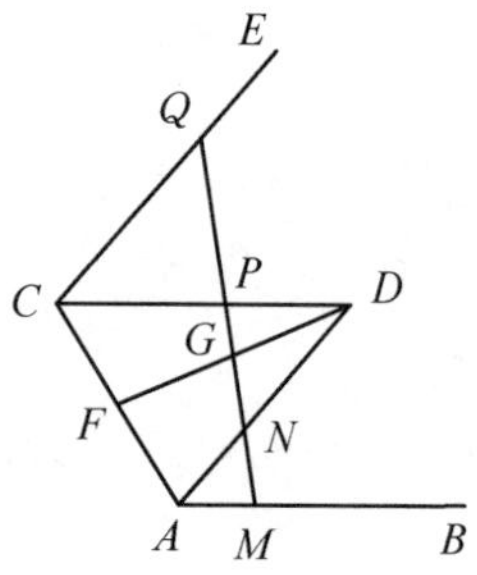

图 12 - 1

一、问题 1 的多种解法

问题 1 是 2014 复旦附中自主招生的一道试题，通过师生的共同努力，给出了以下几种解法：

证法 1：延长 EC、BA 交于点 O，如图 12 - 2. 由已知易得四边形 $OCAD$ 为平行四边形，故连结 OD，则 OD 平分 AC，因 DF 平分 AC. 从而直线 OD 与直线 DF 重合. $\dfrac{PD}{OM} = \dfrac{DG}{OG} = \dfrac{1}{3}$，所以 $\dfrac{MN}{PN} + \dfrac{PQ}{PN} = \dfrac{AM}{PD} + \dfrac{CP}{PD} = \dfrac{OM - OA + CP}{PD} = \dfrac{3PD - OA + PC}{PD} =$

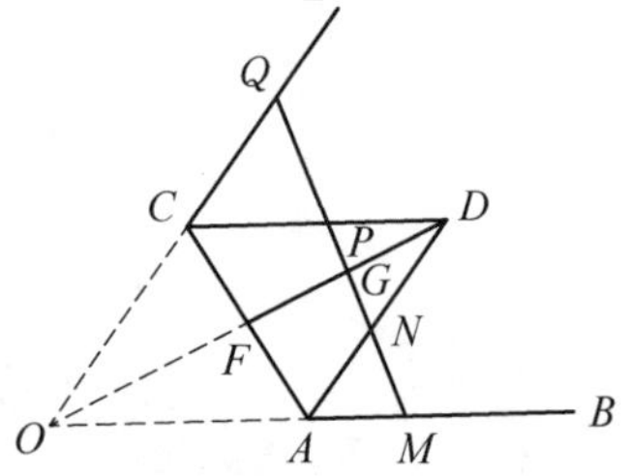

图 12 - 2

$$3-\frac{OA-PC}{PD}=3-\frac{CD-PC}{PD}=2.\ \text{即}\ MN+PQ=2PN.$$

证法 2：如图 $12-3$，分别取 AD、DC 的中点 R、S，则 $CP=DP+2SP$，$AN=DN-2RN$.

容易证明 $\triangle NRT \backsim \triangle NDP$ 及 $SP=RT$，所以 $\frac{NR}{ND}=\frac{RT}{DP}=\frac{SP}{DP}$，于是 $\frac{AN}{ND}+\frac{CP}{DP}=2$，从而 $\frac{MN}{NP}+\frac{PQ}{NP}=2$.

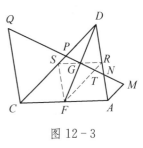

图 $12-3$

证法 3：如图 $12-1$，$\dfrac{S_{\triangle DPG}}{S_{\triangle DFC}}=\dfrac{DP \cdot DG}{DC \cdot DF}=\dfrac{1}{2} \cdot \dfrac{DP}{DC}$，$\dfrac{S_{\triangle DNG}}{S_{\triangle DFA}}=\dfrac{DN \cdot DG}{DA \cdot DF}=\dfrac{1}{2} \cdot \dfrac{DN}{DA}$.

所以 $\dfrac{1}{2}\left(\dfrac{DN}{DA}+\dfrac{DP}{DC}\right)=\dfrac{S_{\triangle DNG}}{S_{\triangle DFA}}+\dfrac{S_{\triangle DPG}}{S_{\triangle DFC}}=\dfrac{2S_{\triangle DNG}}{S_{\triangle DAC}}+\dfrac{2S_{\triangle DPG}}{S_{\triangle DAC}}=\dfrac{2S_{\triangle DPN}}{S_{\triangle DAC}}=\dfrac{2DP \cdot DN}{DC \cdot DA}$.

整理可得 $DN \cdot DC+DP \cdot DA=4DP \cdot DN$，即 $\dfrac{DC}{DP}+\dfrac{DA}{DN}=4$.

从而 $4=\dfrac{DP+CP}{DP}+\dfrac{DN+NA}{DN}=2+\dfrac{CP}{DP}+\dfrac{NA}{DN}$，即 $\dfrac{AN}{ND}+\dfrac{CP}{PD}=2$.

证法 4：易知 C、A 到直线 NP 的距离之和等于 F 到直线 NP 的距离的两倍，从而 $S_{\triangle CPN}+S_{\triangle APN}=2S_{\triangle FPN}$.

又易知 $S_{\triangle FPN}=S_{\triangle DPN}$，因为 $CQ \parallel AD$，$CD \parallel AM$，则 $S_{\triangle QPD}=S_{\triangle CPN}$，$S_{\triangle APN}=S_{\triangle DMN}$.

所以 $S_{\triangle QPD}+S_{\triangle DMN}=2S_{\triangle DPN}$，即 $MN+PQ=2NP$.

证法 5：过 F 作 $FH \parallel CD$ 交 PN 于 H，如图 $12-4$.

易证 $FH=PD$，于是 $\dfrac{MN}{PN}+\dfrac{PQ}{PN}=\dfrac{AM}{PD}+\dfrac{CP}{PD}=\dfrac{AM+CP}{FH}=2$.

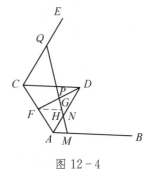

图 $12-4$

证法 6：如图 12-5，作 $AS \parallel DF$，$CR \parallel DF$ 并分别交直线 PN 于 S、R.

则 $\dfrac{AN}{ND} + \dfrac{CP}{PD} = \dfrac{AS}{DG} + \dfrac{CR}{DG} = \dfrac{AS}{FG} + \dfrac{CR}{FG} = 2$.

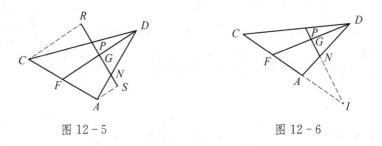

图 12-5 　　　　　　　　　　　图 12-6

证法 7：若 $PN \parallel AC$，易证. 若 PN 不平行于 AC，则不妨设 PN 交 AC 于 I，如图 12-6.

则由直线 GNI 截 $\triangle DFA$ 得 $\dfrac{AN}{ND} \cdot \dfrac{DG}{GF} \cdot \dfrac{FI}{IA} = 1$，从而 $\dfrac{AN}{ND} = \dfrac{IA}{FI}$.

由直线 PGI 截 $\triangle DFC$ 得 $\dfrac{CP}{PD} \cdot \dfrac{DG}{GF} \cdot \dfrac{FI}{IC} = 1$，从而 $\dfrac{CP}{PD} = \dfrac{IC}{FI}$.

所以 $\dfrac{AN}{ND} + \dfrac{CP}{PD} = \dfrac{IA}{FI} + \dfrac{IC}{FI} = \dfrac{IA + IC}{IF} = 2$.

证法 8：因为 F 为 AC 中点，故 $\overrightarrow{CF} + \overrightarrow{AF} = \vec{0}$.

所以 $\vec{0} = \overrightarrow{CF} + \overrightarrow{AF} = \overrightarrow{CD} + \overrightarrow{DF} + \overrightarrow{AD} + \overrightarrow{DF}$，从而 $\overrightarrow{DF} = \dfrac{1}{2}\overrightarrow{DC} + \dfrac{1}{2}\overrightarrow{DA}$.

另一方面，设 $\overrightarrow{PG} = t\overrightarrow{PN}$，则 $\overrightarrow{PD} + \overrightarrow{DG} = \overrightarrow{PG} = t\overrightarrow{PN}$，$\overrightarrow{GD} + \overrightarrow{DN} = \overrightarrow{GN} = (1-t)\overrightarrow{PN}$，从而 $\dfrac{\overrightarrow{PD}}{t} + \dfrac{\overrightarrow{DG}}{t} - \dfrac{\overrightarrow{GD}}{1-t} - \dfrac{\overrightarrow{DN}}{1-t} = \overrightarrow{PN} - \overrightarrow{PN} = \vec{0}$，即 $\dfrac{\overrightarrow{DP}}{t} + \dfrac{\overrightarrow{DN}}{1-t} = \dfrac{\overrightarrow{DG}}{t} + \dfrac{\overrightarrow{DG}}{1-t}$.

注意到 $DG = \dfrac{1}{2}DF$，所以 $\dfrac{1}{t} \cdot \dfrac{DP}{DC}\overrightarrow{DC} + \dfrac{1}{1-t} \cdot \dfrac{DN}{DA}\overrightarrow{DA} = \dfrac{1}{2}\left(\dfrac{1}{t} + \dfrac{1}{1-t}\right)\overrightarrow{DF} = \dfrac{1}{2t(1-t)}\overrightarrow{DF}$，即 $2(1-t)\dfrac{DP}{DC}\overrightarrow{DC} + 2t\dfrac{DN}{DA}\overrightarrow{DA} = \overrightarrow{DF}$.

由于 $\overrightarrow{DF}$ 关于 $\overrightarrow{DC}$、$\overrightarrow{DA}$ 的线性表示式唯一. 所以 $2(1-t)\dfrac{DP}{DC} = \dfrac{1}{2}$，$2t\dfrac{DN}{DA} =$

$\dfrac{1}{2}$,从而$\dfrac{DC}{DP}+\dfrac{DA}{DN}=4(1-t)+4t=4$,于是$\dfrac{CP}{DP}+\dfrac{AN}{DN}=2$.

二、问题 1 的实质及其推广

分析问题 1,不难发现其实质为下面的命题 0,而且用证法 6 易证其正确性.

■ **命题 0** 在$\triangle DAC$中,DF是AC边上的中线,G是 DF的中点,过G作直线PN分别交DC、DA于P、N(如图12-7).

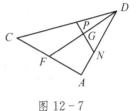

求证:$\dfrac{AN}{ND}+\dfrac{CP}{PD}=2$.

图 12-7

反思证法 6,我们不难得到下面的命题.

■ **命题 1** 在$\triangle DAC$中,F是AC边上的中点,G是直线DF上一点,DG：$GF=k$,过G作直线PN分别交DC、DA于P、N,则$\dfrac{AN}{ND}+\dfrac{CP}{PD}=\dfrac{2}{k}$(如图 12-8).

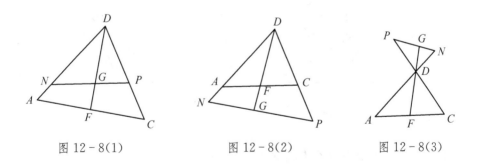

图 12-8(1)   图 12-8(2)   图 12-8(3)

■ **命题 2** 在$\triangle DAC$中,DF是AC边上的中线,

(1) 若G是DF上一点,DG：$GF=k$,过G作直线PN分别交线段CD及DA延长线于P、N,如图 12-9(1),则$\dfrac{CP}{PD}-\dfrac{AN}{ND}=\dfrac{2}{k}$.

(2) 若G是DF上一点,DG：$GF=k$,过G作直线PN分别交DC延长线及

线段 AD 于 P、N，如图 $12-9(2)$，则 $\dfrac{AN}{ND}-\dfrac{CP}{PD}=\dfrac{2}{k}$.

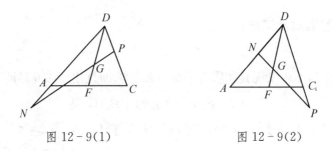

图 $12-9(1)$　　　　　　图 $12-9(2)$

■ **命题 3**　在 $\triangle DAC$ 中，DF 是 AC 边上的中线，G 是 DF 上一点，$DG:GF=k$，若过 G 作直线 PN 分别交 CD 延长线及线段 AD 于 P、N，如图 $12-10(1)$，则 $\dfrac{AN}{ND}-\dfrac{CP}{PD}=\dfrac{2}{k}$；若过 G 作直线 PN 分别交线段 CD 及 AD 延长线于 P、N，如图 $12-10(2)$，则 $\dfrac{CP}{PD}-\dfrac{AN}{ND}=\dfrac{2}{k}$.

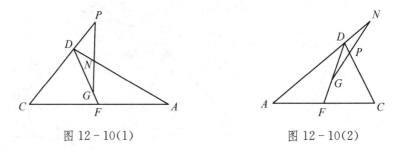

图 $12-10(1)$　　　　　　图 $12-10(2)$

有兴趣的读者可考虑当 G 在 DF 延长线上时，命题 2、3 的情形.

■ **命题 4**　在 $\triangle DAC$ 中，DF 是 AC 边上的中线，G 是在 FD 延长线上一点，$DG:GF=k$，若过 G 作直线 PN 分别交线段 CD 及线段 AD 延长线于 P、N，如图 $12-10(3)$，则 $\dfrac{AN}{ND}-\dfrac{CP}{PD}=\dfrac{2}{k}$；若过 G 作直线 PN 分别交线段 CD 延长线及 AD 于 P、N，如图 $12-10(4)$，则 $\dfrac{CP}{DP}-\dfrac{AN}{ND}=\dfrac{2}{k}$.

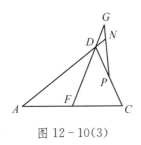

图 12 - 10(3)

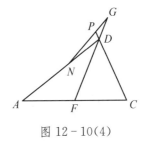

图 12 - 10(4)

改变点 F 的位置情况会如何呢？继续应用上面的思路，我们可得到命题 5.

■ **命题 5** 在△DAC 中，F 是 AC 边上的一点，G 是线段 DF 上一点，过 G 作直线 PN 交分别交 DC、DA 于 P、N，设 $DG : GF = k$，$AF : FC = l$，如图 12 - 11，则 $\dfrac{1}{l+1} \cdot \dfrac{AN}{ND} + \dfrac{l}{l+1} \cdot \dfrac{CP}{PD} = \dfrac{1}{k}$.

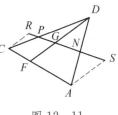

图 12 - 11

证明：因为 $\dfrac{FG - CR}{AS - CR} = \dfrac{CF}{CA} = \dfrac{1}{l+1}$，所以 $(l+1) \cdot$

$FG = AS + l \cdot CR$，从而 $\dfrac{FG}{DG} = \dfrac{1}{1+l} \cdot \dfrac{AS}{DG} + \dfrac{l}{1+l} \cdot \dfrac{CR}{DG}$.

易知 $\dfrac{CR}{DG} = \dfrac{CP}{PD}$，$\dfrac{AS}{DG} = \dfrac{AN}{ND}$.

从而 $\dfrac{1}{1+l} \cdot \dfrac{AN}{ND} + \dfrac{l}{1+l} \cdot \dfrac{CP}{PD} = \dfrac{1}{1+l} \cdot \dfrac{AS}{DG} + \dfrac{l}{1+l} \cdot \dfrac{CR}{DG} = \dfrac{FG}{DG} = \dfrac{1}{k}$.

事实上，当点 F 在直线 AC 上运动时，点 G 在直线 DF 上运动时，用高中的向量知识可总结得到如下结论：在 DAC 中，F 是边 AC 所在直线上一点，G 是直线 DF 上一点，若 $\overrightarrow{DG} = k\overrightarrow{GF}$，$a\overrightarrow{AF} + b\overrightarrow{FC} = \vec{0}$，$\overrightarrow{AN} = x\overrightarrow{ND}$，$\overrightarrow{CP} = y\overrightarrow{PD}$，过 G 作直线 PN 分别交直线 DA、直线 DC 于 N、P，则 $\dfrac{a}{a+b} \cdot x + \dfrac{b}{a+b} \cdot y = \dfrac{1}{k}$（这里 a、b 不同时为 0，且 $a+b \neq 0$）.

三、从平面到空间

能否将命题 5 从平面推广到空间呢？容易想到将"三角形 DAC"对应"三棱锥 S-ABC"，"直线 AC"对应"平面 ABC"，由于点 G 在 $\triangle ABC$ 所在平面内，故存在不全为零的实数 a、b、c 使得 $a\overrightarrow{GA}+b\overrightarrow{GB}+c\overrightarrow{GC}=\vec{0}$. 用高中的向量知识可得到：

■ **命题 6** 如图 12-12，已知点 G 为三棱锥 S-ABC 的底面 ABC 上一点，P 为直线 SG 上一点，G 为 $\triangle ABC$ 所在平面上一点，过点 P 作平面分别交直线 SA、直线 SB、直线 SC 于 D、E、F，若 $\overrightarrow{SP}=k\overrightarrow{PG}$，$a\overrightarrow{GA}+b\overrightarrow{GB}+c\overrightarrow{GC}=\vec{0}$，$\overrightarrow{AD}=x\overrightarrow{DS}$，$\overrightarrow{BE}=y\overrightarrow{ES}$，$\overrightarrow{CF}=z\overrightarrow{FS}$，这里 a、b、c 不全为 0，且 $a+b+c\neq 0$，则

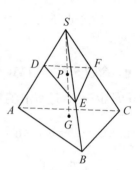

$$\frac{a}{a+b+c}\cdot x+\frac{b}{a+b+c}\cdot y+\frac{c}{a+b+c}\cdot z=\frac{1}{k}.$$

图 12-12

证明： 由于 $\overrightarrow{PD}$、$\overrightarrow{PE}$、$\overrightarrow{PF}$ 共面，故存在不全为 0 的实数 p、q、r，且 $p+q+r\neq 0$ 使得 $p\overrightarrow{PD}+q\overrightarrow{PE}+r\overrightarrow{PF}=\vec{0}$，从而 $p(\overrightarrow{PS}+\overrightarrow{SD})+q(\overrightarrow{PS}+\overrightarrow{SE})+r(\overrightarrow{PS}+\overrightarrow{SF})=\vec{0}$，即

$$(p+q+r)\overrightarrow{SP}=p\overrightarrow{SD}+q\overrightarrow{SE}+r\overrightarrow{SF}.$$

于是 $(p+q+r)\left(\dfrac{k}{k+1}\right)\overrightarrow{SG}=\dfrac{p}{x+1}\overrightarrow{SA}+\dfrac{q}{y+1}\overrightarrow{SB}+\dfrac{r}{z+1}\overrightarrow{SC}$，即 $\overrightarrow{SG}=$
$$\frac{k+1}{k(p+q+r)}\left(\frac{p}{x+1}\overrightarrow{SA}+\frac{q}{y+1}\overrightarrow{SB}+\frac{r}{z+1}\overrightarrow{SC}\right).$$

另一方面，由 $a\overrightarrow{GA}+b\overrightarrow{GB}+c\overrightarrow{GC}=\vec{0}$ 得 $a(\overrightarrow{GS}+\overrightarrow{SA})+b(\overrightarrow{GS}+\overrightarrow{SB})+c(\overrightarrow{GS}+\overrightarrow{SC})=\vec{0}$，从而 $\overrightarrow{SG}=\dfrac{a}{a+b+c}\overrightarrow{SA}+\dfrac{b}{a+b+c}\overrightarrow{SB}+\dfrac{c}{a+b+c}\overrightarrow{SC}.$

由于 SG 关于 $\overrightarrow{SA}$、$\overrightarrow{SB}$、$\overrightarrow{SC}$ 的线性表示唯一，故 $\dfrac{k+1}{k(p+q+r)}\cdot\dfrac{p}{x+1}=$

$$\frac{a}{a+b+c}, \quad \frac{k+1}{k(p+q+r)} \cdot \frac{q}{y+1} = \frac{b}{a+b+c}, \quad \frac{k+1}{k(p+q+r)} \cdot \frac{r}{z+1} = \frac{c}{a+b+c},$$

于是

$$1 = \frac{p}{p+q+r} + \frac{q}{p+q+r} + \frac{r}{p+q+r}$$

$$= \frac{k}{k+1} \left[\frac{a(x+1)}{a+b+c} + \frac{b(y+1)}{a+b+c} + \frac{c(z+1)}{a+b+c} \right],$$

整理得 $\dfrac{a}{a+b+c} \cdot x + \dfrac{b}{a+b+c} \cdot y + \dfrac{c}{a+b+c} \cdot z = \dfrac{1}{k}.$

当 $a=b=c=1$ 时,点 G 为 $\triangle ABC$ 的重心,$x+y+z=\dfrac{3}{k}$;当 $c=0$,问题转化问平面的情况,$\dfrac{a}{a+b} \cdot x + \dfrac{b}{a+b} \cdot y = \dfrac{1}{k}.$

经过长时间的思考,收获颇丰,品鉴过程,其味隽永. 首先,从不同角度思考,给出了多个解答,所谓条条道路通罗马,多种解法完美统一于一题. 其次,从上述思考中不难发现,命题 6 的证明中构造的梯形能完美地统一题设中各条件于一形,从而可解决上述所有问题,即多题完美统一于一解,当然统一解决上述问题还有其他的方法,如向量法. 再次,尽管点 F、G 的位置变化,尽管有平面到空间的差异,但都可完美地统一于一个结论:$\dfrac{a}{a+b+c} \cdot x + \dfrac{b}{a+b+c} \cdot y + \dfrac{c}{a+b+c} \cdot z = \dfrac{1}{k}.$ 变中有不变.

四、改变一些条件

在三角形 ABC 中,点 D 为直线 BC 上一点,G 为直线 AD 上一点,直线 BG 交直线 AC 于点 F,直线 CG 交直线 AB 于点 E,若 $\overrightarrow{AG}=k\overrightarrow{GD}$,$\overrightarrow{BD}=t\overrightarrow{DC}$,不难知道 $\dfrac{AE}{EB}$、$\dfrac{AF}{FC}$ 均为定值,若去掉条件 $\overrightarrow{BD}=t\overrightarrow{DC}$,可得到下面的又一漂亮结论:

■ **命题 7** 如图 12 - 13,已知三角形 ABC,点 D 为直线 BC 上一点,G 为直线

AD 上一点，直线 BG 交直线 AC 于点 F，直线 CG 交直线 AB 于点 E，若 $\overrightarrow{AG}=k\overrightarrow{GD}$，$\overrightarrow{AE}=x\overrightarrow{EB}$，$\overrightarrow{AF}=y\overrightarrow{FC}$，则 $x+y=k$.

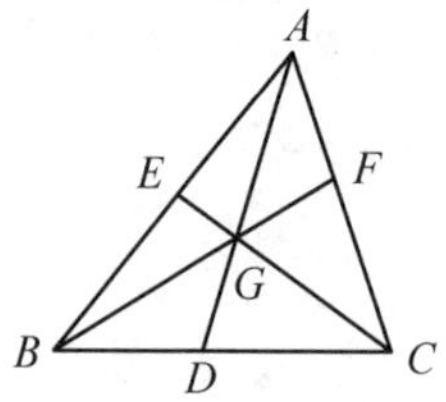

证明：由梅涅劳斯定理得：

$\dfrac{\overrightarrow{AE}}{\overrightarrow{EB}}\cdot\dfrac{\overrightarrow{BC}}{\overrightarrow{CD}}\cdot\dfrac{\overrightarrow{DG}}{\overrightarrow{GA}}=-1$，从而 $x=\dfrac{\overrightarrow{AE}}{\overrightarrow{EB}}=-\dfrac{\overrightarrow{CD}}{\overrightarrow{BC}}\cdot\dfrac{\overrightarrow{GA}}{\overrightarrow{DG}}=$

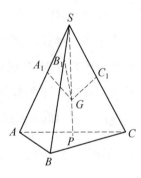

图 12-13

$-\dfrac{k\overrightarrow{CD}}{\overrightarrow{BC}}$. 同理，由 $\dfrac{\overrightarrow{AF}}{\overrightarrow{FC}}\cdot\dfrac{\overrightarrow{CB}}{\overrightarrow{BD}}\cdot\dfrac{\overrightarrow{DG}}{\overrightarrow{GA}}=-1$ 得 $y=\dfrac{\overrightarrow{AF}}{\overrightarrow{FC}}=-\dfrac{\overrightarrow{BD}}{\overrightarrow{CB}}\cdot$

$\dfrac{\overrightarrow{GA}}{\overrightarrow{DG}}=-\dfrac{k\overrightarrow{BD}}{\overrightarrow{CB}}$.

所以 $x+y=-\dfrac{k\overrightarrow{CD}}{\overrightarrow{BC}}-\dfrac{k\overrightarrow{BD}}{\overrightarrow{CB}}=-k\left(\dfrac{\overrightarrow{CD}}{\overrightarrow{BC}}+\dfrac{\overrightarrow{DB}}{\overrightarrow{BC}}\right)=-k\left(\dfrac{\overrightarrow{CB}}{\overrightarrow{BC}}\right)=k$.

命题 7 也可推广到空间：

■ **命题 8** 如图 12-14，已知三棱锥 $S-ABC$，点 P 为平面 ABC 上一点，G 为直线 SP 上一点，过直线 AB 与点 G 的平面交直线 AC 于点 C_1，过直线 BC 与点 G 的平面交直线 SA 于点 A_1，过直线 CA 与点 G 的平面交直线 SB 于点 B_1.

若 $\overrightarrow{SG}=k\overrightarrow{GP}$，$\overrightarrow{SA}=x\overrightarrow{A_1A}$，$\overrightarrow{SB}=y\overrightarrow{B_1B}$，$\overrightarrow{SC}=z\overrightarrow{C_1C}$，则 $x+y+z=k$.

图 12-14

证明：设直线 AP 与直线 BC 交于 A_0，直线 BP 与直线 AC 交于 B_0，直线 CP 与直线 AB 交于 C_0，直线 A_1A_0 为面 SAP 与面 BCA_1 的交线，点 G 在 A_1A_0 上，于是由直线 A_0GA_1 截 $\triangle SPA$ 得

$\dfrac{\overrightarrow{SA_1}}{\overrightarrow{A_1A}}\cdot\dfrac{\overrightarrow{AA_0}}{\overrightarrow{A_0P}}\cdot\dfrac{\overrightarrow{PG}}{\overrightarrow{GS}}=-1$，从而 $x=\dfrac{\overrightarrow{SA_1}}{\overrightarrow{A_1A}}=-\dfrac{\overrightarrow{A_0P}}{\overrightarrow{AA_0}}\cdot\dfrac{\overrightarrow{GS}}{\overrightarrow{PG}}=-\dfrac{k\overrightarrow{A_0P}}{\overrightarrow{AA_0}}$.

同理，由直线 B_0GB_1 截 $\triangle SPB$ 得 $\dfrac{\overrightarrow{SB_1}}{\overrightarrow{B_1B}}\cdot\dfrac{\overrightarrow{BB_0}}{\overrightarrow{B_0P}}\cdot\dfrac{\overrightarrow{PG}}{\overrightarrow{GS}}=-1$，从而 $y=\dfrac{\overrightarrow{SB_1}}{\overrightarrow{B_1B}}=$

$-\dfrac{k\overrightarrow{B_0P}}{\overrightarrow{BB_0}}$.

由直线 C_0GC_1 截 $\triangle SPC$ 得 $\dfrac{\overrightarrow{SC_1}}{\overrightarrow{C_1C}} \cdot \dfrac{\overrightarrow{CC_0}}{\overrightarrow{C_0P}} \cdot \dfrac{\overrightarrow{PG}}{\overrightarrow{GS}} = -1$,从而 $z = \dfrac{\overrightarrow{SC_1}}{\overrightarrow{C_1C}} = -\dfrac{k\overrightarrow{C_0P}}{\overrightarrow{CC_0}}$.

又由直线 BC 截 $\triangle APC_0$ 得 $\dfrac{\overrightarrow{AA_0}}{\overrightarrow{A_0P}} \cdot \dfrac{\overrightarrow{PC}}{\overrightarrow{CC_0}} \cdot \dfrac{\overrightarrow{C_0B}}{\overrightarrow{BA}} = -1$,从而 $\dfrac{\overrightarrow{A_0P}}{\overrightarrow{AA_0}} = -\dfrac{\overrightarrow{PC}}{\overrightarrow{CC_0}} \cdot$

$\dfrac{\overrightarrow{C_0B}}{\overrightarrow{BA}}$.

又由直线 CA 截 $\triangle BPC_0$ 得 $\dfrac{\overrightarrow{BB_0}}{\overrightarrow{B_0P}} \cdot \dfrac{\overrightarrow{PC}}{\overrightarrow{CC_0}} \cdot \dfrac{\overrightarrow{C_0A}}{\overrightarrow{AB}} = -1$,从而 $\dfrac{\overrightarrow{B_0P}}{\overrightarrow{BB_0}} = -\dfrac{\overrightarrow{PC}}{\overrightarrow{CC_0}} \cdot$

$\dfrac{\overrightarrow{C_0A}}{\overrightarrow{AB}}$.

所以 $\dfrac{\overrightarrow{A_0P}}{\overrightarrow{AA_0}} + \dfrac{\overrightarrow{B_0P}}{\overrightarrow{BB_0}} = -\dfrac{\overrightarrow{PC}}{\overrightarrow{CC_0}}\left(\dfrac{\overrightarrow{C_0A}}{\overrightarrow{AB}} + \dfrac{\overrightarrow{C_0B}}{\overrightarrow{BA}}\right) = -\dfrac{\overrightarrow{PC}}{\overrightarrow{CC_0}}\left(\dfrac{\overrightarrow{C_0A}}{\overrightarrow{AB}} + \dfrac{\overrightarrow{BC_0}}{\overrightarrow{AB}}\right) = \dfrac{\overrightarrow{PC}}{\overrightarrow{CC_0}} =$

$\dfrac{\overrightarrow{PC_0} + \overrightarrow{C_0C}}{\overrightarrow{CC_0}} = -\dfrac{\overrightarrow{C_0P}}{\overrightarrow{CC_0}} - 1$,即 $\dfrac{\overrightarrow{A_0P}}{\overrightarrow{AA_0}} + \dfrac{\overrightarrow{B_0P}}{\overrightarrow{BB_0}} + \dfrac{\overrightarrow{C_0P}}{\overrightarrow{CC_0}} = -1$,从而 $x + y + z =$

$-k\left(\dfrac{\overrightarrow{A_0P}}{\overrightarrow{AA_0}} + \dfrac{\overrightarrow{B_0P}}{\overrightarrow{BB_0}} + \dfrac{\overrightarrow{C_0P}}{\overrightarrow{CC_0}}\right) = k.$

由于命题 8 的证明得到了 $\dfrac{\overrightarrow{A_0P}}{\overrightarrow{AA_0}} + \dfrac{\overrightarrow{B_0P}}{\overrightarrow{BB_0}} + \dfrac{\overrightarrow{C_0P}}{\overrightarrow{CC_0}} = -1$,于是又有命题 9:

■ **命题 9** 如图 $12 - 15$,已知三棱锥 $S - ABC$,点 P 为平面 ABC 上一点,G 为直线 SP 上一点,直线 AP 与直线 BC 交于 A_0,直线 AG 与直线 SA_0 交于 D,直线 BP 与直线 AC 交于 B_0;直线 BG 与直线 SB_0 交于 E;直线 CP 与直线 AB 交于 C_0,直线 CG 与直线 SC_0 交于 F,若 $\overrightarrow{AG} = k\overrightarrow{GD}$,$\overrightarrow{SD} = x\overrightarrow{DA_0}$,$\overrightarrow{SE} = y\overrightarrow{EB_0}$,$\overrightarrow{SF} = z\overrightarrow{FC_0}$,则 $x + y + z = 2k$.

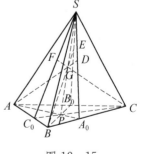

图 $12 - 15$

证明: 由直线 DA 截 $\triangle SA_0P$ 得 $\dfrac{\overrightarrow{SD}}{\overrightarrow{DA_0}} \cdot \dfrac{\overrightarrow{A_0A}}{\overrightarrow{AP}} \cdot \dfrac{\overrightarrow{PG}}{\overrightarrow{GS}} = -1$.

从而 $x = \dfrac{\overrightarrow{SD}}{\overrightarrow{DA_0}} = -\dfrac{\overrightarrow{AP}}{\overrightarrow{A_0A}} \cdot \dfrac{\overrightarrow{GS}}{\overrightarrow{PG}} = -\dfrac{k\overrightarrow{AP}}{\overrightarrow{A_0A}}.$

由直线 EB 截 $\triangle SB_0P$ 得 $\dfrac{\overrightarrow{SE}}{\overrightarrow{EB_0}} \cdot \dfrac{\overrightarrow{B_0B}}{\overrightarrow{BP}} \cdot \dfrac{\overrightarrow{PG}}{\overrightarrow{GS}} = -1.$

从而 $y = \dfrac{\overrightarrow{SE}}{\overrightarrow{EB_0}} = -\dfrac{\overrightarrow{BP}}{\overrightarrow{B_0B}} \cdot \dfrac{\overrightarrow{GS}}{\overrightarrow{PG}} = -\dfrac{k\overrightarrow{BP}}{\overrightarrow{B_0B}}.$

由直线 FC 截 $\triangle SC_0P$ 得 $\dfrac{\overrightarrow{SF}}{\overrightarrow{FC_0}} \cdot \dfrac{\overrightarrow{C_0C}}{\overrightarrow{CP}} \cdot \dfrac{\overrightarrow{PG}}{\overrightarrow{GS}} = -1.$

从而 $z = \dfrac{\overrightarrow{SF}}{\overrightarrow{FA_0}} = -\dfrac{\overrightarrow{CP}}{\overrightarrow{C_0C}} \cdot \dfrac{\overrightarrow{GS}}{\overrightarrow{PG}} = -\dfrac{k\overrightarrow{CP}}{\overrightarrow{C_0C}}.$

所以 $x + y + z = -k\left(\dfrac{\overrightarrow{AP}}{\overrightarrow{A_0A}} + \dfrac{\overrightarrow{BP}}{\overrightarrow{B_0B}} + \dfrac{\overrightarrow{CP}}{\overrightarrow{C_0C}}\right) = -k\left(\dfrac{\overrightarrow{AA_0}+\overrightarrow{A_0P}}{\overrightarrow{A_0A}} + \dfrac{\overrightarrow{BB_0}+\overrightarrow{B_0P}}{\overrightarrow{B_0B}} + \dfrac{\overrightarrow{CC_0}+\overrightarrow{C_0P}}{\overrightarrow{C_0C}}\right).$

由于 $\dfrac{\overrightarrow{A_0P}}{\overrightarrow{AA_0}} + \dfrac{\overrightarrow{B_0P}}{\overrightarrow{BB_0}} + \dfrac{\overrightarrow{C_0P}}{\overrightarrow{CC_0}} = -1$（命题 8 已证），所以 $x + y + z = 2k.$

像"数学家"一样思考，具有积极的教育意义. 荷兰著名的数学教育家费赖登塔尔(Hans Freudentual)曾用"再创造"这个概念来支持学生像"数学家"一样思考. 也许对结果和效率的过分追求，使我们可能缺少心境驻足停留，欣赏一路美丽的风景. 数学中有许多这种解法多样且有推广空间的习题，若给有兴趣的学生足够思考时间，并进行适度的指导，学生获得的将不仅仅是知识，而是真正的核心素养.

13 | 条件结论重组

有些例题(或习题)被反复运用,成为经典,不仅是因为其条件简洁,结论漂亮、图形美丽,能很好地起到巩固和复习基本知识、基本技能之用,还因为它还有继续探究的余地,留有广阔的思维空间,是训练学生思维和探究能力的丰富资源,具有良好的教育价值.

■ **例题** 如图 13-1,点 D、E 分别在 AC、AB 上,BD 与 CE 交于点 F,若 $AB=AC$、$AE=AD$,求证:$EF=DF$、$FB=FC$.

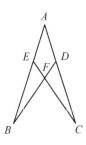

图 13-1

这是一道常见例题. 由上海市《九年义务教育课本——数学(七年级第二学期)(试用本)》第 101 页,练习 14(5)改编得到,从条件我们容易得到:$\triangle AEC \cong \triangle ADB$,从而 $\angle C = \angle B$,进而 $\triangle EFB \cong \triangle DFC$,所以 $EF=DF$、$FB=FC$.

一、条件结论重组

在 $AD=AE$、$FE=FD$、$FB=FC$、$AB=AC$ 这四组等式中任意两组成立作为条件,剩下两个作为结论,可以组成六个命题,其中(1)$AD=AE$,$FE=FD \Rightarrow AB=AC$,$FB=FC$;(2)$FE=FD$,$FB=FC \Rightarrow AB=AC$,$AE=AD$;(3)$AB=AC$,$FB=FC \Rightarrow AD=AE$,$FE=FD$;(4)$AE=AD$,$AB=AC \Rightarrow EF=DF$,$FB=FC$ 这四个命题都是真命题,而且都不难证明,但是另外两个是真命题吗? 研究表明它们也是真命题,下面将给出这两个命题的证明.

■ **命题 1** 如图 13-2,点 D、E 分别在 AC、AB 上,DB 与 CE 交于点 F,若 $AB=AC$,$EF=DF$,求证:$AD=AE$,$FB=FC$.

证明：设 $AE=x$，$AD=y$，$AB=AC=b$，$EF=FD=a$，

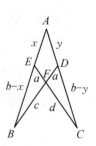

图 13-2

$FB=c$，$FC=d$，由余弦定理得 $\dfrac{b^2+y^2-(a+c)^2}{2by}=$

$\cos\angle BAD=\cos\angle CAE=\dfrac{b^2+x^2-(a+d)^2}{2bx}$.

整理得

$$(x-y)(b^2-xy)+y(a+d)^2-x(a+c)^2=0, \qquad ①$$

注意到 $\triangle ABD$ 被 EFC 截，故 $\dfrac{AE}{EB}\cdot\dfrac{BF}{FD}\cdot\dfrac{DC}{CA}=1$，即 $\dfrac{x}{b-x}\cdot\dfrac{c}{a}\cdot\dfrac{b-y}{b}=1$，

解得 $c=\dfrac{ab(b-x)}{x(b-y)}$，于是

$$a+c=a+\dfrac{ab(b-x)}{x(b-y)}=\dfrac{a(b^2-xy)}{x(b-y)}. \qquad ②$$

同理，$\triangle AEC$ 被 BFD 截，于是

$$a+d=\dfrac{a(b^2-xy)}{y(b-x)}. \qquad ③$$

将②、③代入①得

$$(x-y)(b^2-xy)+a^2(b^2-xy)^2\left(\dfrac{1}{y(b-x)^2}-\dfrac{1}{x(b-y)^2}\right)=0,$$

整理得 $(x-y)(b^2-xy)\left(1+\dfrac{a^2(b^2-xy)^2}{xy(b-x)^2(b-y)^2}\right)=0$.

注意到 $b^2-xy>0$，$b-x>0$，$b-y>0$，从而 $(b^2-xy)\left(1+\dfrac{a^2(b^2-xy)^2}{xy(b-x)^2(b-y)^2}\right)\neq 0$，所以 $x=y$，即 $AD=AE$，进而 $FB=FC$.

■ **命题 2** 如图 13-3，点 D、E 分别在 AC、AB 上，DB 与 CE 交于点 F，若 $AD=AE$，$FB=FC$，求证：$FD=FE$，$AB=AC$.

证明：设 $EB=x$，$DC=y$，$AE=AD=a$，$FB=FC=b$，$FE=c$，$FD=d$，由余弦定理得 $\dfrac{b^2+c^2-x^2}{2bc}=\cos\angle EFB=\cos\angle DFC=\dfrac{b^2+d^2-y^2}{2bd}$.

整理得

$$(c-d)(cd-b^2)+cy^2-dx^2=0, \qquad ④$$

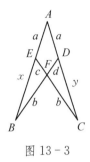

图 13-3

注意到 $\triangle BEF$ 被 ADC 截,故 $\dfrac{BA}{AE} \cdot \dfrac{EC}{CF} \cdot \dfrac{FD}{DB}=1$,即 $\dfrac{a+x}{a} \cdot$

$\dfrac{b+c}{b} \cdot \dfrac{d}{b+d}=1$;$\triangle DFC$ 被 AEB 截,故 $\dfrac{CA}{AD} \cdot \dfrac{DB}{BF} \cdot \dfrac{FE}{EC}=1$,即

$\dfrac{a+y}{a} \cdot \dfrac{b+d}{b} \cdot \dfrac{c}{b+c}=1$. 解得

$$x=\frac{a(b^2-cd)}{d(b+c)}, \quad y=\frac{a(b^2-cd)}{c(b+d)}. \qquad ⑤$$

将⑤代入④并整理得 $(c-d)(cd-b^2)\left[1+\dfrac{a^2(cd-b^2)^2}{cd(b+c)^2(b+d)^2}\right]=0.$

注意到 $1+\dfrac{a^2(cd-b^2)^2}{cd(b+c)^2(b+d)^2}>0$,所以 $c=d$ 或 $cd=b^2$.

若 $c=d$,由 ④ 知 $x=y$,即有 $FD=FE$,$AB=AE+EB=AD+DC=AC$.

若 $cd=b^2$,从两个角度可解释其不合题意. 角度 1:由 ⑤ 知 $x=y=0$,此时 E、F、B 三点重合,D、F、C 三点重合,从而 B、C 重合,不合题意;角度 2:如果 x、y、c、d、b 均为正实数,则由 $cd=b^2$ 及 $\angle EFB=\angle CFD$ 知 $\triangle EFB \backsim \triangle CFD$,从而 $\angle FDC=\angle FBE$,这与 $\angle FDC=\angle A+\angle FBE>\angle FBE$ 矛盾. 从而 $cd=b^2$ 不合题意. 总之,命题 2 成立.

二、加入角的因素

由于 $\angle A$ 的大小变化不影响所研究的四组线段的相等关系,又 $\angle AEC=\angle B+\angle EFB$,$\angle AEF$ 与 $\angle BEF$ 互补,所以 $\angle AEC$、$\angle B$、$\angle EFB$ 中两个确定,则其余各角确定,故选择两组角 $\angle AEF=\angle ADF$,$\angle B=\angle C$ 进行研究. 在 $AD=AE$、$FE=FD$、$FB=FC$、$AB=AC$ 四组等式中加入两组角的等式:$\angle B=\angle C$、$\angle AEF=\angle ADF$,这样共有六组等式,在线段相等组和角度相等组中各取一个等式作为条件,其余的等式作为结论,可组成 8 个命题,这些命题真假性如何? 研究

发现这 8 个命题都是真命题，且都不难证明.

仅由 $\angle B = \angle C$、$\angle AEF = \angle ADF$ 不能推出其他四组线段分别相等，如图 13-4，B、C、D、E 四点共圆，满足 $\angle B = \angle C$、$\angle AEF = \angle ADF$，固定 B、C，点 D 在圆上移动，容易观察到 $AD = AE$、$FE = FD$、$FB = FC$、$AB = AC$ 都不成立.

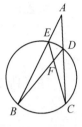

图 13-4

三、考虑两个线段的和

考虑在 $AD = AE$、$FE = FD$、$FB = FC$、$AB = AC$ 中任取两个相加作为条件，其余的两个也相加作为结论，共得到 24 个命题. 经过研究，仅以下三个命题是真命题.

■ **命题 3** 如图 13-5，点 D、E 分别在 AC、AB 上，BD 与 CE 交于点 F，若 $AD + FD = AE + FE$，则 $FB + AB = FC + AC$.

（2015 中国东南地区数学奥林匹克试题）

证明： 作 $\angle CDF$、$\angle BEF$ 的平分线交于点 O，分别在 AE、AD 延长线上截取 $EF_1 = EF$，$DF_2 = DF$，连结 OF、OF_1、OF_2，分别在 AC、AB 延长线上截取 $CF_3 = CF$，$BF_4 = BF$，连结 OF_3、OF_4、

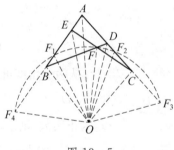

图 13-5

OB、OC，易知 $\triangle FEO \cong \triangle F_1EO$，$\triangle FDO \cong \triangle F_2DO$，从而 $F_1O = F_2O$，

注意到 $AF_1 = AE + EF_1 = AE + EF = AD + DF = AD + DF_2 = AF_2$，$AO$ 是公共边，于是 $\triangle F_1AO \cong \triangle F_2AO$，从而 $\angle EAO = \angle F_1AO = \angle F_2AO = \angle DAO$，即 AO 平分 $\angle EAC(\angle DAB)$，所以点 O 是 $\triangle AEC$、$\triangle ADB$ 的公共旁心，从而 OB 平分 $\angle F_4BD$，OC 平分 $\angle F_3CE$，于是 $\triangle FBO \cong \triangle F_4BO$，$\triangle FCO \cong \triangle F_3CO$，从而 $F_3O = F_4O = FO$，点 F_1、F_2、F_3、F_4、F 五点共圆，故 $AF_1 \cdot AF_4 = AF_2 \cdot AF_3$，又 $AF_1 = AF_2$，从而 $AF_4 = AF_3$，即 $AB + FB = AC + CF$.

由于命题 3 是真命题，即 $AB + FB = AC + CF$ 成立，若 $AB + FC = AC + FB$ 也成立，则 $AB = AC$，从而 $FC = FB$，进而 $AD = AE$，$FE = FD$，这是满足条件

$AD+FD=AE+FE$ 的四边形 $AEFD$ 的特殊情况,与已知条件不合,所以由 $AD+FD=AE+FE$ 不能推出 $FC+AB=FB+AC$ 成立.

命题 3 由柳彬先生提供,解法由陶平生先生提供.命题 3 也可用梅涅劳斯定理和余弦定理证明.

命题 3 的逆命题也是真命题,这就是命题 4:

■ **命题 4** 如图 13 - 6,点 D、E 分别在 AC、AB 上,BD 与 CE 交于点 F,若 $AB+FB=AC+FC$,则 $AD+FD=AE+FE$.

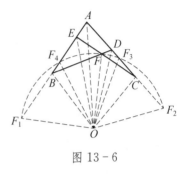

图 13 - 6

证明:延长 AB 至 F_1,AC 至 F_2,使得 $BF_1=BF$,$CF_2=CF$,则 AF_1F_2 为等腰三角形,作 $\angle F_1BF$、$\angle F_2CF$ 的角平分线,由于 $\angle F_1BF+\angle F_2CF<360°$,故这两条角平分线不平行,从而必会相交,设交点为 O,因为 $BF_1=BF$,$CF_2=CF$,所以 OB 垂直平分 F_1F,OC 垂直平分 F_2F,从而 O 是 $\triangle F_1F_2F$ 的外心,故 $OF_1=OF_2=OF$. 又 $AF_1=AF_2$,所以 OA 平分 $\angle BAC$,从而 O 是 $\triangle BAD$、$\triangle CAE$ 的公共旁心,于是 OD、OE 分别平分 $\angle BDC$、$\angle BEF$. 分别在 AD、AB 上截取 $DF_3=DF$,$EF_4=EF$,则易知 $\triangle F_3DO\cong\triangle FDO$,$\triangle F_4EO\cong\triangle FEO$,从而 $F_3O=FO=F_4O=F_1O=F_2O$,又易证 $\triangle F_1AO\cong\triangle F_2AO$,故 $\angle AF_1O=\angle AF_2O$,从而 $\angle AF_4O=\angle AF_1O=\angle AF_2O=\angle AF_3O$. 结合 $\angle F_4AO=\angle F_3AO$,$AO=AO$ 可得 $\triangle F_4AO\cong\triangle F_3AO$,故 $AF_3=AF_4$,即 $AE+EF=AD+DF$.

由于命题 4 是真命题,即 $AE+EF=AD+DF$ 成立,若 $AE+FD=AD+FE$ 也成立,则 $AE=AD$、$FD=FE$,进而 $AB=AC$、$FB=FC$,这是满足条件 $AB+FB=AC+FC$ 的四边形 $AEFD$ 的特殊情况,与已知条件不合,所以由 $AB+FB=AC+FC$ 不能推出 $AD+FE=AE+FD$ 成立.

■ **命题 5** 如图 13 - 7,点 D、E 分别在 AC、AB 上,BD 与 CE 交于 F,若 $AD+FE=AE+FD$,则 $FC+$

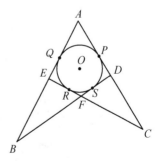

图 13 - 7

$AB = FB + AC.$

证明：若 $AD = AE$，则 $FE = FD$，容易证明四边形 $AEFD$ 的四个内角平分线交于一点，从而四边形 $AEPD$ 有内切圆；若 $AD \neq AE$，不妨设 $AE > AD$，在 AE 上截取 $AG = AD$. 则 $EG = AE - AG = AD + FE - FD - AG = FE - FD$，即 $FE = FD + EG$，于是在 EF 上截取 $EH = EG$，则 $FH = FD$. 于是 $\triangle DGH$ 的外心即为 $\angle DAE$、$\angle AEF$、$\angle EFD$ 三个角的角平分线交点. 从而四边形 $AEFD$ 有内切圆. 设四边形 $AEFD$ 的内切圆 O 分别切 AD、AE、EF、FD 于点 P、Q、R、S，如图 13-7 所示，则 $AB + FC - AC - FB = AQ + QB + CR - FR - AP - CP - BS + FS = 0$，即 $FC + AB = FB + AC$.

由于命题 5 是真命题，即 $FC + AB = FB + AC$ 成立，若 $FB + AB = FC + AC$ 也成立，则 $AB = AC$，$FB = FC$，进而 $AE = AD$，$EF = DF$，这是满足条件 $AD + FE = AE + FD$ 的四边形 $AEFD$ 的特殊情况，与已知条件不合，从而由 $AD + FE = AE + FD$ 不能推出 $FB + AB = FC + AC$ 成立.

14 | 从中点三角形开始思考

我们知道:若点 AD、BE、CF 分别为△ABC 的边

BC、CA、AB 上的中线,如图 14-1,则

(1) $DE \parallel AB$,$EF \parallel BC$,$FD \parallel CA$;

(2) $\dfrac{DE}{AB} = \dfrac{EF}{BC} = \dfrac{FD}{CA} = \dfrac{1}{2}$; (3) $\dfrac{S_{\triangle DEF}}{S_{\triangle ABC}} = \dfrac{1}{4}$;

(4) 三角形 ABC 的重心 G 也是△DEF 的重心.

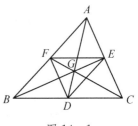

图 14-1

既然 AD、BE、CF 过△ABC 的重心与对边 BC、

CA、AB 分别交于 D、E、F 时,△DEF 有如此简洁、漂亮的结论,那么 AD、BE、

CF 分别过△ABC 的垂心、内心、旁心、外心时,△DEF 的边、角、周长、面积等情

况又如何呢?

一、AD、BE、CF 经过△ABC 的垂心

当 AD、BE、CF 分别为**锐角**△ABC 的边 BC、CA、

AB 上的高时,如图 14-2,有以下结论:

1. $\angle EDF = 180^\circ - 2\angle BAC$,$\angle DFE = 180^\circ -$

$2\angle ACB$,$\angle FED = 180^\circ - 2\angle CBA$.

2. 点 H 为△DEF 的内心.

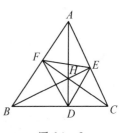

图 14-2

证明:易知 B、C、E、F 四点共圆,A、E、D、B 四点

共圆,从而 $\angle AEF = \angle ABC$,$\angle CED = \angle ABC$.

于是 $\angle DEF = 180^\circ - \angle AEF - \angle CED = 180^\circ - 2\angle ABC$.

同理可得 $\angle EFD = 180° - 2\angle BCA$，$\angle FDE = 180° - 2\angle CAB$. 注意到 $\angle AEB = \angle CEB$，从而 $\angle DEB = \angle CEB - \angle CED = \angle AEB - \angle AEF = \angle FEB$，即 BE 平分 $\angle DEF$. 同理，CF 平分 $\angle EFD$，AD 平分 $\angle FDE$. 所以点 H 为 $\triangle DEF$ 的内心.

3. $\triangle DEF$ 的周长为 $a\cos A + b\cos B + c\cos C$；$\dfrac{S_{\triangle DEF}}{S_{\triangle ABC}} = 1 - \cos^2 A - \cos^2 B - \cos^2 C$.

证明： 设 $AB = c$，$BC = a$，$CA = b$，则 $EF^2 = AE^2 + AF^2 - 2AE \cdot AF\cos A = (c \cdot \cos A)^2 + (b \cdot \cos A)^2 - 2(c \cdot \cos A) \cdot (b \cdot \cos A) \cdot \cos A = \cos^2 A(c^2 + b^2 - 2cb\cos A) = a^2\cos^2 A$，所以 $EF = a\cos A$. 或者由 $\triangle AEF \backsim \triangle ABC$ 知 $\dfrac{EF}{BC} = \dfrac{AE}{AB} = \cos A$，即 $EF = a\cos A$.

同理，$FD = b\cos B$，$DE = c\cos C$.

所以 $\triangle DEF$ 的周长为 $a\cos A + b\cos B + c\cos C$.

因为 $\dfrac{S_{\triangle AEF}}{S_{\triangle ABC}} = \dfrac{AE \cdot AF}{AB \cdot AC} = \cos^2 A$，同理，$\dfrac{S_{\triangle BDF}}{S_{\triangle ABC}} = \cos^2 B$，$\dfrac{S_{\triangle CDE}}{S_{\triangle ABC}} = \cos^2 C$，所以

$$\frac{S_{\triangle DEF}}{S_{\triangle ABC}} = 1 - \cos^2 A - \cos^2 B - \cos^2 C.$$

因为 $\cos^2 A + \cos^2 B + \cos^2 C = \dfrac{3 + \cos 2A + \cos 2B + \cos 2C}{2} = 1 - 2\cos A \cdot \cos B\cos C = 1 - \cos C[\cos(A + B) + \cos(A - B)] \geqslant 1 - \cos C(1 - \cos C) = \dfrac{3}{4} + \left(\cos C - \dfrac{1}{2}\right)^2 \geqslant \dfrac{3}{4}$，所以 $\dfrac{S_{\triangle DEF}}{S_{\triangle ABC}} = 1 - \cos^2 A - \cos^2 B - \cos^2 C \leqslant \dfrac{1}{4}$，当且仅当 $A = B = C$，即 $\triangle ABC$ 为等边三角形时取到等号. 而且

$$\frac{C_{\triangle DEF}}{C_{\triangle ABC}} = \frac{a\cos A + b\cos B + c\cos C}{a + b + c}$$

$$= \frac{1}{2}\left(\frac{\sin 2A + \sin 2B + \sin 2C}{\sin A + \sin B + \sin C}\right)（利用和差化积公式）$$

$$=4\sin\frac{A}{2}\sin\frac{B}{2}\sin\frac{C}{2}\leqslant 2\left[\cos\frac{A-B}{2}-\cos\frac{A+B}{2}\right]\sin\frac{C}{2}(利用积化和差公式)$$

$$\leqslant 2\left(1-\sin\frac{C}{2}\right)\sin\frac{C}{2}=2\left[\frac{1}{4}-\left(\sin\frac{C}{2}-\frac{1}{2}\right)^{2}\right]\leqslant\frac{1}{2},$$

当且仅当 $A=B=C$,即 $\triangle ABC$ 为等边三角形时取到等号.

4. 若点 P、Q、R 分别在边 AB、BC、CA 上,则 $\triangle PQR$ 的周长不小于 $\triangle DEF$ 的周长. 这里 AD、BE、CF 分别为锐角三角形 ABC 的高. $\triangle DEF$ 称为垂足三角形.

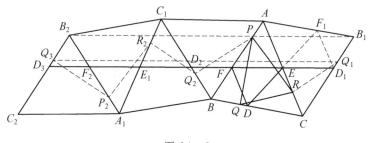

图 14 - 3

证明: 将 $\triangle ABC$ 沿 AC 翻折得到 $\triangle ACB_1$,再将 $\triangle ABC$ 沿 AB 翻折得到 $\triangle ABC_1$,将 $\triangle ABC_1$ 沿 BC_1 翻折得到 $\triangle A_1BC_1$,$\triangle A_1BC_1$ 沿 A_1C_1 翻折得到 $\triangle A_1B_2C_1$,$\triangle A_1B_2C_1$ 沿 A_1B_2 翻折得到 $\triangle A_1B_2C_2$,如图 14 - 3,为图形简洁,只标了结果需要的对称点.

从前面的证明可知:$\angle DFA=\angle EFB$,$\angle FDB=\angle EDC$,$\angle DEC=\angle FEA$,结合翻折不变性不难证明 D_1,E,F,D_2,E_1,F_2,D_3 共线,于是折线 $Q_1RPQ_2R_2P_2Q_3$ 之长等于 $\triangle PQR$ 周长的 2 倍,线段 D_1D_3 之长等于 $\triangle DEF$ 周长的 2 倍.

注意到 $\angle B_2D_3F_2=\angle B_1D_1F_1=\angle ED_1C=180°-\angle B_1D_1E$,且 $B_1D_1=B_2D_3$,故四边形 $B_1D_1D_3B_2$ 为平行四边形,又 $B_1Q_1=B_2Q_3$,故四边形 $B_2Q_3Q_1B_1$ 也为平行四边形. 从而 $D_1D_3=Q_1Q_3$,而两点之间直线段最短,故 $\triangle PQR$ 的周长不小于 $\triangle DEF$ 的周长.

当 AD、BE、CF 分别为**直角**$\triangle ABC$ 的边 BC、CA、AB 上的高,则点 D、E、

F 与点 C 重合，$\triangle DEF$ 退化为一个点 C.

当 AD、BE、CF 分别为**钝角**$\triangle ABC$ 的边 BC、CA、AB 上的高，不妨设 $\angle ACB$ 为钝角，如图 $14-4$ 所示，类似地可得到：

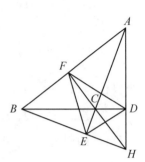

5. $\angle DEF = 2\angle ABC$，$\angle FDE = 2\angle CAB$，$\angle EFD = 2\angle BCA - 180°$.

6. 点 C 为 $\triangle DEF$ 的内心.

7. $DE = -c\cos C$，$EF = a\cos A$，$FD = b\cdot\cos B$.

图 $14-4$

事实上，易知 $\triangle CDE \backsim \triangle CAB$，$\triangle AEF \backsim \triangle ABC$，

$\triangle BFD \backsim \triangle BCA$，故 $\dfrac{DE}{AB} = \dfrac{CD}{CA}$，$\dfrac{EF}{BC} = \dfrac{AF}{AB}$，$\dfrac{FD}{CA} = \dfrac{BF}{BC}$，即 $DE = c\cdot\cos\angle ACD = -c\cos C$，$EF = a\cos\angle CAF = a\cos A$，$FD = b\cos\angle FBC = b\cos B$.

8. $\dfrac{S_{\triangle DEF}}{S_{\triangle ABC}} = \cot A\cot B(1 - \sin^2 A - \sin^2 B - \cos^2 C)$.

因为 $\dfrac{S_{\triangle AFD}}{S_{\triangle ABH}} = \dfrac{AD\cdot AF}{AB\cdot AH} = \sin\angle ABD\cdot\sin\angle AHF = \sin^2 B$，同理，$\dfrac{S_{\triangle BFE}}{S_{\triangle ABH}} = \sin^2 A$，$\dfrac{S_{\triangle EDH}}{S_{\triangle ABH}} = \cos^2 C$，而 $\dfrac{S_{\triangle ABH}}{S_{\triangle ABC}} = \dfrac{FH}{FC} = \dfrac{BF\cdot\cot\angle FHB}{BF\cdot\tan\angle FBC} = \cot A\cot B$，所以

$\dfrac{S_{\triangle DEF}}{S_{\triangle ABC}} = \cot A\cot B(1 - \sin^2 A - \sin^2 B - \cos^2 C)$.

二、AD、BE、CF 经过△ABC 的内心

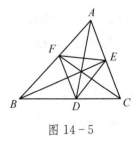

若点 AD、BE、CF 分别为 $\triangle ABC$ 的 $\angle BAC$、$\angle ABC$、$\angle ACB$ 的平分线，如图 $14-5$ 所示，设 $AB = c$，$BC = a$，$CA = b$，则有 $\dfrac{S_{\triangle DEF}}{S_{\triangle ABC}} = \dfrac{2abc}{(a+b)(b+c)(c+a)}$.

图 $14-5$

证明： 因为 CF 平分 $\angle ACB$，故 $\dfrac{BF}{FA} = \dfrac{BC}{AC} = \dfrac{a}{b}$，从而 $\dfrac{BF}{BA} = \dfrac{a}{b+a}$，即 $BF =$

$\dfrac{ac}{a+b}$. 同理, $BD = \dfrac{ac}{b+c}$.

所以 $\dfrac{S_{\triangle BDF}}{S_{\triangle ABC}} = \dfrac{BF \cdot BD}{BC \cdot BA} = \dfrac{ca}{(c+b)(a+b)}$.

类似地, $\dfrac{S_{\triangle CED}}{S_{\triangle ABC}} = \dfrac{ab}{(a+c)(b+c)}$, $\dfrac{S_{\triangle AEF}}{S_{\triangle ABC}} = \dfrac{bc}{(b+a)(c+a)}$.

从而 $\dfrac{S_{\triangle DEF}}{S_{\triangle ABC}} = 1 - \dfrac{S_{\triangle AEF}}{S_{\triangle ABC}} - \dfrac{S_{\triangle BFD}}{S_{\triangle ABC}} - \dfrac{S_{\triangle CDE}}{S_{\triangle ABC}} = \dfrac{2abc}{(a+b)(b+c)(c+a)}$.

而且 $\dfrac{S_{\triangle DEF}}{S_{\triangle ABC}} = \dfrac{2abc}{(a+b)(b+c)(c+a)} \leqslant \dfrac{2abc}{2\sqrt{ab} \cdot 2\sqrt{bc} \cdot 2\sqrt{ca}} = \dfrac{1}{4}$, 当且仅

当 $a = b = c$, 即 $\triangle ABC$ 为等边三角形时取等号.

三、AD、BE、CF 经过△ABC 的旁心

若 AD、BE、CF 过 $\triangle ABC$ 边 AB 一

侧的旁心 I_1, 如图 $14-6$ 所示, 由于 $\dfrac{BD}{CD} =$

$\dfrac{AB}{AC}$, 从而 $BD = \dfrac{ac}{b-c}$, $CD = \dfrac{ab}{b-c}$, 同样地,

图 $14-6$

$AE = \dfrac{bc}{a-c}$, $CE = \dfrac{ab}{a-c}$, $BF = \dfrac{ac}{a+b}$,

$AF = \dfrac{bc}{a+b}$, 所以

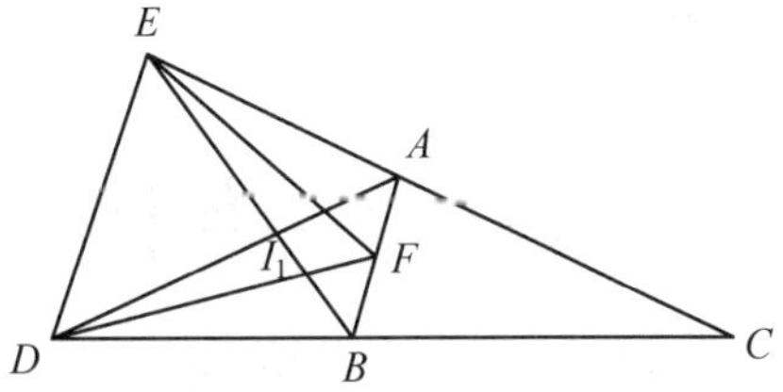

$$\dfrac{S_{\triangle CED}}{S_{\triangle ABC}} = \dfrac{CE \cdot CD}{CA \cdot CB} = \dfrac{ab}{(a-c)(b-c)},$$

$$\dfrac{S_{\triangle AEF}}{S_{\triangle ABC}} = \dfrac{AE \cdot AF}{AB \cdot AC} = \dfrac{bc}{(a+b)(a-c)},$$

$$\dfrac{S_{\triangle BDF}}{S_{\triangle ABC}} = \dfrac{BD \cdot BF}{BA \cdot BC} = \dfrac{ac}{(a+b)(b-c)},$$

从而 $\dfrac{S_{\triangle EDF}}{S_{\triangle ABC}} = \dfrac{S_{\triangle CDE}}{S_{\triangle ABC}} - \dfrac{S_{\triangle AEF}}{S_{\triangle ABC}} - \dfrac{S_{\triangle BDF}}{S_{\triangle ABC}} - \dfrac{S_{\triangle ABC}}{S_{\triangle ABC}} = \dfrac{2abc}{(a+b)(b-c)(a-c)}$.

同样地，若 $\triangle DEF$ 在 $\triangle ABC$ 的边 AC 一侧，$\dfrac{S_{\triangle EDF}}{S_{\triangle ABC}}=$

$\dfrac{2abc}{(c+a)(c-b)(a-b)}$.

若 $\triangle DEF$ 在 $\triangle ABC$ 的边 BC 一侧，$\dfrac{S_{\triangle EDF}}{S_{\triangle ABC}}=\dfrac{2abc}{(b+c)(b-a)(c-a)}$.

特别说明，当 $\triangle ABC$ 为等腰三角形时，$\triangle DEF$ 不存在.

四、AD、BE、CF 过△ABC 的外心

当 AD、BE、CF 过**锐角** $\triangle ABC$ 的外心时，延长 CO 交 $\triangle ABC$ 外接圆 O 于 H. 连结 HB、AH，如图 14-7，则 $HB=2R\cos A$，$HA=2R\cos B$，$BF=$

$\dfrac{HB\cdot\sin\angle FHB}{\sin\angle HFB}=\dfrac{2R\sin A\cos A}{\sin(\angle FBC+\angle FCB)}=\dfrac{2R\sin A\cos A}{\sin(\angle FBC+90°-\angle BHC)}=$

$\dfrac{2R\sin A\cos A}{\sin(90°+B-A)}=\dfrac{2R\sin A\cos A}{\cos(A-B)}$.

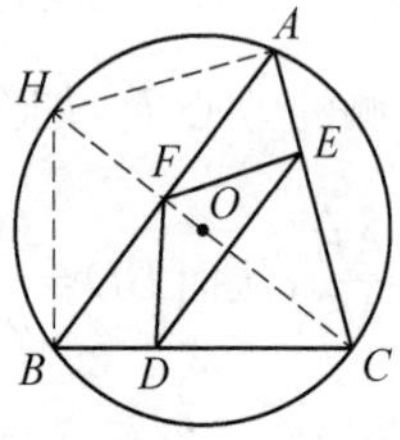

同理，$AF=\dfrac{2R\sin B\cos B}{\cos(A-B)}$，$BD=\dfrac{2R\sin C\cos C}{\cos(B-C)}$，$CD=$

$\dfrac{2R\sin B\cos B}{\cos(B-C)}$，$CE=\dfrac{2R\sin A\cos A}{\cos(C-A)}$，$AE=\dfrac{2R\sin C\cos C}{\cos(C-A)}$. 于是

图 14-7

$\dfrac{S_{\triangle EDF}}{S_{\triangle ABC}}=1-\dfrac{S_{\triangle AEF}}{S_{\triangle ABC}}-\dfrac{S_{\triangle BFD}}{S_{\triangle ABC}}-\dfrac{S_{\triangle CDE}}{S_{\triangle ABC}}=$

$1-\dfrac{\cos B\cos C}{\cos(A-B)\cos(A-C)}-\dfrac{\cos C\cos A}{\cos(B-C)\cos(B-A)}-\dfrac{\cos A\cos B}{\cos(C-A)\cos(C-B)}$. ①

五、AD、BE、CF 过△ABC 内任意一点 P

如图 14-8，设 $S_1=S_{\triangle PAB}$，$S_2=S_{\triangle PBC}$，$S_3=S_{\triangle PCA}$，$AB=c$，$BC=a$，$CA=$ b，则 $\dfrac{AE}{AC}=\dfrac{S_1}{S_1+S_2}$，$\dfrac{AF}{AB}=\dfrac{S_3}{S_3+S_2}$. 从而 $\dfrac{S_{\triangle AEF}}{S_{\triangle ABC}}=\dfrac{AE\cdot AF}{AC\cdot AB}=$

$$\frac{S_1S_3}{(S_1+S_2)(S_3+S_2)}.$$

同理，$\dfrac{S_{\triangle BFD}}{S_{\triangle ABC}}=\dfrac{S_1S_2}{(S_1+S_3)(S_2+S_3)}$，$\dfrac{S_{\triangle CDE}}{S_{\triangle ABC}}=$

$$\frac{S_2S_3}{(S_2+S_1)(S_3+S_1)}.$$

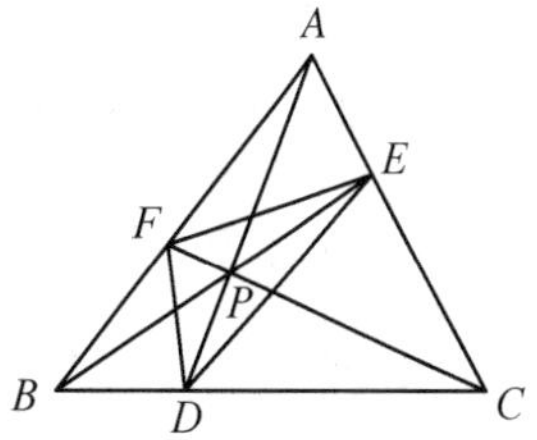

图 14-8

所以 $\dfrac{S_{\triangle EDF}}{S_{\triangle ABC}}=1-\dfrac{S_{\triangle AEF}}{S_{\triangle ABC}}-\dfrac{S_{\triangle BFD}}{S_{\triangle ABC}}-\dfrac{S_{\triangle CDE}}{S_{\triangle ABC}}=\dfrac{2S_1S_2S_3}{(S_1+S_2)(S_2+S_3)(S_3+S_1)}.$

不难证明：

1. $\dfrac{S_{\triangle EDF}}{S_{\triangle ABC}}=\dfrac{2S_1S_2S_3}{(S_1+S_2)(S_2+S_3)(S_3+S_1)}\leqslant\dfrac{1}{4}.$

细心的读者一定产生了疑问：为什么 $\dfrac{S_{\triangle EDF}}{S_{\triangle ABC}}$ 始终小于等于 $\dfrac{1}{4}$？事实上，上述

各几种情况有一个共同特点：AD、BE、CF 三线共点. 从本节的讨论可知，只要

AD、BE、CF 共点，则 $\dfrac{S_{\triangle EDF}}{S_{\triangle ABC}}\leqslant\dfrac{1}{4}$. 基于此，我们回到等式 ①，说明不等式

$$\frac{\cos B\cos C}{\cos(A-B)\cos(A-C)}+\frac{\cos C\cos A}{\cos(B-C)\cos(B-A)}+\frac{\cos A\cos B}{\cos(C-A)\cos(C-B)}\geqslant\frac{3}{4}$$

成立，而且我们给出了该不等式一个构造性的漂亮证法及几何意义.

如果设 $\dfrac{BD}{BC}=x$，$\dfrac{CE}{CA}=y$，$\dfrac{AF}{AB}=z$，则 $1=\dfrac{BD}{DC}\cdot\dfrac{CE}{EA}\cdot\dfrac{AF}{FB}=$

$\dfrac{xyz}{(1-x)(1-y)(1-z)}$，即 $xyz=(1-x)(1-y)(1-z)$，且 $\dfrac{S_{\triangle AEF}}{S_{\triangle ABC}}=\dfrac{AE\cdot AF}{AC\cdot AB}=$

$z(1-y).$

同理，$\dfrac{S_{\triangle BFD}}{S_{\triangle ABC}}=x(1-z)$，$\dfrac{S_{\triangle CDE}}{S_{\triangle ABC}}=y(1-x)$. 从而

$$\frac{S_{\triangle EDF}}{S_{\triangle ABC}}=1-\frac{S_{\triangle AEF}}{S_{\triangle ABC}}-\frac{S_{\triangle BFD}}{S_{\triangle ABC}}-\frac{S_{\triangle CDE}}{S_{\triangle ABC}}$$

$$=1-z(1-y)-x(1-z)-y(1-x)=1-x-y-z+xy+yz+zx$$

$$=(1-x)(1-y)(1-z)+xyz\geqslant 2\sqrt{xyz(1-x)(1-y)(1-z)}$$

$$=2\sqrt{\frac{S_{\triangle AEF}}{S_{\triangle ABC}}\cdot\frac{S_{\triangle BFD}}{S_{\triangle ABC}}\cdot\frac{S_{\triangle CDE}}{S_{\triangle ABC}}}$$，于是有：

2. $S_{\triangle EDF}^2\cdot S_{\triangle ABC}\geqslant 4S_{\triangle AEF}\cdot S_{\triangle BFD}\cdot S_{\triangle CDE}$.

一般地，若点 D、E、F 分别在边 BC、CA、AB 上，类似地可证：$S_{\triangle EDF}^2\cdot S_{\triangle ABC}\geqslant 4S_{\triangle AEF}\cdot S_{\triangle BFD}\cdot S_{\triangle CDE}$，等号当且仅当 AD、BE、CF 三线共点时取到.

我们知道，$\triangle ABC$ 内一点 P，将 $\triangle ABC$ 分成 $\triangle APB$、$\triangle BPC$、$\triangle CPA$ 三个三角形，过点 P 作 PD、PE、PF 分别平分 $\angle BPC$、$\angle CPA$、$\angle APB$，得到 $\triangle DEF$，同样地，过点 P 作 PD、PE、PF 分别垂直于 BC、CA、AB，也得到 $\triangle DEF$，这些情况下 $\triangle DEF$ 的情况如何呢？

六、PD、PE、PF 是角平分线

已知点 P 为 $\triangle ABC$ 内一点，过点 P 作 PD、PE、PF 分别平分 $\angle BPC$、$\angle CPA$、$\angle APB$，$\triangle DEF$，如图 14-9 所示，我们有以下结论：

1. AD、BE、CF 三线共点.

因为 $\dfrac{BD}{DC}\cdot\dfrac{CE}{EA}\cdot\dfrac{AF}{FB}=\dfrac{BP}{CP}\cdot\dfrac{CP}{AP}\cdot\dfrac{AP}{BP}=1$，根据塞瓦定理的逆定理知 AD、BE、CF 三线共点.

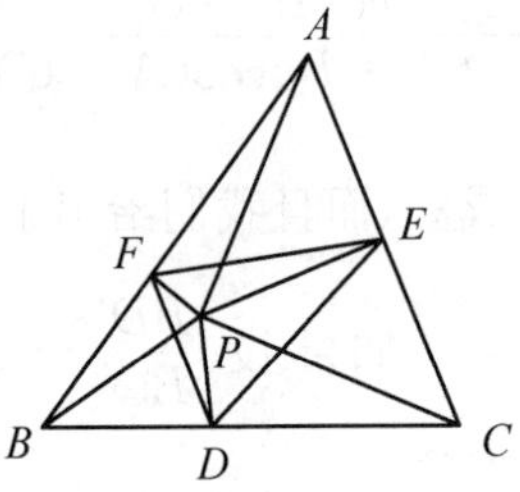

2. 若设 $AP=x$，$BP=y$，$CP=z$，则 $\dfrac{S_{\triangle EDF}}{S_{\triangle ABC}}=$

图 14-9

$\dfrac{2xyz}{(x+y)(y+z)(z+x)}\leqslant\dfrac{1}{4}$. 事实上，

$$\frac{S_{\triangle EDF}}{S_{\triangle ABC}}=1-\frac{S_{\triangle AEF}}{S_{\triangle ABC}}-\frac{S_{\triangle BFD}}{S_{\triangle ABC}}-\frac{S_{\triangle CDE}}{S_{\triangle ABC}}$$

$$=1-\frac{x^2}{(y+x)(z+x)}-\frac{y^2}{(z+y)(x+y)}-\frac{z^2}{(x+z)(y+z)}$$

$$=\frac{2xyz}{(x+y)(y+z)(z+x)}\leqslant\frac{2xyz}{2\sqrt{xy}\cdot 2\sqrt{yz}\cdot 2\sqrt{zx}}=\frac{1}{4}.$$

当且仅当 $x=y=z$ 时取等号,此时 $\triangle ABC$ 为等边三角形.

七、PD、PE、PF 是高

若点 P 为 $\triangle ABC$ 内一点,$DP \perp BC$ 于 D、$EP \perp$ CA 于 E、$FP \perp AB$ 于 F,如图 14-10 所示,由于 P、E、A、F 四点共圆,P、F、B、D 四点共圆,P、D、C、E 四点共圆,故容易得到:

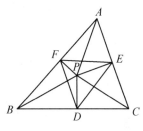

图 14-10

1. $\angle EDF = \angle ABP + \angle ACP$;$\angle DFE = \angle CBP +$ $\angle CAP$;$\angle FED = \angle BAP + \angle BCP$.

2. 设 $S_1 = S_{\triangle PAB}$,$S_2 = S_{\triangle PBC}$,$S_3 = S_{\triangle PCA}$,则

$$\frac{S_{\triangle DEF}}{S_{\triangle ABC}} = \frac{S_1 S_2 \cdot \sin^2 B}{(S_1+S_2+S_3)^2} + \frac{S_2 S_3 \cdot \sin^2 C}{(S_1+S_2+S_3)^2} + \frac{S_3 S_1 \cdot \sin^2 A}{(S_1+S_2+S_3)^2} \leqslant \frac{1}{4}.$$

证明:易知 $PF = \dfrac{2S_1}{c}$,$PE = \dfrac{2S_3}{b}$,从而 $\dfrac{S_{\triangle EPF}}{S_{\triangle ABC}} = \dfrac{PE \cdot PF}{AB \cdot AC} = \dfrac{4S_1 S_3}{b^2 c^2}$.

同理,$\dfrac{S_{\triangle FPD}}{S_{\triangle ABC}} = \dfrac{4S_1 S_2}{a^2 c^2}$,$\dfrac{S_{\triangle DPE}}{S_{\triangle ABC}} = \dfrac{4S_2 S_3}{a^2 b^2}$,于是

$$\frac{S_{\triangle DEF}}{S_{\triangle ABC}} = \frac{4S_1 S_2}{c^2 a^2} + \frac{4S_2 S_3}{a^2 b^2} + \frac{4S_3 S_1}{b^2 c^2},$$

注意到 $S_1 + S_2 + S_3 = \dfrac{1}{2}ab\sin C = \dfrac{1}{2}bc\sin A = \dfrac{1}{2}ca\sin B$,故

$$\frac{S_{\triangle DEF}}{S_{\triangle ABC}} = \frac{S_1 S_2 \cdot \sin^2 B}{(S_1+S_2+S_3)^2} + \frac{S_2 S_3 \cdot \sin^2 C}{(S_1+S_2+S_3)^2} + \frac{S_3 S_1 \cdot \sin^2 A}{(S_1+S_2+S_3)^2},$$

则

$$\frac{S_1 S_2 \cdot \sin^2 B}{(S_1+S_2+S_3)^2} + \frac{S_2 S_3 \cdot \sin^2 C}{(S_1+S_2+S_3)^2} + \frac{S_3 S_1 \cdot \sin^2 A}{(S_1+S_2+S_3)^2} \leqslant \frac{1}{4}. \qquad ②$$

事实上,②式

$\Leftrightarrow S_1 S_2 \cdot (1 - \cos 2B) + S_2 S_3 \cdot (1 - \cos 2C) + S_3 S_1 \cdot (1 - \cos 2A) \leqslant$ $\dfrac{1}{2}(S_1 + S_2 + S_3)^2$

$\Leftrightarrow S_1^2 + S_2^2 + S_3^2 + 2S_1 S_2 \cdot \cos 2B + 2S_2 S_3 \cdot \cos 2C + 2S_3 S_1 \cdot \cos 2A \geqslant 0$

$\Leftrightarrow (S_1 + S_2 \cos 2B + S_3 \cos 2A)^2 + S_2^2 + S_3^2 + 2S_2 S_3 \cos 2C - (S_2 \cos 2B + S_3 \cos 2A)^2 \geqslant 0$

$\Leftrightarrow (S_1 + S_2 \cos 2B + S_3 \cos 2A)^2 + S_2^2 \sin^2 2B + S_3^2 \sin^2 2C - 2S_2 S_3 \sin 2B \sin 2A \geqslant 0$

$\Leftrightarrow (S_1 + S_2 \cos 2B + S_3 \cos 2A)^2 + (S_2 \sin 2B - S_3 \sin 2C)^2 \geqslant 0$，故 ② 式成立.

若点 P 为 $\triangle ABC$ 内一点，DP 是 $\triangle PBC$ 的边 BC 上中线，EP 是 $\triangle PCA$ 的边 CA 上中线，FP 是 $\triangle PAB$ 的边 AB 上中线，则 $\triangle DEF$ 即 $\triangle ABC$ 的中点三角形.

15 | 心心相印

我们知道，点 P 是 $\triangle ABC$ 内一点，PA、PB、PC 将 $\triangle ABC$ 分成 $\triangle PBC$、$\triangle PCA$、$\triangle PAB$ 三个三角形，这三个三角形的重心组成一个新的三角形，这个新三角形与原三角形有何关联呢？进而三个垂心、三个外心或三个内心组成的新三角形情况又如何呢？研究发现，其中确实有一些简单、漂亮的结论.

一、点 D、E、F 为重心

如图 15 - 1，点 G 是 $\triangle ABC$ 内一点，点 G 将 $\triangle ABC$ 分成 $\triangle GBC$、$\triangle GCA$、$\triangle GAB$ 三个三角形，设这三个三角形的重心分别为 D、E、F，不难发现：

1. $DE \parallel AB$、$EF \parallel BC$、$FD \parallel CA$.

2. $\dfrac{DE}{AB} = \dfrac{EF}{BC} = \dfrac{FD}{CA} = \dfrac{1}{3}$.

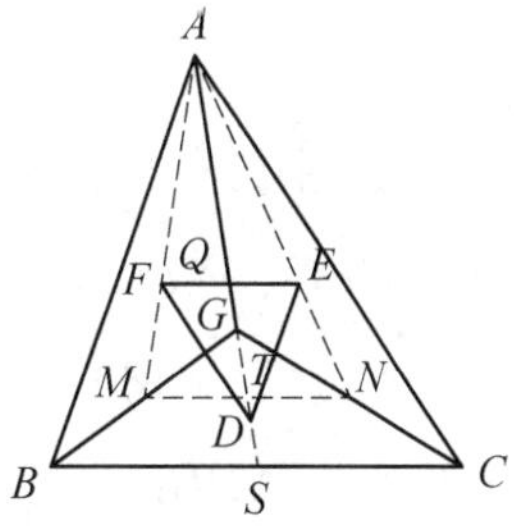

图 15 - 1

证明：延长 AF、AE 分别交 BG、CG 于 M、N，延长 AG 分别交 EF、MN、BC 于 Q、T、S，则 M、N、S 分别为 BG、CG、BC 中点，于是 $\dfrac{EF}{MN} = \dfrac{2}{3}$，$\dfrac{MN}{BC} = \dfrac{1}{2}$，所以 $\dfrac{EF}{BC} = \dfrac{1}{3}$，所以 $EF \parallel BC$. 同理，$\dfrac{DE}{AB} = \dfrac{1}{3}$，$DE \parallel AB$，$\dfrac{FD}{CA} = \dfrac{1}{3}$，$FD \parallel CA$，结论 1、2 成立.

特别地，当点 G 为 $\triangle ABC$ 的重心时，因为 $\dfrac{FQ}{QE} = \dfrac{MT}{TN}$，$\dfrac{MT}{TN} = \dfrac{BS}{SC} = 1$，所以 $\dfrac{FQ}{QE} = 1$，即 Q 为 EF 中点. 同理，BG 与 FD 的交点是 DF 中点，CG 与 DE 的交点是

DE 中点,从而点 G 是 $\triangle DEF$ 的重心. 即有:

3. 当点 G 为 $\triangle ABC$ 的重心时,$\triangle ABC$ 与 $\triangle DEF$ 的重心相同.

二、点 D、E、F 为垂心

如图 $15\text{-}2$,点 P 为三角形内一点,当点 D、E、F 分别为 $\triangle PBC$、$\triangle PCA$、$\triangle PAB$ 的垂心时,也有一些"巧合"的点.

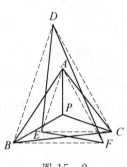

因为点 E 为 $\triangle PAC$ 的垂心,故 $PC \perp AE$,$PA \perp CE$,从而点 P 是 $\triangle EAC$ 的垂心. 同理,点 P 是 $\triangle BCD$ 的垂心,P 是 $\triangle FAB$ 的垂心,于是有:

$\triangle EAC$、$\triangle DCB$、$\triangle FBA$、$\triangle ABC$ 的垂心相同.

有兴趣的读者可考虑点 P 在 $\triangle ABC$ 外的情况.

图 15-2

三、点 D、E、F 为外心

如图 $15\text{-}3$,点 P 为三角形内一点,若点 D、E、F 分别为 $\triangle PBC$、$\triangle PCA$、$\triangle PAB$ 的外心,则

1. $\angle D = 180° - \angle BPC$,$\angle E = 180° - \angle CPA$,$\angle F = 180° - \angle APB$.

2. $\dfrac{S_{\triangle DEF}}{S_{DBFAEC}} = \dfrac{1}{2}$.

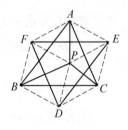

图 15-3

3. 当 P 为 $\triangle ABC$ 的垂心时,点 P 是 $\triangle DEF$ 的外心;反之,当点 P 是 $\triangle DEF$ 的外心时,点 P 为 $\triangle ABC$ 的垂心.

由于点 D、E、F 分别为 $\triangle PBC$、$\triangle PCA$、$\triangle PAB$ 的外心,从而易得 DE 垂直平分 PC,EF 垂直平分 PA,FD 垂直平分 PB,易证明结论 1、2 成立.

当 P 为 $\triangle ABC$ 的垂心时,$BC \perp PA$,又 $EF \perp PA$,从而 $BC \parallel EF$.

同理,$CA \parallel FD$,$AB \parallel DE$,于是易得 $\angle ABC = \angle DEF$,$\angle BCA = \angle EFD$,

$\angle CAB = \angle FDE$，由于 EF 垂直平分 PA，FD 垂直平分 PB，从而 $FA = FP = FB$，所以

$$\angle BFA = 180° - 2\angle APF + 180° - 2\angle BPF$$
$$= 360° - 2(\angle APF + \angle BPF) = 360° - 2\angle APB$$
$$= 360° - 2(180° - \angle DFE) = 2\angle DFE = 2\angle ACB.$$

同理，$\angle CDB = 2\angle BAC$，$\angle AEC = 2\angle CBA$．于是

$$\angle FAC + \angle ACD = \angle BAC + \angle FAB + \angle ACB + \angle BCD$$
$$= \angle BAC + \frac{180° - \angle BFA}{2} + \angle ACB + \frac{180° - \angle CDB}{2}$$
$$= \angle BAC + \frac{180° - 2\angle ACB}{2} + \angle ACB + \frac{180° - 2\angle BAC}{2} = 180°.$$

所以 $FA \parallel DC$．同理，$EA \parallel DB$，$BF \parallel CE$．故四边形 $AFDC$、$FBCE$、$BDEA$ 均为平行四边形，于是 $AE = BD = CD = AF = BF = CE$，从而 $PD = PE = PF$，即点 P 为 $\triangle DEF$ 的外心.

反之，若点 P 为 $\triangle DEF$ 的外心，易知四边形 $AFPE$、$BFPD$、$CDPE$ 均为菱形，$AF \underline{\parallel} PE \underline{\parallel} CD$，$FB \underline{\parallel} PD \parallel EC$，$AE \underline{\parallel} EP \underline{\parallel} BD$，从而四边形 $AFDC$、$FBCE$、$BDEA$ 均为平行四边形，所以 $BC \parallel EF$，$CA \parallel FD$，$AB \parallel DE$，结合 $EF \perp PA$，$DF \perp PB$，$DE \perp PC$ 可知 $PA \perp BC$，$PB \perp CA$，$PC \perp AB$，故点 P 为 $\triangle ABC$ 的垂心.

有意思的是：分析上面的证明可知点 P 是 $\triangle DEF$ 的外心，易得 $\triangle DEF \cong \triangle ABC$，从而不难得到 $\triangle ABP$、$\triangle BCP$、$\triangle CAP$、$\triangle DEF$、$\triangle ABC$ 的外接圆半径都相等．于是我们不难得到下面的结论：

4. 点 H 为 $\triangle ABC$ 内一点，若 $\triangle ABH$、$\triangle BCH$、$\triangle CAH$ 的外接圆半径长均等于 R，则点 H 为 $\triangle ABC$ 的垂心，且 $\triangle ABC$ 的外接圆半径长也等于 R．这就是 2014 年全国高中数学联赛 B 卷二试第一题.

写到这里，我又想到了 2007 年全国高中数学联赛二试第一题，这道题也很有意思，特此引用，供读者欣赏.

■ **题目**:如图 15 - 4,锐角$\triangle ABC$ 中,$AC > AB$,AD $\perp BC$ 于点D,点P 为线段AD 上一点,作PE、PF 分别 垂直于AC、AB 于点E、F,点O_1、O_2 分别为$\triangle BDF$、 $\triangle CDE$ 的外心.

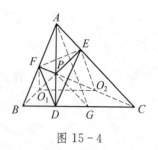

图 15 - 4

求证:O_1、O_2、E、F 四点共圆的充要条件为点P 是$\triangle ABC$ 的垂心.

证明:若点P 为$\triangle ABC$ 的垂心. 连结BP、CP、FO_1、EO_2、O_1O_2、EF,则 B、O_1、P、E 四点共线,C、O_2、P、F 四点共线.

易知B、D、P、F 四点共圆,且BP 中点O_1 为圆心;C、D、P、E 四点共圆, 且CP 中点O_2 为圆心. 从而$O_1O_2 /\!/ BC$,故 $\angle PO_2O_1 = \angle PCB$.

又$AF \cdot AB = AP \cdot AD = AE \cdot AC$,故 B、F、E、C 四点共圆.

于是 $\angle FEB = \angle PCB$,所以 $\angle FEB = \angle PO_2O_1$,从而 O_1、O_2、E、F 四点 共圆. 若O_1、O_2、E、F 四点共圆,则

$$180° = \angle EFO_1 + \angle O_1O_2E$$
$$= \angle O_1FP + \angle PFE + \angle EO_2P + \angle PO_2O_1$$
$$= 90° - \angle O_1FB + 90° - \angle AFE + 2\angle PCA + \angle PCB$$
$$= 180° - \angle PBA - \angle PCA - \angle PCB + 2\angle PCA + \angle PCB,$$

整理得 $\angle PCA = \angle PBA$. 在CD 上取点G 使得$DG = DB$,易得 $\angle PGA = \angle PBA = PCA$,于是 P、G、C、A 四点共圆,$\angle PCG = \angle PAG$.

从而 $\angle PCG + \angle FBC = \angle PAG + \angle FBC = \angle PAB + \angle FBC = 90°$,即 $CP \perp AB$. 又$PF \perp AB$,故 C、P、F 共线,即 $CF \perp AB$.

结合 $AD \perp BC$ 知点P 为 $\triangle ABC$ 的垂心.

四、点 D、E、F 为内心

如图 15 - 5,点P 为三角形内一点,若点D、E、F 分别为$\triangle PBC$、$\triangle PCA$、 $\triangle PAB$ 的内心,不难发现:

当点 P 为△ABC 的费马点时,点 P 也是△DEF 的费马点.

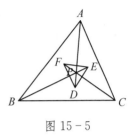

图 15 - 5

这个结论是很直观,证明很容易. 值得说明的是,当 △ABC 的三内角均小于 $120°$ 时,结论才成立. 对于三角形 ABC,在△ABC 所在平面上求点 P,使得 $PA + PB + PC$ 取到最小值. 这个问题称为费马点问题,取到最小值时的点 P 称为**费马点**. 若三角形 3 个内角均小于 $120°$,费马点所对三角形三边的张角相等,均为 $120°$,即 $∠APB = ∠BPC = ∠CPA = 120°$;若三角形有一内角大于等于 $120°$,则此钝角的顶点就是费马点.

前面我们从中点三角形开始探究得到一系列漂亮的结论. 下面我们从中点四边形开始探究.

五、OE、OF、OG、OH 为中线、角平分线、高

四边形 $ABCD$ 的对角线 AC 与 BD 交于点 O,

如图 15 - 6,OE、OF、OG、OH 分别为△AOB、 △BOC、△COD、△DOA 的中线,利用三角形中位线定理易证:四边形 $EFGH$ 是平行四边形,而且当 $AC = BD$ 时,四边形 $EFGH$ 是菱形;当 $AC ⊥ BD$ 时,四边形 $EFGH$ 是矩形;当 $AC = BD$ 且 $AC ⊥ BD$ 时,四边形 $EFGH$ 是正方形. 这些结论简单、漂亮、直观,是八年级数学的教学内容.

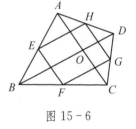

图 15 - 6

如图 15 - 7,当 OE、OF、OG、OH 分别为△AOB、△BOC、△COD、△DOA 的角平分线时,则四边形 $EFGH$ 的对角线互相垂直,利用勾股定理容易证明:

$$EF^2 + GH^2 = FG^2 + HE^2.$$

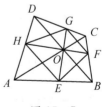

图 15 - 7

如图 15 - 8,当 OE、OF、OG、OH 分别为 △AOB、△BOC、△COD、

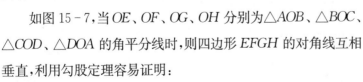

△DOA 的高时，因为 $OH \perp AD$、$OE \perp AB$，从而 A、E、O、H 四点共圆；同理，B、E、O、F 四点共圆，C、F、O、G 四点共圆，D、G、O、H 四点共圆，这四圆交于点 O，进而

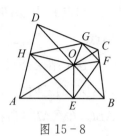

图 15 - 8

$$\angle EFG = \angle OBA + \angle OCD,$$
$$\angle FGH = \angle OCB + \angle ODA,$$
$$\angle GHE = \angle ODC + \angle OAB,$$
$$\angle HEF = \angle OAD + \angle OBC.$$

有意思的是：如图 15 - 9，当 A、B、C、D 四点共圆时，$AC \perp BD$ 于 O，作 $OG \perp CD$ 于 G 并反向延长交 AB 于点 E，作 $OH \perp AD$ 于 H 并反向延长交 BC 于点 F，易知 $\angle COF = \angle HOA = \angle ADB = \angle OCF$，从而 $\angle BOF = 90° - \angle FOC = 90° - \angle OCF = \angle OBF$，故 $BF = OF = FC$. 同理，$AE = OE = BE$. 这个结论被称为**布拉美古塔**(Brahmagupta) 定理，即在圆内接四边形 $ABCD$ 中，$AC \perp BD$，自对角线的交点 O 向一边作垂线，其延长线必平分对边.

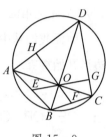

图 15 - 9

六、△AOB、△BOC、△COD、△DOA 的重心组

如图 15 - 10，四边形 $ABCD$ 的对角线 AC 与 BD 交于点 O，设△AOB、△BOC、△COD、△DOA 的重心分别为 E、F、G、H，则四边形 $EFGH$ 为平行四边形.

事实上，延长 OH、OG 分别交 AD、CD 于 M、N，因为 $\dfrac{OH}{OM} = \dfrac{OG}{ON} = \dfrac{2}{3}$，所以 $HG /\!/ MN$，$\dfrac{HG}{MN} = \dfrac{2}{3}$，又 M、N

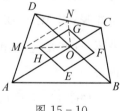

图 15 - 10

分别为 AD、DC 的中点，从而 $MN /\!/ AC$，且 $\dfrac{MN}{AC} = \dfrac{1}{2}$，于是 $HG /\!/ AC$，且 $\dfrac{HG}{AC} =$ $\dfrac{1}{3}$. 同理，$EF /\!/ AC$，且 $\dfrac{EF}{AC} = \dfrac{1}{3}$，故 $HG \underline{\underline{/\!/}} EF$，四边形 $EFGH$ 为平行四边形，且

$$\frac{EF}{AC}=\frac{GH}{AC}=\frac{1}{3}, \frac{EH}{BD}=\frac{FG}{BD}=\frac{1}{3}.$$

进一步分析不难得到:当 $AC=BD$ 时,四边形 $EFGH$ 是菱形;当 $AC \perp BD$ 时,四边形 $EFGH$ 是矩形;当 $AC=BD$ 且 $AC \perp BD$ 时,四边形 $EFGH$ 是正方形.

七、$\triangle AOB$、$\triangle BOC$、$\triangle COD$、$\triangle DOA$ 的外心组

如图 15-11,四边形 $ABCD$ 的对角线 AC 与 BD 交于点 O,$\triangle AOB$、$\triangle BOC$、$\triangle COD$、$\triangle DOA$ 的外心分别为 E、F、G、H,则点 E、H 都在 OA 的垂直平分线上,从而 HE 垂直平分 OA;同理,FG 垂直平分 OC;GH 垂直平分 OD;FE 垂直平分 OB,故四边形 $EFGH$ 为平行四边形.

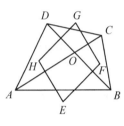

图 15-11

特别地,如图 15-12,若四边形 $ABCD$ 内接于圆 T,且 AC 与 BD 交于 O,$\triangle AOB$、$\triangle BOC$、$\triangle COD$、$\triangle DOA$ 的外心分别为 E、F、G、H,则 EG、HF、OT 三线共点.这个结论就是 1990 全国高中数学联赛二试第一题.

证明:连结 OG 与 $\triangle OCD$ 外接圆交于点 K,与 AB 交于点 L,则 $\angle K=\angle DCA=\angle DBL$,从而 D、K、B、L 四点共圆,于是 $\angle BLO=\angle KDO=90°$,即 $GO \perp AB$.又 T、E 都在 AB 的垂直平分线上,从而 $TE \perp AB$,所以 $GO \parallel TE$.同理,$TG \parallel OE$,四边形 $EOGT$ 为平行四边形,EG 与 OT 互相平分,即 EG 的中点与 OT 的中点重合.同理,HF 与 OT 互相平分,HF 的中点与 OT 的中点重合,即 HF、EG、OT 三线共点.

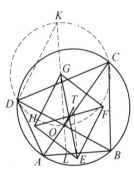

图 15-12

八、$\triangle AOB$、$\triangle BOC$、$\triangle COD$、$\triangle DOA$ 的垂心组

如图 15-13,四边形 $ABCD$ 的对角线 AC 与 BD 交于点 O,$\triangle AOB$、

$\triangle BOC$、$\triangle COD$、$\triangle DOA$ 的垂心分别为 E、F、G、H，连结 DH、DG，则 $DH \perp AC$，$DG \perp AC$，从而 D、H、G 三点共线，$HG \perp AC$. 同理，$EF \perp AC$，$HE \perp BD$，$FG \perp BD$. 从而四边形 $EFGH$ 为平行四边形，且 $\angle EFG = 180° - \angle BOC = \angle AOB$，$\angle FGH = 180° - \angle AOB = \angle BOC$.

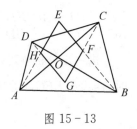

图 15 - 13

九、$\triangle AOB$、$\triangle BOC$、$\triangle COD$、$\triangle DOA$ 的内心组

如图 15 - 14，四边形 $ABCD$ 的对角线 AC 与 BD 交于点 O，$\triangle AOB$、$\triangle BOC$、$\triangle COD$、$\triangle DOA$ 的内心分别为 E、F、G、H，则四边形 $EFGH$ 的对角线互相垂直，从而 $EF^2 + GH^2 = FG^2 + HE^2$.

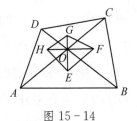

图 15 - 14

十、$\triangle ABC$、$\triangle BCD$、$\triangle CDA$、$\triangle DAB$ 的重心组

如图 15 - 15，四边形 $ABCD$ 中，$\triangle ABC$、$\triangle BCD$、$\triangle CDA$、$\triangle DAB$ 的重心分别为 E、F、G、H，设 AD 中点为 T，则 H、G 分别在 BT、CT 上，且 $\dfrac{TH}{TB} = \dfrac{TG}{TC} = \dfrac{1}{3}$，从而 $HG \parallel BC$，且 $\dfrac{HG}{BC} = \dfrac{TH}{TB} = \dfrac{1}{3}$.

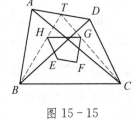

图 15 - 15

同理，$EF \parallel AD$，$FG \parallel AB$，$HE \parallel CD$，且 $\dfrac{HE}{DC} = \dfrac{EF}{AD} = \dfrac{FG}{AB} = \dfrac{1}{3}$. 于是我们有：

四边形 $ABCD$ 中，AC、BD 为对角线，$\triangle ABC$、$\triangle BCD$、$\triangle CDA$、$\triangle DAB$ 的重心分别为 E、F、G、H，则 $EF \parallel AD$，$FG \parallel AB$，$GH \parallel BC$，$HE \parallel CD$，且 $\dfrac{GH}{CB} = \dfrac{HE}{DC} = \dfrac{EF}{AD} = \dfrac{FG}{AB} = \dfrac{1}{3}$.

十一、△ABC、△BCD、△CDA、△DAB 的内心组

如图 15 - 16,四边形 $ABCD$ 中,$\triangle ABC$、$\triangle BCD$、$\triangle CDA$、$\triangle DAB$ 的内心分别为 E、F、G、H,则四边形 $EFGH$ 为矩形.

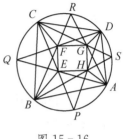

图 15 - 16

证明: $\angle BEC = 180° - \dfrac{1}{2}\angle ABC - \dfrac{1}{2}\angle BCA$

$= 180° - \dfrac{1}{2}(180° - \angle CAB) = 90° + \dfrac{1}{2}\angle CAB$,

$\angle BFC = 180° - \dfrac{1}{2}\angle BCD - \dfrac{1}{2}\angle CBD$

$= 180° - \dfrac{1}{2}(180° - \angle CDB) = 90° + \dfrac{1}{2}\angle CDB$.

由于 A、B、C、D 四点共圆,故 $\angle CAB = \angle CDB$,所以 $\angle BEC = \angle BFC$,所以 B、E、F、C 四点共圆.

从而 $\angle CEF = \angle FBC = \dfrac{1}{2}\angle CBD$.同理,$\angle HEA = \angle HBA = \dfrac{1}{2}\angle DBA$.

从而 $\angle FEH = \angle CEA - \angle FEC - \angle HEA = 90° - \dfrac{1}{2}\angle CBA - \angle FEC -$

$\angle HFA = 90° - \dfrac{1}{2}\angle CBA - \dfrac{1}{2}\angle CBD - \dfrac{1}{2}\angle DBA = 90°$.

同理,$\angle EHG = \angle HGF = \angle GFE = 90°$,即四边形 $EFGH$ 为矩形.

进一步分析可知:延长 CE 与四边形 $ABCD$ 外接圆的交点是劣弧 AB 的中点,同样地,延长 DH 与四边形 $ABCD$ 外接圆的交点也是劣弧 AB 的中点,从而此中点也是 CE、DH 的公共点,即 CE、DH 的交点 P 在圆上,且为劣弧 AB 的中点;同理,AE、DF 的交点 Q 也在圆上,且为劣弧 BC 的中点;BF、AG 的交点 R 也在圆上,且为劣弧 CD 的中点;BH、CG 的交点 S 也在圆上,且为劣弧 DA 的中点.

十二、△ABC、△BCD、△CDA、△DAB 的垂心组

如图 15 - 17,四边形 $ABCD$ 中,$\triangle ABC$、$\triangle BCD$、$\triangle CDA$、$\triangle DAB$ 的垂心分别为 E、F、G、H,则 $AE \perp BC$,$DF \perp BC$,从而 $AE \parallel DF$.同理,$DH \parallel CE$,$CG \parallel BH$,$BF \parallel AG$.

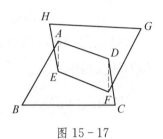

图 15 - 17

于是自然想到 AD 与 EF 平行吗？若不平行,需附加何条件呢？

若 $AD \parallel EF$,则 $AE = DF$,于是联想到一个熟知结论: 如图 15 - 18,点 E 为 $\triangle ABC$ 的垂心,点 O 为 $\triangle ABC$ 的外心,$OM \perp BC$ 于 M,则 $AE \parallel OM$,且 $AE = 2OM$.

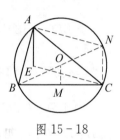

图 15 - 18

事实上,延长 BO 交圆 O 于 N,则 $CN \parallel AE$,$CE \parallel AN$,从而四边形 $AECN$ 为平行四边形,故 $AE = CN$,又 $CN \parallel OM$,且 $CN = 2OM$,所以 $AE \parallel OM$,且 $AE = 2OM$.

基于此,我们得到:圆内接四边形 $ABCD$ 中,$\triangle ABC$、$\triangle BCD$、$\triangle CDA$、$\triangle DAB$ 垂心分别为 E、F、G、H,则 E、F、G、H 四点共圆.这个结论就是 1992 年全国高中数学联赛二试第一题.

证明:由上述熟知结论可知:AE 平行且等于 $2OM$,DF 平行且等于 $2OM$,从而 AE 平行且等于 DF,故 $AEFD$ 为平行四边形,从而 AD 平行且等于 FE.同理,DC 平行且等于 EH,CB 平行且等于 HG,BA 平行且等于 GF,于是四边形 $EFGH$ 与四边形 $ABCD$ 全等,由于 A、B、C、D 四点共圆,从而 E、F、G、H 四点共圆.

十三、△ABC、△BCD、△CDA、△DAB 的外心组

如图 15 - 19,四边形 $ABCD$ 中,$\triangle ABC$、$\triangle BCD$、$\triangle CDA$、$\triangle DAB$ 的外心分别为 E、F、G、H,则 HG 垂直平分 AD,EG 垂直平分 AC.设直线 HG 与 AD

交于 M，直线 EG 交 AC 于 N，则 $\angle EGH = 180^\circ -$
$\angle MGN = \angle DAC$. 同理，$\angle EGF = \angle ACD$，$\angle GFH =$
$\angle BDC$，$\angle EFH = \angle DBC$，$\angle FEG = \angle BCA$，
$\angle HEG = \angle CAB$，$\angle FHE = \angle ABD$，$\angle FHG =$
$\angle ADB$. 进而 $\angle ABC + \angle FEH = 180^\circ$，$\angle BCD +$
$\angle EFG = 180^\circ$，$\angle CDA + \angle FGH = 180^\circ$，$\angle AB +$
$\angle EHG = 180^\circ$.

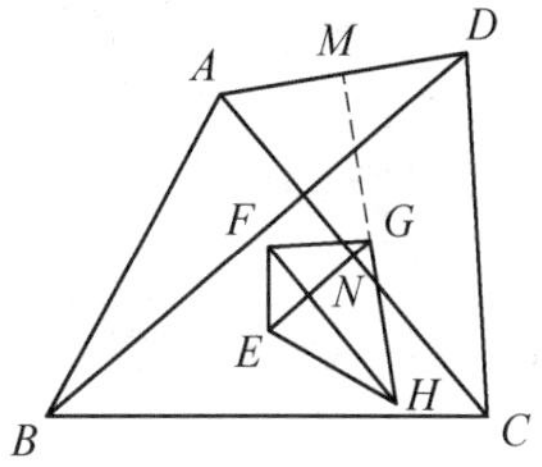

图 15 - 19

  特别地，当 A、B、C、D 四点共圆时，四边形 $EFGH$ 退化为一个点，这点就是四边形 $ABCD$ 的外接圆圆心.

16 群"心"璀璨

■ **问题 1**：如图 16-1，在 △ABC 中，∠CAB 的平分线交边 BC 于点 L，点 M、N 分别在边 AC、AB 上，且 BM、AL、CN 三线共点，若 ∠AMN = ∠ALB，求证：∠NML 为直角.

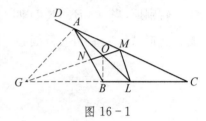

图 16-1

一、问题 1 的解答

条件 ∠AMN = ∠ALB 容易让人联想到四点共圆，于是延长 MN、CB 交于点 G，结合"AL 平分 ∠CAB"及"BM、AL、CN 三线共点"很自然得到以下证法.

证明：延长 MN、CB 交于点 G，连结 AG，因为 ∠AMG = ∠AMN = ∠ALB = ∠ALG，所以 A、G、L、M 四点共圆，从而 ∠NML = ∠GML = ∠GAL，由直线 MNG 截 △ABC 得 $\dfrac{BG}{GC} \cdot \dfrac{CM}{MA} \cdot \dfrac{AN}{NB} = 1$，又 BM、AL、CN 三线共点，从而 $\dfrac{CM}{MA} \cdot \dfrac{AN}{NB} \cdot \dfrac{BL}{LC} = 1$，所以 $\dfrac{BG}{GC} = \dfrac{BL}{LC}$，注意到 AL 平分 ∠CAB，从而 $\dfrac{AB}{AC} = \dfrac{BL}{LC}$，于是 $\dfrac{AB}{AC} = \dfrac{BG}{GC}$，所以 GA 平分 ∠DAB，从而 ∠GAL = ∠GAB + ∠BAL = $\dfrac{1}{2}$(∠DAB + ∠BAC) = 90°，故 ∠NML 为直角.

二、群"心"璀璨

反思问题 1 及其解答，不难发现以下结论：

1. 设 AL 交 MN 于点 O,则 $OB \perp BC$.

2. GA、BO、LM 三线共点.

因为 A、G、L、M 四点共圆,故 $\angle BAO = \angle MAL = \angle MGL = \angle OGB$,从而 A、G、B、O 四点共圆,故 $\angle OBG = 180° - \angle OAG = 180° - (\angle GAB + \angle BAO) = 180° - \frac{1}{2}(\angle DAB + \angle BAC) = 90°$,即 $OB \perp BC$.

从而 $\angle OBL + \angle OML = 180°$,故 O、M、L、B 四点共圆,于是 GA 是圆 $AGBO$ 与圆 $AGLM$ 的根轴,BO 是圆 $AGBO$ 与圆 $OBLM$ 的根轴,LM 是圆 $AGLM$ 与圆 $OBLM$ 的根轴,根据蒙日定理,GA、BO、LM 或互相平行或相交于一点. 但若 GA、BO、LM 互相平行,由于 $OB \perp BC$,故 $GA \perp BC$,于是 $\angle AGC + \angle GAC = 90° + 90° + \angle LAC > 180°$,矛盾. 从而 GA、BO、LM 交于一点. 若设 BM、AL、CN 的公共交点为 T,则易得:

3. 点 O 为 $\triangle ABM$ 的内心,也是 $\triangle GTL$ 的垂心.

因为 $\angle OBA = \angle OGA = \angle MLA = \angle MBO$,从而 OB 平分 $\angle ABM$,又 AL 平分 $\angle CAB$,从而 OM 平分 $\angle AMB$,点 O 为 $\triangle ABM$ 的内心. 从前面的分析可知:$OA \perp GT$,$OB \perp GL$,$OM \perp TL$,从而点 O 也是 $\triangle GTL$ 的垂心.

4. 点 G、T、L 为 $\triangle ABM$ 为的旁心.

因为 $\angle NML$ 为直角,所以 $\angle AMN +$

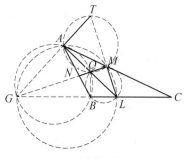

图 16 - 2

$\angle LMC = 90°$,又点 O 为 $\triangle ABM$ 的内心,从而 $\angle BMN = \angle AMN$,故 $\angle BML = 90° - \angle BMN = 90° - \angle AMN = \angle AMT = \angle LMC$,即 ML 平分 $\angle AMB$ 的外角. 同法易证 AG 平分 $\angle CAB$ 的外角. 于是 AG 平分 $\angle CAB$ 的外角,MG 平分 $\angle AMB$,从而点 G 为 $\triangle ABM$ 的边 AB 一侧的旁心;ML 平分 $\angle CMB$,AL 平分 $\angle CAB$,从而点 L 为 $\triangle ABM$ 的边 BM 一侧的旁心;TB 即 OB 平分 $\angle ABM$,TM 即 ML 平分 $\angle CMB$ 即 $\angle AMB$ 的外角,从而点 T 为 $\triangle ABM$ 的边 AM 一侧的旁心.

5. 设 BM、AL、CN 交于点 T,则点 T 是圆 $AGBO$、圆 $AGLM$、圆 $OBLM$ 的

根心；点 G 是圆 $ATMO$、圆 $ATBL$、圆 $OBLM$ 的根心；点 L 是圆 $ATMO$、圆 $AOBG$、圆 $TMBG$ 的根心；点 O 是圆 $AGBO$、圆 $ATMO$、圆 $OBML$ 的根心.

原来这道题中蕴含许多的"心"，"心"的种类之众、"心"的数量之多，真可谓群"心"璀璨.

三、点 M 的确定

寻求本题解答时，很自然的产生一个问题：图 16-1 中，点 M 是如何确定的？解答之后，豁然开朗.

$\triangle ABC$ 中，$\angle ABC$ 为钝角时，AL 平分 $\angle CAB$，过点 A 作 $AG \perp AL$ 与 CB 延长线交于点 G，作 $\triangle AGL$ 的外接圆交 AC 于异于点 A 的另一点 M，连结 GM 交 AB 于点 N，则 BM、AL、CN 三线共点，且 $\angle AMN = \angle ALB$.

事实上，由直线 GMN 截 $\triangle ABC$ 得 $\dfrac{BG}{GC} \cdot \dfrac{CM}{MA} \cdot \dfrac{AN}{NB} = 1$，因为 AL 平分 $\angle CAB$，且 $AG \perp AL$，容易证明 AG 平分 $\angle CAB$ 的外角，所以 $\dfrac{BG}{GC} = \dfrac{AB}{AC}$，$\dfrac{LB}{CL} = \dfrac{AB}{AC}$，从而 $\dfrac{BG}{GC} = \dfrac{LB}{CL}$，于是 $\dfrac{BL}{LC} \cdot \dfrac{CM}{MA} \cdot \dfrac{AN}{NB} = \dfrac{BG}{GC} \cdot \dfrac{CM}{MA} \cdot \dfrac{AN}{NB} = 1$，故 BM、AL、CN 三线共点. 由于 A、G、L、M 四点共圆，从而 $\angle AMN = \angle ALB$.

在 $\triangle ABC$ 中，$\angle ABC$ 为钝角，AL 平分 $\angle CAB$，作 $BO \perp BC$ 交 AL 于点 O，作 $\triangle OBL$ 的外接圆交 AC 于点 M，连结 OM 交 AB 于点 N，请问 BM、AL、CN 三线共点吗？$\angle AMN = \angle ALB$？

一般情况下，圆 OBL 与 AC 有两个交点，设为 M_1、M_2，其中一个（不妨是 M_1）正是圆 AGL 于 AC 相交的异于点 A 的另一点 M，从而符合条件，而另一个点 M_2 不符合条件. 如图 16-3，$\angle ALB = \angle AM_1 N = \angle AM_2 N + \angle M_1 NM_2 > \angle AM_2 N$；如图 16-4，$\angle ALB = \angle AM_1 N = \angle AM_2 N - \angle M_1 NM_2 < \angle AM_2 N$；当圆 OBL 与 AC 相切时，M_1 与 M_2 重合为 M，此时 M 符合条件.

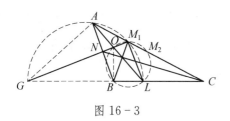

图 16 - 3

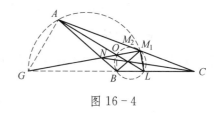

图 16 - 4

四、改变∠ABC 的大小

当∠ABC 的大小发生变化,情况又如
何呢? 研究后发现:当∠ABC 为锐角时,如
图 16 - 5,∠CAB 的平分线交 BC 于 L,点
M、N 分别在 CA、BA 延长线上,且 BM、
AL、CN 三线共点,若 ∠AMN = ∠ALB,
则 ∠NML 也为直角.

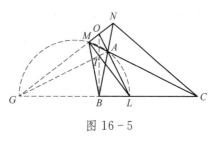

图 16 - 5

证明:延长 NM、CB 交于点 G,则 M、G、L、A 四点共圆,从而 $\angle GML =$
$\angle GAL$,由直线 MNG 截 $\triangle ABC$ 得$\dfrac{BG}{GC} \cdot \dfrac{CM}{MA} \cdot \dfrac{AN}{NB} = 1$,又 BM、AL、CN 三线

共点,从而$\dfrac{CM}{MA} \cdot \dfrac{AN}{NB} \cdot \dfrac{BL}{LC} = 1$,所以$\dfrac{BG}{GC} = \dfrac{BL}{LC}$,注意到 AL 平分 $\angle CAB$,从而

$\dfrac{AB}{AC} = \dfrac{BL}{LC}$,于是 $\dfrac{AB}{AC} = \dfrac{BG}{GC}$,故 GA 平分 $\angle MAB$,从而 $\angle GAL = \angle GAB +$

$\angle BAL = \dfrac{1}{2}(\angle MAB + \angle BAC) = 90°$,所以 $\angle GML = 90°$,从而 $\angle NML$ 为

直角.

非常有意思的是,不仅∠NML 为直角,而且也一样群"心"璀璨.

6. 设 AL 交 MN 于点 O,则 OB ⊥ BC.

7. GA、BO、LM 三线共点于 T.

8. 点 T 为△OGL 的内心,也是△OGL 的垂心.

9. 点 O、G、L 为△ABM 为的旁心.

10. 点 T 是圆 $MGBT$、圆 $ALBT$、圆 $AOMT$ 的根心；点 G 是圆 $OMTA$、圆 $ATBL$、圆 $OMBL$ 的根心；点 L 是圆 $AOMT$、圆 $GMTB$、圆 $AOGB$ 的根心；点 O 是圆 $MGBT$、圆 $BTAL$、圆 $MGLA$ 的根心.

五、问题的实质

经过前面的分析和讨论，无论 $\angle ABC$ 是锐角还是钝角，最终都出现一个常见的图形. 当 $\triangle ABC$ 为锐角三角形时，形状如图 16-6 所示；当 $\triangle ABC$ 为钝角三角形时，形状也如图 16-6，只是字母的位置稍有不同，至此我们有理由认为问题 1 的来源可能与图 16-6 有关，其本质是三角形垂心的性质.

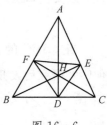

图 16-6

■ **题 1:**已知关于 x 的方程 $x^4+ax^3+2x^2-bx+1=0$ 有实根,求 a^2+b^2 的最小值.

■ **题 2:**已知关于 x 的方程 $x^4+ax^3+bx^2+ax+1=0$ 有实根,求 a^2+b^2 的最小值.

这是一份网上下载的初三自主招生练习资料中的两题. 思考之后,我认为是两道有味道的难题.

一、基于熟知结构的联想

题 2 中关于 x 的项系数对称,这是一个熟知的结构,容易联想到:$x \pm \dfrac{1}{x}$,$x^2+\dfrac{1}{x^2}$. 事实上,当 $x=0$ 时,方程两边不等,从而 $x=0$ 不是方程的根,于是将方程的两边同时除以 x^2 得:$x^2+ax+b+\dfrac{a}{x}+\dfrac{1}{x^2}=0$,出现 $x \pm \dfrac{1}{x}$、$x^2+\dfrac{1}{x^2}$ 结构. 令 $x+\dfrac{1}{x}=t$,则 $t \geqslant 2$ 或 $t \leqslant -2$,于是原方程可化为 $t^2+at+b-2=0$. 于是问题等价于:关于 t 的方程 $t^2+at+b-2=0$ 有实根,且实根的绝对值不小于 2,求 a^2+b^2 的最小值. 对于转化后的问题,至少以下三种方法可解:

■ **方法 1:**考虑根的分布. 依题意,方程 $t^2+at+b-2=0$ 的实根有以下几种情况:两根都大于或等于 2;一根大于等于 2,另一根在 $(-2,2)$ 中;两根都在 $(-2,2)$ 中;一根在 $(-2,2)$ 中,另一根小于或等于 -2;两根都小于或等于 -2.于是

令 $f(t) = t^2 + at + b - 2$，则

1) 当两根都大于或等于 2 时，观察 $y = f(t)$ 的图象可知：$f(2) \geqslant 0$，$-\dfrac{a}{2} \geqslant 2$，$f\left(-\dfrac{a}{2}\right) \leqslant 0$，从而 $4 + 2a + b - 2 \geqslant 0$，$a \leqslant -4$，$\dfrac{a^2}{4} - \dfrac{a^2}{2} + b - 2 \leqslant 0$，整理得 $b + 2 \geqslant -2a \geqslant 8$，$a^2 \geqslant 4b - 8$，于是 $a^2 + b^2 \geqslant 4b - 8 + b^2 = (b+2)^2 - 12 \geqslant 52$；

2) 当一根大于等于 2，另一根在 $(-2, 2)$ 中时，观察 $y = f(t)$ 的图象可知：$f(2) \leqslant 0$，$f(-2) > 0$，从而 $2a < b + 2 \leqslant -2a$，即 $(b+2)^2 \leqslant 4a^2$，于是 $a^2 + b^2 \geqslant \dfrac{(b+2)^2}{4} + b^2 = \dfrac{5}{4}\left(b + \dfrac{2}{5}\right)^2 + \dfrac{4}{5} \geqslant \dfrac{4}{5}$，当 $b = -\dfrac{2}{5}$，$a = -\dfrac{4}{5}$ 时取等号；

3) 当两根都在 $(-2, 2)$ 中时，观察 $y = f(t)$ 的图象可知：$-2 < -\dfrac{a}{2} < 2$，$f\left(-\dfrac{a}{2}\right) \leqslant 0$，$f(2) > 0$，$f(-2) > 0$，所以 $b + 2 > -2a$，$b + 2 > 2a$，从而 $b + 2 > \max\{-2a, 2a\} \geqslant 0$，即 $b > -2$，故 $a^2 + b^2 > 4$；

4) 当一根在 $(-2, 2)$ 中，另一根小于或等于 -2 时，观察 $y = f(t)$ 的图象可知：$f(-2) \leqslant 0$，$f(2) > 0$，从而 $-2a < b + 2 \leqslant 2a$，即 $(b+2)^2 \leqslant 4a^2$，于是 $a^2 + b^2 \geqslant \dfrac{(b+2)^2}{4} + b^2 = \dfrac{5}{4}\left(b + \dfrac{2}{5}\right)^2 + \dfrac{4}{5} \geqslant \dfrac{4}{5}$，当 $b = -\dfrac{2}{5}$，$a = \dfrac{4}{5}$ 时取等号；

5) 当两根都小于或等于 -2 时，观察 $y = f(t)$ 的图象可知：$f(-2) \geqslant 0$，$-\dfrac{a}{2} \leqslant -2$，$f\left(-\dfrac{a}{2}\right) \leqslant 0$，从而 $4 - 2a + b - 2 \geqslant 0$，$a \geqslant 4$，$\dfrac{a^2}{4} - \dfrac{a^2}{2} + b - 2 \leqslant 0$，整理得 $b + 2 \geqslant 2a \geqslant 8$，$a^2 \geqslant 4b - 8$，于是 $a^2 + b^2 \geqslant 4b - 8 + b^2 = (b+2)^2 - 12 \geqslant 52$.

总之，$a^2 + b^2$ 的最小值为 $\dfrac{4}{5}$，当 $b = -\dfrac{2}{5}$，$a = \pm\dfrac{4}{5}$ 时取到.

■ **方法 2**：设 $t^2 + at + b - 2 = 0$ 的两实根为 t_1、t_2，则 $t_1 + t_2 = -a$，$t_1 t_2 = b - 2$，且不妨设 $|t_1| \geqslant 2$，于是

$$a^2+b^2=(t_1+t_2)^2+(t_1t_2+2)^2=(1+t_1^2)t_2^2+6t_1t_2+4+t_1^2$$

$$=(1+t_1^2)\left(t_2+\frac{3t_1}{1+t_1^2}\right)^2+4+t_1^2-\frac{9t_1^2}{1+t_1^2}$$

$$=(1+t_1^2)\left(t_2+\frac{3t_1}{1+t_1^2}\right)^2+1+t_1^2+\frac{9}{1+t_1^2}-6\geqslant 1+t_1^2+\frac{9}{1+t_1^2}-6,$$

由于 $|t_1|\geqslant 2$,从而 $1+t_1^2\geqslant 5$. 观察函数 $y=x+\frac{9}{x}$ 的图象可知:$1+t_1^2+$

$\frac{9}{1+t_1^2}-6\geqslant\frac{4}{5}$,从而 $a^2+b^2\geqslant\frac{4}{5}$,当且仅当 $|t_1|=2$,$t_2+\frac{3t_1}{1+t_1^2}=0$ 时取等

号. 此时 $t_1=-2$,$t_2=\frac{6}{5}$,$a=\frac{4}{5}$,$b=-\frac{2}{5}$,或 $t_1=2$,$t_2=-\frac{6}{5}$,$a=-\frac{4}{5}$,

$b=-\frac{2}{5}$.

- **方法 3**:由柯西(Cauchy)不等式得:$(a^2+b^2)(t^2+1)\geqslant(at+b)^2=$

$(2-t^2)^2$,从而 $a^2+b^2\geqslant\frac{(2-t^2)^2}{t^2+1}=t^2+1+\frac{9}{t^2+1}-6$,$|t|\geqslant 2$,从而 t^2+

$1\geqslant 5$,观察函数 $y=x+\frac{9}{x}$ 的图象可知:$a^2+b^2\geqslant t^2+1+\frac{9}{t^2+1}-6\geqslant\frac{4}{5}$,当

$t=2$,$a=\frac{4}{5}$,$b=-\frac{2}{5}$ 或 $a=-\frac{4}{5}$,$b=-\frac{2}{5}$ 时取等号.

二、反思与迁移

对于初三学生来说,方法 1 容易理解和想到,但过程稍显繁琐,其中诸多细节也有难度. 方法 2、3 简洁,漂亮,但函数 $y=x+\frac{9}{x}$ 的性质及柯西不等式也非初三教学内容,能用于解答此题也非常不易. 上面的方法能否迁移到题 1 呢? 方法 1 恐怕不能,我们难以找到合适的方法将原方程降为二次方程. 方法 2 中用方程的根表示 a^2+b^2,是个不错的想法. 这个想法可否迁移到问题 1,2 呢?

设 $x^4+ax^3+2x^2-bx+1=0$ 的实根分别为 x_1、x_2、x_3、x_4,若这些根不

全为实根，由于虚根成对，所以至少有两实根，不妨设 x_1、x_2 为实根，则

$$-a = x_1 + x_2 + x_3 + x_4,$$

$$1 = x_1 x_2 x_3 x_4,$$

$$2 = x_1 x_2 + x_1 x_3 + x_1 x_4 + x_2 x_3 + x_2 x_4 + x_3 x_4 = x_1 x_2 + (x_1 + x_2)(x_3 + x_4) + x_3 x_4,$$

$$b = x_1 x_2 x_3 + x_1 x_2 x_4 + x_1 x_3 x_4 + x_2 x_3 x_4 = x_1 x_2 (x_3 + x_4) + x_3 x_4 (x_1 + x_2).$$

令 $m = x_1 + x_2$，$n = x_1 x_2$，则 $x_3 + x_4 = \dfrac{(n-1)^2}{mn}$，$x_3 x_4 = \dfrac{1}{n}$，由于 x_1、x_2 为实根，故 $0 \leqslant (x_1 - x_2)^2 = (x_1 + x_2)^2 - 4 x_1 x_2 = m^2 - 4n$，即 $m^2 \geqslant 4n$. 于是

$$a^2 + b^2 = \left[m - \frac{(n-1)^2}{mn} \right]^2 + \left[\frac{m}{n} - \frac{(n-1)^2}{m} \right]^2$$

$$= m^2 + \frac{m^2}{n^2} - \frac{4(n-1)^2}{n} + (n-1)^4 \left(\frac{1}{m^2 n^2} + \frac{1}{m^2} \right)$$

$$= m^2 - 4n + \frac{m^2 - 4n}{n^2} + 8 + (n-1)^4 \left(\frac{1}{m^2 n^2} + \frac{1}{m^2} \right) \geqslant 8,$$

当且仅当 $m^2 = 4$，$n = 1$ 时取等号，此时 $a = 2$，$b = -2$ 或 $a = -2$，$b = 2$.

同样地，设 $x^4 + ax^3 + bx^2 + ax + 1 = 0$ 的实根分别为 x_1、x_2、x_3、x_4，若这些根不全为实根，由于虚根成对，所以至少有两实根，不妨设 x_1、x_2 为实根，则

$$-a = x_1 + x_2 + x_3 + x_4,$$

$$1 = x_1 x_2 x_3 x_4,$$

$$b = x_1 x_2 + x_1 x_3 + x_1 x_4 + x_2 x_3 + x_2 x_4 + x_3 x_4 = x_1 x_2 + (x_1 + x_2)(x_3 + x_4) + x_3 x_4,$$

$$-a = x_1 x_2 x_3 + x_1 x_2 x_4 + x_1 x_3 x_4 + x_2 x_3 x_4 = x_1 x_2 (x_3 + x_4) + x_3 x_4 (x_1 + x_2).$$

令 $m = x_1 + x_2$，$n = x_1 x_2$，则 $m + x_3 + x_4 = n(x_3 + x_4) + \dfrac{m}{n}$.

当 $n=1$ 时，则 $1=x_1x_2=x_3x_4$，$-a-m=x_3+x_4$，$b=1+m(-a-m)+1$，于是 $m^2+am+b-2=0$，但 x_1、x_2 为实根，故 $0\leqslant(x_1-x_2)^2=(x_1+x_2)^2-4x_1x_2=m^2-4$，所以 $m\geqslant2$ 或 $m\leqslant-2$. 问题转化为方程 $m^2+am+b-2=0$ 有实根，且实根的绝对值不小于 2，由方法 2 知：a^2+b^2 的最小值为 $\dfrac{4}{5}$.

当 $n\neq1$，则 $x_3+x_4=\dfrac{m}{n}$，$x_3x_4=\dfrac{1}{n}$，于是 $a^2+b^2=\left(m+\dfrac{m}{n}\right)^2+\left(\dfrac{m^2}{n}+\dfrac{1}{n}+n\right)^2=3m^2+\dfrac{2m}{n}+\dfrac{3m^2}{n^2}+\dfrac{m^4}{n^2}+\dfrac{1}{n^2}+n^2+2=2m^2+\left(m+\dfrac{1}{n}\right)^2+\dfrac{3m^2}{n^2}+\dfrac{m^4}{n^2}+n^2+2>2$.

总之，a^2+b^2 的最小值为 $\dfrac{4}{5}$.

三、因式分解

反思上述解法中，由于虚根成对，所以方程至少有两实根，上述解法中都一直在用这两实根表示 a^2+b^2，准确地说是用这两根之和、两根之积表示 a^2+b^2，而这两根之和、两根之积与二次三项式的系数有关，因此我们可以考虑将方程左边的四次因式分解为两个二次三项式，用这两个二次三项式的系数来表示 a^2+b^2，这或许更能让初三学生理解.

设 $x^4+ax^3+2x^2-bx+1=(x^2+px+r)\left(x^2+qx+\dfrac{1}{r}\right)$，比较系数得 $a=p+q$，$2=pq+r+\dfrac{1}{r}$，$-b=\dfrac{p}{r}+qr$. 易知 $x=0$ 不是方程 $x^4+ax^3+2x^2-bx+1=0$ 的根，从而 $r\neq0$，且不妨设 $x^2+px+r=0$，故 $\Delta=p^2-4r\geqslant0$，于是

$$a^2+b^2=\left[p-\dfrac{(r-1)^2}{pr}\right]^2+\left[\dfrac{p}{r}-\dfrac{(r-1)^2}{p}\right]^2=p^2+\dfrac{p^2}{r^2}-\dfrac{4(r-1)^2}{r}+$$

$$(r-1)^4\left(\frac{1}{p^2r^2}+\frac{1}{p^2}\right)$$

$$=p^2-4r+\frac{p^2-4r}{r^2}+8+(r-1)^4\left(\frac{1}{p^2r^2}+\frac{1}{p^2}\right)\geqslant 8,当且仅当\,p^2=4,q=$$

0，$r=1$ 时取等号，此时 $a=2$，$b=-2$ 或 $a=-2$，$b=2$.

同样地，设 $x^4+ax^3+bx^2+ax+1=(x^2+px+r)\left(x^2+qx+\frac{1}{r}\right)$，比较

系数可得 $a=p+q=\dfrac{p}{r}+qr$，$b=pq+r+\dfrac{1}{r}$.

若 $r=1$，则 $a^2+b^2=(p+q)^2+(pq+2)^2$，由于 $x^2+px+1=0$，x^2+ $qx+1=0$ 中至少有一个有实根，不妨设 $x^2+px+1=0$ 有实根，从而 $\Delta=p^2-$ $4\geqslant 0$，即 $p\geqslant 2$ 或 $p\leqslant -2$，由方法 2 知：$a^2+b^2=(p+q)^2+(pq+2)^2\geqslant\dfrac{4}{5}$.

若 $r\neq 1$，由 $p+q=\dfrac{p}{r}+qr$ 知 $q=\dfrac{p}{r}$，于是 $a^2+b^2=\left(p+\dfrac{p}{r}\right)^2+$ $\left(r+\dfrac{1}{r}+\dfrac{p^2}{r}\right)^2=\dfrac{p^4}{r^2}+\dfrac{3p^2}{r^2}+\dfrac{2p^2}{r}+3p^2+r^2+\dfrac{1}{r^2}+2=\dfrac{p^4}{r^2}+\left(p+\dfrac{1}{r}\right)^2+\dfrac{3p^2}{r^2}+$ $2p^2+r^2+2>2$.

总之，a^2+b^2 的最小值为 $\dfrac{4}{5}$.

回想起来，也许因式分解法才是这份资料的作者编纂意图.如果没有题 2，或许一开始可能想到因式分解法，可谓"成"也经验，"败"也经验.

四、对 a^2+b^2 的联想

上述的方法 3 是如何想到的呢？我想其一是 a^2+b^2 这个结构，其二柯西不等式 $(ac+bd)^2\leqslant(a^2+b^2)(c^2+d^2)$ 中，从 $ac+bd$ 中的分离出 a^2+b^2、c^2+d^2 的提示，有人甚至戏称柯西不等式为"项的分离器".利用柯西不等式可以同时解决上述两题.事实上，由 a^2+b^2 还可联想到向量的模、复数的模、距离等，这些都能帮助我们解决这两题.

1. 柯西不等式

对于题 1,由柯西不等式得

$$(a^2 + b^2)(x^6 + x^2) \geqslant (ax^3 - bx)^2 = (-x^4 - 2x^2 - 1)^2.$$

注意到 $x = 0$ 不是方程 $x^4 + ax^3 + 2x^2 - bx + 1 = 0$ 的实根,故 $x \neq 0$,从而

$$a^2 + b^2 \geqslant \frac{(x^4 + 2x^2 + 1)^2}{x^6 + x^2} = \frac{\left(x^2 + \dfrac{1}{x^2} + 2\right)^2}{x^2 + \dfrac{1}{x^2}} = \frac{(t+2)^2}{t} = t + \frac{4}{t} + 4 \geqslant$$

$$2\sqrt{t \cdot \frac{4}{t}} + 4 = 8$$

这里 $t = x^2 + \dfrac{1}{x^2}$,当 $t = 2$, $x = -1$, $a = 2$, $b = -2$ 时或者 $t = 2$, $x = 1$, $a = -2$, $b = 2$ 时取等号.

对于题 2,由柯西不等式得 $(a^2 + b^2)[(x^3 + x)^2 + x^4] \geqslant [a(x^3 + x) + bx^2]^2 = (-x^4 - 1)^2$,注意到 $x = 0$ 不是方程 $x^4 + ax^3 + bx^2 + ax + 1 = 0$ 的实根,故 $x \neq 0$. 从而

$$a^2 + b^2 \geqslant \frac{(x^4 + 1)^2}{x^6 + 3x^4 + x^2} = \frac{\left(x^2 + \dfrac{1}{x^2}\right)^2}{x^2 + \dfrac{1}{x^2} + 3} = \frac{t^2}{t+3} = t + 3 + \frac{9}{t+3} - 6,$$

这里 $t = x^2 + \dfrac{1}{x^2}$,因为 $t \geqslant 2$,从而 $t + 3 \geqslant 5$,观察函数 $y = x + \dfrac{9}{x}$ 的图象可知:

$$a^2 + b^2 \geqslant t + 3 + \frac{9}{t+3} - 6 \geqslant \frac{4}{5},$$ 当 $t = 2$, $a = \dfrac{4}{5}$, $b = -\dfrac{2}{5}$ 或 $a = -\dfrac{4}{5}$, $b = -\dfrac{2}{5}$ 时取等号.

2. 向量的模

对于题 1,令 $\vec{\alpha} = (a, b)$, $\vec{\beta} = (x^3, -x)$,则 $-x^4 - 2x^2 - 1 = \vec{\alpha} \cdot \vec{\beta} \geqslant$

$-|\vec{\alpha}||\vec{\beta}| = -\sqrt{a^2 + b^2} \cdot \sqrt{x^6 + x^2}.$

注意到 $x=0$ 不是方程 $x^4+ax^3+2x^2-bx+1=0$ 的实根，故 $x\neq0$.

从而 $a^2+b^2\geqslant\dfrac{(x^4+2x^2+1)^2}{x^6+x^2}$.（下同柯西不等式法）

对于题 2，令 $\vec{a}=(a,b)$，$\vec{\beta}=(x^3+x,x^2)$，则 $-x^4-1=\vec{a}\cdot\vec{\beta}\geqslant-|\vec{a}|$ $|\vec{\beta}|=-\sqrt{a^2+b^2}\cdot\sqrt{(x^3+x)^2+x^4}$.

注意到 $x=0$ 不是方程 $x^4+ax^3+bx^2+ax+1=0$ 的实根，故 $x\neq0$.

从而 $a^2+b^2\geqslant\dfrac{(x^4+1)^2}{x^6+3x^4+x^2}$.（下同柯西不等式法）

3. 点到直线的距离

对于题 1，将方程化为 $ax^3-bx+x^4+2x^2+1=0$，将此方程视为关于 a、b 的直线方程，记作 $f(a,b)$，一方面原点 $(0,0)$ 到直线 $f(a,b)$ 上任意一点的距离为 $\sqrt{a^2+b^2}$，另一方面注意到 $x=0$ 不是方程 $x^4+ax^3+2x^2-bx+1=0$ 的实根，故 $x\neq0$，从而原点 $(0,0)$ 到直线 $f(a,b)$ 的距离 $d=\dfrac{|x^4+2x^2+1|}{\sqrt{x^6+x^2}}$，所以 $\sqrt{a^2+b^2}\geqslant\dfrac{|x^4+2x^2+1|}{\sqrt{x^6+x^2}}$，从而 $a^2+b^2\geqslant\dfrac{(x^4+2x^2+1)^2}{x^6+x^2}$.（下同柯西不等式法）

对于题 2，将方程化为 $a(x^3+x)+bx+x^4+1=0$，将此方程视为关于 a、b 的直线方程，记作 $f(a,b)$，一方面原点 $(0,0)$ 到直线 $f(a,b)$ 上任意一点的距离为 $\sqrt{a^2+b^2}$，另一方面注意到 $x=0$ 不是方程 $x^4+ax^3+bx^2+ax+1=0$ 的实根，故 $x\neq0$，从而原点 $(0,0)$ 到直线 $f(a,b)$ 的距离 $d=\dfrac{|x^4+1|}{\sqrt{(x^3+x)^2+(x^2)^2}}$，所以 $\sqrt{a^2+b^2}\geqslant\dfrac{|x^4+1|}{\sqrt{(x^3+x)^2+(x^2)^2}}$，从而 $a^2+b^2\geqslant\dfrac{(x^4+1)^2}{x^6+3x^4+x^2}$.（下同柯西不等式法）

4. 复数的模

对于题 1，设令 $z_1=a+b\mathrm{i}$，$z_2=x^3+x\mathrm{i}$，从而 $|z_1||z_2|=|z_1z_2|\geqslant|\mathrm{Re}(z_1z_2)|$，于是 $\sqrt{a^2+b^2}\cdot\sqrt{x^6+x^2}\geqslant|ax^3-bx|=|-x^4-2x^2-1|$.

注意到 $x=0$ 不是方程 $x^4+ax^3+2x^2-bx+1=0$ 的实根，故 $x \neq 0$.

从而 $a^2+b^2 \geqslant \dfrac{(x^4+2x^2+1)^2}{x^6+x^2}$. （下同柯西不等式法）

对于题 2，令 $z_1=a+bi$，$z_2=x^3+x-x^2i$，于是 $\sqrt{a^2+b^2}$ · $\sqrt{(x^3+x)^2+x^4} \geqslant |ax^3+ax+bx^2|=|-x^4-1|$.

注意到 $x=0$ 不是方程 $x^4+ax^3+bx^2+ax+1=0$ 的实根，故 $x \neq 0$.

从而 $a^2+b^2 \geqslant \dfrac{(x^4+1)^2}{x^6+3x^4+x^2}$. （下同柯西不等式法）

18 配对

——一种思维方式

生活中,许多东西都是成双成对的,如手套、袜子、鞋子、筷子等.写对联讲究对仗工整、平仄协调,字数、结构相同.自古以来,我们对"成双成对"有一种莫名的执着,比翼鸟、连理枝、鸳鸯双宿双飞、龙凤呈祥都是我们心目中美好的意象,成双成对的东西象征着和谐、吉祥,象征着追求好事成双,渴望双喜临门.自然界中,人有男、女之别,动物有公、母之分,花有雌、雄之异;物理中有正、负电子,数学中有正、负数,总之,现实世界中,处处可以看到成双成对的实例.不成对时,怎么办呢?配对!

配对,是一种思维方式.

■ 例1 已知一列数:$1\,000,1\,001,\cdots,4\,999$.

(1) 求这列数的所有数字之和.

(2) 这列数的数字和为 4 的倍数的有几个?

解:(1) 这列数共 $4\,000$ 个,各数字的出现规律明显.能否数出 $0,1,2,\cdots,9$ 各出现多少次呢?

首先,当 1 出现在千位时,个、十、百位的数字任意,故有 $1\,000$ 次;其次,当 1 出现在百位时,千位只能取 $1,2,3,4$,个、十位的数字任意,故有 400 次,数字 2,$3,4$ 出现在百位时相同,数字 $1,2,3,4$ 出现在十位、个位时也是各 400 次;数字 $5,6,7,8,9$ 出现在百位、十位、个位时也是各 400 次;因此数字总和为:$(1\,000+3\times 400)\times(1+2+3+4)+3\times 400\times(5+6+7+8+9)=64\,000$.

若注意到 $1\,000$ 与 $1\,999$,$1\,001$ 与 $1\,998$,$\cdots$,$1\,994$ 与 $1\,995$ 正好可配成 500 对,每对数字和为 29、$2\,000$ 至 $2\,999$,$3\,000$ 至 $3\,999$,$4\,000$ 至 $4\,999$ 类似,所以各位上数字总和为 $(29+31+33+35)\times 500=64\,000$.

比较两种方法,可以看到"配对"的优势明显.

（2）通常认为每四个连续整数中恰有一个数字和是 4 的倍数,但这个认识是错误的,如 1999,2000,2001,2002 这四个连续整数中就有两个数字和是 4 的倍数. 事实上,对于 $\overline{abcd}$,设 $\overline{bcd}\equiv r(\bmod 4)$,当 $r=1$ 时,a 配 3;当 $r=2$ 时,a 配 2;当 $r=3$ 时,a 配 1;当 $r=4$ 时,a 配 4,由于 $\overline{bcd}$ 有 1 000 个,故符合条件的数有 1 000 个.

- **例2** 有 1998 个互不相等的有理数,每 1997 个的和都是分母为 3 998 的既约真分数,求这 1998 个有理数之和.

解:设 $a_1,a_2,\cdots,a_{1998}$ 是 1998 个互不相等的有理数,且 $a_1<a_2<\cdots<a_{1998}$,记 $S=a_1+a_2+\cdots+a_{1998}$,则 $S-a_1>S-a_2>\cdots>S-a_{1998}$ 都是分母为 3 998 的既约真分数. 因为 $3998=2\times1999$,1999 为质数,故分母为 3 998 的既约真分数正好有 1998 个,又若 $(x,3998)=1$,则 $(3998-x,3998)=1$,于是 $\dfrac{x}{3998}+\dfrac{3998-x}{3998}=1$,从而 $S-a_1,S-a_2,\cdots,S-a_{1998}$ 可首尾配对,配成 999 对,每对和为 1,所以 $S=\dfrac{999}{1997}$. 当然,也可倒序相加配对,即

$$3994S=[(S-a_1)+(S-a_{1998})]+[(S-a_2)+(S-a_{1997})]+\cdots+[(S-a_{1998})+(S-a_1)]=1998,$$

从而 $S=\dfrac{999}{1997}$.

- **例3** 计算:

$$\frac{1^2}{1^2-100+5\,000}+\frac{2^2}{2^2-200+5\,000}+\frac{3^2}{3^2-300+5\,000}+\cdots+\frac{99^2}{99^2-9\,900+5\,000}.$$

解:因为 $\dfrac{k^2}{k^2-k\times100+5\,000}+\dfrac{(100-k)^2}{(100-k)^2-(100-k)\times100+5\,000}$

$=\dfrac{k^2}{k^2-k\times100+5\,000}+\dfrac{10\,000-2k\times100+k^2}{k^2-k\times100+5\,000}=2,$

所以若记

$$T = \frac{1^2}{1^2 - 100 + 5\,000} + \frac{2^2}{2^2 - 200 + 5\,000} + \frac{3^2}{3^2 - 300 + 5\,000} + \cdots +$$

$$\frac{99^2}{99^2 - 9\,900 + 5\,000},$$

通过倒序配对易得 $2T = 99 \times 2$，$T = 99$.

■ **例 4** 已知 $S = \sum\limits_{n=1}^{99} \sqrt{10 + \sqrt{n}}$，$T = \sum\limits_{n=1}^{99} \sqrt{10 - \sqrt{n}}$，求 $\dfrac{S}{T}$.

解：因为 $\left(\sqrt{10 + \sqrt{n}} + \sqrt{10 - \sqrt{n}}\right)^2 = 20 + 2\sqrt{100 - n}$，所以 $\sqrt{10 + \sqrt{n}} + \sqrt{10 - \sqrt{n}} = \sqrt{2}\sqrt{10 + \sqrt{100 - n}}$.

于是 $\sum\limits_{n=1}^{99} \sqrt{10 + \sqrt{n}} + \sqrt{10 - \sqrt{n}} = \sqrt{2}\sum\limits_{n=1}^{99} \sqrt{10 + \sqrt{100 - n}}$，即 $S + T = \sqrt{2}\,T$，

所以 $\dfrac{S}{T} = \sqrt{2} + 1$.

■ **例 5** 求 $(\sqrt{2} + \sqrt{3})^{2020}$ 的整数部分的个位数字.

解：$(\sqrt{2} + \sqrt{3})^{2020} = (5 + 2\sqrt{6})^{1010}$，将 $(5 + 2\sqrt{6})^k$ 与 $(5 - 2\sqrt{6})^k$ 配对，设 $m = 5 + 2\sqrt{6}$，$n = 5 - 2\sqrt{6}$，则 $m^2 - 10m + 1 = 0$，$n^2 - 10n + 1 = 0$. 记 $S_k = m^k + n^k$，k 为非负整数，则 $m^{k+2} - 10m^{k+1} + m^k = 0$，$n^{k+2} - 10n^{k+1} + n^k = 0$.

从而 $S_{k+2} - 10S_{k+1} + S_k = 0$，故 $S_{k+2} \equiv -S_k \pmod{10}$，易知 $S_0 = 2$，故 $S_2 \equiv 8 \pmod{10}$，$\cdots$，$S_{2010} = 8 \pmod{10}$，因为 $0 < n^6 < 1$，故 m^{1010} 的个位数字为 7.

■ **例 6** 设 $2\,014^2$ 的所有正约数为 d_1，d_2，$\cdots$，d_k，求 $\dfrac{1}{d_1 + 2\,014} + \dfrac{1}{d_2 + 2\,014} + \cdots + \dfrac{1}{d_k + 2\,014}$ 的值.

解：$2\,014^2$ 的所有正约数为 d_1，d_2，$\cdots$，d_k.

注意到 $d_1 \cdot d_k = d_2 \cdot d_{k-1} = \cdots = d_k \cdot d_1 = 2\,014^2$，可将约数配对.

因为 $2\,014^2 = 2^2 \cdot 19^2 \cdot 53^2$，故 $k = (2+1)(2+1)(2+1) = 27$，于是

$$T = \frac{1}{d_1 + 2\,014} + \frac{1}{d_2 + 2\,014} + \cdots + \frac{1}{d_k + 2\,014}$$

$$= \frac{1}{\dfrac{2\,014^2}{d_k} + 2\,014} + \frac{1}{\dfrac{2\,014^2}{d_{k-1}} + 2\,014} + \cdots + \frac{1}{\dfrac{2\,014^2}{d_1} + 2\,014}$$

$$= \frac{1}{2\,014}\left(\frac{d_k}{d_k+2\,014} + \frac{d_{k-1}}{d_{k-1}+2\,014} + \cdots + \frac{1}{d_1+2\,014}\right),$$

即 $2\,014T = \frac{d_k}{d_k+2\,014} + \frac{d_{k-1}}{d_{k-1}+2\,014} + \cdots + \frac{d_1}{d_1+2\,014}$,

$$T = \frac{1}{d_1+2\,014} + \frac{1}{d_2+2\,014} + \cdots + \frac{1}{d_k+2\,014},$$

故 $2\,015T = k = 27$,从而 $T = \frac{27}{2\,015}$.

■ **例 7** 设 $1 \leqslant a_1 < a_2 < \cdots < a_{100} \leqslant 200$ 满足下列三个条件:

① a_1,a_2,$\cdots$,a_{100} 都是整数;② 任意两个数 a_i、a_j 之和不为 201;③ $a_1 + a_2 + \cdots + a_{100} = 10\,080$.

求证:a_1,a_2,$\cdots$,a_{100} 中,奇数个数是 4 的倍数,且 $a_1^2 + a_2^2 + \cdots + a_{100}^2$ 为定值.

证明: 依题意,存在 b_1,b_2,$\cdots$,b_{100},使得 $a_i + b_i = 201$,$i = 1$,2,$\cdots$,100,a_i、b_i 互不相等,且都为 1,2,$\cdots$,200 中的数之一,故

$$b_1 + b_2 + \cdots + b_{100} = 201 - a_1 + 201 - a_2 + \cdots + 201 - a_{100}$$
$$= 201 \times 100 - (a_1 + a_2 + \cdots + a_{100}) = 10\,020.$$

于是 $a_1^2 + a_2^2 + \cdots + a_{100}^2 = (201-b_1)^2 + (201-b_2)^2 + \cdots + (201-b_{100})^2$
$$= 201^2 \times 100 - 2 \times 201 \times (b_1 + b_2 + \cdots + b_{100}) + b_1^2 + b_2^2 + \cdots + b_{100}^2$$
$$= 12\,060 + b_1^2 + b_2^2 + \cdots + b_{100}^2.$$

另一方面,$a_1^2 + a_2^2 + \cdots + a_{100}^2 + b_1^2 + b_2^2 + \cdots + b_{100}^2 = 1^2 + 2^2 + \cdots + 200^2 = 2\,686\,700$,所以 $a_1^2 + a_2^2 + \cdots + a_{100}^2 = 1\,349\,380 \equiv 0 \pmod{4}$,因为奇数平方模 4 余 1,偶数平方模 4 余 0,故 a_1,a_2,$\cdots$,a_{100} 中奇数个数是 4 的倍数.

■ **例 8** 考虑全体由 1 到 9 组成的无重复数字的九位数,如果正整数 a、b 满足 $a + b = 987\,654\,321$,则称 (a, b) 为好数对. 规定 (a, b) 与 (b, a) 算同一对,求证:好数对个数为奇数.

解: 容易知道 a、b 两数的末两位数之和为 121,于是设 $a = \overline{Mxy}$,$b = \overline{Nuv}$,

M、N 分别表示 a、b 的前七位数字组成的数，$\overline{xy}$、$\overline{uv}$ 分别表示 a、b 的最后两位数字组成的数，易知 $\overline{xy} \neq \overline{uv}$，$x \neq y$，$u \neq v$，不妨设 $\overline{xy} < \overline{uv}$，则 $\overline{xy} + \overline{uv} = 121$.

若 $M \neq N$，由于 $(a,\ b)$ 与 $(b,\ a)$ 算同一对，故不妨设 $M < N$，若 $\overline{Mxy} + \overline{Nuv} = 987\,654\,321$，则 $\overline{Myx} + \overline{Nvu} = 987\,654\,321$，而 $(\overline{Mxy},\ \overline{Nuv})$ 与 $(\overline{Myx},\ \overline{Nvu})$ 是两个不同的对子，所以当 $M \neq N$ 时，好数对成对出现.

若 $M = N$，则 $M = N = \dfrac{987\,654\,321 - 121}{200} = 4\,938\,271$，此时只能 $\overline{xy} = 56$，$\overline{uv} = 65$，$a = 493\,827\,165$，$b = 493\,827\,156$，交换数字 5、6 结果一样，即此时好数对唯一.

综上所述，好数对个数为奇数.

■ **例 9** 如果一个自然数是素数，而且它的数字位置经过任意交换后仍为素数，我们则称这个数为绝对素数，证明：任一绝对素数的不同数字的个数至多是 3.

证明： 首先依题意绝对素数中的数字只可能为 1，3，7，9，其次若这四个数字在绝对素数中同时出现，则绝对素数至少是四位数. 设 N 是符合条件的绝对素数，则 N 交换数字后可表示为 $10^4 K + M$，这里 K 为非负整数，M 为由 1，3，7，9 组成的无重复数字的四位数，注意到 $1379 \equiv 0 \pmod 7$，$1793 \equiv 1 \pmod 7$，$3719 \equiv 2 \pmod 7$，$1739 \equiv 3 \pmod 7$，$1397 \equiv 4 \pmod 7$，$1937 \equiv 5 \pmod 7$，$1973 \equiv 6 \pmod 7$，这意味着无论 $10^4 K$ 模 7 余数是多少，总可通过交换 N 的数字使得 7 能整除它，矛盾，即绝对素数中的不同数字至多 3 个.

■ **例 10** 设 $S = \{1, 2, 3, \cdots, 100\}$，求最大的整数 k，使得 S 有 k 个互不相同的非空子集具有以下性质：对这 k 个子集中任意两个不同子集，若它们的交非空，则它们交集中的最小元素与这两个子集中的最大元素均不相同. (2014 年全国高中数学联合竞赛加试（A 卷）第三题)

解： 考虑 S 中所有含元素 1 且至少有两个元素的子集，一共 $2^{99} - 1$ 个，它们两两相交的交集非空，交集的最小元素为 1，这两个子集中的最大元素均不为 1，符合题意.

下证：当 $k \geqslant 2^{99}$ 时不存在满足要求的 k 个子集.

将 S 的所有非空子集按如下方式配对：首先将含元素 100 的所有子集去掉 100 后互补配对，然后分别补上 100，得到 2^{98} 个子集对，易知每对子集的交集中只有元素 100,从而交集中最小元素等于这两个子集的最大元素;类似地将剩下含元素 99 的所有子集配成 2^{97} 个子集对,一直到将剩下含元素 2 的所有子集配成 1 个子集对,而子集 $\{1\}$ 单独组成一个对,于是我们共得到 $2^{98}+2^{97}+\cdots+2^{1}+1+1=2^{99}$ 个子集对.

① 若 $k>2^{99}$,根据抽屉原理,必有两个子集属于同一子集对,按上述子集对的规定不符合题设要求.

② 若 $k=2^{99}$,若子集 $\{1\}$ 不在这 k 个子集之中,则根据抽屉原理,必有两个子集属于同一子集对,按上述子集对的规定不符合题设要求.

若子集 $\{1\}$ 在这 k 个子集之中,若还有含元素 1 的其他非空子集,不妨设为 T,则 $\{1\}\bigcap T=\{1\}$,不符合题设要求;若没有含元素 1 的其他非空子集,则,剩下的 S 的非空子集个数为 2^{99} 个(包括子集 $\{1\}$),这就意味着子集 $\{3\}$,$\{2,3\}$ 都在 k 个子集之中,但 $\{3\}\bigcap\{2,3\}=\{3\}$,不符合题设要求.

总之,当 $k\geqslant 2^{99}$ 时不存在满足要求的 k 个子集.

综上所述,满足题设要求的最大整数 k 为 $2^{99}-1$.

■ **例 11** 在一个 $(2^{n}-1)\times(2^{n}-1)(n\geqslant 2)$ 的方格表的每个方格内填入 1 或 -1,如果任意一格内的数都等于与它有公共边的那些方格内所填数的乘积,则称这种填法是"成功"的.求"成功"填法的总数.(1998 俄罗斯数学奥林匹克试题)

解:成功填法有且仅有一种.方格内各数全填 1.

① 当 $n=2$ 时,如表 18-1 所示,设第一行三数分别为 a,b,c,则根据题设规则及 $a^2=b^2=c^2=1$,从上往下计算得第二、三行各数.于是 $ac=(ab)\cdot 1$,$1=(ac)\cdot(abc)\cdot(ac)$,$ac=(bc)\cdot 1$,解得 $a=b=c=1$.

表 18-1

a	b	c
ab	abc	bc
ac	1	ac

即 3×3 的情况,结论成立.

② 假设 $n=k-1$ 时结论成立,现证 $n=k$ 的情况.

对于 $(2^k-1)\times(2^k-1)$ 的方格表,首先,表格中全填 1 符合要求,是"成功"填法,这说明存在"成功"填法.若还有一种不同填法也是"成功"的,将此表左右翻转,对应方格填数相乘,得到的新表格 1,依题意其中各数填法也"成功",再将新表格 1 上下翻转,对应方格填数相乘,得到的新表格 2,其中各数填法也"成功".

此时第 2^{k-1} 行，第 2^{k-1} 列各数全为 1，依题意易知左上，右上，左下，右下四个 $(2^{k-1}-1)\times(2^{k-1}-1)$ 的方格表各数填法"成功". 根据归纳假设，$(2^{k-1}-1)\times(2^{k-1}-1)$ 的方格表"成功"填法仅一种，各数全为 1，即 $a_{ij}\cdot a_{i(2^k-j)}\cdot a_{(2^k-i)j}\cdot a_{(2^k-i)(2^k-j)}=1(i,j=1,2,\cdots,2^{k-1})$.

现回到左右翻转相乘后的新表格 1，此表格第 2^{k-1} 列全为 1，左、右各列中所填之数关于第 2^{k-1} 列对称，因为 $a_{ij}\cdot a_{i(2^k-j)}\cdot a_{(2^k-i)j}\cdot a_{(2^k-i)(2^k-j)}=1$，又由于各数的选择仅 ±1 两种情况，故 $a_{ij}\cdot a_{(2^k-i)j}=a_{i(2^k-j)}\cdot a_{(2^k-i)(2^k-j)}$，从而新表格 1 的上、下各行关于第 2^{k-1} 行对称的两方格中所填之数乘积为 1，故新表格 1 情况如表 18-2 所示，

表 18-2

$\cdots$	$\cdots$	$\cdots$	$\cdots$	$\cdots$	1	$\cdots$	$\cdots$	$\cdots$	$\cdots$	$\cdots$
d	c	$\cdots$	b	a	1	a	b	$\cdots$	c	d
w	z	$\cdots$	y	x	1	x	y	$\cdots$	z	w
d	c	$\cdots$	b	a	1	a	a	$\cdots$	c	d
$\cdots$	$\cdots$	$\cdots$	$\cdots$	$\cdots$	1	$\cdots$	$\cdots$	$\cdots$	$\cdots$	$\cdots$

若 $x=1$，则因 $a^2=1$，从而 $y=1$，$\cdots\cdots$ 进而 $z=w=1$.

若 $x=-1$，因 $a^2=1$，则 $y=-1$，因 $b^2=1$，则 y 左侧第一个数为 -1，进而 y 左侧第二个数为 1，$\cdots\cdots$ 依此类推，得到数列 -1，-1，1，-1，-1，1，$\cdots$，注意到第 2^{k-1} 行左边只有 $2^{k-1}-1$ 格，由 $2^{k-1}-1\equiv0$ 或 $1(\mathrm{mod}\,3)$，从而最左边两数或者 $w=1$，$z=-1$ 或者 $w=-1$，$z=1$，注意到 $d^2=1$，所以无论哪种情况，都与 $w=d^2z=z$，矛盾，所以第 2^{k-1} 行各数全为 1，因此，根据归纳假设，新表格 1 中左上，右上，左下，右下四个 $(2^{k-1}-1)\times(2^{k-1}-1)$ 的方格表各数填法"成功"，且利用第 2^{k-1} 行各数为 1，即

$$a_{ij}\cdot a_{i(2^k-j)}=1,\ a_{ij}\cdot a_{(2^k-i)j}=1,\ a_{ij}\cdot a_{i(2^k-j)}\cdot a_{(2^k-i)j}\cdot a_{(2^k-i)(2^k-j)}=1(i,j=1,2,\cdots,2^{k-1}).$$

由于各数的选择仅 ±1 两种情况，所以 $(2^k-1)\times(2^k-1)$ 的原方格表情况如表 18-3 所示，依题意第 $(2^{k-1}-1)\times(2^{k-1}-1)$ 格一定为 1（对称），仿照上述方法

可证第 2^{k-1} 行全为 1,进而第 2^{k-1} 列全为 1,于是表格中的左上,右上,左下,右下四个 $(2^{k-1}-1)\times(2^{k-1}-1)$ 的表格各数填法"成功",故其中各方格所填之数为 1,于是整个 $(2^k-1)\times(2^k-1)$ 的原表格中各数全为 1. 即 $n=k$ 时结论成立.

所以成功填法有且仅有一种. 方格内各数全填 1.

表 18-3

...	...	...	...	...	...	...	...	...	...	...
d	c	...	b	a	t	a	b	...	c	d
w	z	...	y	x	1	x	y	...	z	w
d	c	...	b	a	t	a	a	...	c	d
...	...	...	...	...	...	...	...	...	...	...

19　尺规作图
——两千多年前的神思

　　这里所说的尺规是两种基本的几何作图工具，尺是指无刻度的直而长的尺，可用于画直线，规是指两腿足够长、开闭自如的圆规，可用于画圆. 最先大概是恩诺皮德斯（Oenopides，约公元前 465 年）提出作图工具限制，后经柏拉图（Plato，公元前 427—前 347 年）大力提倡，之后欧几里得（Euclid，约公元前 330—前 275 年）把它总结于《几何原本》中，于是限用尺规作图成为古希腊几何学的金科玉律，流传至今.

一、尺规作图的意义及作图公法

　　人类早期研究几何的对象只限于直线和圆以及由它们（或其一部分）所组成的图形，这些图形用直尺（无刻度）和圆规这两种作图工具都能作出. 另外，在古希腊时期，数学家们有了公理化思想，他们希望从最少的基本假设（定义、公理、公设）出发，通过逻辑推理，得出尽可能多的命题，欧几里得的《几何原本》是这种思想的集大成之作. 在欧几里得几何的公理体系中几条公设也决定了限用尺规作图，并且凡能作出的图形都在欧几里得几何里加以研究，凡研究其性质的图形也必可用尺规作出.

　　欧几里得几何里约定：1）通过两个已知点可以作一条直线（欧氏几何五条公设之一）；2）以一个已知点为圆心，以已知长度为半径可以作一个圆（欧氏几何五条公设之一）；3）两已知直线，一已知直线和一已知圆，或两圆，若它们相交，可作其交点. 另外，还约定在已知直线上或直线外，已知圆周上、圆内或圆外均可任意取点，但所取之点不得附加其他任何性质. 这三条通常称为作图公法. 所谓尺规作图就是有限次利用三个作图公法.能够有限次利用作图公法得到的给定条件的图形称为尺规作图可能问题;反之,不能通过有限次利用作图公法得到给定条件的图形,称为尺规作图不能问题.

二、几何三大作图不能问题

公元前五世纪,古希腊提出了三个作图题:三等分任意角问题(任给一个角 α,求作一个角等于 $\frac{\alpha}{3}$);立方倍积问题(求作一立方体,使其体积等于已知立方体体积的两倍);化圆为方问题(求作一个正方形,使其面积等于已知圆的面积).这三个问题看似简单,实则不易.两千多年来,无数数学爱好者进行了深入的研究,但仅用尺规不能成功.直到 1837 年闻托兹尔(Wantzel, P. L. , 1814—1848)在研究阿贝尔(Abel, N. H. , 1802—1829)定理的化简时,方证明了三等分任意角和立方倍积这两个问题不能用尺规作图完成.1882 年,林德曼(Lindemann, F. , 1852—1939)在埃尔米特(Hermite, C. , 1822—1901)证明了 e 是超越数的基础上,证明了 π 也是超越数,从而证明了化圆为方不能用尺规作图完成.最后,克莱因(Klein, F. , 1849—1925)在总结前人研究成果的基础上,于 1895 年在德国数理教学改进社开会时宣读的一篇论文中,给出了几何三大作图不能问题的一个简单而明晰的证法,从而使这三个跨越两千多年的世纪难题得以解决.在解决此问题的过程中,得到了不少新的研究成果,发现了不少新的方法,如开创了对圆锥曲线的研究,发现了一些有价值的特殊曲线,提出了尺规作图的判别准则等等,而这些研究和发现远比原来的几何三大作图不能问题意义深远.

分析几何作图三大公法发现:尺规作图的实质为由一些已知点出发,作出两线的交点,两圆的交点,线与圆的交点.而从解析几何来看是解方程组(二元一次方程组,二元二次方程组),而这些方程组的解都可通过系数之间进行加、减、乘、除和开平方运算得到.因此对于一个几何作图问题,所求的点的坐标如果可用已知点的坐标通过加、减、乘、除和正实数开平方运算得到,这个作图问题可用尺规作图完成;反之,所求的点的坐标如果不可用已知点的坐标通过加、减、乘、除和正实数开平方运算得到,这个作图问题不能用尺规作图完成,是几何作图不能问题.

■ **定理** 对于三次方程 $x^3+ax^2+bx+c=0$ 有一根可由 a、b、c 通过加、减、乘、除和正实数开平方得到,那么这个方程一定有一个根可由 a、b、c 通过加、减、乘、除得到.

事实上,由于有一根可由 a、b、c 通过加、减、乘、除和正实数开平方得到,于是可以从 a、b、c 出发构造一串集合 K_0,K_1,$\cdots$,K_n,使得这个根在 K_n 中.集合串构造方法如下: K_0 是由 a、b、c 通过加、减、乘、除所得之数的全体组成的集合; K_1 是由一切形如 $a_0+b_0\sqrt{k_0}$ 的数的全体组成的集合,其中 $a_0,b_0,k_0 \in K_0$,但 $\sqrt{k_0} \notin K_0$; $\cdots\cdots K_{i+1}$ 是由一切形如 $a_i+b_i\sqrt{k_i}$ 的数的全体组成的集合,其中 a_i,b_i,$k_i \in K_i$,但 $\sqrt{k_i} \notin K_i$,这里 $i=1,2,\cdots,n-1$.易知 $K_0 \subset K_1 \subset K_2 \subset \cdots \subset K_n$,且 K_i 中的数经加、减、乘、除所得之数还在 K_i 中.

若 K_0 中没有方程 $x^3+ax^2+bx+c=0$ 的根,则存在正整数 i,使得 K_i 中没有方程 $x^3+ax^2+bx+c=0$ 的根,但 K_{i+1} 中有方程 $x^3+ax^2+bx+c=0$ 的根.设 $x_1=u+v\sqrt{k_i}$ 是方程 $x^3+ax^2+bx+c=0$ 在 K_{i+1} 中的一个根,所以

$$(u+v\sqrt{k_i})^3+a(u+v\sqrt{k_i})^2+b(u+v\sqrt{k_i})+c=0,$$

整理得 $U+V\sqrt{k_i}=0$,$U=u^3+3uv^2k_i+au^2+av^2k_i+bu+c \in K_i$,$V=3u^2v+v^3k_i+2auv+bu+c \in K_i$.若 $V \neq 0$,则 $-\dfrac{U}{V} \in K_i$,但根据 K_i 的构造知 $-\dfrac{U}{V}=\sqrt{k_i} \notin K_i$,这就产生了矛盾,从而 $V=0$.现设 $x_2=u-v\sqrt{k_i}$,于是 $x_2^3+ax_2^2+bx_2+c=U-V\sqrt{k_i}=0$,即 x_2 是方程 $x^3+ax^2+bx+c=0$ 的一个根.根据三次方程根与系数的关系知,方程 $x^3+ax^2+bx+c=0$ 的第三个根 $x_3=-a-x_1-x_2=-a-2U \in K_i$,这又与 K_i 中没有方程 $x^3+ax^2+bx+c=0$ 的根矛盾,这个矛盾说明 K_0 中有方程 $x^3+ax^2+bx+c=0$ 的根.

上述**定理**说明有理系数三次方程的根若能通过尺规作图完成,则这个根为有理根,所以有理系数三次方程如果没有有理根,那么它的任何实根都不能由尺规作图完成.

对于倍立方问题. 假设已知立方体的棱长为 1,所求立方体的棱长为 x,于是有 $x^3 - 2 = 0$,而 $x^3 - 2 = 0$ 没有有理根,从而倍立方问题是几何作图不能问题.

对于三等分角问题. 如图 19 - 1,设已知锐角 $\angle AOB = \theta$,以 O 为圆心,以单位长 1 为半径作圆与角 $\angle AOB$ 的边交于点 A、B,若 OC、OD 是 $\angle AOB$ 的三等分线,且分别与圆 O 交于点 C、D,作 $CH \perp OA$ 于 H,则 $CH = \cos\frac{\theta}{3}$,若能作出长度为 $\cos\frac{\theta}{3}$ 的线段,则用尺规三等分任意角成功. 设 $CH = x$,则由 $\cos\theta = 4\cos^3\frac{\theta}{3} - 3\cos\frac{\theta}{3}$ 得到 $4x^3 - 3x - \cos\theta = 0$.

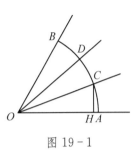

图 19 - 1

为方便理解我们取 $\theta = 60°$,于是方程变为 $8x^3 - 6x - 1 = 0$,容易验证它没有有理根,因此方程 $8x^3 - 6x - 1 = 0$ 的任何实根都不能用尺规作图作出.

对于化圆为方问题. 设已知圆的半径为 1,求作的正方形的边长为 x,则 $x^2 = \pi$,从而 $x = \sqrt{\pi}$,因为 π 是超越数,不是代数方程的根,不能尺规作图完成,所以 $\sqrt{\pi}$ 也不能尺规作图完成.

三、几何作图举例

随着时代的发展,科技的进步,平面几何的教学中尺规作图已经淡化,但适度了解一些尺规作图的知识也不失为一种趣事.

■ **例 1** 已知线段 AB,在线段 AB 上求作点 P,使得 $\frac{PA}{PB} = \frac{AB}{PA}$.

正如我们所知,点 P 是 AB 的黄金分割点,如何用尺规作图找到此点呢? 不难知道 $\frac{AP}{AB} = \frac{\sqrt{5}-1}{2}$,问题的关键在于作出 $\frac{\sqrt{5}}{2}$. 联想到勾股定理,对于任意线段 AB,以点 B 为圆心,以 $\frac{AB}{2}$ 为半径画圆,与过点 B 且与 AB 垂直的直线交于点 C,连

结 AC，则 $\dfrac{AC}{AB}=\dfrac{\sqrt{5}}{2}$. 以点 C 为圆心，CB 为半径画圆与 AC 交于点 D，以点 A 为圆心，AD 为半径画圆交 AB 与 P，则点 P 即为所作.（如图 19-2）

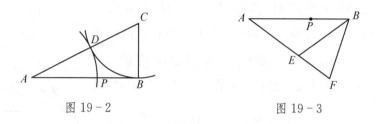

图 19-2   图 19-3

作出了点 P，分别以点 A、B 为圆心，AP 为半径画圆，两圆交于点 E，延长 AE 与以点 A 为圆心，AB 为半径的圆交于点 F，则 $\triangle ABF$ 为黄金三角形（如图 19-3），$\angle A=36°$，进而我们可以作出正十边形、正五边形、五角星等.

■ **例 2** 已知点 M 在线段 AB 上，$\dfrac{MB}{MA}=\lambda$，$0<\lambda<1$，求作 $\triangle PAB$，使其满足 $\dfrac{PB}{PA}=\lambda$.

从条件 $\dfrac{PB}{PA}=\dfrac{MB}{MA}$ 容易想到 PM 为 $\triangle PAB$ 的角平分线，于是不难得到下面的作法：作 AB 的中垂线 l，在 l 上任取一点 C，作 $\triangle ABC$ 的外接圆 T，连结 CM 交圆 T 于另一点 P，连结 PA、PB，$\triangle PAB$ 即为所求.（如图 19-4）

点 P 的轨迹: 作 $\angle FPM=\angle BMP$，FP 与 AB 延长线交于 F，因为 $\angle FPB=\angle FPM-\angle BPM=\angle BMP-\angle APM=\angle PAF$，$\angle PFB=\angle AFP$，从而 $\triangle PFB \backsim \triangle AFP$，于是 $FM^2=PF^2=FB \cdot FA$.

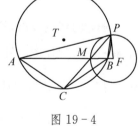

图 19-4

解得 $FB=\dfrac{\lambda^2}{1-\lambda}MA$，所以 $FP=FM=\dfrac{\lambda}{1-\lambda}MA$ 为定值. 所以点 P 的轨迹为：以点 F 为圆心，$\dfrac{\lambda}{1-\lambda}MA$ 为半径的圆（除去直线 AB 与圆 F 的两个交点）.

这些圆称为阿波罗尼斯圆（Apollonian circles）. 一般地，点 M、N 为线段 AB

的内分点和外分点,使得 $\dfrac{AM}{MB}=\dfrac{AN}{NB}=\lambda\neq 1$,则平面上使得 $\dfrac{PA}{PB}=\lambda$ 的点的轨迹为

以 MN 为直径的圆.当 P 不与 M、N 重合时,PM 为 $\angle APB$ 的角平分线,PN 为

$\angle APB$ 的外角平分线.

- **例3** 求作三角形 ABC,满足:点 D 为 BC 中点,

且 $AD=AC-AB$.

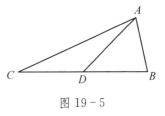

图 19-5

设 $AD=x$,$AB=y$,则 $AC=x+y$,$BD=z$.

由中线长公式得 $y^2+(x+y)^2=2x^2+2z^2$.

具体作法如下:作线段 $EF=y$,$EG=x+y$,且

$EF\perp EG$,则 $FG=\sqrt{y^2+(x+y)^2}$.

作 $HI=HJ=x$,且 $HI\perp HJ$,则 $IJ=\sqrt{2}\,x$.以 FG 中点为圆心,FG 的一半

为半径画圆,以 G 为圆心,以 IJ 为半径画圆,两圆交于 K,则 $FK=$

$\sqrt{y^2+(x+y)^2-2x^2}$.以 FK 的中点为圆心,FK 一半为半径画圆与过 FK 中点

与 FK 垂直的直线交于 T,则 $FT=\dfrac{1}{\sqrt{2}}\sqrt{y^2+(x+y)^2-2x^2}$.在直线 l 上截取

$DC=DB=FT$,以 C 为圆心、$x+y$ 为半径画圆,以 B 为圆心、y 为半径画圆,两圆

交于 A,连结 AD,则 $\triangle ABC$ 即为所作.读者可按上述步骤自行作图体验.

- **例4** 如图 19-6,$\triangle ABC$ 中,$AB=AC$,点 D 与 A 在 BC 异

侧,且 $\angle BDC=\angle ABC$,$\angle ACD=2\angle ADC$,求证:$BC=2BD$.并

作出符合条件的图形.

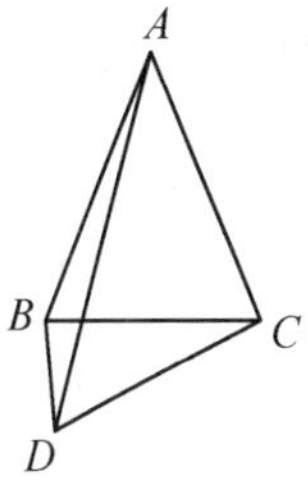

证明:如图 19-7,作 $\angle ACD$ 的平分线 CE 交 AD 于 E,连结

BE,则

$$\triangle ACE\backsim\triangle ADC. \qquad ①$$

图 19-6

从而 $AC^2=AE\cdot AD$,又 $AB=AC$,从而 $AB^2=AE\cdot AD$,又

$\angle BAE=\angle DAB$,所以

$$\triangle BAE\backsim\triangle DAB. \qquad ②$$

从而 $\angle ABE = \angle ADB$，于是 $\angle BDC + \angle BEC = \angle BDC +$
$\angle ABE + \angle BAC + \angle ACE = \angle BDC + \angle ADB + \angle ADC +$
$\angle BAC = 2\angle ABC + \angle BAC = 180°$，所以 B、E、C、D 四点共圆，
从而

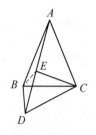

$$BE \cdot CD + BD \cdot EC = BC \cdot DE. \qquad ③$$

图 19 - 7

设 $AB = AC = t$，$AD = a$，由 ① 得 $\dfrac{t}{a} = \dfrac{a - DE}{t} = \dfrac{EC}{CD}$，注意到

$DE = EC$，解得 $DE = EC = a - \dfrac{t^2}{a}$，$CD = \dfrac{a^2}{t} - t$. 由 ② 得 $\dfrac{t}{a} = \dfrac{BE}{BD}$，从而 $BE =$

$\dfrac{t}{a} BD$，代入③得 $\dfrac{t}{a} BD \cdot \left(\dfrac{a^2}{t} - t \right) + BD \cdot \left(a - \dfrac{t^2}{a} \right) = BC \cdot \left(a - \dfrac{t^2}{a} \right)$，整理即得

$BC = 2BD$.

作法： 给定 t、$a (a > t)$，利用平行线分线段或比例定理作线段 $\dfrac{a^2}{t} - t$. 作

$\triangle ACD$ 使 $AC = t$，$AD = a$，$CD = \dfrac{a^2}{t} - a$. 作 $\angle ACD$ 的平分线交 AD 于 E，作

$\triangle DEC$ 外接圆圆心 O，作点 C 关于 AO 的对称点 B，连结 AB、BD，则四边形
$ABDC$ 即为所求.

■ **例 5** 给定三角形 ABC，请在 CA、BA 延长线上各找一点 M、N，使得 $BM = MN = NC$.

若点 M、N 存在，如图 19 - 8，设 $AM = x$，$AN = y$，
$AB = c$，$AC = b$，$\angle BAC = \alpha$，则作 $MH \perp BN$ 于 H，作
$NG \perp MC$ 于 G，于是 $x = 2y\cos\alpha + b$，$y = 2x\cos\alpha + c$，

解得 $x = \dfrac{b + 2c\cos\alpha}{1 - 4\cos^2\alpha}$，$y = \dfrac{c - 2b\cos\alpha}{1 - 4\cos^2\alpha}$. 这说明若点 M、

N 存在，则 x、y 唯一确定.

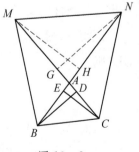

图 19 - 8

如何作出线段 x、y 呢（事实上，作出 x、y 之一即
可）？易知 $b + 2c\cos\alpha$ 容易作出，因此关键在于如何理

解 $\dfrac{1}{1-4\cos^2\alpha}$ 的含义. 事实上, $\dfrac{1}{1-4\cos^2\alpha}=\dfrac{\sin^2\alpha+\cos^2\alpha}{\sin^2\alpha-3\cos^2\alpha}$, 作 $BD\perp AC$ 于 D,

$CE\perp AB$ 于 E, 则 $\dfrac{1}{1-4\cos^2\alpha}=\dfrac{BD^2+AD^2}{BD^2-3AD^2}=\dfrac{\sqrt{BD^2+AD^2}}{\sqrt{BD^2-3AD^2}}\cdot\dfrac{\sqrt{BD^2+AD^2}}{\sqrt{BD^2-3AD^2}}$.

令 $\tan\beta=\dfrac{\sqrt{BD^2+AD^2}}{\sqrt{BD^2-3AD^2}}$, 则 $x=(b+2c\cos\alpha)\tan\beta\cdot\tan\beta$, 若作出角 β, 则问

题得解.

作法:1) 作线段 $PQ=2AD$, 以 PQ 中点为圆心、AD 为半径画圆, 以 P 为圆心、AD 为半径画圆, 两圆交于 R, 则 $QR=\sqrt{3}AD$. 2) 作线段 $MN=BD$, 以 BD 中点为圆心、BD 长一半为半径画圆, 以 M 为圆心 QR 为半径画圆, 两圆交于点 K, 则 $NK=\sqrt{BD^2-3AD^2}$. 3) 由于 $AB=\sqrt{BD^2+AD^2}$, 作 $\triangle UVW$ 使得 $UV=AB$, $VW=NK$, $\angle UVW=90°$, 则 $\beta=\angle UWV$. 4) 作线段 $ST=b+2c\cos\alpha$, $\angle STZ=\beta$, ZT 与过点 S 与 ST 垂直的直线交于 Z, 过 Z 作 ZO 与 ZT 垂直, 与 TS 的延长线交于 O, 则 $SO=x=(b+2c\cos\alpha)\tan\beta\cdot\tan\beta$. 5) 在 CA 延长线上截取 $AM=x$, 作线段 MC 的中垂线交直线 BA 于点 N, 连结 BM、MN、CN, 则 BM、MN、NC 即为所作.

20 圆的幂

我们把相交弦定理、切割线定理和割线定理合称为圆幂定理. 通常我们使用圆幂定理证明四点共圆、直线与圆相切、处理圆中的线段问题, 但较少触及圆幂的实质, 本文在此做一个简单的介绍.

一、圆幂的意义

数学中的"幂", 是"幂"这个字面意思的引申, "幂"原指盖东西的布巾, 数学中"幂"是乘方的结果, 而乘方的表示是通过在一个数字上加上标的形式来实现的, 故这就像在一个数上"盖上了一头巾", 在现实中盖头巾又有升级的意思, 所以把乘方叫做幂正好契合了数学中指数级数快速增长含义, 形式上也很契合, 所以叫做幂.

对于半径为 r 的 $\odot O$ 所在平面上的一点 P, 定义: $PO^2 - r^2$ 为点 P 对 $\odot O$ 的幂, 简称为点 P 的幂. 当点 P 在圆外时, P 的幂 > 0; 当点 P 在圆上时, P 的幂 $= 0$; 当点 P 在圆内时, P 的幂 < 0.

如图 20-1, AB 是 $\odot O$ 的弦, 点 P 在 AB 上. 作 $OH \perp AB$ 于点 H, 则 $PA \cdot PB = (PH + HA)(HB - HP) = (AH + PH)(AH - PH) = AH^2 - PH^2 = OA^2 - OH^2 - PH^2 = r^2 - PO^2$.

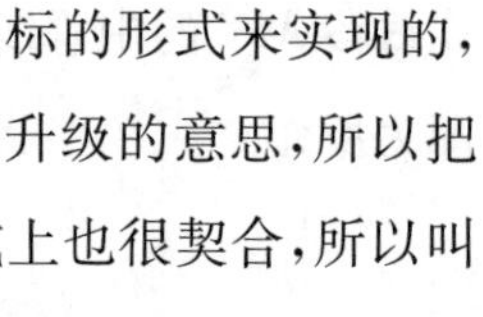

图 20-1

同理, 如图 20-2, 当点 P 在圆外时, $PA \cdot PB = PO^2 - r^2$; 当 PC 切 $\odot O$ 于点 C 时, $PC^2 = PO^2 - r^2$, 即 $PO^2 - r^2$ 等于切线长的平方, 这也契合了幂的含义. 所以相交弦定

图 20-2

理、切割线定理和割线定理统称为圆幂定理.

对于定圆 O 与点 P 来说,圆的幂是一个不变量,过不在圆上的点 P 任作直线交圆 O 于点 A、B,则 $PA \cdot PB$ 为定值.

二、等幂点、根轴

对于以点 O 为圆心、r 为半径的圆来说,由于点 P 的幂 $M(P) = PO^2 - r^2$,即 $PO^2 = M(P) + r^2$,所以圆 O 的等幂点到圆心 O 的距离相等,点 P 的轨迹是以点 O 为圆心,半径为 $M(P) + r^2$ 一个圆. 特别地,当 $M(P) = 0$ 时,点 P 的轨迹就是圆 O. 当 $M(P) = -r^2$ 时,点 P 的轨迹为点 O,为方便,我们可以把它看作一个点圆.

两个圆 O_1、O_2 等幂点的轨迹是一条垂直于两圆连心线的直线,特别地,当圆 O_1、O_2 相切时,轨迹为过切点的两圆公切线;当圆 O_1、O_2 相交时,轨迹为相交弦所在直线. 为什么一定垂直于两圆的连心线呢?

事实上,如图 20-3,若点两个点 P、Q 都是圆 O_1、O_2 的等幂点,设圆 O_1、O_2 的半径分别为 r_1、r_2,则 $PO_1^2 - r_1^2 = PO_2^2 - r_2^2$,$QO_1^2 - r_1^2 = QO_2^2 - r_2^2$,内式相减得 $PO_1^2 - PO_2^2 = QO_1^2 - QO_2^2$,用同一法不难证明 $PQ \perp O_1O_2$.

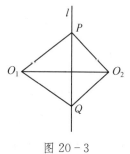

图 20-3

反之,用勾股定理容易证明:若直线 $l \perp$ 线段 O_1O_2,P、Q 为 l 上两点,则 $PO_1^2 - PO_2^2 = QO_1^2 - QO_2^2$.

所以四边形 PO_1QO_2 中,$PQ \perp O_1O_2$ 的充要条件为:$PO_1^2 - PO_2^2 = QO_1^2 - QO_2^2$,这里四边形可以是凸四边形、凹四边形,甚至 O_1、P、O_2 三点共线,O_1、Q、O_2 三点共线均可,通常把这个结论称为**等差幂线定理**. 由此定理易得到以下推论:

推论 1　(等差幂线轨迹定理)已知两点 A 和 B,则满足 $AM^2 - BM^2 = k^2$(k 为常数) 的点 M 的轨迹是垂直于 AB 的一条直线.

推论 2　如图 20-4,已知 $\triangle ABC$,由点 A、B、C 分别向三边 BC、CA、AB 引垂线,垂足分别为 A_1、B_1、C_1,则 AA_1、BB_1、CC_1 三线共点的充要条件是:

$$A_1B^2 - BC_1^2 + C_1A^2 - AB_1^2 + B_1C^2 - CA_1^2 = 0.$$

到两个不同心的圆幂相等的点的轨迹是一条直线，称为两圆的根轴. 根轴垂直于两圆连心线，当两圆相交时，根轴是相交弦所在直线；当两圆相切时，根轴就是过切点的公切线. 三个两两不同心的圆，两两相交有三条根轴，这三条根轴或交于一点或两两平行或完全重合. 三条根轴的交点，我们称为根心. 这个结论通常称为**根心定理**. 根心若在三圆外部，则根心是唯一的到三圆切线长相等的点.

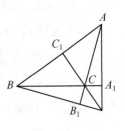

图 20 − 4

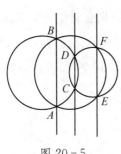

图 20 − 5

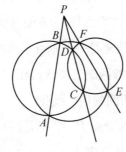

图 20 − 6

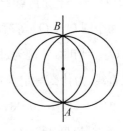

图 20 − 7

三个圆两两相交于 A、B、C、D、E、F. 若 AB、CD、EF 任意两条都不相交，则它们两两平行，即 $AB \parallel CD \parallel EF$，如图 20 − 5. 否则 AB、CD、EF 必存在两条有公共点，不妨设 AB 与 CD 有公共点，如果 AB、CD 相交，设交点为 P，如图 20 − 6，连结 PE 交 $\odot CDE$ 于点 E 及另一点 F'，则 $PB \cdot PA = PF' \cdot PE = PD \cdot PC$. 从而 F' 在 $\odot CDE$ 上，也在 $\odot ABE$ 上，故 F' 是 $\odot CDE$ 与 $\odot ABE$ 的交点，从而 F' 与 F 重合. 从而 EF 与 EF' 重合，即 AB、CD、EF 三线共点. 如果 AB 与 CD 重合，设 $\odot O_1$ 与 $\odot O_2$ 交于 AB，如图 20 − 7，设 $\odot O_1$ 与 $\odot O_3$ 交于 CD，由于 B、D 重合，则故 B 也是 $\odot O_2$ 与 $\odot O_3$ 的公共点，同理，A 也是 $\odot O_2$ 与 $\odot O_3$ 的公共点，但 $\odot O_2$ 与 $\odot O_3$ 的交线唯一，故 AB 与 EF 重合.

这个结论，用解析几何证明也很方便，AB、CD、EF 三线的位置关系可转化为三个二元一次方程组成的方程组解的问题.

三、应用举例

■ **例 1** 如图 20-8，PAB、QCB 是 $\odot O$ 的两条割线，若 $PA \cdot PB = QC \cdot QB$，证明：$\triangle POQ$ 为等腰三角形.

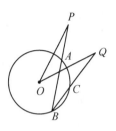

证明：设 $\odot O$ 的半径为 r，则 $PA \cdot PB = PO^2 - r^2$，$QC \cdot QB = QO^2 - r^2$. 因为 $PA \cdot PB = QC \cdot QB$，故 $PO^2 = QO^2$. 从而 $PO = QO$，即 $\triangle POQ$ 为等腰三角形.

此题虽易，却揭示了 $PA \cdot PB$ 的实质.

图 20-8

■ **例 2** 如图 20-9，圆内接四边形 $ABCD$ 中，AC 与 BD 交于点 Q，BA 与 CD 交于点 P，求证：$PQ^2 = PA \cdot PB - QB \cdot QD$.

分析：关键是如何将两点的幂统一到直线 PQ 上.

证明：延长 PQ 至点 E，使

$$PQ \cdot PE = PA \cdot PB, \qquad \text{①}$$

则 A、Q、E、B 四点共圆，于是 $\angle QEB = \angle PAQ$.

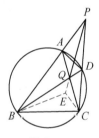

图 20-9

又因 $\angle QDP = 180° - \angle BDC = 180° - \angle BAC = \angle PAQ$，所以 $\angle QEB = \angle QDP$，从而 B、E、D、P 四点共圆，于是

$$PQ \cdot QE = QB \cdot QD. \qquad \text{②}$$

由 ① - ② 得 $PQ^2 = PA \cdot PB - QB \cdot QD$.

即 $PQ^2 = P$ 的幂 $+ Q$ 的幂.

■ **例 3** 如图 20-10，已知 $\triangle ABC$ 中，$BD \perp AC$ 于 D，$CE \perp AB$ 于 E，BD 与 CE 交于 H，AH 与 DE 交于 N，点 M 为 AH 中点，求证：$BN \perp CM$. (2021CMMJOP2)

分析：由等差幂线定理想到求 CN^2，从而找到与例 2 的联系.

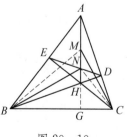

证明：设 $BG = b$，$GC = c$，$HG = a$.

图 20-10

则利用 $\triangle AGC \backsim \triangle BGH$ 可得 $AH = \dfrac{bc-a^2}{a}$，所以 $BM^2 - BC^2 = b^2 +$

$\left(\dfrac{bc+a^2}{2a}\right)^2 - (b+c)^2$，又 $CN^2 = CD \cdot CA - NH \cdot NA = CM^2 - \dfrac{1}{4}AH^2 -$

$\left(\dfrac{1}{4}AH^2 - MN^2\right)$，故 $MN^2 - CN^2 = \dfrac{1}{2}AH^2 - CM^2 = \dfrac{1}{2}\left(\dfrac{bc-a^2}{a}\right)^2 -$

$\left(\dfrac{bc+a^2}{2a}\right)^2 - c^2$，从而 $BM^2 - BC^2 - MN^2 + CN^2 = b^2 + \left(\dfrac{bc+a^2}{2a}\right)^2 - (b+c)^2 -$

$\dfrac{1}{2}\left(\dfrac{bc-a^2}{a}\right)^2 + \left(\dfrac{bc+a^2}{2a}\right)^2 + c^2 = 0$，所以 $BN \perp CM$.

■ **例4** 如图 $20\text{-}11$，点 M 是 $\triangle ABC$ 的边 BC 中点，圆 L 经过 M 且与边 AB 相切于 B 点，$LN \perp AC$ 于 N，求证：$\angle CNM = \angle BMA$.（南开大学黄利兵教授提供）

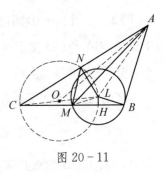

图 20-11

证明：作 $LH \perp BM$ 于 H，则 H 为 BM 中点，于是 C、N、L、H 四点共圆，LC 中点 O 为圆心，于是 $AN \cdot AC = AO^2 - \dfrac{1}{4}CL^2$（圆幂的定义）.

又 LM 为 $\triangle BLC$ 的中线，且 $LM = LB$，利用中线长公式得 $CL^2 = LB^2 + \dfrac{1}{2}BC^2$，从而

$$AN \cdot AC = AO^2 - \dfrac{1}{4}LB^2 - \dfrac{1}{8}BC^2. \qquad ①$$

又 AM 是 $\triangle ABC$ 的中线，AO 是 $\triangle ACL$ 的中线，于是

$AM^2 = \dfrac{1}{2}(AB^2 + AC^2) - \dfrac{1}{4}BC^2$

$= \dfrac{1}{2}(AL^2 - LB^2) + \dfrac{1}{2}\left(2OA^2 + \dfrac{1}{2}CL^2 - AL^2\right) - \dfrac{1}{4}BC^2$

$= OA^2 - \dfrac{1}{2}LB^2 + \dfrac{1}{4}CL^2 - \dfrac{1}{4}BC^2 = OA^2 - \dfrac{1}{2}LB^2 + \dfrac{1}{4}\left(LB^2 + \dfrac{1}{2}BC^2\right) -$

$$\frac{1}{4}BC^2$$

$$=OA^2-\frac{1}{4}LB^2-\frac{1}{8}BC^2. \tag{②}$$

由①、②知 $AN \cdot AC = AM^2$，从而 $\triangle ANM \backsim \triangle AMC$，所以 $\angle ANM = \angle AMC$.

于是 $\angle CNM = 180° - \angle ANM = 180° - \angle AMC = \angle BMA$.

■ **例5**　如图 20-12，过 $\odot O$ 的圆心作 $OA \perp l$ 于点 A，在 l 上 $AB = AC$，过点 B 作割线 BQP 交 $\odot O$ 于点 Q、P，过点 C 作割线 CNM 交 $\odot O$ 于点 N、M，连结 PM 交 l 于点 R，连结 NQ 交 l 于点 S，若 $MN \parallel PQ$，求证：$AS = AR$.

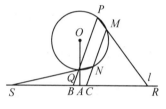

图 20-12

分析：$AS = AR \Leftrightarrow SO^2 - OA^2 = RO^2 - OA^2 \Leftrightarrow SQ \cdot SN = RM \cdot RP$.

证明：由于 $MN \parallel PQ$，故 $PM = QN$. 所以 $BQ \cdot BP = BO^2 - r^2 = CO^2 - r^2 = CN \cdot CM$（其中 r 为圆的半径），即 $\dfrac{BQ}{CN} = \dfrac{MC}{PB}$.

注意到 $\dfrac{BQ}{CN} = \dfrac{SQ}{SN}$，$\dfrac{MC}{PB} = \dfrac{RM}{RP}$，故 $\dfrac{RM}{RP} = \dfrac{SQ}{SN}$，从而 $\dfrac{RP - RM}{RP} = \dfrac{SN - SQ}{SN}$.

由于 $RP - RM = PM = QN = SN - SQ$，故 $SN = RP$，$SQ = RM$，于是 $SN \cdot SQ = RP \cdot RM$，所以

$$AS^2 = SO^2 - OA^2 = SO^2 - r^2 + r^2 - OA^2 = SQ \cdot SN + r^2 - OA^2$$

$$= RP \cdot RM + r^2 - OA^2 = RO^2 - r^2 + r^2 - OA^2 = RO^2 - OA^2 = RA^2,$$

故 $AS = AR$.

■ **例6**　如图 20-13 所示，已知点 P 是 $\odot O$ 外一点，PS、PT 分别切 $\odot O$ 于点 S、T，过 P 作 $\odot O$ 的割线 PAB 交 $\odot O$ 于点 A、B，交 ST 于点 C，求证：$\dfrac{2}{PC} = \dfrac{1}{PA} + \dfrac{1}{PB}$.

分析　将 PC^2 转化为点 P 的幂与点 C 的幂之间的关系式，可得到 PC、PA、

PB 之间的数量关系.

证明 连结 PO 交 ST 于点 H，则 $PO \perp ST$，且 $SH = HT$，连结 SO，则

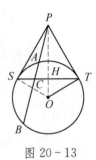

$$PC^2 = PH^2 + CH^2 = PS^2 - SH^2 + CH^2$$
$$= PS^2 + (CH - SH)(CH + SH)$$
$$= PS^2 - SC \cdot CT = PA \cdot PB - AC \cdot CB$$
$$= PA \cdot PB - (PC - PA)(PB - PC)$$
$$= PA \cdot PB + PC^2 - PC(PA + PB) + PA \cdot PB,$$

图 20-13

故 $2PA \cdot PB = PC(PA + PB)$，即 $\dfrac{2}{PC} = \dfrac{1}{PA} + \dfrac{1}{PB}$.

■ **例7** 如图 20-14，点 H 为 $\triangle ABC$ 的垂心，$HD \parallel AC$ 交 AB 于 D，$HE \parallel AB$ 交 AC 于 E，DE、BC 的延长线交于 G，设 AH 交 $\triangle ABC$ 外接圆 O 于 F，求证：FG 为圆 O 的切线.

这是网友自编的一道新题，题中条件简洁、题图也很漂亮、结论很有意思. 从条件看，点 G 由点 H 确定，于是尽量将各线段与 BP、HP、CP 发生关联，结合圆的幂的相关结论思考.

证明： 如图 20-14，设 $PB = b$，$PC = c$，$HP = a$，$\triangle ABC$ 被直线 DEG 截，得 $\dfrac{BD}{DA} \cdot \dfrac{AE}{EC} \cdot \dfrac{CG}{GB} = 1$，连结 CH 并延长交 AB 于 M，连结 BH 并延长交 AC 于 N，于是 $\dfrac{BD}{DA} = \dfrac{BH}{HN}$，$\dfrac{AE}{EC} = \dfrac{HM}{HC}$.

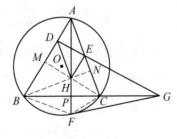

图 20-14

易知 $HB \cdot HN = HM \cdot HC$，所以 $\dfrac{CG}{CG + BC} =$

$\dfrac{CG}{GB} = \dfrac{DA}{DB} \cdot \dfrac{EC}{EA} = \dfrac{HN}{HB} \cdot \dfrac{HC}{HM} = \dfrac{HN \cdot HB}{HB^2} \cdot \dfrac{HC^2}{HM \cdot HC} = \dfrac{HC^2}{HB^2} = \dfrac{a^2 + c^2}{a^2 + b^2}$，解得

$CG = \dfrac{a^2 + c^2}{b^2 - c^2}(b + c)$，注意到 $\triangle BHP \backsim \triangle ACP$，从而 $AP \cdot HP = BP \cdot PC$，又

$AP \cdot PF = BP \cdot PC$，所以 $FP = \dfrac{BP \cdot PC}{AP} = HP = a$，于是 $FG^2 - GC \cdot GB = a^2 +$

$$(c+GC)^2 - GC(GC + b + c) = a^2 + c^2 + (c-b)GC = a^2 + c^2 + (c-$$

$b)\left[\dfrac{a^2+c^2}{b^2-c^2}(b+c)\right] = 0$,从而 $FG^2 = GC \cdot GB$.

于是 $FG^2 = GC \cdot GB = GO^2 - OF^2$,即 FG 为圆 O 的切线.

■ **例 8** $\triangle ABC$ 是锐角三角形,H 是垂心. W 是 BC 上一点(在 B 和 C 之间). M 和 N 分别是从 B 和 C 作出的高的垂足. $\triangle BWN$ 和 $\triangle CWM$ 的外接圆分别记为 w_1 和 w_2,WX 和 WY 分别为 w_1 和 w_2 的直径. 求证:X、Y、H 三点共线.

(第 54 届 IMO 试题)

证明:如图 20-15,记 w_1 和 w_2 的另一个交点为 U,则 UW 是 w_1 和 w_2 的根轴. 显然,由于 XW 和 YW 分别是两圆的直径,因此 $XU \perp UW$,$YU \perp UW$,从而 X、U、Y 共线.

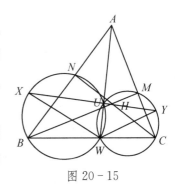

图 20-15

显然,B、C、M、N 共圆,记此圆为 w_3,注意到 BN 是 w_1 和 w_3 的根轴,而 CM 是 w_2 和 w_3 的根轴.

BN 和 CM 交于 A 点,由**根心定理**,w_1 和 w_2 的根轴 UW 必然通过 A 点,这也就是说 A、U、W 共线,从而 $AU \perp XY$.

记 $\triangle AMN$ 的外接圆为 w_4,显然,由于 $AN \perp NH$,$AM \perp MH$,因此 A、M、H、N 四点共圆,即 H 也 w_4 在上. 由**密克定理**知(也可以直接证明)U 也在 w_4 上,从而 A、N、U、H、M 五点共圆,AH 是该圆的直径,则必有 $AU \perp UH$,再由 A、U、W 共线,知 $UH \perp UA$,从而 X、U、H、Y 四点共线.

事实上,因为 U 是 w_1 和 w_2 的公共点. 连结 UM 和 UN,则四边形 $BNUW$ 和四边形 $CMUW$ 分别是 w_1 和 w_2 的内接四边形,$\angle UWB + \angle UNB = \angle UNB + \angle UNA = 180°$,从而 $\angle UWB = \angle UNA$.

同理,$\angle UWB + \angle UWC = \angle UWC + \angle UMC = 180°$,从而 $\angle UWB = \angle UMC$.

又有 $\angle UMC + \angle UMA = 180°$,因此 $\angle UNA + \angle UMA = 180°$,$A$、$N$、$U$、$M$ 四点共圆,这个圆是 w_4,U 在 w_4 上.

密克(Miquel)定理:在 $\triangle ABC$ 的 BC、AC、AB 边上分别取点 W、M、N,对

$\triangle AMN$、$\triangle BWN$ 和 $\triangle CWM$ 分别作其外接圆，则这三个外接圆共点，且该公共点是这三个圆的根心.

- **例9** 如图 $20-16$，已知点 M 为非等腰 $\triangle ABC$ 的边 BC 的中点，CD、BE 分别为边 AB、AC 上的高，MD、ME 的中点分别为 L、K，T 为直线 LK 上一点，且满足 $AT \parallel BC$，证明：$TA = TM$.

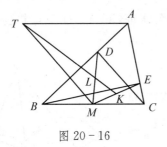
图 $20-16$

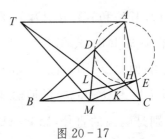
图 $20-17$

证明：如图 $20-17$，设 H 为 $\triangle ABC$ 的垂心，记 $\triangle ADH$ 的外接圆为 $\odot O$，由 $TA \perp AH$ 于 A 知 TA 切 $\odot O$ 于 A，又在 $\mathrm{Rt}\triangle BEC$ 中，$BM = CM$，故易得 $\angle BEM = \angle MBE = 90° - \angle ACB = \angle HAC$，故 ME 切 $\odot O$ 于 E. 同理，MD 切 $\odot O$ 于 D，又 MD、ME 的中点分别为 L、K，所以 LK 为点圆与 $\odot O$ 的根轴，所以 $TA^2 = TM^2$，从而 $TA = TM$.

- **例10** 在 $\triangle ABC$ 中，P、Q 分别为线段 AB、AC 上的点，$PQ \parallel BC$，D 为 $\triangle APQ$ 内一点，E、F 分别为 PQ 与 BD、CD 的交点，O_1、O_2 分别为 $\triangle DEQ$、$\triangle DFP$ 的外心，求证：$O_1O_2 \perp AD$.

证明：如图 $20-18$，设 AD 交 PQ 于 K，交 BC 于 L，因为 $PQ \parallel BC$，故 $\triangle DKE \backsim \triangle DLB$，$\triangle DKF \backsim \triangle DLC$.

则 $\dfrac{KE}{LB} = \dfrac{DK}{DL} = \dfrac{KF}{LC}$，从而

$$\frac{KE}{KF} = \frac{LB}{LC},$$ ①

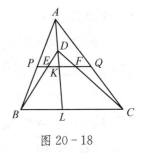
图 $20-18$

同理，$\triangle AKP \backsim \triangle ALB$，$\triangle AKQ \backsim \triangle ALC$，从而

$$\frac{KP}{KQ}=\frac{LB}{LC}. \tag{②}$$

由①、②得 $\frac{KE}{KF}=\frac{KP}{KQ}$，即 $KE \cdot KQ = KF \cdot KP$，这说明点 K 关于 $\triangle DEQ$ 与关于 $\triangle DFP$ 的外接圆的幂相等.

又易知点 D 关于 $\triangle DEQ$ 与关于 $\triangle DFP$ 的外接圆的幂相等，从而 DK 是这两圆的根轴，所以 $O_1O_2 \perp KD$，即 $O_1O_2 \perp AD$.

■ **例11** 如图 20-19，CD 是 $\odot O$ 的直径，弦 $AB \perp CD$ 于点 M，点 E 是 $\overset{\frown}{BD}$ 上一点，AE 交 CD 于点 F，延长 DE 和 CB 交于点 G，求证：$FG \parallel AB$.

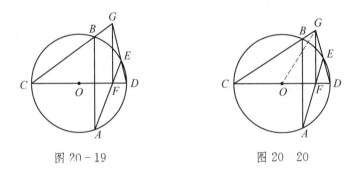

图 20-19　　　　　　图 20-20

证明： 因为 $\angle FED = \angle AED = \angle BCD = \angle GCF$，所以 G、C、F、E 四点共圆，如图 20-20，连结 GO，设圆 O 的半径为 R，则

$$GO^2 - R^2 = GE \cdot GD, \tag{①}$$

$$R^2 - FO^2 = FC \cdot FD = (CD - FD) \cdot FD = DF \cdot DC - DF^2$$
$$= DE \cdot DG - DF^2 = (DG - EG) \cdot DG - DF^2$$
$$= DG^2 - GE \cdot GD - DF^2. \tag{②}$$

由 ①+② 得 $GO^2 - OF^2 = GD^2 - FD^2$，所以 $FG \perp DO$，即 $FG \perp CD$.

■ **例12** 如图 20-21，已知等腰三角形 ABC 中，$AB = AC$，点 D 在边 AB 上，点 E 在 CD 延长线上，且 $CE = CA$，$\triangle ADE$ 的外接圆与 $\triangle ABC$ 的外接圆交于 A、F，且 F 在劣 $\overset{\frown}{AB}$ 上，直线 AF 交直线 CB 与 G，求证：$\angle GDB = \angle GDE$.

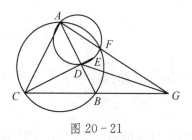

图 20 - 21

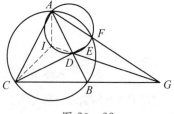

图 20 - 22

证明：如图 20-22，设 I 为 $\triangle ACD$ 的内心，连结 DI、CI、AI，$\angle ACD = \alpha$，$\angle CAD = \beta$，则 $\angle CID = \angle ICA + \angle CAD + \angle IDA = 90° + \dfrac{\beta}{2}$，$\angle DBC = \dfrac{180° - \angle BAC}{2} = 90° - \dfrac{\beta}{2}$，所以 $\angle CID + \angle DBC = 180°$，即 I、D、B、C 四点共圆，于是记 $\triangle ADE$ 的外接圆为 O_1，$\triangle ABC$ 的外接圆为 O_2，$\triangle BDC$ 的外接圆为 O_3，则 AF 是 $\odot O_1$ 与 $\odot O_2$ 的根轴，BC 是 $\odot O_2$ 与 $\odot O_3$ 的根轴，ID 是 $\odot O_3$ 与 $\odot O_1$ 的根轴，由于 AF 与 BC 交于点 G，从而点 G 也必在直线 ID 上，即 I、D、G 共线，从而 $\angle GDB = \angle ADI = \angle CDI = \angle GDE$.

21 　 师生共玩平面几何题四则

■ **题目 1**：如图 21-1，$AB=BC=AD$，$\angle DAB=100°$，$\angle ABC=20°$，求 $\angle ADC$ 的度数.

网上看到一道几何题，我觉得有点意思，适合初一学生思考，于是发到初一学生群里供学生思考. 学生思考非常积极，竟然有数十人反馈了他们的思考，给出了多种解法，现总结归纳如下.

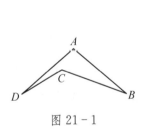

图 21-1

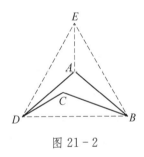

图 21-2

解法 1：以 BD 为边作正三角形 BDE，如图 21-2，则 $\triangle DAE \cong \triangle BAE$，从而 $\angle ABE=\angle ADE$，注意到 $\angle DAB=100°$，$AD=AB$，故 $\angle CBD=\angle EBD-\angle ABD=60°-40°=20°$，又 $\angle ABC=20°$，于是易证 $\triangle BAE \cong \triangle BCD$.

从而 $\angle CDB=\angle AEB=30°$，故 $\angle ADC=10°$.

解法 2：以 AD 为边作正三角形 ADF，连结 BF，如图 21-3. 则首先，$DF=AD=AB=BC$.

其次，$\angle CBD=\angle ABD-\angle ABC=20°$，又 $\angle FAB=\angle DAB-\angle FAB=100°-60°=40°$.

结合 $AF=AB$ 可得 $\angle ABF=70°$，从而 $\angle DBF=\angle ABF-\angle ABD=30°$，即

有 $\angle CBD = \angle FBD$，从而四边形 $DCBF$ 为平行四边形，所以 $\angle CDF = \angle CBF = 50°$，从而 $\angle ADC = 10°$.

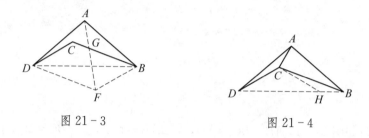

图 21 - 3 　　　　　　　　　　　　图 21 - 4

解法 3：连结 BD，截取 $BH = AC$，如图 21 - 4. 因为 $AB = BC$，$\angle ABC = 20°$，从而 $\angle BAC = 80°$，故 $\angle DAC = \angle BAD - \angle BAC = 20°$. 在等腰三角形 ABD 中，$\angle DAB = 100°$，$\angle ABC = 20°$，故 $\angle CBH = 20°$，即 $\angle CBH = \angle DAC$，结合 $BH = AC$，$CB = DA$，可得 $\triangle BHC \cong \triangle ACD$，从而 $CH = CD$，故 $40° = \angle ADC + \angle CDB = \angle HCB + \angle CHD = \angle HCB + \angle HCB + \angle CBH = 20° + 2\angle HCB$，所以 $\angle ADC = \angle HCB = 10°$.

解法 4：以 AB 为边作正三角形 ABI，如图 21 - 5，不难计算 $\angle DAC = \angle IAC = 20°$，结合 $DA = IA$，$AC = AC$ 可得 $\triangle ADC \cong \triangle AIC$. 由于 $BA = BC = BI$，$\angle ABI = 60°$，可知 $\angle ACI = 150°$，从而 $\angle ADC = \angle ACI = 10°$.

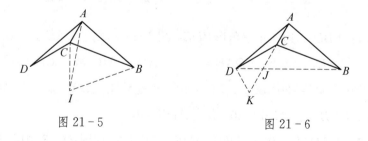

图 21 - 5 　　　　　　　　　　　　图 21 - 6

解法 5：连结 BD，延长 AC 至 K，交 BD 于 J，使得 $AK = BJ$，如图 21 - 6. 因为 $\angle DAK = \angle CBJ = 20°$，$DA = CB$，故 $\triangle ADK \cong \triangle BCJ$，从而 $DK = CJ$，$\angle K = \angle CJB = 180° - \angle JAB - \angle ABJ = 60°$，于是 $\triangle DKJ$ 为正三角形.

所以 $DJ = CJ$，故 $\angle JDC = 30°$，于是 $\angle ADC = 10°$.

解法 6:以 AD 为边作正三角形 ADL,如图 21 - 7. 则 $LA = AD = AB = BC$,又 $\angle LAB + \angle ABC = \angle LAD + \angle DAB + \angle ABC = 180°$,从而 $AL \parallel BC$,于是易得四边形 $ALCB$ 为菱形,从而 $LD = LC = LA$,不难得到 $\angle LDC = 70°$,于是 $\angle ADC = 10°$.

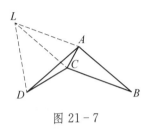

图 21 - 7

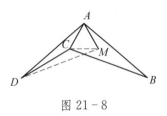

图 21 - 8

解法 7:以 AC 为边作正三角形 ACM,连结 DM,如图 21 - 8,因为 $DA = BA$,$\angle MAD = \angle CAB$,$MA = CA$,故 $\triangle ADM \cong \triangle ABC$,于是 $DM = BC = DA$,$CM = CA$,$CD = CD$,从而 $\triangle ACD \cong \triangle MCD$.

所以 $\angle ADC = \dfrac{1}{2} \angle ADM = \dfrac{1}{2} \angle ABC = 10°$.

解法 8:延长 AC 交 BD 于 F,延长 BC 交 AD 于 E,连结 EF,如图 21 - 9. 由于 $BA = BC$,$\angle EBA = \angle FBC = 20°$,$\angle EAB = \angle FCB = 100°$,故 $\triangle BAE \cong \triangle BCF$.

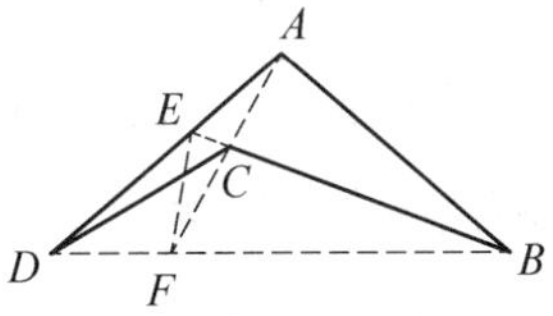

所以 $BE = BF$,$AE = CF$,从而 $\angle FEC = \angle EFB = \angle ECF = 80°$,$\angle DEF = \angle EFB - \angle BDA = 40° = \angle BDA$,所以 $DF = EF = AE = FC$,故 $\angle CDF = \dfrac{1}{2} \angle CFB = 30°$,$\angle ADC = 10°$.

图 21 - 9

解法 9:以 BC 为边作正三角形 BCG,连结 DG,如图 21 - 10. 因为 $\angle DAB + \angle GBA = 180°$,且 $DA = AB = BG$,易得四边形 $ABGD$ 为菱形,所以 $\angle CGD = \angle DGB - \angle CGB = 40°$,由于 $DG = CG$,故 $\angle CDG = 70°$,于是 $\angle ADC = \angle ADG - \angle CDG = 10°$.

解法 10:作 $CE \perp BD$ 于 E,在 BD 延长线上截取 $EG = EB$,如图 21 - 11,则

$CG = CB = AD$，故 $\angle CGB = \angle CBD = 20° = \angle CAD$.

作 $DF \perp AC$ 延长线于 F，DE 交 CF 于 H，则 $\triangle FDA \cong \triangle ECG$.

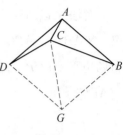

图 21 - 10

从而 $DF = CE$，从而 $\triangle FDH \cong \triangle ECH$.

故 $DH = HC$，$FH = EH$.

于是 $DE = DH + HE = CH + HF = FC$.

于是 $DG = GE - DE = FA - FC = AC$.

又 $CG = DA$，$DC = CD$，从而 $\triangle GDC \cong \triangle ACD$(SSS)，所以 $\angle ADC = \angle GCD$.

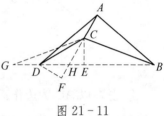

图 21 - 11

又 $\angle DCB = \angle ADC + \angle DAB + \angle ABC = 120° + \angle ADC$，从而 $140° = \angle GCB = \angle GCD + \angle DCB = \angle ADC + 120° + \angle ADC$.

解得 $\angle ADC = 10°$.

- **题目 2**：如图 21 - 12，在凸四边形 $ABCD$ 中，$\angle ADB + \angle ACB = \angle CAB + \angle DBA = 30°$，且 $AD = BC$，求证：$AC^2 + BD^2 = CD^2$.

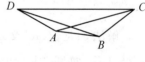

图 21 - 12

这是 2019 年北京市初二数学竞赛题. 引起了我的两位同事的兴趣，下面是我们三位讨论的结果.

1. 题目 2 的解答

证法 1：在 DO 上取点 E，使 $AE = AO$，在 OC 上取点 F，使 $BF = BO$，如图21 - 13.

因为 $\angle AOD = \angle BOC = \angle CAB + \angle DBA = 30°$，故 $\angle AEO = \angle BFO = 30°$.

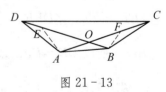

图 21 - 13

注意到 $\angle ADB + \angle ACB = 30°$，$\angle ADB + \angle EAD = 30°$，所以 $\angle EAD = \angle ACB = \angle FCB$.

同理，$\angle EDA = \angle FBC$，故 $\triangle DEA \cong \triangle BFC$.

设 $OA = a$，$OB = b$，则 $BD = OB + OE + DE = 2b + \sqrt{3}a$，$AC = AO + OF +$

$FC = 2a + \sqrt{3}b$，所以 $BD^2 + AC^2 = (2b + \sqrt{3}a)^2 + (2a + \sqrt{3}b)^2 = 7a^2 + 7b^2 + 8\sqrt{3}ab$.

又由余弦定理知，$CD^2 = OD^2 + OC^2 - 2OD \cdot OC\cos 150° = (b + \sqrt{3}a)^2 + (a + \sqrt{3}b)^2 - 2(b + \sqrt{3}a)(a + \sqrt{3}b)\cos 150° = 7a^2 + 7b^2 + 8\sqrt{3}ab$. 故 $BD^2 + AC^2 = CD^2$.

证法 2: 以 AB 为边作正 $\triangle ABG$，连结 GD、GC，延长 CA 交 GD 于 F，延长 DB 交 GC 于 E，如图 21-14.

则 $\angle DAG = \angle DAF + \angle FAG = 30° + \angle ADB + 120° - \angle CAB = 30° - \angle CAB + (30° - \angle ACB) + 120° = 180° - \angle CAB - \angle ACB = \angle ABC$.

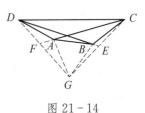

图 21-14

结合 $AG = AB$，$AD = BC$ 可得 $\triangle DAG \cong \triangle CBA$.

从而 $CA = DG$，$\angle AGD = \angle CAB$.

同理，$\triangle CBG \cong \triangle DAB$，于是 $CG = DB$，$\angle CGB = \angle DBA$.

从而 $\angle DGC = \angle AGD + \angle AGB + \angle CGB = \angle CAB + \angle DBA + \angle AGB = 30° + 60° = 90°$.

故 $BD^2 + AC^2 = CG^2 + DG^2 = CD^2$.

证法 3: 作 $\angle EDA = \angle ACB$，且 $DE = AC$，如图 21-15，则 $\triangle ADE \cong \triangle BCA$(SAS).

$\angle DAE + \angle DAB = \angle ABC + \angle DAB = 360° - \angle ADC - \angle BCD = 360° - 60° = 300°$.

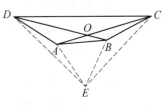

图 21-15

所以 $\angle EAB = 60°$，$\triangle EAB$ 为等边三角形. 从而又可证 $\triangle EBC \cong \triangle DAB$(SAS)，所以 $EC = BD$，且 $\angle BCE = \angle ADB$. 下同证法 2.

证法 4: 作 $AF /\!/ BD$，且 $AF = BD$，连结 CF，如图 21-16，则 $\angle CAF = 30°$.

作 $\angle ECB = \angle ADB$，且 $CE = BD$，则 $\angle ECA = 30°$，从而 $\triangle ACE \cong \triangle CAF$，不难证明四边形 $ACFE$

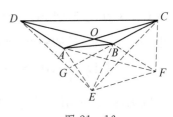

图 21-16

为等腰梯形，从而 A、C、F、E 四点共圆，注意到 $\angle CAF = 30°$，$\angle CBF =$ $\angle FAC + \angle BCA + \angle BFA = 30° + \angle BCA + \angle ADB = 60°$，且 $BC = AD = BF$.
延长 CB 至 G，使得 $BG = BC$，则 $\angle CGF = \angle CAF = 30°$，从而 G、A、C、E、F 五点共圆，且点 B 为四边形 $ACFE$ 外接圆的圆心，从而 $AB = BC = BE = BF = AE = CF$（即 $\triangle ABE$、$\triangle BCF$ 均为正三角形）.

由于 $DB = CE$，$BE = EA$，$\angle DBE = 60° + \angle ABD = 60° + \angle BAF = 60° + \angle BFA = 60° + \angle ADB = 60° + \angle BCE = \angle CEA$，所以 $\triangle DBE \cong \triangle CEA$，从而 $AC = DE$.

而 $150° = \angle COD = \angle ODE + \angle DEC + \angle ECO = 30° + \angle DEC + 30°$，故 $\angle DEC = 90°$.

于是 $BD^2 + AC^2 = CE^2 + DE^2 = CD^2$.

2. 题目 2 解答的反思

反思证法 1、4，发现 $AD = BC = AB$，于是有结论 1 并用尺规作出符合条件的图形.

■ **结论 1**：在凸四边形 $ABCD$ 中，$\angle ADB + \angle ACB = \angle CAB + \angle DBA = 30°$，若 $AD = BC$，则 $AB = BC$.

如图 21-17，任作线段 AB，分别以 A、B 为圆心，AB 为半径作圆，两圆交于点 E（两交点中任选其一），以点 E 为圆心，AB 为半径作圆，此圆必过点 A、B，在劣弧 AB 上任取一点 O（不与 A、B 重合），作射线 AO、BO 分别与圆 B、圆 A 交于点 C、点 D，连结 BC、CD、DA，则四边形 $ABCD$ 即为所作.

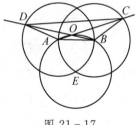

图 21-17

在题目 2 中，若作正三角形 ABE，连结 DE、EC，如图 21-18，由前面的讨论知 DEC 为直角三角形. 若取 CD 中点 G，连结 EG，则由 $AD = AE$，在 Rt$\triangle DEC$ 中，因为 G 为 DC 的中点，故 $GD = GE$，从而 $\triangle DGA \cong \triangle EGA$，所以 $\angle AGD = \angle AGE$. 同理有 $\angle BGC = \angle BGE$，故 $\angle AGB = \dfrac{1}{2}(\angle DGE + \angle EGC) = 90°$，即 $AG \perp BG$. 于是我们有：

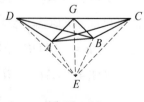

图 21-18

■ **结论 2**：如图 21 - 19，在凸四边形 $ABCD$ 中，$\angle ADB + \angle ACB = \angle CAB + \angle DBA = 30°$，且 $AD = BC$，G 为 DC 的中点. 则 $AG \perp BG$.

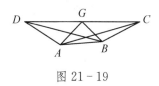

图 21 - 19

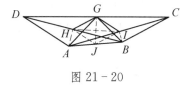

图 21 - 20

结论 2 的另证：如图 21 - 20，分别取 BD、AC、AB 中点 H、I、J，则 $IG = \frac{1}{2} AD = \frac{1}{2} AB$. 同理有 $HG = \frac{1}{2} AB$. 又 $HJ = \frac{1}{2} AB = IJ$，所以 $HG = GI = IJ = HJ$，从而四边形 $HGIJ$ 为菱形. 又

$$\angle HJI = 180° - \angle HJA - \angle IJB = 180° - (180° - 2\angle HAJ) - (180° - 2\angle IBJ)$$

$$= \angle DAB + \angle ABC - 180° = (180° - \angle ADB - \angle DBA) + (180° - \angle BAC - \angle ACB) - 180°$$

$$= 180° - \angle ADB - \angle DBA - \angle BAC - \angle ACB = 180° - 60° = 120°,$$

所以 $\angle HJG$ 为等边三角形. 从而 $JG = JH = JI = JA = JB$，即 H、G、I 在以 AB 为直径的圆上，故 $\angle AGB = 90°$，即 $AG \perp BG$.

■ **题目 3**：如图 21 - 21，AD 为 $\odot O$ 的直径，过点 D 的切线交 BC 的延长线于 P，连结 PO 并延长分别交 AC、AB 于 N、M，求证：$OM = ON$.

这是 2019 年 1 月华东师范大学第二附属中学冬令营数学测试中的一道压轴几何题，这确实是道难题. 经过研究，现得到以下证法：

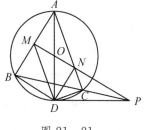

图 21 - 21

证法 1：如图 21 - 22，延长 AC 交 PD 于 L，作 $CH \perp PD$ 于 H，延长 AB、PD 交于 K，作 $BG \perp PK$ 于 G，连结 DM、DN.

设 $\angle DAC = \alpha$，$\angle DAB = \beta$，$AD = 2R$，$PD = a$.

由直线 MOP 截 $\triangle AKD$ 得 $\frac{AM}{MK} \cdot \frac{KP}{PD} \cdot \frac{DO}{OA} = 1$，得 $AM = \frac{AK \cdot PD}{KP + PD}$.

由直线 PNO 截 $\triangle ALD$ 得 $\dfrac{AN}{NL} \cdot \dfrac{LP}{PD} \cdot \dfrac{DO}{OA} =$

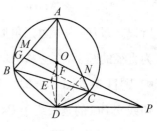

图 21-22

1，得 $AN = \dfrac{AL \cdot PD}{LP + PD}$．

所以 $\dfrac{AM}{AN} = \dfrac{AK \cdot (LP + PD)}{AL \cdot (KP + PD)} =$

$\dfrac{a\cos\alpha - R\sin\alpha}{a\cos\beta + R\sin\beta}$，$\dfrac{CD}{BD} = \dfrac{\sin\alpha}{\sin\beta}$．

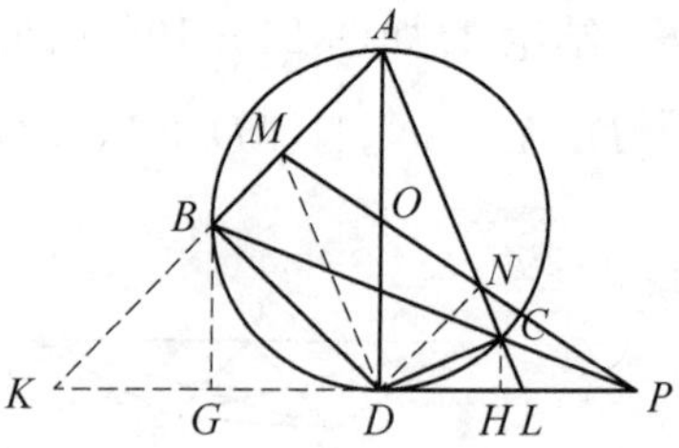

从而 $\dfrac{AM}{AN} = \dfrac{CD}{BD} \Leftrightarrow a\sin(\beta - \alpha) = 2R\sin\alpha\sin\beta$．

又 $\triangle PCD \backsim \triangle PDB$，于是 $PC = \dfrac{a\sin\alpha}{\sin\beta}$，$PB = \dfrac{a\sin\beta}{\sin\alpha}$．

由 $\dfrac{PC}{PB} = \dfrac{PH}{PG}$ 可得 $a\sin(\beta - \alpha) = 2R\sin\alpha\sin\beta$，从而 $\dfrac{AM}{AN} = \dfrac{CD}{BD}$ 成立，即 $S_{\triangle AMD} = S_{\triangle AND}$，即 $OM = ON$．

从数量关系考虑，用三角知识计算，这个想法容易得到，且易实现，但需用到一些高中三角公式，能否仅用初中平面几何知识解决呢？

证法 2：(学生王淳稷提供)作 $OE \perp BC$ 于 E，则 $CE = EB$，作 $EF \parallel AB$ 交 AD 于 F，连结 CF 并延长交 AB 于 G，如图 21-23，则 $\dfrac{CF}{FG} = \dfrac{CE}{EB} = 1$，即 $CF = FG$．

由于 $\angle FEC = \angle ABC = \angle ADC = \angle FDC$，故 F、E、D、C 四点共圆，故 $\angle EDF = \angle ECF$．

图 21-23

又 $\angle OEP = \angle ODC$，从而 O、E、D、P 四点共圆，故 $\angle EDO = \angle EPO$，所以 $\angle OPE = \angle ODE = \angle EDF = \angle ECF = \angle BCG$．

从而 $CG \parallel PM$，于是 $\dfrac{ON}{CF} = \dfrac{AO}{AF} = \dfrac{OM}{FG}$．

结合 $CF = FG$ 知 $OM = ON$．

证法 3：(网友东方白雪提供)如图 21-24，作 $OQ \perp BC$ 于 Q，连结 DQ、DN、DM，由于 $\angle OQC = \angle ODP = 90°$，则 O、Q、D、P 四点共圆，故 $\angle CQD =$

$\angle PQD = \angle POD = \angle AOM$, 又 $\angle MAO = \angle BCD =$

$\angle DCQ$, 从而 $\triangle AMO \backsim \triangle CDQ$, 于是 $\dfrac{MA}{DC} = \dfrac{AO}{CQ} =$

$\dfrac{AD}{CB}$. 进而 $\triangle DCB \backsim \triangle MAD$.

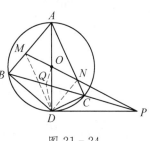

从而 $\angle ADM = \angle CBD = \angle CAD$, 故 $DM \parallel AC$,

所以 $\dfrac{MO}{ON} = \dfrac{AO}{OD}$.

图 21 - 24

注意到 O 为 AD 中点, 从而 $OM = ON$.

最后, 在思考下面的题目 4 时, 我又从图形的结构特点得到了一种证法.

■ **题目 4**: 如图 21 - 25, 已知 $\triangle ACB$ 中, $\angle C = 90°$, $BD \perp BA$, 点 E 为 AB 中点, 连结 DE 交 AC 于 F, 连结 BF、CD, 求证: $\angle BCD = \angle FBA$.

这道题也适合用三角知识计算各线段, 从而反映角的关系.

证法 1: 如图 21 - 25, 延长 DB、AC 交于 G, 设 $BC = a$,

$\angle CAB = \alpha$, $BD = c$, 则 $\tan \angle DCB = \dfrac{c \sin \alpha}{a + c \cos \alpha}$, 又 $BG =$

$\dfrac{a}{\cos \alpha}$, $CG = a \cdot \tan \alpha$. 三角形 AGB 被 FED 截, 故 $\dfrac{AF}{FG} \cdot \dfrac{GD}{DB} \cdot$

$\dfrac{BE}{EA} = 1$, 从而 $\dfrac{AF}{FG} = \dfrac{BD}{GD}$, $\dfrac{AF}{AG} = \dfrac{BD}{GD + BD}$. 所以

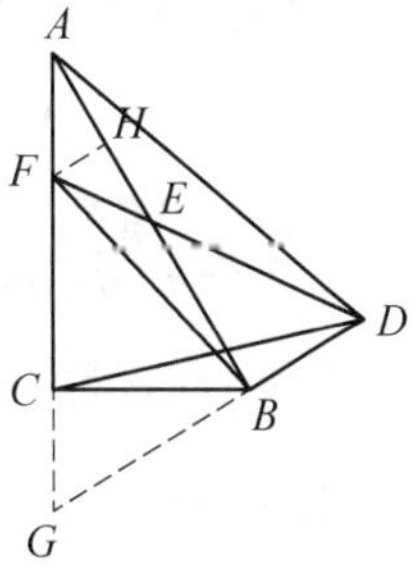

图 21 - 25

$$AF = \dfrac{ac}{\sin \alpha (a + 2c \cos \alpha)},$$

$$FH = \dfrac{ac}{a + 2c \cos \alpha},$$

$$AH = \dfrac{ac \cos \alpha}{\sin \alpha (a + 2c \cos \alpha)},$$

$$BH = \dfrac{a(a + c \cos \alpha)}{\sin \alpha (a + 2c \cos \alpha)},$$

故 $\tan \angle FBA = \dfrac{FH}{BH} = \dfrac{c \sin \alpha}{a + c \cos \alpha}$, 从而 $\tan \angle DCB = \dfrac{c \sin \alpha}{a + c \cos \alpha} = \tan \angle FBA$, 但

$\angle DCB$、$\angle FBA$ 都是锐角, 所以 $\angle DCB = \angle FBA$.

证法 2：如图 21 - 26，作 $BH \parallel AC$ 交 DF 于 H，交 CD 于 I，连结 AH 交 BD 于 J，作 $DG \perp$ 直线 BC 于 G，易证 $AH \parallel BF$，$EF = EH$，由三角形 DEB 被 AHJ 截，则三角

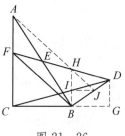

图 21 - 26

形 DEB 被 AHJ 截，则 $\dfrac{BJ}{JD} \cdot \dfrac{DH}{HE} \cdot \dfrac{EA}{AB} = 1$，所以 $\dfrac{BJ}{JD} = \dfrac{HE}{DH} \cdot \dfrac{AB}{EA} = \dfrac{2HE}{DH} = \dfrac{HF}{DH} = \dfrac{BC}{BG}$．

故 $\dfrac{BJ}{BD} = \dfrac{BC}{BC + BG} = \dfrac{BC}{CG} = \dfrac{CI}{CD}$，所以 $IJ \parallel BC$．

注意到 $\angle IBJ = \angle ABC$，$\angle JIB = \angle BCA = 90°$，于是 $\dfrac{IB}{BJ} = \cos\angle IBJ = \cos\angle ABC = \dfrac{BC}{BA}$，从而 $\triangle CBI \backsim \triangle ABJ$．

所以 $\angle BCD = \angle BAH = \angle FBA$．

题目 3 的证法 4：由题目 4 的讨论可知：如图 21 - 21，$\angle DBP = \angle MDA$，又 $\angle DBP = \angle DAC$，从而 $\angle MDA = \angle NAD$，所以 $MD \parallel AN$．

于是 $\dfrac{MO}{ON} = \dfrac{OD}{OA} = 1$，即 $OM = ON$．

东方白雪的证明实质在于证明题目 4 中的 $\angle DCB = \angle ABF$，所以东方白雪也为题目 4 提供了一种新证法，当然这两道题本质相同，只是所处背景不同而已．

■ **题目 5：**如图 21 - 27，点 E、F 分别是长方形 $ABCD$ 的边 AB、BC 上的点，FG 是等腰 $\triangle DEF$ 的底边 DE 上的高，$DE = FG$，且 $S_{\triangle ADE} = S_{\triangle CDF} = 20$，求 $S_{\triangle BEF}$．

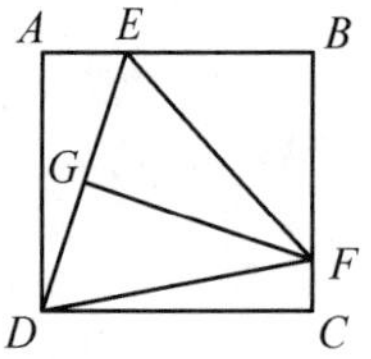

网传这道题为曲阜大师赛四年级二试第三题，不知是否属实．此题不仅对于小学生来说有难度，对于初中学生而言也确实不易求解．以下是我和同事及学生的几个解答．

图 21 - 27

解法 1：设 $AD = a$，$CD = b$，由于 $S_{\triangle ADE} = S_{\triangle CDF}$，故 $\dfrac{1}{2} AD \cdot AE = \dfrac{1}{2} CD \cdot CF$，

从而 $\dfrac{AE}{CD}=\dfrac{CF}{AD}$，即 $\dfrac{AE}{AB}=\dfrac{CF}{CB}$，于是设 $AE=bk$，$CF=ak$，从而 $BE=(1-k)b$，$BF=$

$(1-k)a$，因为 $EF=FD$，FG 是 DE 边上的高，且 $DE=FG$，从而易得 $5DE^2=$

$4EF^2=4FD^2$，于是

$$4(1-k)^2(a^2+b^2)=5(a^2+b^2k^2)，\qquad\qquad ①$$

$$5(a^2+b^2k^2)=4(b^2+a^2k^2)．\qquad\qquad ②$$

由②得

$$9(a^2+b^2k^2)=4(b^2+a^2)(1+k^2)．\qquad\qquad ③$$

由①③消去 a、b 得 $2k^2-9k+2=0$，即 $k+\dfrac{1}{k}=\dfrac{9}{2}$．

注意到 $20=S_{\triangle ADE}=\dfrac{1}{2}abk$，所以

$$S_{\triangle BEF}=\dfrac{1}{2}ab(1-k)^2=\dfrac{1}{2}\cdot\dfrac{40}{k}\cdot(1-k)^2=20\cdot(k+\dfrac{1}{k}-2)=50．$$

解法 2：延长 BA 至 P 使得 $AP=BE$，作 $PQ\perp CD$

与 CD 延长线交于点 Q，在 PQ 上取点 M、N，使得

$PM=MN=CF$，如图 21-28．设 $AD=a$，$CD=b$，同

解法 1，可得 $\dfrac{AE}{AB}=\dfrac{CF}{BC}$，设 $AE=bk$，$CF=ak$，$BE=$

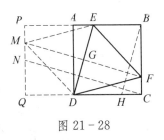

图 21-28

$b(1-k)$，$BF=a(1-k)$，则 $PM=MN=ak$，$QD=$

$b(1-k)$．在 CD 上取点 H，使得 $CH=AE=bk$，可证：

$\triangle BCH\backsim\triangle CQN$，且 $CN=FM=2FG=2BH$，则 $QN=2HC$，$QC=2BC$，即

$a(1-2k)=2bk$，$b(2-k)=2a$，两式相乘得 $(1-2k)(2-k)=4k$，即 $2k^2-9k+$

$2=0$，得 $k+\dfrac{1}{k}=\dfrac{9}{2}$，下同解法 1．

说明：上面两法都注意到了 $\dfrac{AE}{AB}=\dfrac{CF}{BC}$，从而巧妙地作设，使得建立的方程容易求

解．如果列出的方程为 $5\left(a^2+\dfrac{1\,600}{a^2}\right)=4\left(b^2+\dfrac{1\,600}{b^2}\right)=4\left[\left(a-\dfrac{40}{b}\right)^2+\left(b-\dfrac{40}{a}\right)^2\right]$，

求解确实不易.

解法 3：设 BD 与 EF 交于点 H，如图 21 - 29. 因为 $S_{\triangle ADE}=S_{\triangle CDF}$，$S_{\triangle ADB}=S_{\triangle CDB}$，从而 $S_{\triangle EDB}=S_{\triangle FDB}$，分别过 E、F 作 DB 的垂线可证 H 为 EF 的中点. 设 $DE=2k$，则 $FG=2k$，$EF=FD=\sqrt{5}k$，由于 $2(ED^2+FD^2)=EF^2+4DH^2$，得 $DH=\dfrac{\sqrt{13}}{2}k$，$HB=EH=HF=\dfrac{\sqrt{5}}{2}k$，设 $\angle ABD=\alpha$，则 $AD=DB\sin\alpha$，$AB=DB\cos\alpha$，$BE=2HB\cos\alpha$.

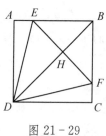

图 21 - 29

所以 $S_{\triangle ADE}=\dfrac{1}{2}(DB^2-2DB\cdot HB)\sin\alpha\cos\alpha$，$S_{\triangle BEF}=2HB^2\sin\alpha\cos\alpha$，于是

$$\frac{S_{\triangle ADE}}{S_{\triangle BEF}}=\frac{DB^2-2DB\cdot HB}{4HB^2}=\frac{DH^2-HB^2}{4HB^2}=\frac{2}{5}.$$

从而 $S_{\triangle BEF}=50$.

事实上，若点 E、F 分别是长方形 $ABCD$ 的边 AB、BC 上的点，BD 交 EF 于点 H，则 $S_{\triangle ADE}=S_{\triangle CDF}\Leftrightarrow EF \parallel AC\Leftrightarrow H$ 为 EF 中点. 证明如下：

$$S_{\triangle ADE}=S_{\triangle CDF}，S_{\triangle ADB}=S_{\triangle CDB}\Leftrightarrow\frac{AE}{AB}=\frac{\dfrac{1}{2}AE\cdot AD}{\dfrac{1}{2}AB\cdot AD}=\frac{S_{\triangle ADE}}{S_{\triangle ADB}}=\frac{S_{\triangle CDF}}{S_{\triangle CDB}}=$$

$$\frac{\dfrac{1}{2}CD\cdot CF}{\dfrac{1}{2}CD\cdot CB}=\frac{CF}{BC}\Leftrightarrow EF \parallel AC.$$

设 BD 分别与 EF、AC 交于点 H、O，则 H 为 EF 的中点，点 O 为 AC 中点 $\Leftrightarrow\angle HEB=\angle HBA=\angle OBA=\angle OAB\Leftrightarrow EF \parallel AC$.

从作图角度来看，应先作 $\triangle DEF$，然后作 EF 边上的中线 DH，以 EF 为直径作圆 H 与 DH 的延长线交于点 B，过 D 分别作射线 BE、BF 的垂线，垂足分别为 A、C，从而确定长方形 $ABCD$.

解法 4：设 $\angle ADE=\alpha$，$\angle FDC=\beta$，$\angle BEF=\gamma$，则 $S_{\triangle ADE}=\dfrac{1}{2}DE^2\sin\alpha\cos\alpha$，

$$S_{\triangle FDC} = \frac{1}{2}DF^2 \sin\beta\cos\beta.$$

因为 $DF^2 = FG^2 + DG^2 = \frac{5}{4}DE^2$，故 $5\sin\beta\cos\beta = 4\sin\alpha\cos\alpha$，即 $5\sin 2\beta = 4\sin 2\alpha$.

又 $90° = \alpha + \beta + \angle EDF$，即 $2\beta = 180° - 2\alpha - 2\angle EDF = \angle EFD - 2\alpha$，所以 $4\sin 2\alpha = 5\sin 2\beta = 5\sin(\angle EFD - 2\alpha)$.

由于 $\sin\angle EFD = \frac{4}{5}$，$\cos\angle EFD = \frac{3}{5}$，解得 $\tan 2\alpha = \frac{4}{7}$，则 $\sin 2\alpha = \frac{4}{\sqrt{65}}$，从而可得 $DE^2 = 20\sqrt{65}$，$EF^2 = FD^2 = 25\sqrt{65}$.

注意到 $180° - \angle DEF = \gamma + 90° - \alpha$，从而 $2\gamma = 2\alpha + \angle EFD$，于是 $\sin 2\gamma = \sin(2\alpha + \angle EFD) = \frac{8}{\sqrt{65}}$，则 $\sin\gamma\cos\gamma = \frac{4}{\sqrt{65}}$.

所以 $S_{\triangle ADE} = \frac{1}{2}EF^2 \sin\gamma\cos\gamma = \frac{1}{2} \times 25\sqrt{65} \times \frac{4}{\sqrt{65}} = 50$.

解法 5：设 $EG = DG = r$，则 $FG = 2x$，$EF = FD = \sqrt{5}x$，$\angle ADE = \theta$，则

$$20 = S_{\triangle ADE} = \frac{1}{2}AD \cdot AE = x^2 \sin 2\theta. \qquad ④$$

易知 $\sin\angle EDF = \frac{2\sqrt{5}}{5}$，$\cos\angle EDF = \frac{\sqrt{5}}{5}$，$\angle FDC = 90° - \theta - \angle EDF$，所以

$$\sin\angle FDC = \frac{\sqrt{5}}{5}(\cos\theta - 2\sin\theta)，\cos\angle FDC = \frac{\sqrt{5}}{5}(\sin\theta + 2\cos\theta). 从而$$

$$20 = S_{\triangle FDC} = \frac{1}{2}CD \cdot CF = \frac{1}{2}DF^2 \cdot \sin\angle FDC\cos\angle FDC$$

$$= x^2(\cos 2\theta - \frac{3}{4}\sin 2\theta). \qquad ⑤$$

由 ⑤ $+ \frac{3}{4}$④ 得 $35 = x^2\cos 2\theta$，从而

$$S_{\triangle BEF} = \frac{1}{2}BE \cdot BF = \frac{1}{2}(CD - AE) \cdot (AD - CF)$$

$$= \frac{1}{2}(\sqrt{5}\,x\cos\angle FDC - 2x\sin\theta) \cdot (2x\cos\theta - \sqrt{5}\,x\sin\angle FDC)$$

$$= \frac{1}{2}x^2(2\cos\theta - \sin\theta) \cdot (\cos\theta + 2\sin\theta) = x^2\left(\cos 2\theta + \frac{3}{4}\sin 2\theta\right) = 50.$$

解法 6:过点 G 作 $MN /\!/ AB$ 分别交 AD、BC 于点 M、

N,如图 21 - 30,则点 M、N 分别为 AD、BC 中点,从而

$S_{\triangle MGD} = \frac{1}{4}S_{\triangle ADE} = 5.$

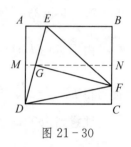

图 21 - 30

又易知 $\triangle ADE \cong \triangle NGF$,故 $S_{\triangle GFN} = S_{\triangle ADE} = 20.$

所以 $S_{ABCD} = 2(S_{\triangle MDG} + S_{\triangle GFN} + S_{\triangle FDG} + S_{\triangle FDC})$

$$= 2(5 + 20 + S_{\triangle FDG} + 20).$$

又 $S_{ABCD} = S_{\triangle ADE} + S_{\triangle DFC} + S_{\triangle DEF} + S_{\triangle EBF} = 20 + 20 + 2S_{\triangle FDG} + S_{\triangle EBF}.$

于是 $2(5 + 20 + S_{\triangle FDG} + 20) = 20 + 20 + 2S_{\triangle FDG} + S_{\triangle EBF}$,解得 $S_{\triangle EBF} = 50.$

六年级的赵奕程同学给出的解法 6 相当精彩,确实给我们带来了"惊喜",值

得点赞。

22 从多个角度思考

——对一道自招试题解题思路的分析

"横看成岭侧成峰,远近高低各不同",风景需要从不同的角度去欣赏,只看一个角度,只能看到局部,而不能看到全貌.学习数学也是一样,需要从多角度去思考、去理解,解决问题时才能思路开阔,游刃有余.

■ **题目**:已知实数 x、y、z 满足 $x+y+z=1$,求 $x^2+y^2+z^2$ 的最小值.

本题改编自 2018 年上海市某重点高中自主招生试卷中的一道题.这道题并不难,但关联的基本知识、基本方法多,思路宽,能从不同角度考查学生运用基本知识、基本方法的能力.题虽易,其味隽永,值得品玩.本文拟从多个角度对这道试题的解题思路进行分析.

一、代数式视角

首先,容易想到与本题关联的一个乘法公式:$(x+y+z)^2=x^2+y^2+z^2+2xy+2yz+2zx$,希望利用实数的平方非负,但 $xy+yz+zx$ 怎么办?它的范围能确定吗?如果能处理 $xy+yz+zx$ 且保留 $x^2+y^2+z^2$,解决问题就有希望.必须跳出这个公式的圈子找办法,从项和次数来看,可考虑 $(x\pm y)^2=x^2+y^2\pm 2xy$.究竟用哪一个呢?

若用完全平方和公式,则有

$$(x+y+z)^2=x^2+y^2+z^2+2xy+2yz+2zx$$

$$=x^2+y^2+z^2+[(x+y)^2-(x^2+y^2)]+[(y+z)^2-(y^2+z^2)]+$$

$$[(z+x)^2-(z^2+x^2)]$$

$$=(x+y)^2+(y+z)^2+(z+x)^2-(x^2+y^2+z^2).$$

于是 $x^2+y^2+z^2=(x+y)^2+(y+z)^2+(z+x)^2-(x+y+z)^2 \geqslant -(x+y+z)^2=-1$，$-1$ 是最小值吗？

若对任意满足 $x+y+z=1$ 的实数 x、y、z，使得 $x^2+y^2+z^2 \geqslant M_0$，且存在 x_0、y_0、z_0 满足 $x_0+y_0+z_0=1$，$x_0^2+y_0^2+z_0^2=M_0$，则称 M_0 为 $x^2+y^2+z^2$ 的最小值.

$x^2+y^2+z^2$ 非负，不可能等于 -1. 问题出在哪里呢？事实上，若要 $x^2+y^2+z^2$ 取到 -1 这个值，则 $x+y=y+z=z+x=0$，即 $x=y=z=0$，从而 $x+y+z=0$，这与 $x+y+z=1$ 矛盾，所以用完全平方和公式不能达到目的.

若用完全平方差公式，则有 $(x+y+z)^2=x^2+y^2+z^2+2xy+2yz+2zx=3(x^2+y^2+z^2)-(x-y)^2-(y-z)^2-(z-x)^2$.

于是 $3(x^2+y^2+z^2)=(x+y+z)^2+(x-y)^2+(y-z)^2+(z-x)^2 \geqslant (x+y+z)^2=1$，等号当且仅当 $x-y=y-z=z-x=0$，即 $x=y=z$ 且 $x+y+z=1$ 时取到，所以 $x^2+y^2+z^2$ 的最小值为 $\dfrac{1}{3}$，此时 $x=y=z=\dfrac{1}{3}$.

其次，由于求最值，结合项的形式和次数来看，通常可考虑配平方而利用其非负性. 但 $x^2+y^2+z^2$ 已经是平方和的形式，$x^2+y^2+z^2 \geqslant 0$，0 是最小值吗？不是，等号取不到.

改变 $x^2+y^2+z^2$ 的形式. 考虑到减少变量通常利于问题解决，结合 $x+y+z=1$ 可得 $x^2+y^2+z^2=x^2+y^2+(1-x-y)^2=2x^2+2y^2+2xy-2x-2y+1$，这是一个二次六项式. 但如何配呢？二次三项式的配方学过，而这里有六项，没有学过. 是配成形式 1：$x^2+y^2+(1-x-y)^2$ 还是配成形式 2：$(x+y)^2+(x-1)^2+(y-1)^2-1$？还是配成其他形式？若配成形式 1，则 $x^2+y^2+z^2 \geqslant 0$，但等号取不到；若配成形式 2，则 $x^2+y^2+z^2 \geqslant 1$，等号也取不到. 怎么配方才能符合要求呢？

可以先固定一个变量，也有人称它为主元法，于是有了形式 3：

$$x^2+y^2+z^2=2x^2+2(y-1)x+2y^2-2y+1$$
$$=2\left(x+\dfrac{y-1}{2}\right)^2+\dfrac{3}{2}\left(y-\dfrac{1}{3}\right)^2+\dfrac{1}{3} \geqslant \dfrac{1}{3}.$$

当 $x+\dfrac{y-1}{2}=y-\dfrac{1}{3}=0$，且 $x+y+z=1$，即 $x=y=z=\dfrac{1}{3}$ 时取到，$x^2+y^2+z^2=\dfrac{1}{3}$，所以 $x^2+y^2+z^2$ 的最小值为 $\dfrac{1}{3}$.

三种形式都将 $x^2+y^2+z^2$ 写成了平方和的形式，为什么前两种等号不能取到，而第三种可以取到呢？前两种都配成三个平方项，任何一个平方项的值由其他两个平方项中的 x、y 确定，缺乏自由性，从而其值不一定为 0；而配成形式 3，因为配好的两个平方项中，两元的平方项中一个变量可随另一个变化而变化，从而确保等号能取到，不仅是等号能取到，而且配方的步骤更具操作性.

当然，产生方式 3 配方的思路也可能来源于公式：$(x+y+z)^2=x^2+y^2+z^2+2xy+2yz+2zx$. 事实上，二次六项式的因式分解和最值问题都可以用这种方式配方解决. 一般来说，二次六项式通过配平方可简化为 $A(x-my+n)^2+B(y-k)^2+C$ 的形式，于是我们可以研究系数满足何条件时可以分解为两个一次因式之积？系数满足何条件时有最大值、最小值？

对二次曲线 $ax^2+bxy+cy^2+dx+ey+f=0$ 左边进行配方，其几何意义上是坐标变化，通过坐标变换，可把二次曲线 $f(x,y)=0$ 化为标准形式，便于研究，即使是初中生，也可以用这种方式对二次曲线进行分类研究.

二、方程视角

设 $x^2+y^2+z^2=M$，则问题可理解为求方程组 $\begin{cases} x+y+z=1, \\ x^2+y^2+z^2=M \end{cases}$ 有实数解的条件，从而达到求 M 最小值的目的. 初中数学范围内与之关联的知识点是二元二次方程组，所以先将 z、M 都看作常量，转化为考虑

$$\begin{cases} x+y=1-z, \\ x^2+y^2=M-z^2 \end{cases} \qquad ①$$

有实数解的条件. 这一转化，正所谓"柳暗花明又一村"，接下来的工作变得明确，途径也多.

途径 1：代入消元. 由 $x+y=1-z$ 得 $y=1-z-x$，代入方程组 ① 的另一方程中消去 y 并整理得 $2x^2+2(z-1)x+2z^2-2z+1-M=0$，关于 x 的一元二次方程有实根，则 $\Delta=4(z-1)^2-8(2z^2-2z+1-M)\geqslant 0$，整理得 $3z^2-2z+1+2M\leqslant 0$，即 $3\left(z-\dfrac{1}{3}\right)^2+\dfrac{2}{3}-2M\leqslant 0$，注意到 $3\left(z-\dfrac{1}{3}\right)^2\geqslant 0$，故 $\dfrac{2}{3}-2M\leqslant 0$，即 $M\geqslant\dfrac{1}{3}$，等号在 $z=\dfrac{1}{3}$ 时取到，进而 $x=y=\dfrac{1}{3}$. 从而 $x^2+y^2+z^2$ 的最小值为 $\dfrac{1}{3}$.

途径 2：由于 $(x\pm y)^2=x^2+y^2\pm 2xy$，从而联想到根与系数的关系. 由于 $xy=\dfrac{(x+y)^2-(x^2+y^2)}{2}=\dfrac{(1-z)^2-(M-z^2)}{2}=z^2-z+\dfrac{1-M}{2}$，$x+y=1-z$，这说明 x、y 是方程 $t^2-(1-z)t+z^2-z+\dfrac{1-M}{2}=0$ 的实根，从而 $\Delta=(1-z)^2-4\left(z^2-z+\dfrac{1-M}{2}\right)\geqslant 0$，整理得 $3z^2-2z+1-2M\leqslant 0$，至此可以继续用途径 1 的方法完成.

关于已知 $3z^2-2z+1-2M\leqslant 0$，求 M 的范围，还可以这样理解：$3z^2-2z+1-2M\leqslant 0$，说明存在实数 z 使得 $f(z)=3z^2-2z+1-2M$ 的函数值小于或等于 0，从而 $f(z)$ 的图象与 x 轴必有公共点，于是 $\Delta_1=4-12(1-2M)\geqslant 0$，解得 $M\geqslant\dfrac{1}{3}$，等号当且仅当 $x=y=z=\dfrac{1}{3}$ 时取到.

途径 3：由已知易得 $x^2+y^2=M-z^2$，$x+y=1-z$，从而 $xy=\dfrac{(x+y)^2-(x^2+y^2)}{2}=\dfrac{(1-z)^2-(M-z^2)}{2}=z^2-z+\dfrac{1-M}{2}$，由于 x、y 为实数，从而 $(x-y)^2=(x+y)^2-4xy=(1-z)^2-4\left(z^2-z+\dfrac{1-M}{2}\right)\geqslant 0$，整理得 $3z^2-2z+1-2M\leqslant 0$，下同途径 1 或 2.

事实上这里的 $(x-y)^2\geqslant 0$ 与 $\Delta\geqslant 0$ 是等价的. 读者可细心揣摩.

途径 4：由于途径 3 中利用 $(x-y)^2\geqslant 0$ 解决问题，那么与之等价的 $x^2+y^2=$

$\dfrac{(x+y)^2}{2}+\dfrac{(x-y)^2}{2}\geqslant\dfrac{(x+y)^2}{2}$，即 $2(x^2+y^2)\geqslant(x+y)^2$ 也可解决问题. 利用 $2(x^2+y^2)\geqslant(x+y)^2$ 容易得到 $3z^2-2z+1-2M\leqslant0$. 下同途径 1 或 2.

三、函数视角

虽然条件中有三个变量,通过消元可化为两个变量,若固定变量 y,视 x 为自变量,则 $f(x)=x^2+y^2+z^2=x^2+y^2+(1-x-y)^2=2x^2+(2y-2)x+2y^2-2y+1$ 是二次函数,且而此项系数大于 0,所以当 $x=\dfrac{1-y}{2}$ 时, $f(x)$ 有最小值 $\dfrac{8(2y^2-2y+1)-(2y-2)^2}{8}=\dfrac{3y^2-2y+1}{2}$, 而 $\dfrac{3y^2-2y+1}{2}=\dfrac{3\left(y-\dfrac{1}{3}\right)^2+\dfrac{2}{3}}{2}\geqslant\dfrac{1}{3}$,等号当且仅当 $x=y=z=\dfrac{1}{3}$ 时取到,所以 $f(x)$ 的最小值为 $\dfrac{1}{3}$.

另外, $f(x,y)=x^2+y^2+z^2=2x^2+(2y-2)x+2y^2-2y+1$ 可理解为二次项系数大于 0,自变量为 x 的二次函数,所以当且仅当 $x=\dfrac{1-y}{2}$ 时, $f(x,y)$ 有最小值, $f(x,y)=x^2+y^2+z^2=2y^2+(2x-2)y+2x^2-2x+1$ 也可理解为二次项系数大于 0,自变量为 y 的二次函数,所以当且仅当 $y=\dfrac{1-x}{2}$ 时, $f(x,y)$ 有最小值,由 $x=\dfrac{1-y}{2}$, $y=\dfrac{1-x}{2}$,解得 $x=y=\dfrac{1}{3}$,即当 $x=y=\dfrac{1}{3}$ 时, $f(x,y)$ 有最小值,最小值为 $f\left(\dfrac{1}{3},\dfrac{1}{3}\right)=\dfrac{1}{3}$.

四、几何视角

原题是给出这道题的几何背景材料:球面与平面的位置关系. 要求学生阅读

后解决问题：已知实数 x、y、z 满足 $x+y+z=1$，求 $x^2+y^2+z^2$ 的最小值.

将 $x^2+y^2+z^2=M$ 理解为球心为 $(0,0,0)$，半径为 $\sqrt{M}$ 的球面，$x+y+z=1$ 理解为平面，则球心到平面 $x+y+z=1$ 的距离 $d=$ $\dfrac{|1\times0+1\times0+1\times0-1|}{\sqrt{1^2+1^2+1^2}}=\dfrac{1}{\sqrt{3}}$，平面 $x+y+z=1$ 与球 $x^2+y^2+z^2=M$ 有公共点当且仅当 $d\leqslant\sqrt{M}$，即 $\sqrt{M}\geqslant\dfrac{1}{\sqrt{3}}$，$M\geqslant\dfrac{1}{3}$，等号当且仅当 $x=y=z=\dfrac{1}{3}$ 时取到. 当然这个想法超出初中学生的知识储备，作为阅读理解可行，颇有新意.

五、不等式视角

不难猜测在 $x=y=z$ 时取等号，从而想到 x、y、z 的值与 $\dfrac{1}{3}$ 的关系. 由于对称性，不妨设 $x\geqslant y\geqslant z$，则 $1=x+y+z\geqslant 3z$，从而 $z\leqslant\dfrac{1}{3}$，于是进行平均值代换，设 $x+y=\dfrac{2}{3}+k$，$z=\dfrac{1}{3}-k$，$k\geqslant 0$，平均值代换减少了变量个数，但又有一个难点 x^2+y^2 与 $x+y$ 的关系呢？从我们学过的乘法公式 $(x\pm y)^2=x^2+y^2\pm 2xy$ 中，可发现：$x^2+y^2=\dfrac{(x+y)^2}{2}+\dfrac{(x-y)^2}{2}\geqslant\dfrac{(x+y)^2}{2}$，从而 $M=x^2+y^2+z^2\geqslant\dfrac{1}{2}(x+y)^2+z^2=\dfrac{1}{2}\left(\dfrac{2}{3}-k\right)^2+\left(\dfrac{1}{3}+k\right)^2=\dfrac{1}{3}+\dfrac{3}{2}k^2\geqslant\dfrac{1}{3}$，等号当且仅当 $x=y=z=\dfrac{1}{3}$ 时取到.

参加数学课外辅导班的学生，解决这个问题的思路则更多. 从条件的形式和次数容易想到：柯西不等式、均值不等式，利用它们轻松解决问题.

由柯西不等式得 $(1+1+1)(x^2+y^2+z^2)\geqslant(x+y+z)^2$，即 $3M\geqslant 1$，从而 $M\geqslant\dfrac{1}{3}$，等号当且仅当 $x=y=z=\dfrac{1}{3}$ 时取到.

根据平方平均数与算术平均数的关系可得 $\sqrt{\dfrac{x^2+y^2+z^2}{3}}\geqslant\dfrac{x+y+z}{3}$，即

$M = x^2 + y^2 + z^2 \geqslant 3\left(\dfrac{x+y+z}{3}\right)^2 = \dfrac{1}{3}$，等号当且仅当 $x = y = z = \dfrac{1}{3}$ 时取到.

　　这里谈到的思路和方法，学生不一定能全想到，但也在学生可接受范围之内，我们希望他们作为学生能多思考. 古语云：开卷有益. 事实上，思考有益，只要思考了，就会有收获. 作为老师，了解这些思路和方法，便能引导和启发学生. 学会思考，并用学过的知识有创意地解决问题才是数学学习的真正目的. 数学很美，有外在的美，更有内在的美，这种美需要通过不断思考，去悟，去品.

"文章本天成,妙手偶得之. 粹然无疵瑕,岂复须人为? 君看古彝器,巧拙两无施. "出自南宋大诗人陆游的《剑南诗稿·文章》,陆游先生认为,文章本来就不是人工雕琢的,乃天然而成,是技艺高超的人在偶然间得到的. 确实,数学中某些方法的获得似乎也是这样,例如,命题"质数有无限个"的证明,历经两千多年,依然魅力无限,回味无穷,堪称经典. 好的文章或数学中的好方法真的仅靠"妙手偶得"吗? 我认为奇章妙文源于作者对事物、人物、生活以及对文字的独到而深刻的理解,数学解题也是如此.

第55届荷兰数学奥林匹克国家队选拔考试有这样一道试题:已知非零实数 x、y 满足 $x^3 + y^3 + 3x^2y^2 = x^3y^3$,求 $\dfrac{1}{x} + \dfrac{1}{y}$.

这道试题并不是很难,初一或初二学生都能解决,但是如何根据条件想到解法也还是颇有意思. 是仅靠妙手偶得吗?

一、联想到 $(a+b)^3$

整体来看,一个等式,两个变量(未知数),次数较高(高于二次,若是二次,可考虑配方),于是考虑分解因式. 从待求之式来看,须求 $x+y$、xy 之间的数量关系,从项的次数和系数 3 来看可理解为与公式 $(a+b)^3$ 相关.

由 $x^3 + y^3 + 3x^2y^2 = x^3y^3$ 得 $(x+y)^3 - x^3y^3 + 3x^2y^2 - 3xy(x+y) = 0$.

从而 $(x+y-xy)[(x+y)^2 + xy(x+y) + x^2y^2] + 3xy(xy-x-y) = 0$.

所以 $(x+y-xy)[x^2 - xy + y^2 + xy(x+y) + x^2y^2] = 0$.

于是 $x+y-xy = 0$ 或 $x^2 - xy + y^2 + xy(x+y) + x^2y^2 = 0$.

当 $x+y-xy=0$ 时, $\dfrac{1}{x}+\dfrac{1}{y}=1$.

现在的困难是如何处理 $x^2-xy+y^2+xy(x+y)+x^2y^2=0$.

- **思路 1:** 直接配方, 从项 x^2y^2, x^2y, xy^2, x^2, xy, y^2 的次数情况来看, 有配方的可能. 于是得 $0=2x^2-2xy+2y^2+2xy(x+y)+2x^2y^2=x^2(y+1)^2+y^2(x+1)^2+(x-y)^2$, 从而 $x=y=-1$, 故 $\dfrac{1}{x}+\dfrac{1}{y}=-2$.

- **思路 2:** $x^2-xy+y^2+xy(x+y)+x^2+y^2=0$ 即 $(x+y)^2+xy(x+y)+x^2y^2-3xy=0$, 从项的组成 $xy(x+y)$, xy, x^2y^2, $(x+y)^2$ 及其次数来看, 又可得到下面的配方方法:

$$0=(x+y)^2+xy(x+y)+x^2y^2-3xy=\dfrac{3}{4}(x+y)^2-3xy+\dfrac{1}{4}(x+y)^2+xy(x+y)+x^2y^2=\dfrac{3}{4}(x-y)^2+\left[\dfrac{1}{2}(x+y)+xy\right]^2\geqslant 0,$$

从而 $x=y=-1$, 故 $\dfrac{1}{x}+\dfrac{1}{y}=-2$.

- **思路 3:** 将 $x^2-xy+y^2+xy(x+y)+x^2y^2=0$ 理解为关于 x 的方程: $(1+y+y^2)x^2+(y^2-y)x+y^2=0$. 由于 x 为实数, 可考虑判别式, 从而

$$\Delta=(y^2-y)^2-4y^2(1+y+y^2)=-3y^2(y+1)^2\geqslant 0,$$

注意到 $y\neq 0$, 从而 $y=-1$, 进而 $x=-1$, 故 $\dfrac{1}{x}+\dfrac{1}{y}=-2$.

二、联想到 $a^3+b^3+c^3-3abc$

从项的次数和系数 3 来看还可理解为与公式 $a^3+b^3+c^3-3abc$ 相关. 事实上, 将 $x^3+y^3+3x^2y^2=x^3y^3$ 两边除以 x^3y^3 (这里 x、y 均非零) 得 $\dfrac{1}{x^3}+\dfrac{1}{y^3}+\dfrac{3}{xy}-1=0$, 从而

$$0 = \frac{1}{x^3} + \frac{1}{y^3} + \frac{3}{xy} - 1 = \frac{1}{x^3} + \frac{1}{y^3} + (-1)^3 - 3 \cdot \frac{1}{x} \cdot \frac{1}{y} \cdot (-1)$$

$$= \left(\frac{1}{x} + \frac{1}{y} - 1\right)\left(\frac{1}{x^2} + \frac{1}{y^2} + 1 - \frac{1}{xy} + \frac{1}{x} + \frac{1}{y}\right),$$

于是 $\frac{1}{x} + \frac{1}{y} - 1 = 0$ 或 $\frac{1}{x^2} + \frac{1}{y^2} + 1 - \frac{1}{xy} + \frac{1}{x} + \frac{1}{y} = 0.$

由 $\frac{1}{x^2} + \frac{1}{y^2} + 1 - \frac{1}{xy} + \frac{1}{x} + \frac{1}{y} = 0$ 得 $\frac{1}{2}\left(\frac{1}{x} - \frac{1}{y}\right)^2 + \frac{1}{2}\left(\frac{1}{x} + 1\right)^2 +$

$\frac{1}{2}\left(\frac{1}{y} + 1\right)^2 = 0,$ 从而 $x = y = -1,$ 所以 $\frac{1}{x} + \frac{1}{y} = 1$ 或 $-2.$

或者 $0 = x^3 + y^3 + (-xy)^3 - 3xy(-xy)$

$$= (x + y - xy)(x^2 + y^2 + x^2y^2 - xy + x^2y + xy^2),$$

于是 $x + y - xy = 0$ 或 $x^2 + y^2 + x^2y^2 - xy + x^2y + xy^2 = 0.$

而 $0 = x^2 + y^2 + x^2y^2 - xy + x^2y + xy^2$

$$= \frac{1}{2}(x - y)^2 + \frac{1}{2}(x + xy)^2 + \frac{1}{2}(y + xy)^2,$$

从而 $x = y,$ $x = -xy,$ $y = -xy.$ 解得 $x = y = -1,$ 同样可得 $\frac{1}{x} + \frac{1}{y} = 1$ 或 $-2.$

这里 $\left(\frac{1}{x} - \frac{1}{y}\right)^2 + \left(\frac{1}{x} + 1\right)^2 + \left(\frac{1}{y} + 1\right)^2,$ $\frac{1}{2}(x - y)^2 + \frac{1}{2}(x + xy)^2 +$

$\frac{1}{2}(y + xy)^2$ 源于公式 $a^3 + b^3 + c^3 - 3abc$ 的分解式中的因式：

$$a^2 + b^2 + c^2 - ab - bc - ca = \frac{1}{2}(a - b)^2 + \frac{1}{2}(b - c)^2 + \frac{1}{2}(c - a)^2.$$

三、变量代换

1. 注意到条件可转化为 $(x + y)^3 - x^3y^3 + 3x^2y^2 - 3xy(x + y) = 0,$ 左式中仅出现 $x + y$、xy 这两个式子，容易想到代换. 设 $x + y = a$，$xy = b$，则 $a^3 - b^3 + 3b^2 - 3ab = 0,$ 从而 $(a - b)(a^2 + ab + b^2 - 3b) = 0,$ 所以 $a = b$ 或 $a^2 + ab + b^2 -$

$3b=0$. 代换使得分解因式稍微容易些,但如何处理 $a^2+ab+b^2-3b=0$ 难度更大. 如果不换回关于 x、y 的情况,我们该如何处理呢? 把它理解为常见的二次六项式问题而用配方法,但不能解决问题,因这里隐含着 $a^2-4b=(x+y)^2-4xy=(x-y)^2\geqslant 0$ 这样一个特殊关系,考虑到这点,于是有 $0=a^2+ab+b^2-3b=\dfrac{3a^2}{4}-3b+\left(\dfrac{a}{2}+b\right)^2\geqslant 0$,从而 $a^2=4b$ 且 $a=-2b$,解得 $a=-2$,$b=1$,$\dfrac{1}{x}+\dfrac{1}{y}=-2$.

又当 $a=b$ 时,$\dfrac{1}{x}+\dfrac{1}{y}=1$. 总之,$\dfrac{1}{x}+\dfrac{1}{y}=1$ 或 -2. 但这里 $a^2+ab+b^2-3b=\dfrac{3a^2}{4}-3b+\left(\dfrac{a}{2}+b\right)^2\geqslant 0$ 不易想到.

2. 设 $\dfrac{1}{x}+\dfrac{1}{y}=m$,则 $x+y=mxy$,于是 $m^3x^3y^3-x^3y^3+3x^2y^2-3mx^2y^2=0$,但 $xy\neq 0$,故 $m^3xy-xy+3-3m=0$,从而 $m=1$ 或 $xy(m^2+m+1)-3=0$,这也是学生常见的入手方法,但也常常不知如何理解 $xy(m^2+m+1)-3=0$.

途径 1:当 $xy(m^2+m+1)-3=0$ 时,$xy=\dfrac{3}{m^2+m+1}$,从而 $x+y=mxy=\dfrac{3m}{m^2+m+1}$,但 x、y 是实数,实数的平方一定非负,反之也成立,所以 $0\leqslant (x-y)^2=(x+y)^2-4xy=\left(\dfrac{3m}{m^2+m+1}\right)^2-\dfrac{12}{m^2+m+1}=\dfrac{-3(m^2+4m+4)}{(m^2+m+1)^2}$,注意到 $m^2+m+1=\left(m+\dfrac{1}{2}\right)^2+\dfrac{3}{4}>0$,从而 $m^2+4m+4=0$,即 $m=-2$.

途径 2:由 xy、$x+y$ 还可想到韦达定理. 于是 $xy=\dfrac{3}{m^2+m+1}$,故 $x+y=mxy=\dfrac{3m}{m^2+m+1}$,但 x、y 是实数,从而 x、y 是一元二次方程 $t^2-\dfrac{3mt}{m^2+m+1}+\dfrac{3}{m^2+m+1}=0$ 的实根,所以 $\Delta=\left(\dfrac{3m}{m^2+m+1}\right)^2-\dfrac{12}{m^2+m+1}=\dfrac{-3(m^2+4m+4)}{(m^2+m+1)^2}\geqslant 0$,解得 $m=-2$.

事实上，$(x-y)^2 \geqslant 0$ 与 $\Delta \geqslant 0$ 实质一样，都是实数平方的非负性的反映.

四、自由变量

自由变量，有学生提出这个想法.这是不错的想法，若结果是定值，则无论非零实数 y 取何值，结果都一样.当 $y=2$ 时，条件可化为 $7x^3-12x^2-8=0$，解得 $x=2$（唯一一个实根），此时 $\dfrac{1}{x}+\dfrac{1}{y}=1$；当 $y=1$ 时，条件可化为 $x^3+3x^2=0$，解得 $x=0$，不合条件，舍去.当 $y=3$ 时，条件可化为 $26x^3-27x^2-27=0$，解得 $x=\dfrac{3}{2}$（唯一一个实根），此时 $\dfrac{1}{x}+\dfrac{1}{y}=1$；当 $y=-1$ 时，条件可化为 $2x^3+3x^2-1=0$，解得 $x=-1$ 或 $\dfrac{1}{2}$，此时 $\dfrac{1}{x}+\dfrac{1}{y}=-2$ 或 1，所以基本可以肯定 $\dfrac{1}{x}+\dfrac{1}{y}=-2$ 或 1.作为填空题，求得答案应该不是问题，但逻辑上不严谨，且可能漏解，但如果作为一种方法则很有意义.因为若知道 $\dfrac{1}{x}+\dfrac{1}{y}=1$，可猜测 $x+y-xy$ 是 $x^3+y^3+3x^2y^2-x^3y^3$ 的因式，从而用除法 $(x^3+y^3+3x^2y^2-x^3y^3) \div (x+y-xy)$ 得到另一因式，进而完整给出解答.

本文中三道题的解答和推广都是学生完成的,题目 1 是学生王淳稷的作品,题目 2 是学生王淳稷、杨凯晨的共同作品,题目 3 是学生杨凌羽的作品.平时的教学中常常留下一些问题让学生思考,即使是解完一道题,通常也会提出一些问题,播下思考的种子,如是否有其他的解法? 这个结论是否可改进? 改变一些条件是否结论更漂亮? 是否能推广到更一般的情况? 令人欣慰的是总有学生思考这些问题.这里摘选几例分享.

- **题目 1**:已知方程组

$$\begin{cases} \sin x_1 + \sin x_2 + \cdots + \sin x_n = 0, & ① \\ \sin x_1 + 2\sin x_2 + \cdots + n\sin x_n = 2\,019 & ② \end{cases}$$

有实数解,求正整数 n 的最小值.

解:将 ②×2－①×$(n+1)$ 得

$$4\,038 = (1-n)\sin x_1 + (3-n)\sin x_2 + \cdots + (n-3)\sin x_{n-1} + (n-1)\sin x_n.$$

当 $n=2k+1$,k 是自然数时,

$$4\,038 = |(1-n)\sin x_1 + (3-n)\sin x_2 + \cdots + (n-3)\sin x_{n-1} + (n-1)\sin x_n|$$
$$\leqslant |1-n| + |3-n| + \cdots + |n-3| + |n-1| = |2k| + |2k-2| + \cdots + 0 + \cdots + |2k-2| + |2k|$$
$$= 2(2+4+\cdots+2k-2+2k) = 2k(k+1),$$

解得 $k \geqslant 45$,从而 $n \geqslant 91$.

当 $n=2k$,k 是正整数时,

$$4\,038 = |(1-n)\sin x_1 + (3-n)\sin x_2 + \cdots + (n-3)\sin x_{n-1} + (n-1)\sin x_n|$$

$$\leqslant |1-n|+|3-n|+\cdots+|n-3|+|n-1|=|2k-1|+|2k-3|+\cdots+$$

$$|1+1|+\cdots+|2k-3|+|2k-1|$$

$$=2(1+3+\cdots+2k-3+2k-1)=2k^2,$$

解得 $k \geqslant 45$，从而 $n \geqslant 90$.

当 $\sin x_2 = \sin x_3 = \cdots = \sin x_{45} = -1$，$\sin x_{46} = \sin x_{47} = \cdots = \sin x_{89} = 1$，$\sin x_1 = -\dfrac{83}{89}$，$\sin x_{90} = \dfrac{83}{89}$ 时等号成立. 所以 n 的最小值为 90.

上面的解法中对正弦只用它的有界性，即 $|\sin x_i| \leqslant 1$，于是容易得到下面的结论：若 $a_1 + a_2 + \cdots + a_n = 0$，$T = a_1 + 2a_2 + \cdots + na_n$，且 $-1 \leqslant a_i \leqslant 1$，$i=1$，$2$，$\cdots$，$n$，则当 n 为正奇数时，$T \leqslant \dfrac{n^2-1}{4}$，当 n 为正偶数时，$T \leqslant \dfrac{n^2}{4}$.

证明方法几乎完全可以借鉴上面的解答.

■ **题目 2**：已知 $a_i \in \mathbf{R}(i=1, 2, \cdots, 9)$，$a_1 = a_9$，$|a_k + a_{k+2} - 2a_{k+1}| \leqslant 1 (i=1, 2, \cdots, 7)$，当 $1 \leqslant i < j \leqslant 9 (i, j \in \mathbf{Z}^+)$ 时，令 $M = |a_i - a_j|$，则 M 的最大值为（　　）.

(A) 7 　　　　　 (B) 8 　　　　　 (C) 9 　　　　　 (D) 10

作为选择题，猜到答案不难，由于 $a_1 = a_9$，且 $|a_k + a_{k+2} - 2a_{k+1}| \leqslant 1$，可以构造对称数列，且前五项单调递减，自第五项开始单调递增，因此容易构造出符合要求的数列：8，$\dfrac{9}{2}$，2，$\dfrac{1}{2}$，0，$\dfrac{1}{2}$，2，$\dfrac{9}{2}$，8，此时 $M=8$，从而答案为：B.

但是如何解释这个答案，这个问题是否可进行推广呢？经过思考得到下面的结论：

已知实数列 $\{a_n\}$ 满足 $a_1 + a_2 + \cdots + a_n = 0$，且对任意正整数 $i (1 \leqslant i < n)$，$|a_{i+1} - a_i| \leqslant 1$ 成立，则当 n 为奇数时，$|a_j + a_{k+1} + \cdots + a_i|$ 的最大值为 $\dfrac{n^2-1}{8}$；当 n 为偶数时，$|a_j + a_{k+1} + \cdots + a_i|$ 的最大值为 $\dfrac{n^2}{8}$（这里 $1 \leqslant i < j \leqslant n$）.

证明：因为 $a_1 + a_2 + \cdots + a_n = 0$，故 a_1，a_2，$\cdots$，a_n 中正项和与非正项和的绝对值相等，将其中正项从小到大排列为 $b_1 \leqslant b_2 \leqslant \cdots \leqslant b_p$，非正项从大到小排列为

$c_1 \geqslant c_2 \geqslant \cdots \geqslant c_q$（这里 $p+q=n$），则

$$|a_j+a_{k+1}+\cdots+a_i|$$

$$=\frac{1}{2}(|a_j+a_{k+1}+\cdots+a_i|+|a_n+a_{n-1}+\cdots+a_{j+1}+a_1+a_2+\cdots+a_{i-1}|)$$

$$\leqslant \frac{1}{2}(|a_1|+|a_2|+\cdots+|a_n|)$$

$$=\frac{1}{2}(|c_1|+|c_2|+\cdots+|c_q|+|b_1|+|b_2|+\cdots+|b_p|)$$

$$=\frac{1}{2}(b_1+b_2+\cdots+b_p-c_1-c_2-\cdots-c_q)=b_1+b_2+\cdots+b_p.$$

若 $b_1-c_1>1$，则 $b_i-c_j \geqslant b_1-c_1>1$，$i=1,2,\cdots,p$，$j=1,2,\cdots,q$，注意到 $|a_{i+1}-a_i| \leqslant 1$，故在原数列中 b_i 与 c_j 不能相邻，从而 $a_1,a_2,\cdots,a_n$ 从大到小排列只能为 $b_p \geqslant b_{p-1} \geqslant \cdots b_1 > c_1 \geqslant c_2 \geqslant \cdots \geqslant c_q$，从而 b_1 与 c_1 相邻，但 $b_1-c_1>1$，这也与 $|a_{i+1}-a_i| \leqslant 1$ 相矛盾，从而 $b_1-c_1 \leqslant 1$.

若 $|b_{i+1}-b_i|>1(i=1,2,\cdots,p-1)$，则在原数列中 b_i 与 b_{i+1} 不能相邻，不妨设 b_i 在 b_{i+1} 的左边，如果 b_{i+1} 与某个 c_r 相邻$(r=1,2,\cdots,q)$，则 $b_{i+1}-c_r \geqslant b_{i+1}-b_i>1$，不合题意，故与 b_{i+1} 右相邻的项必为正项，若与 b_{i+1} 右相邻的项为 $b_1,b_2,\cdots,b_{i-1}$ 中的某一项，记为 b_k，则 $b_{i+1}-b_k \geqslant b_{i+1}-b_i>1$，不合题意，从而与 b_{i+1} 右相邻的项必为 $b_{i+2},b_{i+3},\cdots,b_p$ 中的某项，记为 b_k、同理可得与 b_{i+1} 右相邻的项必为 $b_{k+1},b_{k+2},\cdots,b_p$ 中的某项，重复上述过程最终与 b_i 左相邻的项必为 $b_{i+2},b_{i+3},\cdots,b_p$ 中的某项，记为 b_t，于是 $b_t-b_i \geqslant b_{i+1}-b_i>1$，不合题意，所以 $|b_{i+1}-b_i| \leqslant 1(i=1,2,\cdots,p-1)$，类似地，$c_i-c_{i+1} \leqslant 1(i=1,2,\cdots,q-1)$.

当 n 为奇数时，正项项数与非正项项数中必有一个 $\leqslant \frac{n-1}{2}$，不妨设 $p \leqslant \frac{n-1}{2}$，由于 $b_i \leqslant b_{i-1}+1 \leqslant \cdots \leqslant i+c_1 \leqslant i$，则 $|a_j+a_{k+1}+\cdots+a_i| \leqslant b_1+b_2+\cdots+b_p=1+2+\cdots+p \leqslant 1+2+\cdots+\frac{n-1}{2}=\frac{n^2-1}{8}$，数列 $\frac{n-1}{2}$，$\frac{n-3}{2}$，$\cdots$，$1,0,-1,\cdots,\frac{3-n}{2}$，$\frac{1-n}{2}$ 符合条件.

当 n 为偶数时，正项项数与非正项项数中必有一个不大于 $\dfrac{n}{2}$，不妨设 $p \leqslant \dfrac{n}{2}$.

由于 $b_i \leqslant b_{i-1} + 1 \leqslant \cdots \leqslant i - 1 + b_1$，$c_i \geqslant c_{i-1} - 1 \geqslant \cdots \geqslant c_1 - i + 1$.

当 $p = \dfrac{n}{2}$ 时，$p = q$，则

$$|a_j + a_{k+1} + \cdots + a_i| \leqslant b_1 + b_2 + \cdots + b_p$$

$$= \dfrac{1}{2}(b_1 + b_2 + \cdots + b_p - c_1 - c_2 - \cdots - c_p)$$

$$\leqslant \dfrac{1}{2}[b_1 + p - 1 + b_1 + p - 2 + \cdots + b_1 - c_1 - (c_1 - 1) - \cdots - (c - p + 1)]$$

$$= \dfrac{1}{2}[p(b_1 - c_1) + p(p - 1)] \leqslant \dfrac{1}{2}\left[\dfrac{n}{2} + \dfrac{n}{2}\left(\dfrac{n}{2} - 1\right)\right] = \dfrac{n^2}{8},$$

当 $a_i = i - \dfrac{n+1}{2}(i = 1, 2, \cdots, n)$ 时符合条件.

当 $p \leqslant \dfrac{n}{2} - 1$ 时，则

$$|a_j + a_{k+1} + \cdots + a_i| \leqslant b_1 + b_2 + \cdots + b_p$$

$$\leqslant 1 + 2 + \cdots + p \leqslant 1 + 2 + \cdots + \left(\dfrac{n}{2} - 1\right) = \dfrac{n^2 - 2n}{8} < \dfrac{n^2}{8}.$$

总之，当 n 为奇数时，$|a_j + a_{k+1} + \cdots + a_i|$ 的最大值为 $\dfrac{n^2 - 1}{8}$，当 n 为偶数时，$|a_j + a_{k+1} + \cdots + a_i|$ 的最大值为 $\dfrac{n^2}{8}$.

■ **题目 3**：已知函数 $f(x) = \begin{cases} (2 - [x]) \cdot |x - 1|, & 0 \leqslant x < 2, \\ 1, & x = 2, \end{cases}$ 其中 $[x]$ 表示不超过 x 的最大整数. 设 $n \in \mathbf{Z}^+$，定义函数 $f_n(x)$：$f_1(x) = f(x)$，$f_2(x) = f(f_1(x))$，$f_3(x) = f(f_2(x))$，若集合 $M = \{x \mid f_3(x) = x, x \in [0, 2]\}$，求 M 中元素的个数.

解：写出函数 $f_3(x)$ 的解析式，理论上可行，但具体操作还是有些繁琐，考虑到只求方程 $f_3(x) = x$ 解的个数，从而想到利用函数图象，容易得到：

$$f_1(x) = \begin{cases} 2 - 2x, & 0 \leqslant x \leqslant 1, \\ x - 1, & 1 < x \leqslant 2, \end{cases}$$

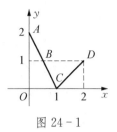

其图象如图 24-1 所示的折线段 A - B - C - D. 由于 $f(0) =$ 2，$f(2)=1$，$f(1)=0$，所以 $f_2(x)$ 的图象可由对 $f_1(x)$ 的图象做如下变换：将纵坐标为 2—1 的 AB 段变为图 24-2 中 1—0 的 EF 段，将纵坐标为 1—0 的 BC 段变为 0—1 的 FG 段和 1—2 的 GH 段，纵坐标为 0—1 的 CD 段变为 2—1 的 HI 段和 1—0 的 IJ 段，横坐标不变，如图 24-2 所示. 类似地，我们可以得到 $f_3(x)$ 的图象如图 24-3，观察图 24-1、24-2、24-3，不难得到 $f_1(x)=x$ 有 1 个解，$f_2(x)=x$ 有 3 个解，$f_3(x)=x$ 有 4 个解.

图 24-1

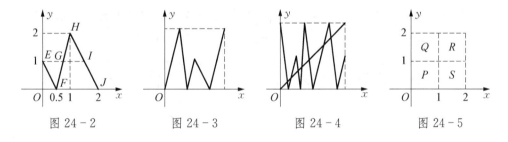

图 24-2　　　　　图 24-3　　　　　图 24-4　　　　　图 24-5

　　自然地，$f_4(x)=x$ 有几个解？ 一般地，$f_n(x)=x$ 有几个解？ 上面的解法还适用吗？ 如果我们开始用写出 $f_n(x)$ 的方法解决 $f_3(x)=x$，则接下来解决 $f_4(x)=x$，$f_5(x)=x$，…，$f_n(x)=x$ 就困难了. 但是杨凌羽同学的方法可延续下去. 同样地，我们也可以得到 $f_4(x)$ 的图象，观察 $f_4(x)$ 的图象可知：$f_4(x)=x$ 有 7 个解，如图 24-4 所示. 分析上面的结果发现：$4=1+3$，$7=3+4$，是否 $f_5(x)=x$ 有 $4+7=11$ 个解？ 一般地，设 $n \in \mathbf{N}^*$，定义函数 $f_n(x)$：$f_1(x)=f(x)$，$f_2(x)=f(f_1(x))$，……$f_n(x)=f(f_{n-1}(x))(n \geqslant 2)$，请问 $f_n(x)=x$ 有多少个解呢？

　　事实上，$f_n(x)$ 的图象是有一些线段首尾连结而成，其首尾端点纵坐标组成 0—1 或 1—0 或 1—2 或 2—1 段（0—2 或 2—0 的拆为 0—1，1—2 或 2—1，1—0 段）. 为计算这些线段的条数，将边长为 2 的正方形分割为 4 个边长为 1 的正方形，如图 24-5 所示，中心点属于 P 区，右上角顶点属于 R 区，设 $f_n(x)$ 在 P 区 0—1 和 1—0 线段条数和为 a_n，在 Q 区 2—1 和 1—2 线段条数和为 b_n，在 R 区 2—1 和 1—2 线段条数和为 c_n，在 S 区 0—1 和 1—0 线段条数和为 d_n. 根据变换规则，$f_n(x)$ 在 P 区 0—1 和 1—0 线段条数和为 $a_{n+1}=a_n+b_n$，在 Q 区 2—1 和 1—2 线段条数和为 $b_{n+1}=a_n$，在 R 区 2—1 和 1—2 线段条数和为 $c_{n+1}=d_n$，在 S 区 0—1 和 1—0 线段条数和为 $d_{n+1}=d_n+c_n$，于是，$a_{n+2}=a_{n+1}+b_{n+1}=a_{n+1}+a_n$，$c_{n+2}=d_{n+1}=d_n+c_n=c_{n+1}+c_n$.

由于直线 $y=x$ 与 Q、S 区无交点，这些线段纵坐标从 0 到 1 或从 1 到 0 一定在 P 区穿过直线 $y=x$，纵坐标从 2 到 1 或从 1 到 2 一定在 R 区穿过直线 $y=x$，因此这些线段与 P 区每条 0—1，1—0 线段和 R 区每条 1—2，2—1 线段都有唯一公共点，所以方程 $f_n(x)=x$ 解的个数为 a_n+c_n.

因此，当 $n=5$ 时，$a_5+c_5=a_4+c_4+a_3+c_3=7+4=11$，进而 $a_6+c_6=18$，$a_7+c_7=29$，$a_8+c_8=47$，$a_9+c_9=76$，$a_{10}+c_{10}=123$，……

利用高中知识我们可以求得 $a_n+c_n=\left(\dfrac{1-\sqrt{5}}{2}\right)^n+\left(\dfrac{1+\sqrt{5}}{2}\right)^n$，$n\in \mathbf{Z}^+$.

25   为有源头活水来

"问渠那得清如许? 为有源头活水来."这是南宋著名的理学家、思想家、哲学家、教育家、诗人朱熹的诗《观书有感》中的两句,它告诉我们一个道理:只有不断地思考、不断实践,积累经验,方可思维清晰、思路开阔.同时,它也说明疏浚源头之重要,因为源洁则流清.解几何题时,弄清了问题中几何图形是如何确定的,是由哪些元素确定的,各元素的数量关系、位置关系、常见结构等就是一个清源的工作,思考这些关系,对于解决问题有很大的帮助.

■ **例1**   如图 25 - 1,在矩形 $ABCD$ 中,点 F 是边 CD 上的点,将矩形 $ABCD$ 沿直线 BF 翻折,使点 C 落在边 AD 上的 E 点,若 $\cos\angle DEF = \dfrac{4}{5}$,求 $\dfrac{CE}{BF}$ 的值.

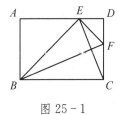

图 25 - 1

这是初三中考数学复习中很平常的一道题,多数学生能独立解决.这道例题也很好,典型且符合教学要求,利于学生巩固、复习知识、形成技能、提高数学能力;导语简洁、图形漂亮,难度不大,但思维空间大,解法多样,有利于学生体验数学学习成功的成就感,提高学生学习数学的兴趣.

各线段的数量关系:从条件 $\cos\angle DEF = \dfrac{4}{5}$ 开始,延长 DF 至 C,使得 $FC = FE$,作 $FH \perp CE$,$CB \perp CD$,两线交于点 B,作 $BA \perp BC$ 与 DE 的延长线交于点 A,则矩形四边形 $ABCD$ 由 $\triangle DEF$ 确定,于是图 25 - 1 中的各角,各线段都由 $\triangle DEF$ 确定,利用勾股定理不难计算出各线段的长度,也不难求出各角的三角比.于是自然地就有解法 1.

解法 1: 如图 25-1,设 $DE=4k$,则 $EF=5k$, $DF=3k$,由于翻折,从而 $CF=5k$,又由于 $\triangle DEF \backsim \triangle ABE$,不难得到: $AE=6k$,即 $BC=AD=10k$, $AB=CD=8k$,利用勾股定理不难得到: $BF=5\sqrt{5}k$, $CE=4\sqrt{5}k$,从而 $\dfrac{CE}{BF}=\dfrac{4}{5}$.尽管可能学生计算的 CE、BF 的途径各异,但都源于上述图形的确定.

图形的结构, 在矩形 $ABCD$ 中,当 $BC>BA$ 时,以点 B 为圆心, BC 为半径作圆 B 必交边 AD 于 E,连结 CE,作 $CF \perp CE$ 交 CD 于 F,于是 $\triangle DEF$ 确定,因此可理解 $\triangle DEF$ 因矩形 $ABCD$ 中的翻折而确定,容易从相似角度思考而注意到 $\triangle CED \backsim \triangle BFC$,从而 $\dfrac{CE}{BF}=\dfrac{ED}{FC}=\dfrac{ED}{EF}$, $\dfrac{CE}{BF}=\dfrac{ED}{FC}=\dfrac{ED}{EF}$ 是翻折的结果.于是有解法 2、3.

解法 2: 如图 25-1,由于翻折, $CE \perp BF$,从而 $\angle ECD=\angle FBC$,又 $\angle EDC=\angle FCB$,从而 $\triangle CED \backsim \triangle BFC$,于是 $\dfrac{CE}{BF}=\dfrac{ED}{FC}=\dfrac{ED}{EF}=\dfrac{4}{5}$.

解法 3: 如图 25-2,取 BF 中点 G,因为 $\angle BEF=\angle BCF=90°$,所以 $BF=2EG$,设 CE 与 BF 交于 H, $CE=2EH$,则 $\dfrac{CE}{BF}=\dfrac{EH}{EG}$,注意到 $\angle EGH=2\angle EBG=2\angle CBG=2\angle ECF=\angle EFD$, $\angle GHE=\angle FDE$,从而 $\triangle GEH \backsim \triangle FED$,所以 $\dfrac{GE}{FE}=\dfrac{EH}{ED}$,从而 $\dfrac{EH}{GE}=\dfrac{ED}{FE}$,所以 $\dfrac{CE}{BF}=\dfrac{ED}{EF}=\dfrac{4}{5}$.

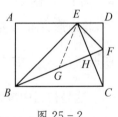

图 25-2

■ **例 2** 如图 25-3,已知⊙I 是 $\triangle ABC$ 的 BC 边上的旁切圆, E、F 分别是切点, $AD \perp IC$ 于点 D.求证: D、E、F 三点共线.

$\triangle ABC$ 给定,则点 I、E、F 确定,从而 IC 位置确定,由 $AD \perp IC$,从而点 D 确定.

角的关系: 点 D、E、F 处,除 $\angle CEA$、$\angle BEA$ 外,其

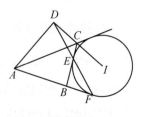

图 25-3

余各角都容易用 $\triangle ABC$ 的内角表示,而 $\angle CEA$、$\angle AEB$ 必须同时用 $\triangle ABC$ 的边和角表示,对于证明本题结论虽然也有用,但不方便. 于是有以下证法:

证法 1:如图 25-4,设 $\angle CAB = 2\alpha$,$\angle ABC = 2\beta$,$\angle BCA = 2\gamma$,则 $\alpha + \beta + \gamma = 90°$,于是易得 $\angle EFB = \beta$. 另一方面,连结 AI,易知 I、D、A、F 四点共圆.

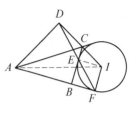

图 25-4

故 $\angle DFA = \angle DFB = \angle DIA = 90° - \angle DAI = 90° - \angle DAC - \angle CAI = 90° - \gamma - \alpha = \beta$,所以 $\angle EFB = \angle DFB$,从而 D、E、F 三点共线.

证法 2:如图 25-4,由 I、D、A、F 四点共圆得 $\angle FDI = \angle FAI = \alpha$,另一方面在 $\triangle DCE$ 与 $\triangle ACI$ 中,易知 $\angle DCE = \angle ACI$,$\dfrac{CD}{CE} = \dfrac{AC\sin\gamma}{CI\sin\gamma} = \dfrac{CA}{CI}$,所以 $\triangle DCE \backsim \triangle ACI$,从而 $\angle EDC = \angle IAC$,从 $\angle EDI = \angle EDC = \angle IAC = \alpha = \angle FDI$,故 D、E、F 三点共线.

证法 3:如图 25-4,由证法 2 知:$\triangle DCE \backsim \triangle ACI$,故 $\angle EDC = \alpha$,$\angle DCE = 90° + \gamma$,从而 $\angle DEC = \beta$,又易知 $\angle BEF = \beta$,即 $\angle DEC = \angle BEF$,因为 B、E、C 共线,故 D、E、F 共线.

边的关系:如图 25-5,设 $AB = c$,$BC = a$,$CA = b$,因为 $CE = CG$,$BF = BE$,$AF = AG$,所以 $AC + CE = AC + CG = AF = AB + BE = AB + BC - CE$,故 $CG = CE = \dfrac{AB + BC - CA}{2} = \dfrac{c + a - b}{2}$,$BF = BE = \dfrac{a + b - c}{2}$,$DE$、$DF$、$EF$ 也可用 a、b、c 及 α、β、γ 表

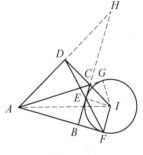

图 25-5

示,但关系式复杂,若想证明 $DF = DE + EF$,思路可行,但会用到一些高中的三角知识. "D、E、F 三点共线"联想到梅涅劳斯定理,从而延长 AD、BC 交于 H,造成一线截三角形的结构. 此时不需考虑 DE、EF、DF 的表达式,于是有:

证法 4:如图 25-5,因为 I 是旁心,故 $\angle ACD = \angle HCD$,又 $\angle CDA = \angle CDH$,$CD = CD$,从而 $\triangle ADC \cong \triangle HDC$,即有 $AD = DH$,$AC = HC$,于是

$EH = EC + CH = CG + AC = AG = AF$, 结合 $BE = BF$ 易得 $\dfrac{AD}{DH} \cdot \dfrac{HE}{EB} \cdot \dfrac{BF}{FA} =$

1, 由梅涅劳斯定理的逆定理知: D、E、F 三点共线.

■ **例3** 如图 25 - 6, 已知 $AD \perp BC$, 且 $AD = BC = BE$.

求证: $(1)BF = AF + CD$; $(2)DF = EF + CD$.

当 CD、BD 确定, 从而 A 点确定, 以 B 为圆心, BC 为半径画圆交 AC 于 E, 交 AD 于 F, 至此图形确定. 从这个意义来看, 似乎不是很困难.

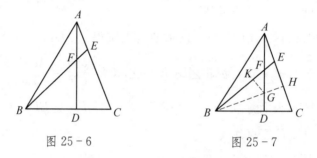

图 25 - 6　　　　　　　图 25 - 7

各线段数量关系: 图形中垂直条件容易想到计算出待证各量, 即入手容易.

证法 1: 如图 25 - 7, 设 $BD = a$, $DC = b$, 作 $BH \perp AC$ 于 H, 交 AD 于 G, 作 $GK \perp BF$, 设 $FG = x$, $FK = y$, 因为 $BC = BE$, 从而 $\angle CBH = \angle EBH$, 于是 $DG = GK$, $BD = BK$. 易知 $\triangle BDG \backsim \triangle ADC$, $\triangle FKG \backsim \triangle FDB$, 则 $DG = \dfrac{BD \cdot DC}{AD} = \dfrac{ab}{a+b}$, $\dfrac{FG}{FB} = \dfrac{KF}{FD} = \dfrac{KG}{BD}$, 即 $\dfrac{x}{a+y} = \dfrac{y}{x + \dfrac{ab}{a+b}} = \dfrac{b}{a+b}$, 解得 $y = \dfrac{2b^2}{a+2b}$, $x = \dfrac{b(a^2 + 2ab + 2b^2)}{(a+b)(a+2b)}$, 从而 $x + y = \dfrac{b(a+2b)}{a+b}$.

所以 $BF - AF - CD = BK + KF - (AD - FG - DG) - CD = BD + y - (a + b) + x + DG - b = x + y - 2b + \dfrac{ab}{a+b} = 0$, 即 $BF = AF + CD$.

利用 $BF = AF + CD$ 得 $BE - EF = AD - DF + CD$, 注意到 $BE = AD$, 从而 $DF = EF + CD$.

线段大小关系——补短: "截长补短" 是证明线段和差问题的常用手段, 本题

结论 $BF=AF+CD$ 提示可考虑"截长"或"补短",于是想到延长 DA 至 M,使得 $AM=CD$,延长 DA 后如何与其他条件结合呢? 这时必须综合其他各条件的特点,本题中,向右作 $Rt\triangle AML$ 还是向左作 $Rt\triangle AML$ 呢? 向右作 $Rt\triangle AML$ 构成了基本图形:一线三直角,比较利于问题解决.

证法 2: 如图 25 - 8,延长 DA 至 M 得 $AM=CD$,作 $LM\perp AM$ 且使得 $ML=AD$,连结 CL、BM,则 $\triangle LMA\cong\triangle ADC$,从而易得 $\angle ALC=\angle ACL=45°$,四边形 $BCLM$ 为平行四边形,设 $\angle ACB=2\alpha$,则

$$\angle FBM=\angle CBM-\angle EBC=\angle CLM-\angle EBC$$
$$=45°+90°+2\alpha-(180°-4\alpha)=2\alpha-45°,$$
$$\angle FMB=\angle BML-90°=\angle BCL-90°$$
$$=(2\alpha+45°)-90°=2\alpha-45°,$$

即 $\angle FBM=\angle BMF$,所以 $BF=FM=AF+AM=AF+CD$,进而 $DF=EF+CD$.

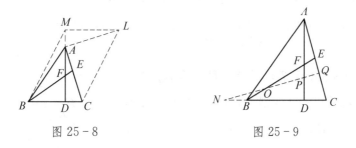

图 25 - 8   图 25 - 9

线段大小关系——截长: 在 DF 上截取 $PD=CD$,延长 DB 至 N 得 $BN=CD$,连结 PN 交 AB 于 O,试图证明 $PF=FE$,思考中又发现 $BO=BN=CD=DP$,于是问题越来越明朗.

证法 3: 如图 25 - 9,延长 CB 至 N,使得 $BN=CD$,在 AD 上截取 $PD=CD$,连结 NP 分别交 BE、AC 于 O、Q,则 $\triangle PDN\cong\triangle CDA$,从而 $\angle CAD=\angle PDN$.

又 $BE=BC$,故 $\angle BEC=\angle BCE=\angle DPN$,从而 $\angle FPO=\angle FEA$,所以 $\angle FOP=\angle FAE$,故 $\angle BON=\angle BNO$,于是 $BO=BN$,进而 $OE=AP$.

于是易证 $\triangle APQ \cong \triangle OEQ$，进而不难证明 $OE = AF$，$EF = PF$，所以 $DF = DP + PF = DC + EF$，$BF = BO + OF = CD + AF$.

图形结构 1，图中 $BC = AD$ 这个条件想到给 $\triangle ADC$ 换个姿势。通过尝试得到证法 4.

证法 4：如图 25 - 10，作 $CM \perp BC$，且 $CM = CD$，则 $\triangle BCM \cong \triangle ADC$，从而 $\angle CBM = \angle DAC$，又 $\angle DAC = \angle MCA$，即有 $\angle MCA = \angle CBM$，于是 $\angle MCA + \angle CMB = \angle CBM + \angle CMB = 90°$，从而 $BM \perp CA$. 注意到 $CB = BE$，所以 BM 垂直平分 CE，再作 $MN \perp AD$ 于 N，连结 MF、ME，于是 $ME = CM = CD = ME = MN$，由此不难证明 $\triangle MEF \cong \triangle MNF$，故 $EF = FN$，所以 $BF = BE - EF = AD - NF = AF + ND = AF + CD$；$DF = ND + NF = CD + EF$.

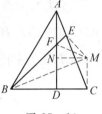

图 25 - 10

图形结构 2，由于 $AD = BC$，将 $\triangle ADC$ 平移至 $\triangle GHB$ 试试，此时四边形 $GHDA$ 为正方形，四边形 $AGBC$ 为平行四边形，从而 $BG /\!/ AC$，注意到 $BE = BC$，则 BG 平分 $\angle HBA$，从而作 $GI \perp BE$，则容易证明 $\triangle GHB \cong \triangle GIB$，$\triangle GIF \cong \triangle GAF$，可得 $\angle BGF = 45°$，又出现一个熟悉的图形结构，线段的关系也逐渐明晰.

证法 5：延长 CB 至 H，使得 $HB = DC$，作 $HG \perp HC$，且 $HG = AD$，如图 25 - 11，则不难得到四边形 $GADH$ 为正方形，从而 $AG /\!/ BC$，又 $AG = HB = CB$，从而四边形 $AGBC$ 为平行四边形，故 $BG /\!/ AC$，于是 $\angle GBH = \angle ACB$，$\angle GBE = \angle BEC$，注意到 $BE = BC$，从而 $\angle BEC = \angle BCE$，从而 $\angle HBG = \angle EBG$，作 $GI \perp BE$ 于 I，则 $\angle GHB = \angle GIB$，结合 $BG = BG$ 可得 $\triangle GHB \cong \triangle GIB$，故 $GI = HG = GA$，$GF = GF$.

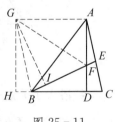

图 25 - 11

又 $\angle GIF = \angle GAF = 90°$，所以 $\triangle GIF \cong \triangle GAF$，从而 $AF = IF$，于是 $BE = BI + IF = BH + AF = CD + AF$，$DF = AD - AF = BE - AF = BI + IF + EF - AF = BH + AF + EF - AF = CD + EF$.

■ **例 4** 如图 25 - 12,圆 I 内切三角形 ABC,D、E、F 为切点,点 M 为 BC 中点,AM 交 EF 于 G,求证: $IG \perp BC$.

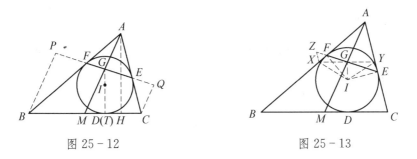

图 25 - 12 图 25 - 13

数量关系,从条件来看,三角形 ABC 确定,则点 D、E、F、G、I、M 都确定,从而作 $GT \perp BC$ 于 T,则 MT 可计算,而 $ID \perp BC$ 于 D,MD 也可计算,若 $MT = MD$,则 T 与 D 重合.

证法 1:设 $AF = AE = x$,$BF = BD = y$,$CD = CE = z$,则 $\dfrac{2MG}{AG} = \dfrac{BP + CQ}{AG} = \dfrac{BF}{AF} + \dfrac{CE}{AE} = \dfrac{y + z}{x}$,所以 $\dfrac{MG}{MA} = \dfrac{y + z}{2x + y + z}$.

作 $AH \perp BC$ 于 H,$GT \perp BC$ 于 T,如图 25 - 13,则 $BA^2 - CA^2 = BH^2 - (BC - BH)^2$,解得 $BH = \dfrac{y^2 + xy + yz - xz}{y + z}$,从而 $MH = BH - BM = \dfrac{y^2 + 2xy - 2xz - z^2}{2(y + z)}$.

注意到 $\dfrac{MT}{MH} = \dfrac{MG}{MA}$,所以 $MT = \dfrac{y - z}{2}$,又易知 $MD = \dfrac{y - z}{2}$,所以 T、D 重合,由于 $GD \perp BC$,$ID \perp BC$,从而 I、D、G 共线,于是 $IG \perp BC$.

熟知图形结构,过点 G 作 BC 的平行线分别交 AB、AC 于 X、Y,则 AG 为 AXY 的中线,过 $\triangle AXY$ 的边 XY 的中点 G 作 EF 分别交 AX、AY 于 F、E,且 $AE = AF$,则 $XF = YE$,这是熟知结论.

证法 2:过点 G 作 $XY \parallel BC$,分别交 AB、AC 于 X、Y,过点 X 作 $XZ \parallel AC$ 交 EF 延长线于 Z,$\dfrac{GX}{BM} = \dfrac{GY}{MC}$,注意到 $BM = CM$,从而 $GX = GY$,由于 $XZ \parallel AC$,

从而易证 $\triangle XZG \cong \triangle YEG$，从而 $XZ = YE$，且 $\angle XZF = \angle YEG$，又 $AE = AF$，故 $\angle YEG = \angle AFG = \angle XFZ$，从而 $XF = XZ$，所以 $XF = YE$.

注意到 $IF = IE$，$\angle IFX = \angle IEY = 90°$，所以 $\triangle IFX \cong \triangle IEY$，从而 $IX = IY$，结合点 G 为 XY 中点，故 $IG \perp XY$，从而 $IG \perp BC$.

充分挖掘已知各条件的各种关系，疏浚源头，多思考、多尝试、多积累经验，解题时方可得心应手.

圆锥曲线与直线相交及其相关问题是解析几何中非常典型、非常重要的问题,本文拟从曲线系的角度给出一种处理这些问题的方法.

在一个关于 x、y 的二元方程中,如果它含有一个不定的常数,给这个常数一些不同的值,可以得到一系列具有某种共同性质的曲线(包括直线),它们的全体组成的集合叫做具有某种共同性质的曲线系.

设二次曲线 $C: ax^2 + bxy + cy^2 + dx + ey + f = 0$ 与直线 $l_1: m_1x + n_1y + p_1 = 0$,$l_2: m_2x + n_2y + p_2 = 0$ 都有公共点,则过这些公共点的二次曲线系方程为

$$\lambda(ax^2 + bxy + cy^2 + dx + ey + f) + \mu(m_1x + n_1y + p_1)(m_2x + n_2y + p_2) = 0,$$

这里 λ、μ 为不全为 0 的实数.

由于二次曲线 $C: ax^2 + bxy + cy^2 + dx + ey + f = 0$ 表示圆的充要条件是:$a = c \neq 0$;$b = 0$;$d^2 + e^2 - 4af > 0$,于是我们不难得到下面的定理(证明从略):

- **定理 1** 设椭圆 $mx^2 + ny^2 = 1$ 与直线 $ax + by + c = 0$ 有两个不同的交点,则过这两点的圆系方程为

$$mx^2 + ny^2 - 1 + \lambda(ax + by + c)(ax - by + k) = 0,$$

这里 $\lambda = \dfrac{n - m}{a^2 + b^2}$,$k$ 为任意实数.

- **定理 2** 设双曲线 $mx^2 - ny^2 = 1$ 与直线 $ax + by + c = 0$ 有两个不同的交点,则过这两点的圆系方程为 $mx^2 - ny^2 - 1 + \lambda(ax + by + c)(ax - by + k) = 0$,这里 $\lambda = \dfrac{-n - m}{a^2 + b^2}$,$k$ 为任意实数.

■ **定理3** 设抛物线 $y^2 = 2px$ 与直线 $ax + by + c = 0$ 有两个不同的交点，则过这两点的圆系方程为 $y^2 - 2px + \lambda(ax + by + c)(ax - by + k) = 0$，这里 $\lambda = \dfrac{1}{a^2 + b^2}$，$k$ 为任意实数.

上述三个定理在处理圆锥曲线与直线相交的诸多方面都有很方便的应用，以下将例说这三个定理的应用.

一、求过直线与圆锥曲线交点的圆

■ **例1** 已知点 $A(1, 1)$，过点 $(5, -2)$ 及点 $(0, 3)$ 的直线与曲线 $y^2 = 4x$ 交于 B、C 两点，求过 A、B、C 三点的圆的方程.

解：过点 $(5, -2)$ 及点 $(0, 3)$ 的直线方程为 $x + y - 3 = 0$，由定理3知过 B、C 的圆系方程为 $y^2 - 4x + \dfrac{1}{2}(x + y - 3)(x - y + c) = 0$，将 $x = 1$，$y = 1$ 代入圆系方程中，解得 $c = -6$，所以过 A、B、C 三点的圆方程为 $x^2 + y^2 - 17x - 3y + 18 = 0$.

二、求直线与圆锥曲线的相交弦长

■ **例2** 双曲线 $x^2 - 3y^2 = 1$ 与直线 $x + y - 1 = 0$ 交于 B、C 两点，求弦 BC 的长度.

分析：如果过双曲线 $x^2 - 3y^2 = 1$ 与直线 $x + y - 1 = 0$ 交点 B、C 的圆系的圆心在直线 $x + y - 1 = 0$ 上，则圆的方程可以确定，而 BC 就是圆的直径.

解：由定理2知过 B、C 两点的圆系方程为 $x^2 - 3y^2 - 1 - 2(x + y - 1)(x - y + c) = 0$，即 $x^2 + y^2 + 2(c-1)x + 2(c+1)y + 1 - 2c = 0$，由圆心 $(1-c, -c-1)$ 在直线 $x + y - 1 = 0$ 上，解得 $c = -\dfrac{1}{2}$. 从而以 BC 为直径的圆方程为 $\left(x - \dfrac{3}{2}\right)^2 + \left(y + \dfrac{1}{2}\right)^2 = \dfrac{1}{2}$，此圆的直径长度等于 $\sqrt{2}$，所以弦 BC 的长度为 $\sqrt{2}$.

三、求直线与圆锥曲线的斜率

■ **例 3**　过点 $(0,3)$ 的直线 l 与抛物线 $y^2 = 2\sqrt{3}x$ 相交于 P、Q 两点,若 $OP \perp OQ$,求直线 l 的斜率.

　　解: 易知满足条件的直线 l 斜率存在,故可设过点 $(0,3)$ 的直线方程为 $kx + y - 3 = 0$,由定理 3 知过 P、Q 的圆系方程为 $y^2 - 2\sqrt{3}x + m(kx + y - 3)(kx - y + c) = 0$, $m(1 + k^2) = 1$,则 $c = 0$. 又圆心在直线 $kx + y - 3 = 0$ 上,故 $k \cdot \dfrac{-mkc + 2\sqrt{3} + 3mk}{2mk^2} + \dfrac{-mc - 3m}{2mk^2} - 3 = 0$,解得 $k = \dfrac{\sqrt{3}}{2}$,所以直线 l 的斜率为 $-\dfrac{\sqrt{3}}{2}$.

■ **例 4**　直线 $l:y = kx + 1$ 与双曲线 $C:2x^2 - y^2 = 1$ 的右支交于不同的两点 A、B.请问是否存在实数 k,使得以线段 AB 为直径的圆经过双曲线 C 的右焦点 F? 若存在,求出 k 的值;若不存在,说明理由.(2004 年湖北省高考试题)

　　解: 将 $y = kx + 1$ 代入 $2x^2 - y^2 = 1$ 中并化简整理得 $(2 - k^2)x^2 - 2kx - 2 = 0$,由已知得此方程有两个不小于 $\dfrac{\sqrt{2}}{2}$ 的实根,解得 $-2 < k < -\sqrt{2}$.

　　由定理 2 知过 A、B 两点的圆系方程为 $2x^2 - y^2 - 1 + m(kx - y + 1)(kx + y + c) = 0$, $m(1 + k^2) = -3$,由于 AB 是圆的直径,故圆心在直线 l 上,即 $k \cdot \dfrac{-mkc - mk}{2(2 + mk^2)} - \dfrac{mc - m}{2(2 + mk^2)} + 1 = 0$,解得 $c = -\dfrac{1}{3}$.

　　若此圆过右焦点 $\left(\dfrac{\sqrt{6}}{2}, 0\right)$,将 $x = \dfrac{\sqrt{6}}{2}$, $y = 0$ 代入圆系方程中解得 $k = \dfrac{-\sqrt{6} \pm 6}{5}$.经检验, $-2 < \dfrac{-\sqrt{6} - 6}{5} < -\sqrt{2}$, $\dfrac{-\sqrt{6} + 6}{5} > -\sqrt{2}$,从而存在以线段 AB 为直径的圆经过双曲线 C 的右焦点 F,此时直线 AB 的斜率为 $\dfrac{-\sqrt{6} - 6}{5}$.

四、求曲线的方程

■ **例5** 已知椭圆中心在原点 O，焦点在坐标轴上，直线 $x-y+1=0$ 与此椭圆相交于 P、Q 两点，若 $|PQ|=\dfrac{\sqrt{10}}{2}$，$OP \perp OQ$，求椭圆方程.

分析：设椭圆方程为 $mx^2+ny^2=1$，则过 P、Q 两点的圆系方程可表示为

$$mx^2+ny^2-1+\frac{n-m}{2}(x-y+1)(x+y+c)=0.$$

由于 $OP \perp OQ$，故一方面 PQ 为圆的直径，从而圆心在直线 $x-y+1=0$ 上，另一方面圆过原点，由此建立关于 m、n 的方程.

解：设椭圆方程为 $mx^2+ny^2=1$，则过 P、Q 两点的圆系方程可表示为

$$mx^2+ny^2-1+\frac{n-m}{2}(x-y+1)(x+y+c)=0,$$

则 $c(n-m)=2$，$\dfrac{(m-n)(c+1)}{2(m+n)}-\dfrac{(m-n)(1-c)}{2(m+n)}+1=0$，解得 $m+n=2$.

由 $|PQ|=\dfrac{\sqrt{10}}{2}$ 得 $\dfrac{10}{16}=\dfrac{(m-n)^2(1+c)^2}{16}+\dfrac{(m-n)^2(1-c)^2}{16}$，解得 $m-n=\pm1$.

所以 $m=\dfrac{3}{2}$，$n=\dfrac{1}{2}$；$m=\dfrac{1}{2}$，$n=\dfrac{3}{2}$. 从而椭圆方程为：$\dfrac{3}{2}x^2+\dfrac{1}{2}y^2=1$ 或 $\dfrac{1}{2}x^2+\dfrac{3}{2}y^2=1$.

五、证明圆锥曲线与直线相交的相关问题

■ **例6** 已知 P、Q 是抛物线 $y^2=2px(p>0)$ 上异于原点的两点，且满足 $OP \perp OQ$（O 是抛物线顶点）. 求证：直线 PQ 与 x 轴的交点是一个定点.

分析：设过 P、Q 的直线方程为 $ax+by+c=0$，关键是确定 a、b、c 间的

关系.

解:设过 P、Q 的直线方程为 $ax+by+c=0$,则 $c\neq0$,由定理 3 知过 P、Q 的圆系方程为 $y^2-2px+m(ax+by+c)(ax-by+c_1)=0$, $m(a^2+b^2)=1$,因为此圆过原点,且圆心在直线 PQ 上,故 $c_1=0$, $a\cdot\dfrac{-mac+2p}{2ma^2}+b\cdot\dfrac{mbc}{2ma^2}+c=0$,解得 $-2pa=c$.

在直线方程为 $ax+by+c=0$ 中,当 $y=0$ 时,$x=-\dfrac{c}{a}=2p$,即直线 PQ 与 x 轴的交点是定点 $(2p,0)$.

■ **例 7** 已知 A、B 是椭圆 $\dfrac{x^2}{a^2}+\dfrac{y^2}{b^2}=1$ 上的两点,O 是椭圆中心,$OA\perp OB$.求证:$\dfrac{1}{|OA|^2}+\dfrac{1}{|OB|^2}$ 是定值.

分析:设原点 O 到直线 AB 的距离为 d,d 等于直角三角形 OAB 斜边上的高,由于 $\triangle AOB$ 是以 AB 为斜边的直角三角形,所以 $|OA|\cdot|OB|=|AB|\cdot d$,所以 $\dfrac{1}{|OA|^2}+\dfrac{1}{|OB|^2}=\dfrac{|OA|^2+|OB|^2}{|OA|^2|OB|^2}=\dfrac{|AB|^2}{|OA|^2|OB|^2}=\dfrac{1}{d^2}$.

证明:设过 A、B 的直线方程为 $a_1x+b_1y+c_1=0$,由定理 1 知过 A、B 的圆系方程为 $b^2x^2+a^2y^2-a^2b^2+m(a_1x+b_1y+c_1)(a_1x-b_1y+c_2)=0$,这里 $m(a_1^2+b_1^2)=a^2-b^2$,则 $-a^2b^2+mc_1c_2=0$, $a_1\cdot\dfrac{-ma_1c_2-ma_1c_1}{2(b^2+ma_1^2)}+b_1\cdot\dfrac{-mb_1c_2+mb_1c_1}{2(b^2+ma_1^2)}+c_1=0$,解得 $c_1^2=\dfrac{a^2b^2(a^2-b^2)}{m(a^2+b^2)}$,设原点 O 到直线 AB 的距离为 d,则 $d^2=\dfrac{|c_1|^2}{a_1^2+b_1^2}=\dfrac{a^2b^2}{a^2+b^2}$,从而 $\dfrac{1}{|OA|^2}+\dfrac{1}{|OB|^2}=\dfrac{a^2+b^2}{a^2b^2}$.

■ **例 8** 设 A、B 是椭圆 $3x^2+y^2=\lambda$ 上的两点,点 $N(1,3)$ 是线段 AB 的中点,线段 AB 的垂直平分线与椭圆相交于 C、D 两点.(1)确定 λ 的取值范围,并求直线 AB 的方程;(2)试判断是否存在这样的 λ,使得 A、B、C、D 四点在同一个圆上? 并说明理由.(2005 年湖北省高考试题)

解:(1) 设 $A(x_1,y_1)$, $B(x_2,y_2)$,则 $3x_1^2+y_1^2=\lambda$, $3x_2^2+y_2^2=\lambda$,两式

相减得 $3(x_1+x_2)(x_1-x_2)+(y_1+y_2)(y_1-y_2)=0$，若 AB 满足条件，设直线 AB 的斜率 k，则 $k=\dfrac{y_1-y_2}{x_1-x_2}=-\dfrac{3(x_1+x_2)}{y_1-y_2}=-1$，所以直线 AB 的方程为 $x+y-4=0$，将 $y=4-x$ 代入 $3x^2+y^2=\lambda$ 中化简并整理得 $4x^2-8x+16-\lambda=0$，由 $\Delta=64-16(16-\lambda)>0$ 解得 $\lambda>12$，所以当 $\lambda>12$ 时，直线 AB 的方程为 $x+y-4=0$.

(2) 由已知易得 $\lambda>12$ 时，直线 CD 的方程为 $x-y+2=0$，则过 C、D 两点的圆系方程为 $3x^2+y^2-\lambda-(x-y+2)(x+y+p)=0$.

依题意圆心在直线 CD 上，从而 $\dfrac{p+2}{4}-\dfrac{2-p}{4}+2=0$，解得 $p=-4$，从而 $3x^2+y^2-\lambda-(x-y+2)(x+y+p)=0$ 可化为 $\left(x+\dfrac{1}{2}\right)^2+\left(y-\dfrac{3}{2}\right)^2=\dfrac{2\lambda-6}{4}$，所以当 $\lambda>12$ 时，一方面方程 $3x^2+y^2-\lambda-(x-y+2)(x+y-4)=0$ 表示圆，另一方面易知：直线 $x+y-4=0$、直线 $x-y+2=0$ 与椭圆的交点 A、B、C、D 的坐标都满足 $\left(x+\dfrac{1}{2}\right)^2+\left(y-\dfrac{3}{2}\right)^2=\dfrac{2\lambda-6}{4}$，即当 $\lambda>12$ 时，存在圆 $\left(x+\dfrac{1}{2}\right)^2+\left(y-\dfrac{3}{2}\right)^2=\dfrac{2\lambda-6}{4}$ 过 A、B、C、D 四点.

■ **例9** 已知椭圆 $\dfrac{x^2}{9}+\dfrac{y^2}{4}=1$ 上存在关于直线 $l:y=2x+m$ 对称的两点，求实数 m 的取值范围.

解：设 P、Q 是椭圆 $\dfrac{x^2}{9}+\dfrac{y^2}{4}=1$ 关于直线 $l:y=2x+m$ 对称的两点，则可设直线 PQ 的方程为 $2y+x+b=0$，于是直线 PQ 与椭圆 $\dfrac{x^2}{9}+\dfrac{y^2}{4}=1$ 交点的圆系方程为 $4x^2+9y^2-36-(2y+x+b)(2y-x+a)=0$，即 $5x^2+5y^2-(a-b)x-2(a+b)y-ab-36=0$.

由于圆心 $\left(\dfrac{a-b}{10},\dfrac{a+b}{5}\right)$ 既在直线 $2y+x+b=0$ 上，又在直线 $y=2x+m$

上，从而 $\begin{cases} \dfrac{2(a+b)}{5} + \dfrac{a-b}{10} + b = 0, \\ \dfrac{a+b}{5} = \dfrac{2(a-b)}{10} + m, \end{cases}$ 解得 $b = \dfrac{5m}{2}$, $a = -\dfrac{13m}{2}$.

从而圆心为 $\left(-\dfrac{9m}{10}, -\dfrac{4m}{5}\right)$，而圆心在椭圆 $\dfrac{x^2}{9} + \dfrac{y^2}{4} = 1$ 内部，故 $\dfrac{1}{9}\left(-\dfrac{9m}{10}\right)^2 + \dfrac{1}{4}\left(-\dfrac{4m}{5}\right)^2 < 1$，解得 $-2 < m < 2$，即实数 m 的取值范围是 $\{m \mid -2 < m < 2\}$.

最后必须说明，尽管此方法可以处理直线与圆锥曲线相交相关问题（包括求交点），但并不意味着此法优于其他方法，应用时不可胶柱鼓瑟.

27 函数 $f(x)=\sqrt{ax^2+bx+c}$ 的几何意义

在中学数学中,函数 $f(x)=\sqrt{ax^2+bx+c}$ 并不少见,但未对其进行专门的讨论.本文首先就其几何意义进行简单的讨论,然后举例说明其应用.

一、函数 $f(x)=\sqrt{ax^2+bx+c}$ 的几何意义

1. $a=0$

1.1 $b\neq0$

这时 $f(x)=\sqrt{bx+c}=\sqrt{b\left(x+\dfrac{c}{b}\right)}$,它表示抛物线 $y^2=b\left(x+\dfrac{c}{b}\right)$ 的非 x 轴下方部分.如图 27-1 所示,当 $b<0$ 时,曲线向左延伸,当 $b>0$ 时,曲线向右延伸.

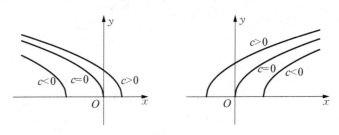

图 27-1

1.2 $b=0$

此时,$f(x)=\sqrt{c}$,当 $c<0$ 时,$f(x)$ 无意义,故无图象;当 $c\geqslant0$ 时,$f(x)$ 表示一条平行于 x 轴的直线或 x 轴.

2. 当 $a > 0$

为方便起见,下文中 $\Delta = b^2 - 4ac$,$m = -\dfrac{b}{2a}$.

2.1 $\Delta = 0$

这时,$f(x) = \sqrt{a}\,|\,x - m\,|$,它表示经过点 $M(m, 0)$,斜率为 $\pm\sqrt{a}$ 的两条直线非 x 轴下方部分,如图 $27-2$ 所示,直线 $x = m$ 是其对称轴.

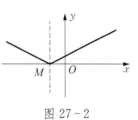

图 27 - 2

2.2 $\Delta < 0$

$f(x)$ 总可以化为 $\dfrac{f(x)}{\sqrt{ak_1^2}} = \sqrt{\dfrac{(x-m)^2}{k_1^2} + 1}$,其中 $k_1 = \dfrac{\sqrt{-\Delta}}{2a}$,因此,它表示双曲线 $\dfrac{y^2}{ak_1^2} - \dfrac{(x-m)^2}{k_1^2} = 1$ 的非 x 轴下方部分,如图 $27-3$ 所示,直线 $x = m$ 是其对称轴,$y = \pm\sqrt{a}(x - m)$ 是其渐近线.

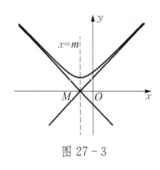

图 27 - 3

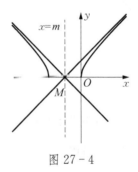

图 27 - 4

2.3 $\Delta > 0$

此时,$f(x)$ 总可以化为 $\dfrac{f(x)}{\sqrt{ak_2^2}} = \sqrt{\dfrac{(x-m)^2}{k_2^2} - 1}$,其中 $k_2 = \dfrac{\sqrt{\Delta}}{2a}$,因此,它表示双曲线 $\dfrac{(x-m)^2}{k_1^2} - \dfrac{y^2}{ak_1^2} = 1$ 的非 x 轴下方部分,如图 $27-4$ 所示,焦点在 x 轴上,直线 $x = m$ 是其对称轴,$y = \pm\sqrt{a}(x - m)$ 是其渐近线.

3. $a < 0$

3.1 $\Delta < 0$

这时,$ax^2 + bx + c$ 恒小于 0,故 $f(x)$ 无意义,因而无实图象.

3.2　$\Delta = 0$

此时，$f(x) = \sqrt{a(x-m)^2}$ 仅表示一实点 $M(m, 0)$.

3.3　$\Delta > 0$

$f(x)$ 总可以化为 $\dfrac{f(x)}{\sqrt{-ak_3^2}} = \sqrt{1 - \dfrac{(x-m)^2}{k_3^2}}$，其中 $k_3 = \dfrac{\sqrt{\Delta}}{-2a}$，因此，它表示中

心在 $M(m, 0)$ 的曲线 $\dfrac{(x-m)^2}{k_3^2} + \dfrac{y^2}{-ak_3^2} = 1$ 的非 x 轴下方部分，直线 $x = m$ 是其

对称轴. 当 $a = -1$ 时，它是一个半圆，圆的半径为 k_3，如图 27-5 所示；当 $a > -1$

时，它是一个半椭圆，其焦点在 x 轴上，如图 27-6 所示；当 $a < -1$ 时，它也是一个

半椭圆，其焦点在直线 $x = m$ 上，如图 27-7 所示.

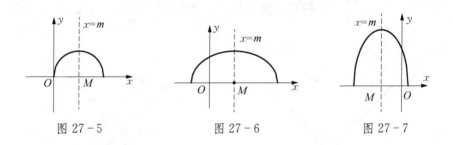

图 27-5　　　　　　　图 27-6　　　　　　　图 27-7

总之，从几何角度来看，$f(x) = \sqrt{ax^2 + bx + c}$ 表示的是圆锥曲线及其退化

形式的一部分，它可以看作 $f(x) = \sqrt{ax^2 + c}$ 而得.

二、函数 $f(x) = \sqrt{ax^2 + bx + c}$ 几何意义的应用

利用函数 $f(x) = \sqrt{ax^2 + bx + c}$ 的几何意义可以简单而直观地解决以下诸问题.

1. 讨论函数 $f(x) = \sqrt{ax^2 + bx + c}$ 的性质

■　**例1**　讨论函数 $f(x) = \sqrt{-4x^2 - 8x + 3}$ 的性质.

解：因为 $a = -4 < -1$，$\Delta = 112 > 0$，由上面的讨论可知，它表示一个半椭圆，

形状如图 27-7 所示，因此函数 $f(x) = \sqrt{-4x^2 - 8x + 3}$ 的值域为 $\{y \mid 0 \leqslant y \leqslant$

$\sqrt{7}\}$，对称轴是直线 $x=-1$，故 $f(x)$ 既不是奇函数也不是偶函数. 当 $x\in\left[-1-\dfrac{\sqrt{7}}{2},-1\right]$ 时，函数 $f(x)$ 严格递增；当 $x\in\left[-1,-1+\dfrac{\sqrt{7}}{2}\right]$ 时，函数 $f(x)$ 严格递减. 当 $x=-1$ 时，取到最大值 $\sqrt{7}$；当 $x=-1\pm\dfrac{\sqrt{7}}{2}$ 时，取到最大值 0.

2. 解不等式

形如 $\sqrt{ax^2+bx+c}\geqslant(\leqslant,>,<)dx+e$；$\sqrt{ax^2+bx+c}\geqslant(\leqslant,>,<)\sqrt{a_1x^2+b_1x+c_1}$ 的不等式均可利用 $f(x)=\sqrt{ax^2+bx+c}$ 的几何意义来解决.

■ **例 2**　解不等式 $\sqrt{2x^2-6x+4}<x+2$.

解：1) 作出 $y=\sqrt{2x^2-6x+4}$ 及 $y=x+2$ 的图象，如图 27-8 所示.

2) 求交点，解方程 $\sqrt{2x^2-6x+4}=x+2$ 得 $x_1=0$，$x_2=10$.

3) 看图求解集. 观察图 27-8 中哪个区间上直线 $y=x+2$ 在曲线 $y=\sqrt{2x^2-6x+4}$ 上方. 从图 27-8 可知原不等式的解集为 $\{x\mid 0<x\leqslant1\}\bigcup\{x\mid 2\leqslant x<10\}$.

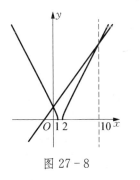

图 27-8

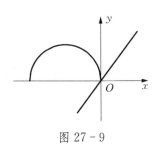

图 27-9

■ **例 3**　确定 a 的值，使得 $\sqrt{-x^2-4x}\geqslant\dfrac{4}{3}x+11-a$ 成立.

解：作出 $y=\sqrt{-x^2-4x}$ 的图象，如图 27-9 所示，考虑直线系 $y=\dfrac{4}{3}x+m$ 与 $y=\sqrt{-x^2-4x}$ 在公共区间上的位置关系. 从图 27-9 可知：当 $m\leqslant0$ 时，即 $11-a\leqslant0$ 时，$\sqrt{-x^2-4x}\geqslant\dfrac{4}{3}x+11-a$ 成立，因此 $a\geqslant11$.

3. 求函数 $f(x) = mx + l + n\sqrt{ax^2 + bx + c}$ $(n \neq 0)$ 的值域

将 $f(x) = mx + l + n\sqrt{ax^2 + bx + c}$ 变形为 $\dfrac{f(x) - mx - l}{n} = \sqrt{ax^2 + bx + c}$，然后考虑当 t 为何值时，曲线 $y = \sqrt{ax^2 + bx + c}$ 与直线系 $y = \dfrac{-mx}{n} - \dfrac{l}{n} + \dfrac{t}{n}$ 有公共点，由此可求得 $f(x)$ 的值域.

■ **例4** 求 $f(x) = \dfrac{1}{2}x + \sqrt{x^2 + 2x + 2}$ 的值域.

解：作曲线 $y = \sqrt{x^2 + 2x + 2}$ 的图象，如图 27-10 所示，考虑直线系 $y = -\dfrac{x}{2} + t$ 与其位置关系. 由 $\sqrt{x^2 + 2x + 2} = -\dfrac{1}{2}x + t$ 整理得 $3x^2 + (8 + 4t)x + 8 - 4t^2 = 0$.

由 $\Delta = 16(2 + t)^2 - 48(2 - t^2) = 0$ 解得 $t = \dfrac{-1 + \sqrt{3}}{2}$（舍去了负值，因这里只有双曲线的一支），因此斜率为 $-\dfrac{1}{2}$ 且与曲线 $y = \sqrt{x^2 + 2x + 2}$ 相切的直线方程为 $y = -\dfrac{1}{2}x - \dfrac{1}{2} + \dfrac{\sqrt{3}}{2}$，从图 27-10 可知：当直线

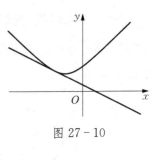

图 27-10

$y = -\dfrac{1}{2}x - \dfrac{1}{2} + \dfrac{\sqrt{3}}{2}$ 向上平移时均与曲线 $y = \sqrt{x^2 + 2x + 2}$ 相交，即当 $t \geqslant \dfrac{-1 + \sqrt{3}}{2}$ 时，曲线 $y = \sqrt{x^2 + 2x + 2}$ 与直线系 $y = -\dfrac{x}{2} + t$ 有交点，从而 $f(x) = \dfrac{1}{2}x + \sqrt{x^2 + 2x + 2}$ 的值域为 $\left\{ y \middle| y \geqslant \dfrac{-1 + \sqrt{3}}{2} \right\}$.

■ **例5** 求 $f(x) = \sqrt{-\dfrac{4}{9}x^2 + \dfrac{8}{9}x + \dfrac{32}{9}} + 3 - x$ 的值域.

解：作曲线 $y = \sqrt{-\dfrac{4}{9}x^2 + \dfrac{8}{9}x + \dfrac{32}{9}}$ 的图象，如图 27-11 所示，考虑它与直线系 $y = x - 3 + t$ 的位置关系. 由 $x - 3 + t = \sqrt{-\dfrac{4}{9}x^2 + \dfrac{8}{9}x + \dfrac{32}{9}}$，整理得

$13x^2+(18t-62)x+9t^2-54t+49=0$，由 $\Delta=$ $4(9t-31)^2-52(9t^2-54t+49)=0$ 解得 $t=2+$ $\sqrt{13}$（舍去了负值，因这里只有椭圆的一部分），因此

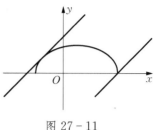

当 $t=2+\sqrt{13}$ 时，曲线 $y=\sqrt{-\dfrac{4}{9}x^2+\dfrac{8}{9}x+\dfrac{32}{9}}$ 与

直线系 $y=x-3+t$ 相切，又从图 27-11 可知：当

图 27-11

$t=-1$ 时，直线过曲线 $y=\sqrt{-\dfrac{4}{9}x^2+\dfrac{8}{9}x+\dfrac{32}{9}}$ 的

顶点 $A(4,0)$，所以当 $-1\leqslant t\leqslant 2+\sqrt{13}$ 时，直线系 $y=x-3+t$ 与曲线 $y=$

$\sqrt{-\dfrac{4}{9}x^2+\dfrac{8}{9}x+\dfrac{32}{9}}$ 有公共点，从而 $f(x)=\sqrt{-\dfrac{4}{9}x^2+\dfrac{8}{9}x+\dfrac{32}{9}}+3-x$ 的

值域：$\{y\,|-1\leqslant y\leqslant 2+\sqrt{13}\,\}$.

■ **例6** 求 $f(x)=-2x+1+\sqrt{x^2-2x-3}$ 的值域.

解：作曲线 $y=\sqrt{x^2-2x-3}$ 的图象，考虑直线系 $y=2x-1+t$ 与其位置

关系.

由 $2x-1+t=\sqrt{x^2-2x-3}$ 整理得 $3x^2+(4t-2)x+t^2-2t+4=0$，

由 $\Delta=4(2t-1)^2-12(t^2-2t+4)=0$ 解得 $t=$

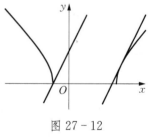

$-1-2\sqrt{3}$（舍去了正值，因这里只有双曲线的一部

分），结合图 27-12 可知：$y=2x-2-2\sqrt{3}$ 与曲线 $y=$

$\sqrt{x^2-2x-3}$ 相切，当直线 $y=2x+2$ 向上平移或

$y=2x-2-2\sqrt{3}$ 向下平移都与曲线 $y=\sqrt{x^2-2x-3}$

图 27-12

有公共点，从而 $f(x)=-2x+1+\sqrt{x^2-2x-3}$ 的值

域为 $\{y\,|\,y\geqslant 3\}\bigcup\{y\,|\,y\leqslant-1-2\sqrt{3}\}$.

4. 求 $f(x)=m\sqrt{a_1x^2+b_1x+c_1}+n\sqrt{a_2x^2+b_2x+c_2}$ 的值域.

将 $f(x)=m\sqrt{a_1x^2+b_1x+c_1}+n\sqrt{a_2x^2+b_2x+c_2}$ 变形为 $f(x)-$

$m\sqrt{a_1x^2+b_1x+c_1}=n\sqrt{a_2x^2+b_2x+c_2}$，然后考虑当 t 为何值时，曲线 $y=$

$n\sqrt{a_2x^2+b_2x+c_2}$ 与曲线系 $y=t-m\sqrt{a_1x^2+b_1x+c_1}$ 有公共点，从而求得 t 的取值范围，即函数 $f(x)$ 的值域. 当然，相对于直线与曲线的关系而言，两曲线的关系要复杂些. 本文仅举两个简单例子.

■ **例7** 求 $f(x)=\sqrt{x^2+2x+2}+\sqrt{x^2-2x-3}$ 的值域.

解：考虑 $y=\sqrt{x^2-2x-3}$ 与曲线系 $y-t=-\sqrt{x^2+2x+2}$ 的位置关系. 曲线系 $y=t-\sqrt{x^2+2x+2}$ 的中心 $M(-1,t)$ 在直线 $x=-1$ 上移动，由图27-13 知其顶点必须在点 A 或点 A 之上时才能与曲线 $y=\sqrt{x^2-2x-3}$ 相交，从而 $f(x)$ 的值域为 $\{y\mid y\geqslant 1\}$.

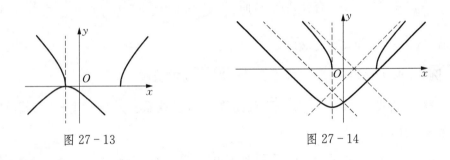

图 27-13　　　　　　　　图 27-14

■ **例8** 求 $f(x)=\sqrt{x^2+2x+2}-\sqrt{x^2-2x-3}$ 的值域.

考虑曲线 $y=\sqrt{x^2-2x-3}$ 及曲线系 $y=\sqrt{x^2+2x+2}-t$ 的位置关系. 曲线系 $y=\sqrt{x^2+2x+2}-t$ 的中心 $M(-1,-t)$ 在直线 $x=-1$ 上移动，曲线 $y=\sqrt{x^2-2x-3}$ 的两条渐近线为 $y=\pm(x-1)$；当 $t=2$ 时，曲线 $y=\sqrt{x^2+2x+2}-t$ 的两条渐近线为 $y=x-1$ 和 $y=-x-3$；当 $t=-3$ 时，曲线 $y=\sqrt{x^2+2x+2}-t$ 的两条渐近线为 $y=1-x$ 和 $y=x+3$. 由图27-14知：当 $-t\geqslant 3$，即 $t\leqslant -3$ 时，曲线 $y=\sqrt{x^2+2x+2}-t$ 在直线 $y=1-x$ 和 $y=x+3$ 上方，与曲线 $y=\sqrt{x^2-2x-3}$ 无公共点；当 $0\leqslant -t<3$，即 $-3<t\leqslant 0$ 时，曲线 $y=\sqrt{x^2+2x+2}-t$ 与曲线 $y=\sqrt{x^2-2x-3}$ 有公共点；当 $-2\leqslant -t<0$，即 $0<t\leqslant 2$ 时，曲线 $y=\sqrt{x^2+2x+2}-t$ 与曲线 $y=\sqrt{x^2-2x-3}$ 无公共点；当

$-\sqrt{17} \leqslant -t < -2$,即 $2 < t \leqslant \sqrt{17}$ 时,曲线 $y = \sqrt{x^2+2x+2} - t$ 与曲线 $y = \sqrt{x^2-2x-3}$ 有公共点;当 $-t < -\sqrt{17}$,即 $t > \sqrt{17}$ 时,曲线 $y = \sqrt{x^2+2x+2} - t$ 与曲线 $y = \sqrt{x^2-2x-3}$ 无公共点.

故 $f(x) = \sqrt{x^2+2x+2} - \sqrt{x^2-2x-3}$ 的值域为 $(-3, 0] \cup (2, \sqrt{17}]$.

28   从群论视角看一道集合题

有这样一道集合题:已知:集合 $A=\{x\mid x=5m+4n, m, n\in \mathbf{Z}\}$,集合 $B=\{x\mid x=3p+2q, p, q\in \mathbf{Z}\}$,试判断 A、B 间的关系.

这道题可以如下作答:

因 $5m+4n=15m-10m+12n-8n=3(5m+4n)+2(-5m-4n)$,故 $A\subseteq B$;

①

又 $3p+2q=15p-12p+10q-8q=5(3p+2q)+4(-3p-2q)$,故 $A\supseteq B$,

②

由①、②知 $A=B$.

上述解答言简意赅,正确性也毋庸置疑.但是解答中"拆项"的技巧较强,若不"悟"出其中的"道儿",则难以举一反三.究竟集合 A、B 的元素是什么? 它们与 5,4;3,2 有何关系呢? 任意给定整数 a、b,$A=\{x\mid x=am+bn, m, n\in \mathbf{Z}\}$情况又如何呢? 本文拟从群论角度谈谈其现代数学背景.

一、群的概念

群论是法国数学家伽罗瓦(Galois)的发明.某个数域上一元 n 次多项式方程,它的根之间的某些置换所构成的置换群被定义作该方程的伽罗瓦群,1832 年伽罗瓦证明了:一元 n 次多项式方程能用根式求解的一个充分必要条件是该方程的伽罗瓦群为"可解群".由于一般的一元 n 次方程的伽罗瓦群是 n 个元素的对称群 S_n,而当 $n\geqslant 5$ 时,S_n 不是可解群,所以一般的五次以上一元方程不能用根式求解.

■ **定义 1**　G 是一个群,是指:(1)G 是一个集合;(2)对 G 内的元素定义了一个二元运算:$\oplus$;(3)G 关于运算 $\oplus$ 满足以下条件:

1) 封闭性:对于任何 G 的元素 a,b,都有 $a \oplus b \in G$.

2) 结合律:对于任何 G 的元素 a,b,c,都有 $(a \oplus b) \oplus c = a \oplus (b \oplus c)$.

3) 有单位元:G 中存在元素 e,使得对任何 G 的元素 a,都有 $a \oplus e = e \oplus a = a$.

4) 有逆元:对 G 的任何元素 a,都存在 G 中的唯一元素 a^{-1},使得 $a \oplus a^{-1} = a^{-1} \oplus a = e$.

有理数集 $\mathbf{Q}$,实数集 $\mathbf{R}$ 及复数集 $\mathbf{C}$ 关于通常的加法构成群,其单位元是 0,a 的逆元是 $-a$.

正有理数集 $\mathbf{Q}^+$,正实数集 $\mathbf{R}^+$ 关于通常的乘法构成群,其单位元是 1,a 的逆元是 $\dfrac{1}{a}$;

自然数集 $\mathbf{N}$ 关于通常的乘法不构成群,$n(n \neq 1)$ 没有逆元;有理数集 $\mathbf{Q}$,实数集 $\mathbf{R}$ 关于通常的乘法不构成群,0 没有逆元.

所有整数模 $m(m > 1)$ 的余数有 0,1,2,$\cdots$,$m-1$ 共 m 种情况,全休整数按模 m 的余数不同可分成 m 类,分别记作 $[0]$,$[1]$,$[2]$,$\cdots$,$[m-1]$ 称作模 m 的剩余类,这里 $[r] = \{x \mid x = km + r, k \in \mathbf{Z}, r = 0, 1, \cdots, m-1\}$,用 $Z_m = \{[0], [1], \cdots, [m-1]\}$ 表示模 m 的剩余类集.若定义加法"+":$[a] + [b] = [a+b]$,则 Z_m 关于"+"构成群,称为模 m 的剩余类加群,其中单位元是 $[0]$.

$A = \{x \mid x = 5m + 4n, m, n \in \mathbf{Z}\}$ 对于通常的加法构成群.单位元是 0,对于任意 $x = 5m + 4n$,$-x = 5(-m) + 4(-n)$ 是其逆元.

若定义整数 d 的所有整倍数构成的集为 D,则 D 对通常的加法构成群,记作群 D.

二、生成元

"道生一,一生二,二生三,三生万物"出自老子的《道德经》第四十二章,是老子的宇宙生成论. 这里"一""二""三"并不是指具体的事物和具体数量，而是表示"道"生万物从少到多，从简单到复杂的一个过程. 这里的"生成"与群论里的"生成"契合，所以有人认为中国古代就有"群论"的思想，这也许有点牵强.

■ **定义 2** G 是一个群，集合 $S \subseteq G$，若 G 的所有元素都能用仅含 S 的元素或其逆元素表示，则称 S 的元素为 G 的生成元，记作 $G = \langle S \rangle$.

简单的情况只有一个生成元. 例如，全体整数对通常的加法构成群，我们称之为整数加群，记作 **Z**. 这个群可以看作是元素 1 生成的，即 **Z** $= \langle 1 \rangle$.

事实上，对于任何正整数 n，可以看作是 n 个 1 相加；1 的逆元是 -1，对于任何负整数 $-n$，可以看作是 n 个 -1 相加. 当然，群 **Z** 也可以由其他元素生成，如 $S = \{2, 3\}$，因 $3 - 2 = 1$，而 1 能生成 **Z**，故 **Z** $= \langle 2, 3 \rangle$.

关于整数加群的生成元，我们有以下定理：

■ **定理 1** 若 $a, b \in \mathbf{Z}$，且 $(a, b) = d$，则 $D = \langle a, b \rangle$.

证明：易知 $E = \{t \mid t = ax + by, x, y \in \mathbf{Z}\}$ 中元素是整数，故其中必有最小正整数，设 $d_0 = ax_0 + by_0$ 是 $E = \{t \mid t = ax + by, x, y \in \mathbf{Z}\}$ 中最小的正整数.

因为 $(a, b) = d$，故存在整数 x_1、y_1，使得 $d = ax_1 + by_1$，于是存在整数 k 使得 $d = kd_0 + r$，$0 \leqslant r < d_0$. 若 $0 < r < d_0$，则 $r = a(x_1 - kx_0) + b(y_1 - ky_0)$，这与 d_0 的最小性矛盾，故 $r = 0$，即 $d_0 \mid d$；又 $d \mid a$，$d \mid b$，从而 $d \mid d_0$，所以 $d = d_0$.

于是一方面，对于任意 $t \in E$，利用 d 的最小性可证：$d \mid t$，E 中的元素都是整数 d 的倍数，从而

$$E \subseteq D; \qquad\qquad ③$$

另一方面，对于 D 的任意元素 kd，则 $kd = k(ax_0 + by_0) = a(kx_0) + b(ky_0)$，从而

$$D \subseteq E. \qquad\qquad ④$$

综合③④得 $D = E$.

一般地，我们有：

■ **定理 2** （1）若 $x_1, x_2, \cdots, x_n \in \mathbf{Z}$，且 $(x_1, x_2, \cdots, x_n) = 1$，则 **Z** $= \langle x_1, x_2, \cdots, x_n \rangle$.

（2）若 x_1，x_2，$\cdots$，$x_n \in \mathbf{Z}$，且 $(x_1,x_2,\cdots,x_n)=d$，则 $\mathbf{D}=\langle x_1,x_2,\cdots,x_n\rangle$．

现在我们回到文首的那道题．因为 $A=\langle 5,4\rangle=\langle 1\rangle$，$B=\langle 3,2\rangle=\langle 1\rangle$，从而集合 A、B 自然相等．

至于解答中的拆项方法现在也有规可循了，关键是找到最小元．

因为 $(5,4)=1$，$(3,2)=1$，所以存在 $m=1$，$n=-1$，使 $5m+4n=5-4=1$，存在 $p=1$，$q=-1$，使 $3p+2q=3-2=1$，从而 $5k-4k=k$，$3k-2k=k$．

对任何 m，$n \in \mathbf{Z}$，存在 $k \in \mathbf{Z}$，使得 $5m+4n=k=3k-2k$，故 $A \subseteq B$；

对任何 p，$q \in \mathbf{Z}$，存在 $k \in \mathbf{Z}$，使得 $3p+2q=k=5k-4k$，故 $B \subseteq A$．

为加深理解，我们再举两例．

■ **例 1** 已知：集合 $A=\{x \mid x=20m+16n+12l,\ m,\ n,\ l \in \mathbf{Z}\}$，集合 $B=\{x \mid x=8p+20q+28r,\ p,\ q,\ r \in \mathbf{Z}\}$，求证：$A=B$．

分析：方法 1：因为 $(20,16,12)=4$；$(8,20,28)=4$，故由定理 2 可知 A、B 均表示全体 4 的整倍数，从而 $A=B$．

方法 2：（拆项法）因为

$20m+16n+12l-4(5m+4n+3l)$，$(5,4,3)=1$，

$8p+20q+28r=4(2p+5q+7r)$，$(2,5,7)=1$

所以存在 $m=-2$，$n=2$，$l=1$，使得 $5\times(-2)+4\times2+3=1$；

存在 $p=2$，$q=-2$，$r=1$，使得 $2\times2+5\times(-2)+7=1$．

所以 $5\times(-2k)+4\times2k+3k=k$，$2\times2k+5\times(-2k)+7k=k$．

对任何 m，n，$l \in \mathbf{Z}$，存在 k，使得 $20m+16n+12l=4k=4[2\times2k+5\times(-2k)+7k]=8(2k)+20(-2k)+28k$，所以

$$A \subseteq B；\qquad\qquad ⑤$$

对任何 p，q，$r \in \mathbf{Z}$，存在 k，使得 $8p+20q+28r=4k=4[5\times(-2k)+4\times2k+3k]=20(-2k)+16(2k)+12k$，所以

$$A \supseteq B．\qquad\qquad ⑥$$

由⑤⑥知 $A=B$．

■ **例 2** 已知：集合 $A=\{x\mid x=2m+18n, m, n\in\mathbf{Z}\}$，集合 $B=\{x\mid x=18p+12q, p, q\in\mathbf{Z}\}$，试判断 A、B 间的关系.

分析：$A=\langle 2, 18\rangle=\langle 2\rangle$；$B=\langle 18, 12\rangle=\langle 6\rangle$，所以 $B\subset A$.

说明：1）例 1 的拆项方法不唯一.

2）例 2 中，$2m+18n$ 不可能拆成 $18p+12q$ 的形式.

■ **例 3** 某整数集合 M 既含有正整数，也含有负整数，而且如果 a 和 b 是它的元素，那么 $2a$ 和 $a+b$ 也是它的元素，证明：这个集合包含它的任意两个元素之差.

证明：设 a_0 是集合 M 中最小的正整数，b_0 是集合 M 中最大的负整数，则 a_0+b_0 也在 M 中，若 $a_0+b_0>0$，因为 $a_0-(a_0+b_0)=-b_0>0$，则 a_0+b_0 比 a_0 更小，这与 a_0 的最小性矛盾；若 $a_0+b_0<0$，因为 $(a_0+b_0)-b_0=a_0>0$，则 a_0+b_0 比 b_0 更大，这与 b_0 的最大性矛盾，所以 $a_0+b_0=0$.

对于任意 M 中的整数 a，存在整数 k、r，且 $0\leqslant r<a_0$，使得 $a=ka_0+r$. 根据定义，若 k 为正整数，ka_0 在 M 中；若 k 为负整数，$ka_0=(-k)(-a_0)=(-k)b_0$ 也在 M 中；若 $k=0$，$ka_0=0=a_0+b_0$ 亦在 M 中. 总之，ka_0 在 M 中，从而 $r=ka_0+(-a)$ 在 M 中. 但是若 $r\neq 0$ 时，$r=ka_0+(-a)$ 比 a_0 更小，这又与 a_0 的最小性矛盾，从而 $r=0$，所以 $M=\{a\mid a=ka_0\}$，k 为整数. 于是对于 M 中任意两个元素 pa_0、qa_0，$pa_0-qa_0=(p-q)a_0$，由于 $p-q$ 为整数，从而 $pa_0-qa_0=(p-q)a_0$ 在 M 中.

三、方程 ax+by=c 的整数根

我们知道，若 a、b、c 为整数，$(a, b)=d$，则方程 $ax+by=c$ 有整数根的充要条件条件是：$d\mid c$；当 d 不整除 c 时，关于 x、y 的整系数线性方程 $ax+by=c$ 没有整数根.

根据上面的定理 1，$E=\{t\mid t=ax+by, x, y\in\mathbf{Z}\}=D$，因为 $d\mid c$，从而存在整数 k，使得 $c=kd=k(ax_1+by_1)=a(kx_1)+b(ky_1)$，$\begin{cases}x=kx_1,\\ y=ky_1\end{cases}$ 是其一组整数解，这说明方程 $ax+by=c$ 有整数解；反之，若存在整数对 (x, y) 满足 $ax+$

$by = c$,因为$(a,b) = d$,于是$d \mid a$,$d \mid b$,从而$d \mid c$.

当d不整除c时,$c \notin D$,从而方程$ax + by = c$没有整数根.

一般地,若(x_0, y_0)满足方程$ax + by = c$,则对于$ax + by = c$的任意一组解(x, y),有$ax + by = c = ax_0 + by_0$,从而$a(x - x_0) = -b(y - y_0)$,从而

$$\frac{a(x - x_0)}{d} = -\frac{b(y - y_0)}{d}.$$

注意到$\left(\dfrac{a}{d}, \dfrac{b}{d}\right) = 1$,所以$\dfrac{a}{d} \mid (y - y_0)$,所以$y - y_0 = \dfrac{at}{d}$,$x - x_0 = -\dfrac{bt}{d}$,$t$为任意整数;另一方面,易知$x = x_0 - \dfrac{bt}{d}$,$y = y_0 + \dfrac{at}{d}$,满足方程$ax + by = c$.

所以方程$ax + by = c$的全部解为$\begin{cases} x = x_0 + \dfrac{at}{d}, \\ y = y_0 - \dfrac{bt}{d}, \end{cases}$ t为整数.

29   有限集子集个数

"已知集合 $M = \{a_1, a_2, \cdots, a_n\}$,则集合 M 的子集个数为 2^n 个."这是高一数学中关于集合的一个知识点,上海市新教材中删除了这个知识点,这也很有道理,因为集合这一章的定位从来就是"数学语言"的教学,而"子集个数"公式与之关联度确实不高.但它又是个有意思的知识点,推导这个公式方法多,所用的知识不多、思维含量较高、运用知识的能力要求较高,是学生思考和探究的好材料,若被合理使用,则具有很好的教育价值.

一、从多项式乘法谈起

我们知道多项式乘以多项式的法则是:先用一个多项式的每一项与另一个多项式的每一项相乘,再把所得的积相加.所以

$$(x + a_1)(x + a_2) \cdots (x + a_n) = x^n + b_1 x^{n-1} + b_2 x^{n-2} + \cdots + b_{n-1} x + b_n, \quad ①$$

其中 $b_i (i = 1, 2, \cdots, n)$ 表示从 $M = \{a_1, a_2, \cdots, a_n\}$ 中取 i 个元素之积的和.

当 $a_1 = a_2 = \cdots = a_n = 1$ 时,$b_i = C_n^i$,若定义 $C_n^0 = 1$,则 ① 式可变为

$$(x + 1)^n = C_n^0 x^n + C_n^1 x^{n-1} + C_n^2 x^{n-2} + \cdots + C_n^{n-1} x + C_n^n. \quad ②$$

当 $x = 1$ 时,由 ② 式得

$$2^n = C_n^0 + C_n^1 + C_n^2 + \cdots + C_n^{n-1} + C_n^n. \quad ③$$

集合 M 的子集可分为 $n+1$ 类,分别为从 M 中取 0 个,1 个,$\cdots$, n 个元素所构成的集合.从 M 中分别取 0 个,1 个,$\cdots$, n 个元素构成的集合个数分别为 C_n^0,

C_n^1，C_n^2，$\cdots$，C_n^n，所以 $C_n^0 + C_n^1 + C_n^2 + \cdots + C_n^{n-1} + C_n^n = 2^n$，此为**集合 M 的子集个数公式证明方法 1.**

由①式中 b_i 的意义提示，若定义一个集合的所有元素的乘积为这个集合的"积数"，特别地，定义空集的"积数"为 0，则集合 M 的所有子集的积数之和为 $(1+a_1)(1+a_2)\cdots(1+a_n) - 1$（令 ① 式中的 $x = 1$）.

当 n 为偶数时，集合 M 的所有奇数个元素的子集"积数"之和为

$$\frac{(1+a_1)(1+a_2)\cdots(1+a_n) - (-1+a_1)(-1+a_2)\cdots(-1+a_n)}{2};$$

集合 M 的所有奇数个元素的子集"积数"之和为

$$\frac{(1+a_1)(1+a_2)\cdots(1+a_n) + (-1+a_1)(-1+a_2)\cdots(-1+a_n)}{2} - 1.$$

当 n 为奇数时，集合 M 的所有奇数个元素的子集"积数"之和为

$$\frac{(1+a_1)(1+a_2)\cdots(1+a_n) + (-1+a_1)(-1+a_2)\cdots(-1+a_n)}{2} - 1;$$

集合 M 的所有奇数个元素的子集"积数"之和为

$$\frac{(1+a_1)(1+a_2)\cdots(1+a_n) - (-1+a_1)(-1+a_2)\cdots(-1+a_n)}{2}.$$

二、配对

我们知道集合 $M = \{a_1, a_2, \cdots, a_n\}$ 的子集可分为两类，一类含有元素 a_1，另一类不含元素 a_1. 若记不含有元素 a_1 的 M 的子集组成的集合为 A，含有元素 a_1 的 M 的子集组成的集合为 B，则 A 中的每个 M 的子集并上 $\{a_1\}$ 都是集合 B 的元素，且 A 中不同元素并上 $\{a_1\}$ 也不同，而 B 中的每一个 M 的子集中去掉元素 a_1 后都是 A 中的元素，从而集合 A 与集合 B 的元素可建立一一对应关系，从而其元素个数一样多. 若设 a_n 表示 n 个元素的子集个数，则 B 中元素个数为 a_{n-1}，从而 $a_n = 2a_{n-1}$，而易知 $a_1 = 2$，从而 $a_n = 2a_{n-1} = 2^2 a_{n-2} = \cdots = 2^{n-1} a_1 = 2^n$，$n$ 为正整数. 此为

集合 M 的子集个数公式证明方法 2.

从上面的讨论可知含元素 a_1 的子集个数为 2^{n-1} 个，即在所有的 M 的子集中，元素 a_1 出现 2^{n-1} 次. 同理，元素 a_2，a_3，$\cdots$，a_n 也分别出现 2^{n-1} 次，因此集合 M 的所有子集中元素之和为 $(a_1 + a_2 + \cdots + a_n) \cdot 2^{n-1}$.

这里用到了一个方法——配对，它是处理集合问题的常见方法.

例如，对集合 $M = \{1, 2, \cdots, n\}$ 的每一个非空子集定义"交错和"如下：将该子集的元素从小到大排列后从最大的数开始交错地减或加后继数，如 $\{1, 4, 7, 9\}$ 的交错和为：$9 - 7 + 4 - 1 = 5$，$\{3\}$ 的交错和为：3，求全部"交错和" 和.

对于集合 M 的任何不含元素 n 的子集 A，在 A 中加入元素 n 得到的集合记为 $A \cup \{n\}$，则易知 A 与 $A \cup \{n\}$ 一一对应，且两子集"交错和"之和为 n，由于不含 n 的集合 M 的子集个数为 2^{n-1} 个，因此全部"交错和" 和为 $n \cdot 2^{n-1}$.

又如，若定义一个集合的所有元素的乘积为这个集合的"积数"，特别地，定义空集的"积数"为 0，当 $M = \{-1, 0, 1, 2, 3, \cdots, 2021\}$，求集合 M 的所有子集的积数之和. 用上文所述方法不难知道结果为 -1. 事实上，用配对的方法也不难得到结果. 所有的子集中含元素 0 的积数均为 0，不含 0 的子集中：先考虑 $M = \{2, 3, \cdots, 2021\}$ 的所有子集，将这些子集分别并上 $\{1\}$，$\{-1\}$，$\{-1, 1\}$，$\varnothing$ 得到四类，并上 $\{1\}$ 的与并上 $\{-1\}$ 的一一对应，其积数之和为 0，并上 $\{-1, 1\}$ 的与并上 $\varnothing$ 的一一对应，除 $\{-1, 1\}$ 与 $\varnothing$ 这一对外，其余积数之和为 0，而 $\{-1, 1\}$ 与 $\varnothing$ 这一对积数和为 -1.

再如，设 F 是所有形如 $(A_1, A_2, \cdots, A_n)$ 的序列集合，A_i 是 $B = \{1, 2, \cdots, 2020\}$ 的子集，记 $|A|$ 表示集合 A 的元素个数，当 $(A_1, A_2, \cdots, A_n) \in F$ 时，求

$$\sum_{(A_1, A_2, \cdots, A_n) \in F} \left| \bigcup_{i=1}^{n} A_i \right|.$$ (1998 IMO 预选题)

由于 $B = \{1, 2, \cdots, 2020\}$ 的子集个数有 2^{2020} 个，故 F 中元素个数为 $(2^{2020})^n$ 个，对于任意 $x_i \in B$，则 $x_i \in B$，则 $x_i \in \left| \bigcup_{i=1}^{n} A_i \right|$ 或 $x_i \notin \left| \bigcup_{i=1}^{n} A_i \right|$.

若 $x_i \notin \left| \bigcup_{i=1}^{n} A_i \right|$，则 $x_i \notin A_i$，$i = 1, 2, \cdots, n$，每个含 x_i 的集合 A_i 与从 A_i 中除去 x_i 的子集 $A_i - \{x_i\}$ 一一对应，故不含 x_i 的子集个数为 2^{2019}，F 中不含 x_i

的序列为$(2^{2019})^n$,所以x_i使用次数为$(2^{2020})^n-(2^{2019})^n$,于是$\sum\limits_{(A_1,A_2,\cdots,A_n)\in F}|\bigcup\limits_{i=1}^{n}A_i|=$ $2020(2^{2020n}-2^{2019n})$.

三、递推

从上面的讨论中,我们知道,若设a_n表示n个元素的子集个数,则B中元素个数为a_{n-1},于是$a_n=2a_{n-1}$,由于$a_1=2$,于是不难得到$a_n=2^n$. 这里用到了一个重要的数学方法 —— 递推. 客观世界的许多变化都呈现一定的规律,而且这种现象的变化结果与紧靠它前面的一个或多个结果密切相关,这种情况反映到数学上,就是递推关系,利用递推关系去解决问题就称为递推. 递推是数学中非常重要的数学方法.

例如,直线上有 10 个点,用红、蓝两色染之,规定相邻两点不能同为红色. 设n个点的染色方式有a_n种,若第n个点染红色,则第$n-1$个点必为蓝色,第$n-2$个点染红、蓝色均可,若第n个点染蓝色,则第$n-1$个点染红、蓝色均可,这就是说对第n个点的染色方式可通过两种途径得到:1) 对于第$n-2$个点的每种染色方法,在第$n-1$个点上染上蓝色,在第n个点上染上红色而得,2) 对于第$n-1$的每种染色方法,在第n个点上染上蓝色而得,即$a_n=a_{n-1}+a_{n-2}$,$n\geqslant 3$,容易知道$a_1=2$,$a_2=3$,从而不难得到$a_{10}=144$.

又如,若实数a、b、x、y满足$ax+by=3$,$ax^2+by^2=7$,$ax^3+by^3=16$,$ax^4+by^4=42$,求ax^6+by^6的值.

注意到$ax^{n+2}+by^{n+2}=(x+y)(ax^{n+1}+by^{n+1})-xy(ax^n+by^n)$,$n=1$,$2$,$3$,$\cdots$.

所以$16=7(x+y)-3xy$,$42=16(x+y)-7xy$,解得$x+y=-14$,$xy=-38$.

从而$ax^{n+2}+by^{n+2}=-14(ax^{n+1}+by^{n+1})+38(ax^n+by^n)$.

记$S_n=ax^n+by^n$,则$S_{n+2}=-14S_{n+1}+38S_n$,$n=1$,2,3,$\cdots$.

于是$S_5=-14S_4+38S_3=20$,$S_6=-14S_5+38S_4=1\,316$.

如果需要，我们还可以计算 S_7，S_8，…，这个方法肯定优于通过代数式变形计算，更重要的意义在于，通过这个递推关系式，我们还可以找到其通项公式.

再如，平面上 10 条直线最多将一个圆分成几部分？

通过在纸上划线不难知道：1 条直线最多将圆分成 2 个部分，2 条直线最多将圆分成 4 个部分，3 条直线最多将圆分成 7 个部分，4 条直线最多将圆分成 11 个部分，再画直线恐怕就很难数清楚了，事实上，设 n 条直线最多将圆分成 a_n 个部分，增加一条直线，为使得分割的部分最多，这条直线与原有的 n 条直线每条都产生一个交点，这样新增的线上有 n 个点，这 n 个点将新加的这条线分成 $n+1$ 段，每段将圆原分割的部分一分为二，从而增加了 $n+1$ 个部分，即 $a_{n+1}=a_n+n+1$，于是我们很容易得到 $a_{10}=56$，$a_n=\dfrac{n^2+n+2}{2}$.

四、算两次

集合 M 的子集个数推导方法 1 中，实质是用两种方法计算集合 M 的子集个数，所以 $C_n^0+C_n^1+C_n^2+\cdots+C_n^{n-1}+C_n^n=2^n$，事实上，我们还有一种方法计算，对于集合 M 中的每个元素，都有选和不选两种可能，故有 2^n 种可能，每种选法都对应着一个子集，即有 2^n 个子集，所以集合 M 的子集个数为 2^n. 这里体现了一种数学方法 —— 算两次. 算两次原理，是一种重要的数学方法. 算两次，实质是从不同角度看问题、思考问题.

例如，一袋子里装有红、蓝纸牌各 4 张，每种颜色的纸牌都含标有 1，3，9，27 的牌各一张，对于给定正整数 n，若能从袋中取出若干张牌，使得其标数之和恰好等于 n，则称为一种取牌的"n-方案". 用 $f(n)$ 表示不同的"n-方案"的种数. 求 $f(1)+f(2)+f(3)+\cdots+f(80)$ 的值.（2017 上海市初三数学竞赛试题）

一方面，当 $n=1$，2，…，80 时，方案种数之和为 $f(1)+f(2)+f(3)+\cdots+f(80)$，另一方面，对每张牌都有取和不取两种可能，故有 2^8 种可能，但是一张牌都不取时，表示的数为 0，不合要求，所以有 $2^8-1=255$ 种可能，从而

$$f(1)+f(2)+f(3)+\cdots+f(80)=255.$$

古希腊时期数学家们已经发现了五种正多面体. 正多面体有且只有正四面、正六面体、正八面体、正十二面体、正二十面体这 5 种吗? 古希腊数学家做了很多努力, 均未成功证明"正多面体有只有五种". 后来也有很多数学家采用各种方法试图证明该结论, 但均告失败. 1751 年数学家欧拉(Euler)在研究如何将多面体分类时, 发现并证明了: $V+F-E=2$, 史称欧拉公式, 其中 V、F、E 分别表示多面体的顶点数、面数、棱数. 这一公式可堪称数学"简单美"的典范. 有了欧拉公式, 我们可以证明: 正多面体有只有五种.

设多面体顶点数、棱数、面数各有 v、e、f 个, 且每个面是 m 边形, 每个顶点度数为 n, 则一方面, 共有 f 个面, 每面是 m 边形, 所以一共有 $\dfrac{fm}{2}$ 条棱; 另一方面, 共有 v 个顶点, 每个顶点度数是 n, 所以一共有 $\dfrac{vn}{2}$ 条棱, 从而 $e=\dfrac{fm}{2}=\dfrac{vn}{2}$, 因此 $f=\dfrac{2e}{m}$, $v=\dfrac{2e}{n}$, 代入欧拉公式得到 $\dfrac{2e}{m}-e+\dfrac{2e}{n}=2$, 即 $\dfrac{1}{m}+\dfrac{1}{n}=\dfrac{1}{2}+\dfrac{1}{e}$, 从而 $\dfrac{1}{m}+\dfrac{1}{n}=\dfrac{1}{2}+\dfrac{1}{e}>\dfrac{1}{2}$, 即有 $(m-2)(n-2)<4$. 注意到 $m\geqslant 3$, $n\geqslant 3$, 因此不难知道只有五种可能: $(m-2, n-2)-(1, 1)$, $(2, 1)$, $(1, 2)$, $(1, 3)$, $(3, 1)$, 即 $(m, n)=(3, 3)$, $(4, 3)$, $(3, 4)$, $(3, 5)$, $(5, 3)$.

再如, 矩形玻璃台板碎裂成一些小玻璃片, 每块碎片都是凸多边形, 将其重新粘合成原矩形后, 有交结点 30 个, 其中 20 个点在原矩形的周界上(包括原矩形的四个顶点), 其余 10 个点在矩形内部. 在矩形的内部有 45 条粘缝(两个结点之间的线段算是一条粘缝, 见图 29-1), 试求该矩形台板所碎裂成的各种类型(指三角形、四边形、五边形等)的块数. (**说明:** 若凸多边形的周界上有 n 个点, 就将其看成 n 边形, 例如, 图中的多边形 $ABCDE$ 要看成五边形.)

设 i 边形的个数分别为 $a_i (i=3, 4, 5, \cdots, n)$.

则从两个角度考虑总内角度数, 有

$180°\times a_3+360°\times a_4+540°\times a_5+\cdots+(n-2)\times 180°\times a_n=4\times 90°+16\times 180°+10\times 360°.$

整理得

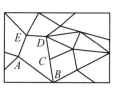

图 29-1

$$a_3 + 2a_4 + 3a_5 + \cdots + (n-2)a_n = 38. \qquad ①$$

从两个角度考虑边的条数，有 $3a_3 + 4a_4 + 5a_5 + \cdots + na_n - 20 = 90$.

整理得

$$3a_3 + 4a_4 + 5a_5 + \cdots + na_n = 110. \qquad ②$$

由 ②－① 得

$$a_3 + a_4 + a_5 + \cdots + a_n = 36. \qquad ③$$

由 ①－③ 得

$$a_4 + 2a_5 + \cdots + (n-3)a_n = 2.$$

由于 $a_i \geqslant 0$，$a_6 = a_7 = \cdots a_n = 0$(如果有的话)，得 $a_4 = 2$，$a_5 = 0$ 或 $a_5 = 1$，$a_4 = 0$.

当 $a_4 = 2$ 时，$a_3 = 34$；当 $a_5 = 1$ 时，$a_3 = 35$，经检验符合题设各要求.

将 1，2，$\cdots$，121 这 121 个数填入 11×11 的方格表中，每格一数，相邻的数(如 n 和 $n+1$)必须排在具有公共边的两个方格内，是否存在一种排法，使得所有的平方数恰在一列？

事实上，一方面：必须从 1 开始，不重复不遗漏地走遍每一方格，若平方数都在同一列 A，则 $k^2 + 1$，$k^2 + 2$，$\cdots$，$(k+1)^2 - 1$ 必须在 A 的同一侧，且 $(k+1)^2 + 1$，$(k+1)^2 + 2$，$\cdots$，$(k+2)^2 - 1$ 必须在 A 的另一侧，于是，在 A 的一侧有 50 个数，在 A 的另一侧有 60 个数. 另一方面，如能满足要求，在 A 一侧的数的个数必须为 11 的倍数，在 A 另一侧的数的个数也必须为 11 的倍数，由于 50、60 都不是 11 的倍数，故不存在满足题设要求的排法.

最近数学测验卷中有这样一道题:在锐角 $\triangle ABC$ 中, $\cos A = \dfrac{5}{13}$, $S_{\triangle ABC} = 6$, 点 D 是线段 BC 上的一点(不含端点),过 D 作 $DE \perp AB$ 于 E, $DF \perp AC$ 于 F.

(1)若 $\triangle AEF$ 外接圆的直径长为 $\dfrac{13}{4}$,求 EF 的值;(2)求 BC 的取值范围;

(3)点 D 在何处时 $\triangle DEF$ 的面积最大? 最大值为多少?

本题主要考查解三角形的应用,熟悉正、余弦定理是解答本题的基本要求. 本题是高考中常见的题型,属于难题. 第(1)小题中题设条件容易想到直接运用正弦定理公式,此问不难;第(2)小题中,注意到面积为 6 及角 A 确定,从而想到运用余弦定理公式表示边长 BC,不难用基本不等式求得 $BC \geqslant 4$,难度在于求 BC 的上

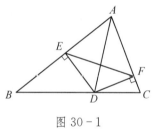

图 30-1

界;第(3)小题中,由面积及 $DE \perp AB$, $DF \perp AC$,容易得到 $c \cdot DE + b \cdot DF = 12$,再利用基本不等式得解. 尽管是难题,还是有少数学生给出了 BC 的上界的漂亮解法. 评析之后,我们又提出了几个问题,有学生利用课外时间进行了思考,得到了很漂亮的结果,本文特此分享.

一、求 BC 的上界的解法赏析

本题的关键是如何刻画锐角三角形这个条件. 刻画锐角三角形的方法有两类:从边的角度和从角的角度. 从边的方面来看,因为 $\triangle ABC$ 为锐角三角形,从而

$\dfrac{b^2+c^2-a^2}{2bc}=\cos A>0$，从而 $b^2+c^2>a^2$，同理，$c^2+a^2>b^2$，$a^2+b^2>c^2$. 从角的方面来看，$0<A$，B，$C<\dfrac{\pi}{2}$，与之等价结论有 $\pi>A+B>\dfrac{\pi}{2}$，$\pi>B+C>\dfrac{\pi}{2}$，$\pi>C+A>\dfrac{\pi}{2}$，或者 $A+B>C$，$B+C>A$，$C+A>B$，或者 $-\dfrac{\pi}{2}<B-C<A<\dfrac{\pi}{2}$，$-\dfrac{\pi}{2}<C-A<B<\dfrac{\pi}{2}$，$-\dfrac{\pi}{2}<A-B<C<\dfrac{\pi}{2}$ 等，如何将这些结论与已知条件结合呢?

■ **方法 1：从边的方面考虑.** 依题意易得 $b^2+c^2=a^2+10$，$bc=13$. 由结构的对称性容易想到 $(b+c)^2=a^2+36$，$(b-c)^2=a^2-16$，注意到 $\triangle ABC$ 为锐角三角形，故 $c^2+a^2>b^2$，$a^2+b^2>c^2$，从而 $a^2>|c^2-b^2|$，构造出关于 b、c 的对称式，便于计算，于是 $a^4>|c^2-b^2|^2=(b+c)^2(b-c)^2=(a^2+36)(a^2-16)$，解得 $a<\dfrac{12\sqrt{5}}{5}$.

■ **方法 2：从角的方面考虑.** 由已知得 $bc=13$，将边转化为角，故 $\dfrac{a^2}{bc}=\dfrac{\sin^2 A}{\sin B\sin C}$，

得 $a^2=\dfrac{bc\cdot\sin^2 A}{\sin B\sin C}=\dfrac{13\times\left(\dfrac{12}{13}\right)^2}{\sin B\sin C}=\dfrac{144}{13\sin B\sin C}$.

而 $\sin B\sin C=-\dfrac{1}{2}\left[\cos(B+C)-\cos(B-C)\right]=\dfrac{1}{2}\cos A+\dfrac{1}{2}\cos(B-C)$.

锐角 $\triangle ABC$ 中，由 $A+B>C$ 得 $\dfrac{\pi}{2}>A>C-B$，$A+C>B$ 得 $\dfrac{\pi}{2}>A>B-C$，故 $0\leqslant|B-C|<A<\dfrac{\pi}{2}$，从而精准估计出 $\cos(B-C)$ 的值，所以 $\dfrac{5}{13}<\dfrac{1}{2}\cos A+\dfrac{1}{2}\cos(B-C)\leqslant\dfrac{9}{13}$，所以 $16\leqslant a^2<\dfrac{144}{5}$，即 $4\leqslant a<\dfrac{12\sqrt{5}}{5}$.

■ **方法 3：从角的方面考虑.** 由于锐角 $\triangle ABC$，故 $0\leqslant|B-C|<A<\dfrac{\pi}{2}$，从而 $\cos A<\cos(C-B)$，故 $\dfrac{5}{13}=\cos A<\cos(C-B)=\cos C\cos B+\sin C\sin B\leqslant 1$.

又 $\dfrac{5}{13}=\cos A=-\cos(C+B)=-\cos C\cos B+\sin C\sin B$.

两式相加得 $\dfrac{5}{13} < \sin C \sin B \leqslant \dfrac{9}{13}$，又 $\dfrac{a^2}{\sin^2 A} = \dfrac{bc}{\sin B \sin C}$，故 $a^2 = \dfrac{13 \times \left(\dfrac{12}{13}\right)^2}{\sin B \sin C} =$

$\dfrac{12^2}{13 \sin B \sin C}$，从而 $16 \leqslant a^2 < \dfrac{144}{5}$，即 $4 \leqslant a < \dfrac{12\sqrt{5}}{5}$.

■ **方法 4：边角结合.** 由于对称性，不妨设 $b \leqslant c$，因为 $A + B > \dfrac{\pi}{2}$，故 $\dfrac{\pi}{2} > A >$

$\dfrac{\pi}{2} - B > 0 \left(b \geqslant c \text{ 时考虑 } A + C > \dfrac{\pi}{2} \right)$，于是 $\dfrac{5}{13} = \cos A < \cos\left(\dfrac{\pi}{2} - B\right) = \sin B$，

$\sin C < 1$，所以 $\dfrac{b}{c} = \dfrac{\sin B}{\sin C} > \dfrac{5}{13}$，从而 $c < \dfrac{13}{5}b = \dfrac{13}{5} \times \dfrac{13}{c}$，解得 $c < \dfrac{13}{\sqrt{5}}$. 又 $13 = bc \leqslant$

c^2，故 $\sqrt{13} \leqslant c < \dfrac{13}{\sqrt{5}}$，所以 $a = \sqrt{b^2 + c^2 - 10} = \sqrt{\left(\dfrac{13}{c}\right)^2 + c^2 - 10}$，利用 $f(x) =$

$x + \dfrac{169}{x}$ 的图象性质不难得到 $4 \leqslant a < \dfrac{12\sqrt{5}}{5}$.

■ **方法 5：边角结合.** 不妨设 $b \leqslant c$，因为 $C < \dfrac{\pi}{2} \left(b \geqslant c \text{ 时考虑 } B < \dfrac{\pi}{2} \right)$，故 $c^2 = $

$b^2 + a^2 - 2ab\cos C < b^2 + a^2$.

　　从而 $c^2 < b^2 + a^2 = b^2 + b^2 + c^2 - 2bc\cos A$，整理得 $b > c \cdot \cos A = \dfrac{5}{13}c$，所

以 $13 = bc > \dfrac{5}{13}c^2$，解得 $c < \dfrac{13}{\sqrt{5}}$. 又 $13 = bc \leqslant c^2$，故 $\sqrt{13} \leqslant c < \dfrac{13}{\sqrt{5}}$（下同解法 4）.

　　方法 1 将描述锐角三角形的条件 $c^2 + a^2 > b^2$，$a^2 + b^2 > c^2$ 转化为 $a^2 >$ $|c^2 - b^2|$，构造出关于 b、c 的对称式，得到不等式 $a^4 > (a^2 + 36)(a^2 - 16)$ 是妙手，这是对条件和对结论刻画中关于 b、c 的代数表示式结构的对称性感悟. 方法 2、3、4、5 从不同角度利用锐角这个条件，并利用三角函数的单调性估计三角比的大小. 方法 2 简洁明快，关注到了条件的整体性和对称性，结合描述锐角三角形的条件 $\dfrac{\pi}{2} > A > |C - B| > 0$ 使用，起到非常好的效果，让人赏心悦目. 方法 3 与方法 2 本质相同，在 A 确定的情况下用 $\dfrac{\pi}{2} > A > |C - B| > 0$ 精准刻画锐角三角

形这一条件，只是具体操作相异，方法 2 利用积化和差快捷，方法 3 利用两角和差公式推导，稍显繁琐，但符合新教材的设计意图，新教材中对"积化和差、和差化积公式"不做要求. 方法 4、5 也是异曲同工.

二、改变条件 $S_{\triangle ABC} = 6$

上面的试题中问题(2)实质为：在锐角三角形 ABC 中，$\cos A = \dfrac{5}{13}$，$bc = 13$，求得 BC 的取值范围. 我们可以理解为：在角 A 给定的锐角三角形 ABC 中，通过限制 b、c，求 a 的取值范围，那么改变对 b、c 的限制形式，结果如何呢？

1. 一边为定值

从简单的情况开始，先固定一边，不妨设 $b = 13$，即已知锐角 $\triangle ABC$ 中，$\cos A = \dfrac{5}{13}$，$b = 13$，求 BC 的取值范围.

容易想到：$a^2 = b^2 + c^2 - 2bc \cos A = 169 + c^2 - 10c$，因为 $\triangle ABC$ 为锐角三角形，从而 $b^2 + c^2 > a^2$，$c^2 + a^2 > b^2$，$a^2 + b^2 > c^2$，解得 $5 < c < 33.8$. 即 BC 的取值范围是 $(5, 33.8)$. 事实上，容易得到当 $c = 5$，或 $c = 33.8$ 时，$\triangle ABC$ 为直角三角形；$0 < c < 5$，或 $c > 33.8$ 时为钝角三角形.

2. 两边和为定值

已知锐角 $\triangle ABC$ 中，$\cos A = \dfrac{5}{13}$，若 $b + c = 13$，求 BC 的取值范围.

解：由 $\dfrac{a}{b+c} = \dfrac{\sin A}{\sin B + \sin C}$ 得 $a = \dfrac{12}{\sin B + \sin C} = \dfrac{6}{\sin\left(\dfrac{B+C}{2}\right)\cos\left(\dfrac{B-C}{2}\right)} =$

$\dfrac{6}{\cos\dfrac{A}{2}\cos\left(\dfrac{B-C}{2}\right)} = \dfrac{2\sqrt{13}}{\cos\left(\dfrac{B-C}{2}\right)}$，因为 $\triangle ABC$ 为锐角三角形，故 $0 \leqslant |B-C| <$

$A < \dfrac{\pi}{2}$，从而 $0 \leqslant \dfrac{|B-C|}{2} < \dfrac{A}{2} < \dfrac{\pi}{4}$，于是 $\cos\dfrac{A}{2} < \cos\left(\dfrac{B-C}{2}\right) \leqslant 1$，故

$2\sqrt{13} \leqslant a < \dfrac{26}{3}$.

或者：由 $a^2=b^2+c^2-2bc\cos A=(13-c)^2+c^2-\dfrac{10}{13}(13-c)c=\dfrac{36}{13}c^2-36c+$

169，又 $\triangle ABC$ 为锐角三角形，故 $a^2+b^2>c^2$，$a^2+c^2>b^2$，解得 $\dfrac{65}{18}<c<\dfrac{169}{18}$，

于是根据二次函数 $a^2=\dfrac{36}{13}c^2-36c+169$ 的图象得 $2\sqrt{13}\leqslant a<\dfrac{26}{3}$．

若只求 BC 的最小值，可由 $a^2=b^2+c^2-2bc\cos A=(b+c)^2-2bc(1+$

$\cos A)\geqslant(b+c)^2-2\left(\dfrac{b+c}{2}\right)^2(1+\cos A)=\dfrac{4(b+c)^2}{13}=52$，得 $a\geqslant2\sqrt{13}$，当且

仅当 $b=c=\dfrac{13}{2}$ 时取到，$\triangle ABC$ 为等腰三角形，符合要求．

3. 两边平方和为定值

已知锐角 $\triangle ABC$ 中，$\cos A=\dfrac{5}{13}$，若 $b^2+c^2=194$，求 BC 的取值范围．

解：$\dfrac{a^2}{b^2+c^2}=\dfrac{\sin^2 A}{\sin^2 B+\sin^2 C}=\dfrac{2\sin^2 A}{2-\cos 2B-\cos 2C}=\dfrac{\sin^2 A}{1+\cos A\cos(B-C)}$．

注意到 $\triangle ABC$ 为锐角三角形，故 $0\leqslant|B-C|<A<\dfrac{\pi}{2}$，则 $\dfrac{194}{169}=1+$

$\cos^2 A<1+\cos A\cos(B-C)\leqslant\dfrac{18}{13}$，从而 $\dfrac{4\sqrt{1\,261}}{13}\leqslant a<12$．

当 A 确定，关于边 b、c 的条件结构对称，用 $\dfrac{\pi}{2}>A>|C-B|>0$ 精准刻画

锐角三角形这一条件效果较好．

三、通过点 D 限制 BC

本题问题（3）中出现了 $\angle BAC$ 内一点 D，于是自然想到可以考虑通过点 D 来

限制 BC．

1. AD 的长度为定值

已知锐角 $\triangle ABC$ 中，如图 $30-2$，$\cos A=\dfrac{5}{13}$，若点 D 是线段 BC 上的一点，使

得 $AD=4$，求 BC 的取值范围.

解：作 $DE \perp AB$ 于 E，作 $DF \perp AC$ 于 F，设 $\angle BAD = \alpha$，$\angle CAD = \beta$，则

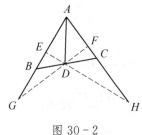

图 30-2

$$BC = BD + DC \geqslant DE + DF$$

$$= AD\sin\alpha + AD\sin\beta$$

$$\geqslant 4(\sin\alpha\cos\beta + \cos\alpha\sin\beta) = 4\sin(\alpha + \beta)$$

$$= 4\sin\angle BAC = \frac{48}{13},$$

等号当且仅当点 D 与点 B 重合，且 $BC \perp AC$ 于 C 或者点 D 与 C 重合，且 $BC \perp AB$ 于 B 时取到. 所以 $BC > \frac{48}{13}$.

如图 30-2，延长 ED 交 AC 于 H，延长 FD 交 AB 于 G，因为 $\triangle ABC$ 为锐角三角形，故点 B 在线段 EG 上运动（不包括点 E、G），点 C 在线段 FH 上运动（不包括点 F、H），不妨设 $\alpha \leqslant \beta$，容易计算 $FG = 4\tan A\cos\beta$，$EH = 4\tan A\cos\alpha$，而 $FG - EH = 4\tan A(\cos\beta - \cos\alpha) \leqslant 0$，所以 $BC < EH \leqslant 4\tan A = \frac{48}{5}$.

总之 $\frac{48}{13} < BC < \frac{48}{5}$.

2. 点 D 到 AB、AC 距离之和为定值

在锐角 $\triangle ABC$ 中，已知 $\cos A = \frac{5}{13}$，若点 D 是线段 BC 上的一点，过 D 作 $DE \perp AB$ 于 E，$DF \perp AC$ 于 F. 若 $DE + DF = 6$，求 BC 的取值范围.

如图 30-2，因为 $DE \perp AB$ 于 E，作 $DF \perp AC$ 于 F，故 $BC = BD + DC \geqslant DE + DF = 6$，等号当且仅当点 D 与点 B 重合，且 $BC \perp AC$ 于 C 或点 D 与 C 重合，且 $BC \perp AB$ 于 B 时取到. 由于 $\triangle ABC$ 为锐角三角形，故 $BC > 6$.

如图 30-2，延长 ED 交 AC 于 H，延长 FD 交 AB 于 G，因为 $\triangle ABC$ 为锐角三角形，故点 B 在线段 EG 上运动，点 C 在线段 FH 上运动（不包括点 E、G、F、H），设 $DE = x$，$DF = y$，则容易计算 $FG = \sqrt{AD^2 - y^2}\tan A$，$EH = \sqrt{AD^2 - x^2}\tan A$，不妨设 $x \leqslant y$，从而 $FG - EH = (\sqrt{AD^2 - y^2} - $

$\sqrt{AD^2-x^2})\tan A\leqslant 0$，故 $BC<EH\leqslant\sqrt{AD^2-x^2}\tan A\leqslant\dfrac{6}{\cos A}=\dfrac{78}{5}$．从而 6

$<BC<\dfrac{78}{5}$．

3. 点 D 位置固定

　　通过上面的分析不难发现，无论 $AD=4$ 还是 $DE+DF=6$ 都不能控制点 D 的位置，若 DE 与 DF 的值固定，即点 D 位置确定，BC 的取值范围如何呢？这个问题比较难，学生王淳稷、杨凯晨给出了下面的解答．

　　在锐角 $\triangle ABC$ 中，已知 $\cos A=\dfrac{5}{13}$，若点 D 是线段 BC 上的一点，过 D 作 $DE\perp AB$ 于 E，$DF\perp AC$ 于 F．若 $DE=247$，$DF=121$，求 BC 的取值范围．

　　解：如图 30-3，设 $\angle EDB=\theta$，则 $\angle FDC=A-\theta$，于是

$$BD=\dfrac{247}{\cos\theta},\ CD=\dfrac{121}{\cos(A-\theta)},$$

则　　　　　　$$BC=\dfrac{247}{\cos\theta}+\dfrac{121}{\cos(A-\theta)},$$

$$=\dfrac{247}{\cos\theta}+\dfrac{121}{\dfrac{5}{13}\cos\theta+\dfrac{12}{13}\sin\theta}.$$

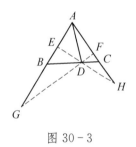

图 30-3

$$\left[\dfrac{19}{12\sqrt{5}}\cos\theta+\dfrac{13}{12\sqrt{5}}\left(\dfrac{5}{13}\cos\theta+\dfrac{12}{13}\sin\theta\right)\right]\left(\dfrac{247}{\cos\theta}+\dfrac{121}{\dfrac{5}{13}\cos\theta+\dfrac{12}{13}\sin\theta}\right)$$

$$\geqslant\left(\sqrt{247\times\dfrac{19}{12\sqrt{5}}}+\sqrt{121\times\dfrac{13}{12\sqrt{5}}}\right)^2=195\sqrt{5}.$$

　　而 $\dfrac{19}{12\sqrt{5}}\cos\theta+\dfrac{13}{12\sqrt{5}}\left(\dfrac{5}{13}\cos\theta+\dfrac{12}{13}\sin\theta\right)=\dfrac{2}{\sqrt{5}}\cos\theta+\dfrac{1}{\sqrt{5}}\sin\theta=\sin(\theta+$

$\varphi)\leqslant 1$，其中 $\tan\varphi=2$，等号当且仅当 $\dfrac{19}{12\sqrt{5}}\times\dfrac{\cos^2\theta}{121}=\dfrac{13}{12\sqrt{5}}$

$\times\dfrac{\left(\dfrac{5}{13}\cos\theta+\dfrac{12}{13}\sin\theta\right)^2}{247}$，

且 $\dfrac{19}{12\sqrt{5}}\cos\theta+\dfrac{13}{12\sqrt{5}}\left(\dfrac{5}{13}\cos\theta+\dfrac{12}{13}\sin\theta\right)=1$ 时取到，解得 $\cos\theta=\dfrac{2}{\sqrt{5}}$，$\sin\theta=\dfrac{1}{\sqrt{5}}$，

所以 BC 的最小值为 $2\,340\sqrt{5}$.

又易知 $BC<FG=\dfrac{DE}{\cos A}+DF=\dfrac{3\,816}{5}$，故 $195\sqrt{5}\leqslant BC<\dfrac{3\,816}{5}$.

一般地，如图 30-3，若 $DE=m$，$DF=n$ 为定值 $(m\geqslant n)$，则

$$BC=BD+DC=\dfrac{m}{\cos\theta}+\dfrac{n}{\cos(A-\theta)}=\dfrac{m}{\cos\theta}+\dfrac{n}{\dfrac{12}{13}\sin\theta+\dfrac{5}{13}\cos\theta}.$$

设 $\varphi\in\left[0,\dfrac{\pi}{2}\right)$，且满足 $144m\cot^3\varphi+120m\cot^2\varphi+(25m+65n)\cot\varphi=156n$，

则 $\left(\dfrac{12\sin\varphi-5\cos\varphi}{12}\right)\cos\theta+\dfrac{13}{12}\cos\varphi\left(\dfrac{12}{13}\sin\theta+\dfrac{5}{13}\cos\theta\right)=\sin(\theta+\varphi)\leqslant 1$，

而

$$\left[\left(\dfrac{12\sin\varphi-5\cos\varphi}{12}\right)\cos\theta+\dfrac{13}{12}\cos\varphi\left(\dfrac{12}{13}\sin\theta+\dfrac{5}{13}\cos\theta\right)\right]\left(\dfrac{m}{\cos\theta}+\dfrac{n}{\dfrac{12}{13}\sin\theta+\dfrac{5}{13}\cos\theta}\right)$$

$$\geqslant\left(\sqrt{\left(\dfrac{12\sin\varphi-5\cos\varphi}{12}\right)m}+\sqrt{\dfrac{13n}{12}\cos\varphi}\right)^2,$$

等号在 $\sin(\theta+\varphi)=1$，且 $\left(\dfrac{12\sin\varphi-5\cos\varphi}{12m}\right)\cos^2\theta=\dfrac{13}{12n}\cos\varphi\left(\dfrac{12}{13}\sin\theta+\dfrac{5}{13}\cos\theta\right)^2$ 时取到，此时 $\theta=\dfrac{\pi}{2}-\varphi$.

从而 BC 的最小值为 $\left(\sqrt{\left(\dfrac{12\sin\varphi-5\cos\varphi}{12}\right)m}+\sqrt{\dfrac{13n}{12}\cos\varphi}\right)^2$.

又 $BC<\dfrac{m}{\cos A}+n$，总之，$\left[\sqrt{\left(\dfrac{12\sin\varphi-5\cos\varphi}{12}\right)m}+\sqrt{\dfrac{13n}{12}\cos\varphi}\right]^2\leqslant BC<\dfrac{m}{\cos A}+n.$

解题的目的在于思考，乐趣也在于思考，欣赏思考，感悟问题与方法内涵，或许数学学习会更有味.

31 和即是差,差即是和

——以应用于抽屉原理为例

减去一个数等于加上这个数的相反数,即 $a-b=a+(-b)$,这充分说明了加法运算与减法运算之间的关系,从结果来看,也可理解为 a 与 b 的差,也可理解为 a 与 $-b$ 的和;类似地,又如:

$$a_n-a_1=(a_n-a_{n-1})+(a_{n-1}-a_{n-2})+\cdots+(a_3-a_2)+(a_2-a_1),$$

既可理解为 a_n 与 a_1 的差,也可理解为 a_n-a_{n-1},$a_{n-1}-a_{n-2}$,$\cdots$,a_3-a_2,a_2-a_1 的和;再如:若对数列 a_1,a_2,$\cdots$,a_n,记 S_k 表示其前 k 项之和,$k=1$,2,$\cdots$,n,则 $a_{i+1}+a_{i+2}+\cdots+a_j=S_j-S_i(1\leqslant i<j\leqslant n)$,这里 a_{i+1},a_{i+2},$\cdots$,a_j 的和用 S_j 与 S_i 的差来表现,所谓和即是差,差即是和. 这话听起来好像挺玄,但说明和与差可相互转化,体现了和与差的辩证关系. 和与差的合理转换是一种处理数学问题的方法.

■ **问题 1** 一位象棋大师为参加一次比赛将进行 77 天的练习,他准备每天至少下一局棋,而每周至多下 12 局棋. 证明存在一个正整数 n,使得他在这 77 天里有连续的 n 天共下了 21 局棋.

抽屉原理解决问题的关键是制造"抽屉",制造抽屉的关键是分类,分类的关键是知道为何要分,分类的标准是什么. 为此对于本题来说,关键是如何表现"连续 n 天的下棋局数",联想到"和即是差",于是设 a_i 是这位大师第 i 天下棋的局数,S_i 是这位大师从第 1 天到第 i 天下棋的总局数,$i=1$,2,$\cdots$,77,则这位大师从第 $j+1$ 天到第 i 天这连续 $i-j$ 天下棋的总局数可表示为 $a_{j+1}+a_{j+2}+\cdots+a_i=S_i-S_j$,有了这种转化,于是想到构造"抽屉"使得和相等. 我们可以考虑项数为 154 的数列:S_1,S_2,$\cdots$,S_{77},S_1+21,S_2+21,$\cdots$,$S_{77}+21$,由于每天下棋局数至少 1 局，每周至多下 12 局，故 77 天至多下棋 132 局，从而数列的各项最小值不小于 1，最大数不大于 153，以下棋局数 1，2，…，153 为抽屉，由抽屉原理可知：上述数列中必有两项相等，且由于 $S_1 < S_2 < \cdots < S_{77}$，$S_1 + 21 < S_2 + 21 < \cdots < S_{77} + 21$，所以只可能 $S_j + 21 = S_i (i > j)$，若记 $n = i - j$，则 $a_{j+1} + a_{j+2} + \cdots + a_i = S_i - S_j = 21$，这位大师在第 $j+1$，$j+2$，…，$j+n(=i)$ 这连续 n 天中共下了 21 局棋.

事实上，若设 a_i 是这位大师从第 1 天到第 i 天下棋的总局数，$i = 1$，2，…，77，则 $a_i - a_j (i > j)$ 表示第 $j+1$，$j+2$，…，i 这连续 $i - j$ 天中所下棋局总数，考察数列 a_1，a_2，…，a_{77}，$a_1 + 21$，$a_2 + 21$，…，$a_{77} + 21$ 的情况也可解决问题.

■ **问题 2** 证明：任取 n 个不同整数，一定存在若干个之和为 n 的倍数.

"n 的倍数"通常与模 n 同余联系起来. 设这 n 个整数分别为 a_1，a_2，…，a_n，用 S_i 表示前 n 项和，$k = 1$，2，…，n，于是将 S_1，S_2，…，S_n 除以 n 得到 n 个余数，若这些余数中有 0，则得证，否则，它们的取值只能为 1，2，…，$n-1$，共 $n-1$ 种可能. 根据抽屉原理，其中必有两个余数相同，不妨设 $S_i \equiv S_j (\bmod n)$，其中 $i > j$，从而 $S_i - S_j$ 是 n 的倍数.

由于 $S_i - S_j = (a_1 + a_2 + \cdots + a_i) - (a_1 + a_2 + \cdots + a_j) = a_{j+1} + a_{j+2} + \cdots + a_i$，即第 $j+1$ 项到第 i 项之和为 n 的倍数.

■ **问题 3** 称 $\sum_{i=1}^{k} a_{m+i}$ 为数列 a_1，a_2，…，a_n 的连续 k 项和，其中 m、$k \in \mathbf{N}$，$k \geqslant 1$，$m + k \leqslant n$)，求数列 1，2，3，…，100 中连续若干项之和为 11 的倍数的组数.

由于 $a_{m+1} + a_{m+2} + \cdots + a_{m+k} = S_{m+k} - S_m$，所以先考虑 $S_k = 1 + 2 + \cdots + k = \dfrac{k(k+1)}{2}$ 模 11 的余数情况：

首先，$S_{k+11} = \dfrac{(k+11)(k+12)}{2} \equiv \dfrac{k(k+1)}{2} = S_k (\bmod 11)$. 其次，$S_1$，$S_2$，…，$S_{11}$ 模 11 的余数情况如下：1，3，6，10，4，10，6，3，1，0，0. 又由于 $100 = 9 \times 11 + 1$，故 S_1，S_2，…，S_{100} 模 11 的余数中共有 19 个 1，18 个 3，18 个 6，18 个 10，9 个 4，18 个 0，故符合条件的组数为 $4\mathrm{C}_{18}^2 + \mathrm{C}_{19}^2 + \mathrm{C}_9^2 + 18 = 837$ 组.

■ **问题 4** 已知 2 006 个都不等于 119 的正整数 a_1，a_2，…，a_{2006} 排成一行数，

其中任意连续若干项之和不等于 119,求 $a_1 + a_2 + \cdots + a_{2\,006}$ 的最小值.

由问题 2 可知:对于任意 119 个正整数 b_1,b_2,$\cdots$,b_{119},其中一定存在若干个(至少一个,也可以是全部)的和是 119 的倍数. 因此 a_1,a_2,$\cdots$,$a_{2\,006}$ 中,一定有若干组数的和是 119 的倍数. 因这个和不为 119,故这个和不小于 $2 \times 119 = 238$,因 $2\,006 = 16 \times 119 + 102$,故 $a_1 + a_2 + \cdots + a_{2\,006} \geqslant 16 \times 238 + 102 = 3\,910$. 当 $a_{119} = a_{238} = \cdots = a_{1\,904} = 120$,其余数均为 1 时,上式等号成立.

所以 $a_1 + a_2 + \cdots + a_{2\,006}$ 的最小值为 $3\,910$.

■ **问题 5** 已知有 20 个红球,17 个白球,红球和白球总质量相等,但小于 340 克,每个球的质量均为整数克数,证明:可以拿出一些红球和一些白球(可以是一个但不可以是全部),使得拿出的红球和白球质量相等.

设红球的质量分别为 a_1,a_2,$\cdots$,a_{20},且 $a_1 \leqslant a_2 \leqslant \cdots \leqslant a_{20}$,白球的质量分别为 b_1,b_2,$\cdots$,b_{17},且 $b_1 \leqslant b_2 \leqslant \cdots \leqslant b_{17}$. 记 $S_1 = a_1$,$S_i = a_1 + a_2 + \cdots + a_i$,$i = 2$,$3$,$\cdots$,$20$,$T_1 = b_1$,$T_j = b_1 + b_2 + \cdots + b_j$,$j = 2$,$3$,$\cdots$,$17$.

现考虑 340 个数的数组 $\{S_m + T_n (1 \leqslant m \leqslant 20$,$1 \leqslant n \leqslant 17)\}$,

由于 $S_{20} = T_{17} = k < 340$,从而必有两个模 k 同余,不妨设 $S_p + T_q \equiv S_r + T_s \pmod{k}$,注意到 $S_1 < S_2 < \cdots < S_{20} < 340$,$T_1 < T_2 < \cdots < T_{17} < 340$,从而 $p \neq r$,$q \neq s$,

不妨设 $p > r$,则 $q < s$,从而 $S_p - S_r \equiv T_s - T_q \pmod{k}$,但 $S_p - S_r < 340$,$T_s - T_q < 340$.

从而 $S_p - S_r = T_s - T_q$,即 $a_{r+1} + a_{r+2} + \cdots + a_p = b_{s+1} + b_{s+2} + \cdots + b_q$.

■ **问题 6** 任意 2020 个实数组成的数列中总可以选出连续若干项之和减去一个整数之差的绝对值小于 0.000 5.

设这 2020 个实数分别为 a_1,a_2,$\cdots$,$a_{2\,020}$,S_i 表示前 n 项和,于是 $0 \leqslant S_i - [S_i] < 1$,这里 $[S_i]$ 表示不超过 S_i 的最大整数,$i = 1$,2,$\cdots$,$2\,020$.

将 $[0, 1)$ 分成 $\left[0, \dfrac{1}{2\,019}\right)$,$\left[\dfrac{1}{2\,019}, \dfrac{2}{2\,019}\right)$,$\cdots$,$\left[\dfrac{2\,018}{2\,019}, 1\right)$ 这 2019 个区间.

将 $S_1 - [S_1]$,$S_2 - [S_2]$,$\cdots$,$S_{2\,020} - [S_{2\,020}]$ 这 2020 个数放入上述 2019 个区间,必有两个数在同一区间,不妨设 $S_i - [S_i]$ 与 $S_j - [S_j]$ 同在一个区间,且

$S_i - [S_i] < S_j - [S_j]$，于是 $S_j - S_i - ([S_j] - [S_i]) < \dfrac{1}{2\,019} < 0.000\,5$.

记 $M = [S_j] - [S_i]$.

若 $i < j$，则

$$0 < a_{i+1} + a_{i+2} + \cdots + a_j - M = S_j - S_i - M < 0.000\,5,$$
$$| a_{i+1} + a_{i+2} + \cdots + a_j - M | < 0.000\,5;$$

若 $i > j$，则

$$0 < -(a_{j+1} + a_{j+2} + \cdots + a_i) - M = S_j - S_i - M < 0.000\,5,$$
$$| a_{j+1} + a_{j+2} + \cdots + a_i - (-M) | < 0.000\,5.$$

从上面的几个问题中我们可以看到：任意连续若干项之和都可用两个和之差表示，即 $a_{i+1} + a_{i+2} + \cdots + a_k = S_k - S_i$，实为妙手. 有兴趣的同学可通过下面的练习再感受一下其妙处.

1. 已知 $a_1, a_2, \cdots a_{100} \in \{1, 2\}$，并且从任何一项起，连续 10 个数之和都不超过 16，求证：一定存在 i 和 j，$i > j$，使得 $a_{j+1} + a_{j+2} + \cdots + a_i = 39$.

2. 已知 n 项正整数列之和为 2013，且其中一定存在连续若干项之和等于 31，求项数 n 的最大值.

32 美丽的方程(组)

方程(组)因其形美,解法灵活而散发着迷人的魅力,经常出现在各级各类数学竞赛的试卷中. 相传早期数学竞赛就是从解方程开始的. 本讲主要谈谈数学竞赛中解方程组的常见想法.

一、消元

通过消元,将多元方程组最终化为一元方程,从而使方程组得解,是解方程组的最基本思路之一.

■ **例 1** 解方程组:
$$\begin{cases} x+y-z=-1, & ① \\ x^2-y^2+z^2=1, & ② \\ -x^3+y^3+z^3=-1. & ③ \end{cases}$$

(第 52 届荷兰数学奥林匹克)

分析:从方程①来看容易想到代入消元,结合方程②来看消元后还可分解因式,从而问题得解.

解:由方程①得 $z=x+y+1$,代入方程 ② 并整理得 $(x+y)(x+1)=0$.

若 $x+y=0$,则 $y=-x$,$z=1$,代入方程 ③ 解得 $(x,y,z)=(1,-1,1)$.

若 $x=-1$,则 $z=y$,代入方程 ③ 解得 $(x,y,z)=(-1,-1,-1)$.

所以 $(x,y,z)=(1,-1,1)$ 或 $(-1,-1,-1)$.

■ **例 2** 对实数 a、$b(a\neq b)$,解关于实数 x、y、z 的方程组:

$$\begin{cases} 3x + z = 2y + a + b, \\ 3x^2 + 3xz = y^2 + 2(a+b)y + ab, \\ x^3 + 3x^2z = y^2(a+b) + 2yab. \end{cases}$$

（第 55 届乌克兰数学奥林匹克）

分析：条件中 $a+b$、ab 频繁出现，故可反其道而行之，消去 $a+b$、ab，从而得到一个关于 x、y、z 的三次齐次式，以利于分解因式，达到降次、消元之用.

解：由已知易得 $a+b = 3x - 2y + z$，$ab = 3x^2 + 3y^2 - 6xy + 3xz - 2yz$，代入第三个方程整理得 $x^3 - 4y^3 - 6x^2y + 3x^2z + 9xy^2 - 6xyz + 3y^2z = 0$，即 $(x - y)^2(x - 4y + 3z) = 0$.

当 $x = y$ 时，原方程组可化为 $x + z = a + b$，$xz = ab$，于是可得 $(x, y, z) = (a, a, b)$ 或 (b, b, a).

当 $x = 4y - 3z$ 时，原方程组可化为 $10y - 8z = a + b$；$27y^2 - 44yz + 18z^2 = ab$，于是 $(a - b)^2 = (a + b)^2 - 4ab = (10y - 8z)^2 - 4(27y^2 - 44yz + 18z^2) = -8(y - z)^2 \leqslant 0$，从而 $a = b$，不合题意.

所以 $(x, y, z) = (a, a, b)$ 或 (b, b, a).

二、分解因式

将高次方程降次为低次方程，直至最后降为一次方程也是解方程的常见思路之一. 分解因式是降次的主要手段之一.

■ **例 3** 解方程组：$x(y^2 + 2z^2) = y(z^2 + 2x^2) = z(x^2 + 2y^2)$.（第 63 届捷克、斯洛伐克数学奥林匹克）

分析：先看一个等式，发现可分解因式.

解：由 $x(y^2 + 2z^2) = y(z^2 + 2x^2)$ 得 $(2x - y)(z^2 - xy) = 0$，从而 $y = 2x$ 或 $z^2 = xy$.

1）当 $y = 2x$ 时，代入 $y(z^2 + 2x^2) = z(x^2 + 2y^2)$ 中得 $2x(2x^2 + z^2) = 9x^2z$. 若 $x = 0$，则 $y = 0$，代入原方程中得：z 为任意实数，故 $(x, y, z) = (0, 0, t)$，t 为

任意实数;若 $x\neq 0$,则 $4x^2-9xz+2z^2=0$,解得 $x=2z$ 或 $z=4x$,故 $(x,y,z)=(2t,4t,t)$ 或 $(t,2t,4t)$,t 为任意非零实数.

2) 当 $z^2=xy$ 时,代入 $x(y^2+2z^2)=z(x^2+2y^2)$ 中得 $xy(2x+y)=z(x^2+2y^2)$,若 $x=y=0$,$(x,y,z)=(0,0,t)$,t 为任意实数;若 xy 中仅一个为 0,则 $z=0$,不难得到此时方程的解为 $(x,y,z)=(0,t,0)$ 或 $(t,0,0)$,t 为任意非零实数. 若 $xy\neq 0$,则 $z=\dfrac{xy(2x+y)}{x^2+2y^2}$,故 $xy=z^2=\dfrac{x^2y^2(2x+y)^2}{(x^2+2y^2)^2}$,注意到 $xy\neq 0$,$xy(2x+y)^2=(x^2+2y^2)^2$,整理得 $(4y-x)(x-y)(x^2+xy+y^2)=0$,但 $x^2+xy+y^2=\left(x+\dfrac{y}{2}\right)^2+\dfrac{3}{4}y^2>0$,即有 $x=4y$ 或 $x=y$,于是代入原方程易得 $(x,y,z)=(t,t,t)$ 或 $(4t,t,2t)$,t 为任意非零实数.

所以 $(x,y,z)=(0,0,0),(0,0,t),(0,t,0),(t,0,0),(2t,4t,t)$,$(t,2t,4t),(4t,t,2t)$ 或 (t,t,t),t 为任意非零实数.

■ **例4** 解方程组:$\begin{cases} x+y^2=y^3, \\ y+x^2=x^3. \end{cases}$(第 57 届捷克、斯洛伐克数学奥林匹克)

分析:单独看每个方程都不能因式分解,但由于轮换对称,两方程相减后可分解.

解:两方程相减并整理得 $(x-y)(x^2+xy+y^2-x-y+1)=0$,

注意到 $x^2+xy+y^2-x-y+1=\dfrac{1}{2}(x+y)^2+\dfrac{1}{2}(x-1)^2+\dfrac{1}{2}(y-1)^2\geqslant 0$,等号当且仅当 $x+y=0$,且 $x=y=1$ 时取到,但这不可能. 故 $x^2+xy+y^2-x-y+1>0$,从而 $x=y$,于是 $x+x^2=x^3$,解得 $(x,y)=(0,0)$,$\left(\dfrac{1+\sqrt{5}}{2},\dfrac{1+\sqrt{5}}{2}\right)$ 或 $\left(\dfrac{1-\sqrt{5}}{2},\dfrac{1-\sqrt{5}}{2}\right)$.

所以 $(x,y)=(0,0)$,$\left(\dfrac{1+\sqrt{5}}{2},\dfrac{1+\sqrt{5}}{2}\right)$ 或 $\left(\dfrac{1-\sqrt{5}}{2},\dfrac{1-\sqrt{5}}{2}\right)$.

三、换元

■ **例5** 求方程 $\sqrt{1+\sqrt{1+x}}=\sqrt[3]{x}$ 的实数解.(2015 芬兰高中数学竞赛)

分析：换元，使方程的结构更美观，便于后续观察和处理.

解：令 $\sqrt{1+x}=t$，则 $\sqrt{1+t}=\sqrt[3]{t^2-1}$，从而 $(1+t)^3=(t^2-1)^2$，因为 $1+t>0$，故 $1+t=(t-1)^2$，解得 $t=0$ 或 $t=3$，从而 $x=-1$ 或 $x=8$，经检验 $x=-1$ 不合题意，舍去，原方程的根为 $x=8$.

四、从整体结构考虑

■ **例6** 解方程组：$\begin{cases} x^3+9x^2y=10, & ④ \\ y^3+xy^2=2. & ⑤ \end{cases}$

（第 54 届德国数学奥林匹克）

分析：从项的形式和次数来看，容易想到完全立方公式，再观察系数情况，发现可凑成完全立方和公式.

解：④$+27×$⑤得 $(x+3y)^3=64$，从而 $x+3y=4$，于是②可化为 $y^3-2y^2+1=0$，解得 $y=1$ 或 $y=\dfrac{1\pm\sqrt5}{2}$，从而 $(x，y)=(1，1)$，$\left(\dfrac{5-3\sqrt5}{2}，\dfrac{1+\sqrt5}{2}\right)$，$\left(\dfrac{5+3\sqrt5}{2}，\dfrac{1-\sqrt5}{2}\right)$.

■ **例7** 解方程组：$\begin{cases} a+b+c=0, \\ a^2+b^2+c^2=1, \\ a^3+b^3+c^3=4abc. \end{cases}$ （2017 爱尔兰数学奥林匹克）

分析：三个方程都与 a、b、c 的基本对称式关联，可从相关的公式找到它们的联系.

解：$a^3+b^3+c^3-3abc=(a+b+c)(a^2+b^2+c^2-ab-bc-ca)=0$，从 $3abc=a^3+b^3+c^3=4abc$，解得 $abc=0$，易知 a、b、c 中有且只有一个 0. 由于对称性，不妨设 $c=0$，则 $a+b=0$，$a^2+b^2=1$，解得 $(a，b，c)=\left(\dfrac{\sqrt2}{2}，-\dfrac{\sqrt2}{2}，0\right)$ 或 $\left(-\dfrac{\sqrt2}{2}，\dfrac{\sqrt2}{2}，0\right)$.

从而原方程组的解为 $(a, b, c) = \left(\frac{\sqrt{2}}{2}, -\frac{\sqrt{2}}{2}, 0\right), \left(-\frac{\sqrt{2}}{2}, \frac{\sqrt{2}}{2}, 0\right), \left(\frac{\sqrt{2}}{2}, 0, -\frac{\sqrt{2}}{2}\right), \left(-\frac{\sqrt{2}}{2}, 0, \frac{\sqrt{2}}{2}\right), \left(0, -\frac{\sqrt{2}}{2}, \frac{\sqrt{2}}{2}\right)$ 或 $\left(0, \frac{\sqrt{2}}{2}, -\frac{\sqrt{2}}{2}\right)$.

五、配方

■ **例 8**　求所有满足下列方程组的正实数三元组 (x, y, z): $\begin{cases} x^3 + 2y^2 + \frac{1}{4z} = 1, \\ y^3 + 2z^2 + \frac{1}{4x} = 1, \\ z^3 + 2x^2 + \frac{1}{4y} = 1. \end{cases}$

（2016 克罗地亚数学竞赛）

解: 三方程相加并整理得 $\frac{1}{4x}(2x^2 + 2x - 1)^2 + \frac{1}{4y}(2y^2 + 2y - 1)^2 + \frac{1}{4z}(2z^2 + 2z - 1)^2 = 0$,因为 x、y、z 均为正数,从而 $2x^2 + 2x - 1 = 0$, $2y^2 + 2y - 1 = 0$, $2z^2 + 2z - 1 = 0$,解得 $x = y = z = \frac{-1+\sqrt{3}}{2}$,从而 $(x, y, z) = \left(\frac{-1+\sqrt{3}}{2}, \frac{-1+\sqrt{3}}{2}, \frac{-1+\sqrt{3}}{2}\right)$.

六、考虑未知量的特殊情况

■ **例 9**　解方程组: $\begin{cases} x^3 = 3y^2 - 3y + 1, \\ y^3 = 3z^2 - 3z + 1, \\ z^3 = 3x^2 - 3x + 1. \end{cases}$

分析: 两方程相减得 $(x-y)(x^2+xy+y^2) = 3(y-z)(y+z-1)$,猜测 $x = y = z$.

解: 两两相减得

$$x^3 - y^3 = 3(y-z)(y+z-1);\qquad ⑥$$

$$y^3 - z^3 = 3(z-x)(z+x-1);\qquad ⑦$$

$$z^3 - x^3 = 3(x-y)(x+y-1).\qquad ⑧$$

注意到 $x^3 = 3y^2 - 3y + 1 = 3\left(y - \dfrac{1}{2}\right)^2 + \dfrac{1}{4} > \dfrac{1}{8}$，从而 $x > \dfrac{1}{2}$. 同理，$y >$ $\dfrac{1}{2}$，$z > \dfrac{1}{2}$，故 $x+y>1$，$y+z>1$，$z+x>1$. 所以，若 $x>y$，则由 ⑧ 知 $z^3 >$ x^3，从而 $z>x$，再由 ⑦ 知 $y>z$，于是 $x>y>z>x$，矛盾. 同理，若 $x<y$ 也产生矛盾，所以 $x=y$，从而 $z=x$，即 $x=y=z$，所以原方程的解为 $(x,y,z)=(1,$ $1,1)$.

■ **例 10** 解方程组：$\begin{cases} a(b^2+c) = c(c+ab), \\ b(c^2+a) = a(a+bc), \\ c(a^2+b) = b(b+ca). \end{cases}$

（第 64 届捷克、斯洛伐克数学奥林匹克）

解：原方程组等价于 $\begin{cases} ab(b-c) = c(c-a), \\ bc(c-a) = a(a-b), \\ ca(a-b) = b(b-c). \end{cases}$

若 a、b、c 中有一个为 0，不妨设 $a=0$，易知 $c=b=0$.

若 a、b、c 均不为 0，则若 $a-b$、$b-c$、$c-a$ 中有一个为 0，则 $a=b=c$.

否则 a、b、c 互不相等，于是三式相乘得 $abc=1$.

从而方程组可化为 $\begin{cases} b-c = c^2(c-a), & ⑨ \\ c-a = a^2(a-b), & ⑩ \\ a-b = b^2(b-c). & ⑪ \end{cases}$

若 $a>b$，由 ⑪ 知 $b>c$，从而由 ⑨ 知 $c>a$，于是 $a>b>c>a$，矛盾；同理，知 $a<b$ 也产生矛盾. 故 $a=b=c$，这又与 a、b、c 互不相等矛盾.

总之，满足条件的 $(a,b,c)=(t,t,t)$，t 为一切实数.

七、从代数式变形入手寻求有利条件

例 11 解方程组：$\begin{cases} \dfrac{1}{xy} = \dfrac{x}{z} + 1, \\ \dfrac{1}{yz} = \dfrac{y}{x} + 1, \\ \dfrac{1}{zx} = \dfrac{z}{y} + 1. \end{cases}$（捷克-斯洛伐克-波兰联合竞赛）

分析：结构呈轮换之状，可考虑两方程相减，希望得到有利条件.

解：由前两个方程相减得：$\dfrac{z-x}{xyz} = \dfrac{x}{z} - \dfrac{y}{x} = \dfrac{x^2 y - y^2 z}{xyz}$，从而 $z-x = x^2 y - y^2 z$，整理得 $z(1+y^2) = x(xy+1)$. 同理，$x(1+z^2) = y(yz+1)$；$y(1+x^2) = z(zx+1)$.

所以 $xyz(1+x^2)(1+y^2)(1+z^2) = xyz(xy+1)(yz+1)(zx+1)$，由于 $xyz \neq 0$，从而 $(1+x^2)(1+y^2)(1+z^2) = (xy+1)(yz+1)(zx+1)$.

展开并整理得

$$x^2 + y^2 + z^2 + x^2 y^2 + y^2 z^2 + z^2 x^2 = xy + yz + zx + x^2 yz + xy^2 z + xyz^2,$$

即 $\dfrac{1}{2}[(x-y)^2 + (y-z)^2 + (z-x)^2 + (xy-yz)^2 + (yz-zx)^2 + (zx-xy)^2] = 0$，故 $x = y = z$.

于是方程组的实数解为 $(x, y, z) = \left(\dfrac{\sqrt{2}}{2}, \dfrac{\sqrt{2}}{2}, \dfrac{\sqrt{2}}{2} \right)$，$\left(-\dfrac{\sqrt{2}}{2}, -\dfrac{\sqrt{2}}{2}, -\dfrac{\sqrt{2}}{2} \right)$.

例 12 求所有的三元数组 (a, b, c)，使得 $ab + bc + ca = 1$ 且 $a^2 b + c = b^2 c + a = c^2 a + b$ 成立.（2019 欧洲女子数学竞赛）

分析：猜测方程在 $abc = 0$ 或 $a = b = c$ 这些特殊情况成立，考虑通过代数式变形得到更有利的形式.

解：由 $a^2 b + c = b^2 c + a$ 知 $a(1 - bc - ca) + c = b(1 - ab - ca) + a$.

化简整理得 $ab^2 + c = ca^2 + b$. 同理，$bc^2 + a = ab^2 + c$，即 $ab^2 + c = bc^2 + a =$

ca^2+b，从而 $a^2b+c-(ab^2+c)=b^2c+a-(bc^2+a)$，化简整理得 $b(a^2+c^2-ab-bc)=0$．同理，$c(b^2+a^2-bc-ca)=0$，$a(c^2+b^2-ca-ab)=0$．

若 $a=0$，则代入已知易知 $bc=1$，且 $b=c$，从而 $b=c=1$，或 $b=c=-1$，从而 $(a,b,c)=(0,1,1)$，$(0,-1,-1)$．同样地，当 $b=0$ 或 $c=0$，可得

$(a,b,c)=(1,0,1)$，$(-1,0,-1)$，$(1,1,0)$，$(-1,-1,0)$．

若 $abc\neq0$，则

$$a^2+c^2-ab-bc=0,\ b^2+a^2-bc-ca=0,\ c^2+b^2-ca-ab=0,$$

三式相加并整理得 $(a-b)^2+(b-c)^2+(c-a)^2=0$，从而 $a=b=c$，于是由 $ab+bc+ca=1$ 不难得到 $(a,b,c)=\left(\dfrac{\sqrt{3}}{3},\dfrac{\sqrt{3}}{3},\dfrac{\sqrt{3}}{3}\right)$ 或 $\left(-\dfrac{\sqrt{3}}{3},-\dfrac{\sqrt{3}}{3},-\dfrac{\sqrt{3}}{3}\right)$．

所以 $(a,b,c)=\left(\dfrac{\sqrt{3}}{3},\dfrac{\sqrt{3}}{3},\dfrac{\sqrt{3}}{3}\right)$，$\left(-\dfrac{\sqrt{3}}{3},-\dfrac{\sqrt{3}}{3},-\dfrac{\sqrt{3}}{3}\right)$，$(0,1,1)$，$(0,-1,-1)$，$(1,0,1)$，$(-1,0,-1)$，$(1,1,0)$ 或 $(-1,-1,0)$．

另解：当 $abc\neq0$ 时，$a^2b+c(ab+bc+ca)=b^2c+a(ab+bc+ca)$，整理得 $c(a+b)=a^2+b^2$，同理，$a(b+c)=b^2+c^2$，$b(c+a)=c^2+a^2$，三式相加得 $(a-b)^2+(b-c)^2+(c-a)^2=0$，从而 $a=b=c$，其余部分相同．

八、从不等式角度考虑

■ **例13** 求 $x\sqrt{y-1}+y\sqrt{x-1}=xy$ 的实数解．（2011匈牙利数学奥林匹克）

分析：注意到 $y\geqslant1$，联想到 $y=1+(y-1)\geqslant2\sqrt{y-1}$，还可想到 $x=\sec^2\alpha$，$y=\sec^2\beta$，$0\leqslant\alpha$，$\beta\leqslant\dfrac{\pi}{2}$，当然也可想到设 $a=\sqrt{x-1}$，$b=\sqrt{y-1}$．

解法1：$y=1+y-1\geqslant2\sqrt{y-1}$，当且仅当 $y=2$ 时取等号，故 $xy\geqslant2x\sqrt{y-1}$．

同理，$xy\geqslant2y\sqrt{x-1}$，所以 $2xy\geqslant2x\sqrt{y-1}+2y\sqrt{x-1}$，即 $xy\geqslant x\sqrt{y-1}+y\sqrt{x-1}$，当且仅当 $x=2$ 且 $y=2$ 时取等号．

解法 2: 注意到 x，$y \geqslant 1$，令 $x = \sec^2 \alpha$，$y = \sec^2 \beta$，$0 \leqslant \alpha$，$\beta \leqslant \dfrac{\pi}{2}$，则

$$\sec^2 \alpha \tan \beta + \sec^2 \beta \tan \alpha = \sec^2 \alpha \sec^2 \beta,$$

即 $\sin 2\alpha + \sin 2\beta = 2$，从而 $\sin 2\alpha = 1$，$\sin 2\beta = 1$，于是不难得到 $x = y = 2$.

解法 3: 设 $a = \sqrt{x-1}$，$b = \sqrt{y-1}$，则 $(a^2+1)b + (b^2+1)a = (a^2+1)(b^2+1)$，得

$$(a-1)^2 + (b-1)^2 + a^2(b-1)^2 + b^2(a-1)^2 = 0,$$

解得 $a = b = 1$，从而 $x = y = 2$.

■ **例 14** 求 $\begin{cases} 2x^3 = 2y(x^2+1) - (z^2+1), \\ 2y^4 = 3z(y^2+1) - 2(x^2+1), \\ 2z^5 = 4x(z^2+1) - 3(y^2+1) \end{cases}$ 的正实数解 (x, y, z). (2008 捷克-斯洛伐克-波兰数学奥林匹克)

分析: 第二、三两方程应设法处理方程左边次数，均值不等式或放缩可以一试，同时关注整体结构的轮换性.

解: 因为 $x^2 - 2x + 1 \geqslant 0$，从而 $2x^3 \geqslant 2x^3 + 2x - x^2 - 1 = (2x-1)(x^2+1)$.

$2y^4 + y = y^4 + y^4 + y \geqslant 3y^3$，从而 $2y^4 \geqslant 3y^3 - y - 2(y^2 - 2y + 1) = (3y - 2)(y^2+1)$.

$2z^5 + 2z = z^5 + z^5 + z + z \geqslant 4z^3$，从而 $2z^5 \geqslant 4z^3 - 2z - 3(z^2 - 2z + 1) = (4z - 3)(z^2+1)$.

于是 $\begin{cases} 2y(x^2+1) - (z^2+1) \geqslant (2x-1)(x^2+1), \\ 3z(y^2+1) - 2(x^2+1) \geqslant (3y-2)(y^2+1), \\ 4x(z^2+1) - 3(y^2+1) \geqslant (4z-3)(z^2+1), \end{cases}$

所以 $\begin{cases} 2(y-x)(x^2+1) + (x-z)(x+z) \geqslant 0, & \text{①} \\ 3(z-y)(y^2+1) + 2(y-x)(y+x) \geqslant 0, & \text{②} \\ 4(x-z)(z^2+1) + 3(z-y)(z+y) \geqslant 0. & \text{③} \end{cases}$

因为 x，y，$z>0$，若 $x=\max\{x$，y，$z\}$，则由 ② 知 $z\geqslant y$，从而由 ① 知：

$$2(y-x)(x^2+1)+(x-z)(x+z)\leqslant 2(z-x)(x^2+1)+$$
$$(x-z)(x+z)=(z-x)(2x^2+2-x-z),$$

因为 $z-x\leqslant 0$，$2x^2+2-x-z\geqslant 2x^2+2-2x=2\left(x-\dfrac{1}{2}\right)^2+\dfrac{3}{2}>0$，故 $(z-x)(2x^2+2-2x)\leqslant 0$，即 $2(y-x)(x^2+1)+(x-z)(x+z)\leqslant 0$.

从而 $2(y-x)(x^2+1)+(x-z)(x+z)=0$，于是结合 $x^2+1>0$，$x+z>0$，及 x 的最大性知 $x=y=z$.

类似地，若 $y=\max\{x$，y，$z\}$ 或 $z=\max\{x$，y，$z\}$ 时均可得到 $x=y=z$.

所以 $(x$，y，$z)=(1$，1，$1)$.

■ **例15** 已知实数 x，y，$z>3$，求方程 $\dfrac{(x+2)^2}{y+z-2}+\dfrac{(y+4)^2}{z+x-4}+\dfrac{(z+6)^2}{x+y-6}=36$ 的实数解 $(x$，y，$z)$.（2009 希腊国家队选拔考试）

分析：方程结构容易联想到柯西不等式，从而找到突破口.

解：注意到 x，y，$z>3$，故 $y+z-2>0$，$z+x-4>0$，$x+y-6>0$.

从而 $\left[\dfrac{(x+2)^2}{y+z-2}+\dfrac{(y+4)^2}{z+x-4}+\dfrac{(z+6)^2}{x+y-6}\right]\left[(y+z-2)+(z+x-4)+(x+y-6)\right]$

$\geqslant[(x+2)+(y+4)+(z+6)]^2=(x+y+z+12)^2$，

于是 $36=\dfrac{(x+2)^2}{y+z-2}+\dfrac{(y+4)^2}{z+x-4}+\dfrac{(z+6)^2}{x+y-6}\geqslant\dfrac{(x+y+z+12)^2}{2(x+y+z-6)}$.

设 $x+y+z=t$，则 $\dfrac{(t+12)^2}{t-6}\leqslant 72$，等号当且仅当 $\dfrac{x+2}{y+z-2}=\dfrac{y+4}{z+x-4}=\dfrac{z+6}{x+y-6}$ 时取到，又 $\dfrac{(t+12)^2}{t-6}=\dfrac{(t-6)^2+36(t-6)+324}{t-6}=t-6+\dfrac{324}{t-6}+36\geqslant 72$，所以 $\dfrac{(t+12)^2}{t-6}=72$，当且仅当 $t=24$ 时取等号，设 $\dfrac{x+2}{y+z-2}=k$，则

$$x+y+z=24,$$
$$x+2=k(y+z-2)，y+4=k(z+x-4)，z+6=k(x+y-6)，$$

三式相加解得 $k=1$,进而解得 $(x,y,z)=(10,8,6)$.

所以原方程有唯一实数解 $(x,y,z)=(10,8,6)$.

■ **例 16** 求满足 $0<a,b,c\leqslant 1$ 的实数对 (a,b,c) 使得

$$\min\left\{\sqrt{\frac{ab+1}{abc}},\sqrt{\frac{bc+1}{abc}},\sqrt{\frac{ca+1}{abc}}\right\}=\sqrt{\frac{1-a}{a}}+\sqrt{\frac{1-b}{b}}+\sqrt{\frac{1-c}{c}}.$$

(第 19 届菲律宾数学奥林匹克)

分析:代换让形式更简洁、便于观察和处理.

解:由于对称性,不妨设 $a\geqslant b\geqslant c$,注意到 $0<a,b,c\leqslant 1$.

设 $a=\dfrac{1}{1+u^2}$,$b=\dfrac{1}{1+v^2}$,$c=\dfrac{1}{1+w^2}$,$u,v,w>0$,则 $\sqrt{\dfrac{1-a}{a}}+\sqrt{\dfrac{1-b}{b}}+$

$\sqrt{\dfrac{1-c}{c}}=u+v+w$,而因为 $a\geqslant b\geqslant c\geqslant 0$,从而 $ab\geqslant ac\geqslant bc$,于是

$$\min\left\{\sqrt{\frac{ab+1}{abc}},\sqrt{\frac{bc+1}{abc}},\sqrt{\frac{ca+1}{abc}}\right\}=\sqrt{\frac{bc+1}{abc}}$$

$$=\sqrt{(1+u^2)[1+(1+v^2)(1+w^2)]}.$$

注意到

$(1+u^2)[1+(1+v^2)(1+w^2)]=(1+u^2)(1+1+v^2w^2+v^2+w^2)$

$\geqslant (1+u^2)(1+2vw+v^2+w^2)=(1+u^2)[(v+w)^2+1]\geqslant (v+w+u)^2$(柯西不等式).

等号当且仅当 $vw=1$,$u(v+w)=1$ 时取到,所以 $a=\dfrac{1}{1+\left(w+\dfrac{1}{w}\right)^2}=$

$\dfrac{w^2}{1+(w^2+1)^2}$,$b=\dfrac{1}{1+\left(\dfrac{1}{w}\right)^2}=\dfrac{w^2}{1+w^2}$,$c=\dfrac{1}{1+w^2}$,$w$ 为正实数.

$(a,b,c)=\left(\dfrac{w^2}{1+(w^2+1)^2},\dfrac{w^2}{1+w^2},c=\dfrac{1}{1+w^2}\right)$,$w>0$.

九、从函数的视角思考

■ **例 17** 解方程组 $\begin{cases} x=1+\ln y, \\ y=1+\ln z, \\ z=1+\ln x. \end{cases}$（2002 瑞典数学竞赛）

解：首先，易知 $x,y,z>0$，其次由 $f(x)=\ln x$ 的单调性知，若 $x>y$，则 $\ln x>\ln y$，从而 $z=1+\ln x>1+\ln y=x$，进而 $y>z$，于是 $x>y>z>x$ 矛盾. 同理，$x<y$ 也产生矛盾，所以 $x=y=z$，其次，设 $g(x)=1+\ln x$，易知 $g(1)=1$，由函数 $g(x)$ 的单调性知，$g(x)$ 严格递增，从而与 x 轴有唯一交点，所以原方程组有唯一解 $(x,y,z)=(1,1,1)$.

■ **例 18** 若实数 a,b,c,d,e 满足方程组 $\begin{cases} ab+ac+ad+ae=-1, \\ bc+bd+be+ba=-1, \\ cd+ce+ca+cb=-1, \\ de+da+db+dc=-1, \\ ea+eb+ec+ed=-1, \end{cases}$ 求 a 的

所有可能值.（2009 日本数学奥林匹克）

解：记 $S=a+b+c+d+e$，则 $a(S-a)=-1$；$b(S-b)=-1$；$c(S-c)=-1$；$d(S-d)=-1$；$e(S-e)=-1$. 由 $\Delta=S^2+4>0$ 知 $f(x)=x^2-xS-1$ 图象与 x 轴有两个交点，故 a,b,c,d,e 中至多有两个不同值. 若 a,b,c,d,e 全相等，不妨等于 a，则 $S=5a$，于是 $a(5a-a)=-1$，方程无实根，不合题意；若 a,b,c,d,e 有两个不同取值，不妨为 a 和 b，由于对称性，只需考虑以下两种情况：1) 有 4 个 a，1 个 b，则 $S=4a+b$，于是 $a(4a+b-a)=-1$；$b(4a+b-b)=-1$，方程组也无实根；2) 有 3 个 a，2 个 b，则 $S=3a+2b$，于是 $a(3a+2b-a)=-1$；$b(3a+2b-b)=-1$，解得 $(a,b)=\left(\dfrac{\sqrt{2}}{2},-\sqrt{2}\right),\left(-\dfrac{\sqrt{2}}{2},\sqrt{2}\right)$. 所以 a 仅有四个值，分别为 $\pm\dfrac{\sqrt{2}}{2},\pm\sqrt{2}$.

33 配方的实质

初中阶段，我们学习了公式：$(a+b)^2 = a^2 + 2ab + b^2$，这个公式称为完全平方公式，如果我们从次数和项数方面推广一下得到：

$$(a+b)^n = C_n^0 a^n + C_n^1 a^{n-1} b + C_n^2 a^{n-2} b^2 + \cdots + C_n^r a^{n-r} b^r + \cdots + C_n^n b^n,$$

$$(a_1 + a_2 + \cdots a_n)^2 = \sum_{i=1}^{n} x_i^2 + \sum_{i,j=1}^{n} x_i x_j (i \neq j).$$

所谓的配方就是逆用上述两个公式，尤其是逆用 $(a+b)^2 = a^2 + 2ab + b^2$，从思维角度看是一种逆向思维. 配方法，散见于乘法公式、解一元二次方程、二次函数等章节，远未显示其作用和意义，事实上，配方法是中学数学中一个非常重要的方法. 本文主要谈谈配方法在中学数学中的应用和意义.

一、从配方视角看教材

分析初中数学教材内容不难看出一元二次方程和二次三项式因式分解问题的基石为：非负实数可以开平方，负实数不能开平方. 通过配方，一元二次方程 $ax^2 + bx + c = 0 (a \neq 0)$ 都可化为 $\left(x + \dfrac{b}{2a}\right)^2 = \dfrac{b^2 - 4ac}{4a^2}$ 的形式，从而解一元二次方程的问题可转化为实数 $\dfrac{b^2 - 4ac}{4a^2}$ 的开方问题，因此一元二次方程只需研究方程 $x^2 \pm 1 = 0$；通过配方，二次三项式 $ax^2 + bxy + cy^2 (a \neq 0)$ 都可化为 $a\left[\left(x + \dfrac{by}{2a}\right)^2 + \dfrac{(4ac - b^2)y^2}{4a^2}\right]$ 的形式，因此，二次三项式的因式分解只需研究

$x^2 \pm y^2$ 的因式分解，事实上，只需研究 $x^2 \pm 1$ 的分解. 为什么 $x^2 - 1$ 在实数范围内可分解因式，而 $x^2 + 1$ 在实数范围内不可以分解因式为两个一次因式之积？事实上，若 $x^2 - 1 = (x-a)(x-b)$，则展开等式右边并比较系数可得 $a + b = 0$，$ab = -1$，从而 $a^2 = 1$，实数 1 可以开平方，而若 $x^2 + 1 = (x-c)(x-d)$，展开等式右边并比较系数可得 $c + d = 0$，$cd = 1$，从而 $c^2 = -1$，实数 -1 没有平方根，从而 $x^2 + 1$ 在实数范围内不可以分解因式为两个一次因式之积；通过配方，一元二次不等式 $ax^2 + bx + c > 0(a > 0)$ 和 $ax^2 + bx + c < 0(a > 0)$ 都可化为 $\left(x + \dfrac{b}{2a}\right)^2 > \dfrac{b^2 - 4ac}{4a^2}$ 和 $\left(x + \dfrac{b}{2a}\right)^2 < \dfrac{b^2 - 4ac}{4a^2}$ 的形式，故一元二次不等式只需研究 $x^2 > \pm 1$ 和 $x^2 < \pm 1$ 这两类最基本的二次不等式；通过配方，二次函数都可化为 $y = a(x+k)^2 + h(a \neq 0)$ 的形式，所以二次函数只需研究 $y = ax^2$. 从上面的讨论，我们还可以看出：当 $b^2 - 4ac \geqslant 0$ 时，$ax^2 + bx + c = 0(a \neq 0)$ 一定有实根，$ax^2 + bxy + cy^2 = 0(a \neq 0)$ 一定可以分解为两个一次式之积，当 $b^2 - 4ac < 0$ 时，$ax^2 + bx + c = 0(a \neq 0)$ 没有实根，$ax^2 + bxy + cy^2 = 0(a \neq 0)$ 在实数范围内不能分解因式. 为方便起见，规定 $x_1 = \dfrac{-b - \sqrt{b^2 - 4ac}}{2a}$，$x_2 = \dfrac{-b + \sqrt{b^2 - 4ac}}{2a}$，则当 $b^2 - 4ac > 0$ 时，一元二次不等式 $ax^2 + bx + c > 0(a > 0)$ 的解集为：$x < x_1$ 或 $x > x_2$，当 $b^2 - 4ac = 0$ 时，一元二次不等式 $ax^2 + bx + c > 0(a > 0)$ 的解集为：$x \neq x_1$，当 $b^2 - 4ac < 0$ 时，一元二次不等式 $ax^2 + bx + c > 0(a > 0)$ 的解集为：一切实数.

从上面的分析可以看出：从代数角度来看，上述配方是线性变换，可将方程和代数式变为形式简洁而不改本质；从几何角度来看，上述配方是坐标变换，可将代数曲线平移（有时也旋转）至合适位置而不改变其形状，便于研究.

二、解一元三、四次方程

在十六世纪的欧洲，随着数学的发展，一元三次方程也有了固定的求解方法. 中国南宋数学家秦九韶在 1247 年成书的数学巨著《数学九章》中就已经发表了一元三次方程的求根公式. 西方数学史上最早发现一元三次方程通式解的人,是十六世纪意大利数学家尼柯洛·冯塔纳(Niccolo Fontana). 经过多年的探索和研究,冯塔纳利用十分巧妙的方法,找到了一元三次方程一般形式的求根方法. 这个成就,使他在几次公开的数学较量中大获全胜,从此名扬欧洲.

冯塔纳的解法如下:首先:方程 $x^3 = 1$ 的解为:$x_1 = 1$,$x_2 = -\dfrac{1}{2} + \dfrac{\sqrt{3}}{2} \mathrm{i} = \omega$,$x_3 = -\dfrac{1}{2} - \dfrac{\sqrt{3}}{2} \mathrm{i} = \omega^2$;方程 $x^3 = A$ 的解为 $x_1 = A^{\frac{1}{3}}$,$x_2 = \omega A^{\frac{1}{3}}$,$x_3 = \omega^2 A^{\frac{1}{3}}$.

其次,一般三次方程 $ax^3 + bx^2 + cx + d = 0 (a \neq 0)$,两边同时除以 a,可变成 $x^3 + sx^2 + tx + u = 0$ 的形式. 再令 $x = y - \dfrac{s}{3}$ 代入可消去次高项,变成 $x^3 + px + q = 0$ 的形式. 设 $x = u + v$ 是方程 $x^3 + px + q = 0$ 的解,代入整理得

$$(u + v)(3uv + p) + u^3 + v^3 + q = 0. \tag{0}$$

如果 u 和 v 满足 $uv = -\dfrac{p}{3}$,$u^3 + v^3 = -q$,则(0)式成立,由一元二次方程的韦达定理,u^3 和 v^3 是方程 $y^2 + qy - \left(\dfrac{p}{3}\right)^3 = 0$ 的两个根. 解之得 $y = -\dfrac{q}{2} \pm \sqrt{\left(\dfrac{q}{2}\right)^2 + \left(\dfrac{p}{3}\right)^3}$,不妨设 $A = -\dfrac{q}{2} - \sqrt{\left(\dfrac{q}{2}\right)^2 + \left(\dfrac{p}{3}\right)^3}$,$B = -\dfrac{q}{2} + \sqrt{\left(\dfrac{q}{2}\right)^2 + \left(\dfrac{p}{3}\right)^3}$,则 $u^3 = A$;$v^3 = B$. 从而 $u = A^{\frac{1}{3}}$,或 $\omega A^{\frac{1}{3}}$,或 $\omega^2 A^{\frac{1}{3}}$;$v = B^{\frac{1}{3}}$,或 $\omega B^{\frac{1}{3}}$,或 $\omega^2 B^{\frac{1}{3}}$,但是考虑到 $uv = -\dfrac{p}{3}$,所以 u、v 只有三组解:$u_1 = A^{\frac{1}{3}}$,$v_1 = B^{\frac{1}{3}}$;$u_2 = \omega A^{\frac{1}{3}}$,$v_2 = \omega^2 B^{\frac{1}{3}}$;$u_3 = \omega^2 A^{\frac{1}{3}}$,$v_3 = \omega B^{\frac{1}{3}}$,于是方程 $x^3 + px + q = 0$ 的三个根为 $x_1 = A^{\frac{1}{3}} + B^{\frac{1}{3}}$,$x_2 = \omega A^{\frac{1}{3}} + \omega^2 B^{\frac{1}{3}}$,$x_3 = \omega^2 A^{\frac{1}{3}} + \omega B^{\frac{1}{3}}$,即

$$x_1 = \sqrt[3]{-\dfrac{q}{2} - \sqrt{\left(\dfrac{q}{2}\right)^2 + \left(\dfrac{p}{3}\right)^3}} + \sqrt[3]{-\dfrac{q}{2} + \sqrt{\left(\dfrac{q}{2}\right)^2 + \left(\dfrac{p}{3}\right)^3}},$$

$$x_2 = \omega \sqrt[3]{-\dfrac{q}{2} - \sqrt{\left(\dfrac{q}{2}\right)^2 + \left(\dfrac{p}{3}\right)^3}} + \omega^2 \sqrt[3]{-\dfrac{q}{2} + \sqrt{\left(\dfrac{q}{2}\right)^2 + \left(\dfrac{p}{3}\right)^3}},$$

$$x_3 = \omega^2 \sqrt[3]{-\frac{q}{2} - \sqrt{\left(\frac{q}{2}\right)^2 + \left(\frac{p}{3}\right)^3}} + \omega \sqrt[3]{-\frac{q}{2} + \sqrt{\left(\frac{q}{2}\right)^2 + \left(\frac{p}{3}\right)^3}},$$

这就是卡尔丹公式.

如何想到 $x = y - \dfrac{s}{3}$ 呢？事实上，这里 $x + \dfrac{s}{3}$ 就是逆用公式 $(a+b)^3 = a^3 + 3a^2b + 3ab^2 + b^3$ 即配方的结果，为了方程形式简洁令 $x = y - \dfrac{s}{3}$，可见这里的配方旨在化简方程.

意大利数学家费拉里(Ferrari L.，1522—1565)受一元三次方程求解方法的启发而得到一元四次方程的解法.

对于一元四次方程方程两边同时除以最高次项的系数可得

$$x^4 + bx^3 + cx^2 + dx + e = 0, \tag{1}$$

移项可得 $x^4 + bx^3 = -cx^2 - dx - e,$ \hfill (2)

两边同时加上 $\left(\dfrac{1}{2}bx\right)^2$ 得 $\left(x^2 + \dfrac{1}{2}bx\right)^2 = \left(\dfrac{1}{4}b^2 - c\right)x^2 - dx - e,$ \hfill (3)

在(3)式两边同时加上 $\left(x^2 + \dfrac{1}{2}bx\right)y + \dfrac{1}{4}y^2$ 可得

$$\left[x^2 + \frac{1}{2}bx + \frac{1}{2}y\right]^2 = \left(\frac{1}{4}b^2 - c + y\right)x^2 + \left(\frac{1}{2}by - d\right)x + \frac{1}{4}y^2 - e. \tag{4}$$

(4)式中的 y 是一个参数. 当(4)式中的 x 为原方程的根时，不论 y 取什么值，(4)式都应成立. 特别地，如果所取的 y 值使(4)式右边关于 x 的二次三项式也能变成一个完全平方式，则对(4)式两边同时开方可以得到次数较低的方程. 为了使(4)式右边关于 x 的二次三项式也能变成一个完全平方式，只需使它的判别式变成 0，即

$$\left(\frac{1}{2}by - d\right)^2 - 4\left(\frac{1}{4}b^2 - c + y\right)\left(\frac{1}{4}y^2 - e\right) = 0. \tag{5}$$

(5)式是关于 y 的一元三次方程，可以通过卡尔丹公式来求出 y 应取的实数值. 把由(5)式求出的 y 值代入(4)式后，(4)式的两边都成为完全平方，两边开方，

可以得到两个关于 x 的一元二次方程. 解这两个一元二次方程,就可以得出原方程的四个根. 费拉里发现的上述解法的创造性及巧妙之处在于:第一次配方得到(3)式后引进参数 y,并再次配方把(3)式的左边配成含有参数 y 的完全平方,即得到(4)式,再利用(5)式使(4)的右边也成为完全平方,从而把一个一元四次方程的求解问题化成了一个一元三次方程及两个一元二次方程的求解问题.

三、化简二次曲线

二次曲线的一般形式为

$$Ax^2 + Bxy + Cy^2 + Dx + Ey + F = 0. \tag{6}$$

1) 若 $A = B = C = 0$,二次曲线(6)可化为 $Dx + Ey + F = 0$,是一条直线.

2) 若 $A = C = 0$, $B \neq 0$,令 $x = x' + y'$, $y = x' - y'$ 转化为 $AC \neq 0$ 的情况.

3) 若 A、C 不全为零,不妨设 $A \neq 0$,则二次曲线(6)可化为

$$x^2 + \frac{Bxy}{A} + \frac{Cy^2}{A} + \frac{Dx}{A} + \frac{Ey}{A} + \frac{F}{A} = 0.$$

第一次配方得

$$\left(x + \frac{By}{2A} + \frac{D}{2A}\right)^2 + \left(\frac{4AC - B^2}{4A^2}\right)y^2 + \left(\frac{2AE - BD}{2A^2}\right)y + \frac{4AF - D^2}{4A^2} = 0. \tag{7}$$

当 $B^2 - 4AC = 0$ 时,$2AE - BD = 0$, $4AF - D^2 = 0$,直线;

当 $B^2 - 4AC = 0$ 时,$2AE - BD = 0$, $4AF - D^2 > 0$,虚直线;

当 $B^2 - 4AC = 0$ 时,$2AE - BD = 0$, $4AF - D^2 < 0$,直线;

当 $B^2 - 4AC = 0$ 时,$2AE - BD \neq 0$,抛物线.

当 $B^2 - 4AC \neq 0$ 时,第二次配方,二次曲线(7)可化为

$$\left(x + \frac{By}{2A} + \frac{D}{2A}\right)^2 + \left(\frac{4AC - B^2}{4A^2}\right)\left[y + 2\left(\frac{2AE - BD}{4AC - B^2}\right)\right]^2$$

$$+ \frac{4AF - D^2}{4A^2} - \frac{(2AE - BD)^2}{4A^2(4AC - B^2)} = 0.$$

当 $B^2 - 4AC < 0$ 时，双曲线；

当 $B^2 - 4AC = 1$ 时，$\dfrac{4AF - D^2}{4A^2} - \dfrac{(2AE - BD)^2}{4A^2(4AC - B^2)} < 0$，圆；

当 $B^2 - 4AC > 0$ 但不为 1 时，$\dfrac{4AF - D^2}{4A^2} - \dfrac{(2AE - BD)^2}{4A^2(4AC - B^2)} < 0$，椭圆；

当 $B^2 - 4AC > 0$ 时，$\dfrac{4AF - D^2}{4A^2} - \dfrac{(2AE - BD)^2}{4A^2(4AC - B^2)} > 0$，虚圆或椭圆；

当 $B^2 - 4AC > 0$ 时，$\dfrac{4AF - D^2}{4A^2} - \dfrac{(2AE - BD)^2}{4A^2(4AC - B^2)} = 0$，直线.

从上面的讨论可知，二次曲线的一般式都可通过坐标变换化为标准式，而不改变其形状，所以研究二次曲线的性质，利用标准式即可.

一般地，数域 F 上的 n 元二次齐次多项式 $f(x_1, x_2, \cdots, x_n)$ 的标准形式：

$$
\begin{aligned}
f(x_1, x_2, \cdots, x_n) = {} & a_{11}x_1^2 + 2a_{12}x_1x_2 + \cdots + 2a_{1n}x_1x_n \\
& + a_{22}x_2^2 + 2a_{23}x_2x_3 + \cdots + 2a_{2n}x_2x_n + \cdots + a_{nn}x_n^2,
\end{aligned} \tag{8}
$$

称为数域 F 上的一个 n 元二次型.

如果令 $a_{ji} = a_{ij}(i < j)$，则二次型(1) 可写成

$$
f(x_1, x_2, \cdots, x_n) = \sum_{i=1}^{n} \sum_{j=1}^{n} a_{ij}x_ix_j. \tag{9}
$$

如果把(9)的系数排成一个 n 行 n 列矩阵

$$
A = \begin{pmatrix}
a_{11} & a_{12} & \cdots & a_{1n} \\
a_{21} & a_{22} & \cdots & a_{2n} \\
\cdots & \cdots & \cdots & \cdots \\
a_{n1} & a_{n2} & \cdots & a_{nn}
\end{pmatrix},
$$

令 $X = \begin{pmatrix} x_1 \\ x_2 \\ \vdots \\ x_n \end{pmatrix}$ 则

$$f(x_1, x_2, \cdots, x_n) = (x_1, x_2, \cdots, x_n) \begin{pmatrix} a_{11} & a_{12} & \cdots & a_{1n} \\ a_{21} & a_{22} & \cdots & a_{2n} \\ \cdots & \cdots & \cdots & \cdots \\ a_{n1} & a_{n2} & \cdots & a_{nn} \end{pmatrix} \begin{pmatrix} x_1 \\ x_2 \\ \vdots \\ x_n \end{pmatrix}$$

$$= X'AX. \tag{10}$$

化简二次型(10)就是通过适当的非奇异坐标变换,消去非平方的二次项. 设坐标变换公式是

$$\begin{pmatrix} x_1 \\ x_2 \\ \vdots \\ x_n \end{pmatrix} = Q \begin{pmatrix} y_1 \\ y_2 \\ \vdots \\ y_n \end{pmatrix},$$

则 $f(x_1, x_2, \cdots, x_n) = (y_1, y_2, \cdots, y_n) Q'AQ \begin{pmatrix} y_1 \\ y_2 \\ \vdots \\ y_n \end{pmatrix}$

$$= g(y_1, y_2, \cdots, y_n).$$

这里的坐标变换,实质为一系列的配方过程.

■ **定理 1** 设 $A = (a_{ij})_{nn}$ 是数域 F 上非零的对称矩阵,则存在 F 上非零矩阵 Q,

使得 $Q'AQ = \begin{pmatrix} d_1 & 0 & \cdots & 0 \\ 0 & d_2 & \cdots & 0 \\ \cdots & \cdots & \cdots & \cdots \\ 0 & 0 & \cdots & d_n \end{pmatrix}$.

即每个 n 元二次型都可化为:$d_1 y_1^2 + d_2 y_2^2 + \cdots + d_n y_n^2$,这里 d_i 可为 0,$i = 1, 2, \cdots, n$.

■ **定理 2** 复数域上的每个 n 元二次型都与如下形式的一个二次型等价:

$$y_1^2 + y_2^2 + \cdots + y_r^2,$$

其中 r 称为所给二次型的秩,它由所给二次型唯一确定.

■ **定理 3** 实数域上的每个 n 元二次型都与如下形式的一个二次型等价：

$$y_1^2 + \cdots + y_p^2 - y_{p+1}^2 - \cdots - y_r^2.$$

其中 r 称为所给二次型的秩，正项个数 p 称为正惯性指标，$s = p - (r-p) = 2p - r$ 称为符号差，它们都由所给二次型唯一确定.

■ **定理 4** 复数域上的每个 n 元二次型可分解为两个 n 元一次齐次式的乘积的充分必要条件是：它的秩 $\leqslant 2$.

实数域上的每个 n 元二次型可分解为两个 n 元一次齐次式的乘积的充分必要条件是：它的秩 $\leqslant 1$ 或秩等于 2 且符号差为 0.

所以通过配方（必要时作变换：$x = x' + y'$，$y = x' - y'$），可化为标准型：$y_1^2 + \cdots + y_p^2 - y_{p+1}^2 - \cdots - y_r^2$，从而利于解决二次型的取值范围、因式分解等问题.

特别地，当 $z = 1$ 时，$f(x, y, z) = ax^2 + cy^2 + fz^2 + bxy + dxz + eyz$ 即为二次六项式：$f(x, y) = ax^2 + bxy + cy^2 + dx + ey + f$.

从上述讨论我们不难知道二次六项式能分解为两个一次因式乘积的条件.

四、配方的应用举例

在解一些特殊的方程（组），及证明不等式时常用到配平方，主要是利用平方数的非负性.

■ **例 1** 解方程组：$\begin{cases} x^4 + y^2 + 4 = 5yz, \\ y^4 + z^2 + 4 = 5zx, \\ z^4 + x^2 + 4 = 5xy. \end{cases}$（第 61 届捷克、斯洛伐克数学竞赛）

分析： 从各项及其次数来看，可考虑配方，当然也可用均值不等式.

解 1： 三方程相加得：$x^4 + y^4 + z^4 + x^2 + y^2 + z^2 + 12 - 5xy - 5yz - 5zx = 0$.

配方得 $(x^2 - 2)^2 + (x^2 - 2)^2 + (x^2 - 2)^2 + \dfrac{5}{2}\big[(x-y)^2 + (y-z)^2 + (z-x)^2\big] = 0$.

从而 $x = y = z$，所以 $(x, y, z) = (\sqrt{2}, \sqrt{2}, \sqrt{2})$，$(-\sqrt{2}, -\sqrt{2}, -\sqrt{2})$.

■ **解2**: $x^4 + 4 \geqslant 4x^2$；$y^4 + 4 \geqslant 4y^2$；$z^4 + 4 \geqslant 4z^2$.

从而 $x^4 + y^2 + 4 + y^4 + z^2 + 4 + z^4 + x^2 + 4 \geqslant 5(x^2 + y^2 + z^2) \geqslant 5(xy + yz + zx)$.

等号当且仅当 $x = y = z$，且 $x^2 = 2$，$y^2 = 2$，$z^2 = 2$ 时取到，即 $(x, y, z) = (\sqrt{2}, \sqrt{2}, \sqrt{2})$，$(-\sqrt{2}, -\sqrt{2}, -\sqrt{2})$.

■ **例2** 解方程：$x - 1 + \dfrac{3}{x - 2} = 2\sqrt{x + 1}$ $(x > 2)$.

解：原方程可化为 $x - 2 + 1 + \dfrac{3}{x - 2} = 2\sqrt{x + 1}$.

即 $x - 2 + \dfrac{x + 1}{x - 2} = 2\sqrt{x + 1}$，于是 $\left(\sqrt{x - 2} - \sqrt{\dfrac{x + 1}{x - 2}}\right)^2 = 0$，从而 $\sqrt{x - 2} = \sqrt{\dfrac{x + 1}{x - 2}}$，解得 $x = \dfrac{5 + \sqrt{13}}{2}$.

■ **例3** 设 x 为正实数，求函数 $y = x^2 - x + \dfrac{1}{x}$ 的最小值.

解：因为 $y = x^2 - 2x + 1 + x + \dfrac{1}{x} - 2 + 1 = (x - 1)^2 + \left(\sqrt{x} - \dfrac{1}{\sqrt{x}}\right)^2 + 1 \geqslant 1$，当且仅当 $x = 1$ 时取等号.

所以函数 $y = x^2 - x + \dfrac{1}{x}$ 的最小值为 1.

■ **例4** 求代数式 $(x - 1)^2 + (y - 2)^2 + (x + y)^2$ 的最小值.

解：因为

$$T = (x - 1)^2 + (y - 2)^2 + (x + y)^2 = 2x^2 + 2xy + 2y^2 - 2x - 4y + 5$$

$$= 2(x^2 + xy - x) + 2y^2 - 4y + 5 = 2\left(x + \dfrac{y}{2} - \dfrac{1}{2}\right)^2 + \dfrac{3}{2}y^2 - 3y + \dfrac{9}{2}$$

$$= 2\left(x + \dfrac{y}{2} - \dfrac{1}{2}\right)^2 + \dfrac{3}{2}(y - 1)^2 + 3 \geqslant 3,$$

当且仅当 $x = 0$，$y = 1$ 时取等号，所以代数式 $(x - 1)^2 + (y - 2)^2 + (x + y)^2$ 的最小值为 3.

■ **例5** 因式分解：$x^2 + 3xy + 2y^2 + 4x + 5y + 3$.

解：$x^2 + 3xy + 2y^2 + 4x + 5y + 3 = \left(x + \dfrac{3}{2}y + 2\right)^2 - \left(\dfrac{1}{2}y + 1\right)^2$

$= \left[\left(x + \dfrac{3}{2}y + 2\right) + \left(\dfrac{1}{2}y + 1\right)\right]\left[\left(x + \dfrac{3}{2}y + 2\right) - \left(\dfrac{1}{2}y + 1\right)\right] = (x + 2y + 3)(x + y + 1).$

通常我们对二次六项式的因式分解是用双十字相乘法，但是这只能解决一些能够分解且数字系数较简单的问题，对于一般二次六项式是否能因式分解，如何分解为两个一次因式之积，配方法能够彻底地解决.

- **例 6** 因式分解：$x^2 + (1 + x)^2 + (x + x^2)^2$.

解：$x^2 + (1 + x)^2 + (x + x^2)^2 = (x + 1 - x)^2 + 2x(x + 1) + x^2(x + 1)^2$

$= 1 + 2x(x + 1) + x^2(x + 1)^2 = (1 + x + x^2)^2;$

或者原式$= (x^2 + x - x)^2 + 2x(x^2 + x) + (x + 1)^2$

$= x^4 + 2x^2(x + 1) + (x + 1)^2 = (x^2 + x + 1)^2;$

或者原式$= x^2 - 2(x + 1)(x^2 + x) + (x^2 + x + x + 1)^2$

$= x^2 - 2x(x + 1)^2 + (x + 1)^4 = (x^2 + x + 1)^2.$

- **例 7** 已知：$m^2 + n^2 = 1$，$p^2 + q^2 = 1$，$mp + nq = 0$，求证：$m^2 + p^2 = n^2 + q^2 = 1$，$mn + pq = 0$.

证明：由 $mp + nq = 0$ 得 $m^2p^2 = n^2q^2$，所以 $m^2p^2 = (1 - m^2)(1 - p^2)$，展开右边并整理得 $m^2 + p^2 = 1$.

同理得 $n^2 + q^2 = 1$.

由于 $(m^2 + n^2)^2 + (p^2 + q^2)^2 - 2(mn + pq)^2 = (m^2 + p^2)^2 + (n^2 + q^2)^2 - 2(mp + nq)^2$，所以 $mn + pq = 0$.

- **例 8** 已知：$a \geqslant 0$，$b \geqslant 0$，求证：$\dfrac{1}{2}(a + b)^2 + \dfrac{1}{4}(a + b) \geqslant a\sqrt{b} + b\sqrt{a}$.

证明：为方便观察，令 $\sqrt{a} = m$，$\sqrt{b} = n$，则原不等式可化为

$$2m^4 + 4m^2n^2 + 2n^4 + m^2 + n^2 \geqslant 4m^2n + 4mn^2.$$

因为 $2(m^2 - n^2)^2 + (2mn - n)^2 + (2mn - m)^2 \geqslant 0$ 成立，展开并整理即得上面的不等式.

图难于其易

——为什么要学习《乘法公式》

下表是几种教材中,关于多项式乘法、乘法公式的内容安排.

苏教版	七(下)	9.1—9.3 乘法公式	9.4 乘法公式	9.5 因式分解
人教版	八(上)	14.1 整式的乘法	14.2 乘法公式	14.3 因式分解
沪教版	七(上)	9.10 整式乘法	9.11—9.12 乘法公式	9.13—9.16 因式分解
浙教版	七(下)	3.1—3.3 整式乘法	3.4 乘法公式	4.1—4.3 因式分解
Prentice Hall 《ALGEBRA》(美国)		10.1 Adding and Subtracting Polynomials 10.2 Multiplying and Factoring	10.3 Multiplying Polynomials 10.4 Factoring Trinomials 10.5 Factoring Special Cases	10.6 Solving Equations by Factoring 10.7 Choosing An Appropriate Method for Solving

从上表可以看出:我国教材一致在整式乘法后安排了乘法公式的教学内容,因式分解的学习都安排在乘法公式的学习之后,而且后继学习因式分解时也用到这一知识点(利用乘法公式因式分解),所以从这个安排来看,学习乘法公式确有为学习因式分解作知识储备之用. 但是利用乘法公式进行因式分解只是分解因式的方法之一,而且即使我们学习了各种因式分解的方法,对于任意一个多项式是否能因式分解,如何分解的问题还是没有解决. 另外,尽管我国各地教材有专门章节《乘法公式》,但并非所有的国家都这样,如美国 Prentice Hall 的《ALGEBRA》中没有专门章节教授乘法公式,这说明乘法公式也非必学不可. 从数学角度来,乘法公式只是多项式乘法的特例,既然已学习了多项式的乘法,也可不必学习乘法

公式.那么,为什么还要学习《乘法公式》这一节呢? 可见学习乘法公式不只是为因式分解做准备,还有其他用意.

一、合与分,世间常态

多项式的乘法是把两个或几个多项式"合"为一个多项式,是合;因式分解则是把一个多项式"分"成一个或几个多项式,是分. 在处理数学问题中有时要"合",有时要"分",合合分分是数学的常态,是一种方法、一种思想. 在自然界和社会生活中也是如此,有时合,有时分,分分合合、合合分分.《三国演义》开篇就说:"天下大势,合久必分,分久必合",道出了世间常态. 这或许是数学的生活价值体现. 若从学习整式乘法和因式分解中领会出合与分的辩证关系,这样的学习或许才更有意义. 从思维角度而言,多项式乘法与因式分解所用的恰好是两种不同的思维方式,前者是正向思维,后者是逆向思维,两种思维方式学习数学和处理数学问题中常常用到,在今后的学习和工作中都不可或缺,从训练思维的角度来看两种思维方式都必须学习,乘法公式作为多项式乘法的特例,简洁而美丽,是训练两种思维方式的良好载体.

二、图难于其易

《道德经》第六十三章中有这样一段话:"图难于其易,为大于其细;天下难事,必作于易;天下大事,必作于细". 意思是:欲图难事,先从易处着手;欲为大事,先于细处起步;天下的难事,必然从容易开始;天下的大事,必然从小处做起. 例如,计算 $(a+b-c)(b+c-a)(c+a-b)(a+b+c)$,我们是否要按照多项式的乘法法则去计算呢? 如果是这样,在没有合并同类项的情况下,展开后有 81 项,这对学习者来说不是一个很愉快的体验,怎么办呢? 转化为简单的情况:$[b+(a-c)][b-(a-c)][(a+c)-b][(a+c)+b]$,这就要求把简单的情况,如 $(a+b)(a-b)$,$(a\pm b)^2$ 学好. 又如计算 $(a+2b+3c+4d)^2$ 时,我们通常转化为:$[(a+2b)+(3c+4d)]^2$ 来计算;再如已知 $a+b=1$,$ab=-1$,求 $a^{100}+b^{100}$ 除以 10 的余数,我们不会把 a、b 的值代入 $a^{100}+b^{100}$ 中进行计算而得出结果,而是转化

为计算 a^2+b^2，a^3+b^3，$\cdots$，以期找到其余数规律（周期），或用递推方法和同余来处理，总之都是化归为简单的情况来处理. 在处理数学问题时，通常会把复杂的情况转化为简单的情况，艰难的问题化归为简单的问题，这在数学中称为"化归"思想，所以为了解决复杂的问题，必须先把简单的问题处理好，这大概是学习了整式乘法之后安排乘法公式学习的逻辑.

三、美轮美奂，赏心悦目

数学很美，对于初中生来说，可能也很抽象，但是在初中阶段，图形美和代数式结构美可以直接体验和感受. 乘法公式是体验代数式结构美的很好载体.

对称美，先来看几个代数式：xy，$x+y$，x^2+xy+y^2，$xy+yz+zx$，xyz，$x^3+y^3+z^3$，交换这些式子中的任意两个字母，式子不变. 我们把这样的式子叫做**对称式**. 一般地，设 $f(x_1,x_2,\cdots,x_{n-1},x_n)$ 是 n 元函数，如果任意对换两个自变量后所得的 n 元函数与原函数的表达式相同，那么就称函数 $f(x_1,x_2,\cdots,x_{n-1},x_n)$ 的表达式是对称式；再看几个式子：$x^2y+y^2z+z^2x$，$(x-y)^3+(y-z)^3+(z-x)^3$，$(x-y)(y-z)(z-x)$，将这些式子中的 x 换成 y，y 换成 z，z 换成 x，即将字母做一个轮换，式子保持不变. 我们将这样的式子叫做**轮换对称式**. 一般地，设 $f(x_1,x_2,\cdots,x_{n-1},x_n)$ 是 n 元函数，如果按顺序轮换 n 个自变量后所得的 n 个 n 元函数与原函数的表达式相同（即 $f(x_1,x_2,\cdots,x_{n-1},x_n)=f(x_2,x_3,\cdots,x_n,x_1)=f(x_3,x_4,\cdots,x_1,x_2)=\cdots=f(x_n,x_1,\cdots,x_{n-2},x_{n-1})$），但存在两个自变量 x_i 和 x_j，使得对换 x_i 与 x_j 后所得的 n 元函数与原函数不相同（即 $f(x_1,x_2,\cdots,x_i,\cdots,x_j,\cdots,x_n)\neq f(x_1,x_2,\cdots,x_j,\cdots,x_i,\cdots,x_n)$），那么就称函数 $f(x_1,x_2,\cdots,x_{n-1},x_n)$ 的表达式是轮换对称式. 对称式一定是轮换式，但轮换式未必是对称式. **另外，两个轮换式（对称式）的和、差、积、商仍然是轮换式（对称式）.**

从 $(a+b)^2=a^2+2ab+b^2$，$(a+b)^3=a^3+3ab(a+b)+b^3$，$a^4+b^4=(a+b)^4-4ab(a+b)^2+2(ab)^2$，可以看出 a^2+b^2、a^3+b^3、a^4+b^4 都能用 $a+b$、ab 这两个基本对称式表示，从 $(a+b+c)^2=a^2+b^2+c^2+2ab+2bc+2ca$，$a^3+b^3+$

$c^3 - 3abc = (a+b+c)(a^2+b^2+c^2-ab-bc-ca)$ 中可以看出 $a^2+b^2+c^2$、$a^3+b^3+c^3$ 都能用 $a+b+c$，$ab+bc+ca$，abc 这三个基本对称式表示. **n 元对称式（轮换对称式）都可以用 n 元基本对称式表示.**

$a-b$ 与 $a+b$ 也是一种对称，而且二者可完美地统一于一式：$(a+b)^2 - (a-b)^2 = 4ab$，或 $(a+b)^2 + (a-b)^2 = 2(a^2+b^2)$. 而且二者常常成双成对出现，如将 $3 - 2\sqrt{2}$ 有理化时常出现 $3 + 2\sqrt{2}$，求 $(\sqrt{2}+1)^{2019}$ 的整数部分的个位数字时必须请 $(\sqrt{2}-1)^{2019}$ 出面，再如，已知实数 x、y 满足 $(x+\sqrt{x^2+2})(y+\sqrt{y^2+4}) = 16$，求 $y\sqrt{x^2+2} + x\sqrt{y^2+4}$ 的值时，少不了求助 $x - \sqrt{x^2+2}$ 和 $y - \sqrt{y^2+4}$.

对称性还有一种表现和应用. 例如 $(x-y)^3 + (y-z)^3 + (z-x)^3$ 中含有因子 $x-y$，也必含有因子 $y-z$，$z-x$，这是对称性的体现，$(x-y)^5 + (y-z)^5 + (z-x)^5$ 除含有因子 $(x-y)(y-z)(z-x)$ 外，另一个因子必然是 $m(x^2+y^2+z^2) + n(xy+yz+zx)$，这也是对称性的体现. 又如已知 a、b、c、d 为实数，求 $T = a^2+b^2+c^2+d^2+(1-a)^2+(1-d)^2+(a-b)^2+(b-c)^2+(c-d)^2$ 的最小值. 注意到 a、d "作用和地位相同"，b、c "作用和地位相同"，配方时要考虑到这一特征，所 $3T = 9a^2+9b^2+9c^2+9d^2-6ab-6bc-6cd-6a-6d+6 = (3a-b-1)^2 + (3d-c-1)^2 + 3(b-c)^2 + 5\left(b-\dfrac{1}{5}\right)^2 + 5\left(c-\dfrac{1}{5}\right)^2 + \dfrac{18}{5}$. 再如已知 $abc \neq 0$，且 a、b、c 互不相等，x、y 中至少一个不为 0，若 $\dfrac{bx+cy}{a} = \dfrac{cx+ay}{b} = \dfrac{ax+by}{c}$，求 $a+b+c$ 之值. 由 $\dfrac{bx+cy}{a} = \dfrac{cx+ay}{b}$ 得 $(b^2-ca)x = (a^2-bc)y$，然后我们不用计算所以得到 $(c^2-ab)x = (b^2-ca)y$，$(a^2-bc)x = (c^2-ab)y$，这正是轮换对称性的表现和应用.

齐次美，常见于乘法公式：如

$(a-b)(a+b) = a^2-b^2$，

$(a-b)(a^2+ab+b^2) = a^3-b^3$，

$(a+b)^2 = a^2+2ab+b^2$，

$(a+b+c)^2 = a^2+b^2+c^2+2ab+2bc+2ca$，

$$(x+y+z)(x^2+y^2+z^2-xy-yz-zx)=x^3+y^3+z^3-3xyz$$

都是齐次式. 齐次式的和、差、积、商仍然是齐次式. 由于齐次,已知 $x=2y$,可求 $\dfrac{f(x,y)}{g(x,y)}$ 之值,这里 $f(x,y)$ 和 $g(x,y)$ 都是关于 x、y 的齐 k 次式.

规律美,虽然教材中通常只介绍三个公式: $(a-b)(a+b)=a^2-b^2$, $(a+b)^2=a^2+2ab+b^2$, $(a-b)^2=a^2-2ab+b^2$. 但这些公式可从不同角度进行推广.

平方差公式的推广:

$(a-b)(a^{n-1}+a^{n-2}b+\cdots+ab^{n-2}+b^{n-1})=a^n-b^n$　(n 为自然数).

以 $-b$ 换上式中的 b 得到:

$(a+b)(a^{n-1}-a^{n-2}b+\cdots+ab^{n-2}-b^{n-1})=a^n-b^n$　(n 为偶数).

$(a+b)(a^{n-1}-a^{n-2}b+\cdots-ab^{n-2}+b^{n+1})=a^n+b^n$　(n 为奇数).

完全平方公式的推广:

角度 1:项数增加得到:

$(x_1+x_2+\cdots+x_n)^2=x_1^2+x_2^2+\cdots+x_n^2+2x_1x_2+2x_1x_3+\cdots+2x_1x_n+2x_2x_3+2x_2x_4+\cdots+2x_2x_n+\cdots+2x_{n-1}x_n.$

角度 2:指数增加得到:

$(a+b)^n=c_0u^n+c_1a^{n-1}b+\cdots+c_nb^n$,其系数 $c_0,c_1,\cdots,c_n$ 满足杨辉三角形规律.

即:

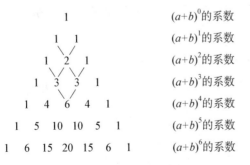

这些公式,无论是次数、系数、还是整体结构都表现出迷人的美,赏心悦目.

总之,安排合理,我们可以从学习乘法公式中领悟合与分的生活的辩证关系,感悟图难于其易的道理,感受数学之美,接受正向思维和逆向思维的训练.

35 | 判别式

方程 $ax^2 + bx + c = 0 (a \neq 0)$ 可化为 $(2ax + b)^2 = b^2 - 4ac$，所以当 $b^2 - 4ac \geqslant 0$ 时，$b^2 - 4ac$ 有算术平方根，即一元二次方程 $ax^2 + bx + c = 0$ 有实根，当 $b^2 - 4ac < 0$ 时，$b^2 - 4ac$ 无算术平方根，即一元二次方程 $ax^2 + bx + c = 0$ 无实根. 从这里可以看出，$b^2 - 4ac$ 对判断一元二次方程根的情况起到了关键作用，因此我们把 $\Delta = b^2 - 4ac$ 称为一元二次方程 $ax^2 + bx + c = 0$ 根的判别式. 这个判别式很有意思，无论 a、b、c 如何变化，只要 $\Delta = b^2 - 4ac \geqslant 0$，一元二次方程 $ax^2 + bx + c = 0$ 就有实根，只要 $\Delta = b^2 - 4ac < 0$，一元二次方程 $ax^2 + bx + c = 0$ 就无实根. 变中有不变，既允许 a、b、c 变化，又对 a、b、c 的变化有所控制. $\Delta = b^2 - 4ac$ 的这种性质可以帮助我们解决许多问题.

一、一元二次方程、一元二次不等式、二次函数图象之间的关系

一元二次不等式经过变形，可化成 $ax^2 + bx + c > 0 (a > 0)$ 或 $ax^2 + bx + c < 0 (a < 0)$，观察二次函数 $y = ax^2 + bx + c (a > 0)$ 的图象可得到二次函数 $y = ax^2 + bx + c$ 与二次方程 $ax^2 + bx + c = 0 (a > 0)$ 及二次不等式 $ax^2 + bx + c > 0 (a > 0)$、$ax^2 + bx + c < 0 (a > 0)$ 的关系（见表 35-1，$a < 0$ 可类同讨论）. 这里 $x_1 = \dfrac{-b - \sqrt{b^2 - 4ac}}{2a}$，$x_2 = \dfrac{-b + \sqrt{b^2 - 4ac}}{2a}$.

表 35-1

	二次函数		一元二次方程	一元二次不等式	
	$y = ax^2 + bx + c\,(a > 0)$	$\Delta = b^2 - 4ac$	$ax^2 + bx + c = 0\,(a > 0)$	$ax^2 + bx + c > 0\,(a > 0)$	$ax^2 + bx + c < 0\,(a > 0)$
图象与解		$\Delta > 0$	$x = x_1$ 或 $x = x_2$	$x < x_1$ 或 $x > x_2$ $(x \in \mathbf{R})$	$x_1 < x < x_2$ $(x \in \mathbf{R})$
		$\Delta = 0$	$x_1 = x_2 = -\dfrac{b}{2a}$	$x \neq -\dfrac{b}{2a}$ $(x \in \mathbf{R})$	无解
		$\Delta < 0$	无解	全体实数	无解

二、判断根的情况

■ **例 1** 设方程 $x^2 - 2x - m = 0$ 无实根,判断方程 $x^2 + 2mx + 1 + 2(m^2 - 1)(x^2 + 1) = 0$ 的根的情况.

解: 方程 $x^2 + 2mx + 1 + 2(m^2 - 1)(x^2 + 1) = 0$ 可化为 $(2m^2 - 1)x^2 + 2mx + 2m^2 - 1 = 0$,从而 $\Delta_2 = 4m^2 - 4(2m^2 - 1)^2 = -4(4m^4 - 5m^2 + 1) = -4(4m^2 - 1)(m^2 - 1)$.

因为方程 $x^2 - 2x - m = 0$ 无实根,故 $\Delta_1 = 4 + 4m < 0$,即 $m < -1$.

所以 $m^2 - 1 > 0$,$4m^2 - 1 > 0$,于是 $\Delta_2 = -4(4m^2 - 1)(m^2 - 1) < 0$.

这说明方程 $x^2 + 2mx + 1 + 2(m^2 - 1)(x^2 + 1) = 0$ 无实根.

■ **例 2** 已知 $p_1 p_2 = 2(q_1 + q_2)$,求证:方程 $x^2 + p_1 x + q_1 = 0$ 与方程 $x^2 + p_2 x +$

$q_2 = 0$ 中至少有一个方程有实数根.

解：$\Delta_1 + \Delta_2 = p_1^2 - 4q_1 + p_2^2 - 4q_2 = p_1^2 + p_2^2 - 2p_1p_2 = (p_1 - p_2)^2 \geqslant 0$，所以 Δ_1、Δ_2 中至少有一个非负，即至少有一个方程有实数根.

■ **例3** 若关于 x 的方程 $x^2 + (m-2)x + 5 - m = 0$ 的两根均大于 2，求 m 的取值范围.

解：两根都大于 $2 \Leftrightarrow \begin{cases} \Delta \geqslant 0, \\ (x_1 - 2) + (x_2 - 2) > 0, \\ (x_1 - 2)(x_2 - 2) > 0, \end{cases}$ 即 $\begin{cases} (m-2)^2 - 4(5-m) \geqslant 0, \\ -2 - m > 0, \\ 5 + m > 0. \end{cases}$

解得 $-5 < m \leqslant -4$.

一般地，方程有两根都大于 $k \Leftrightarrow \begin{cases} \Delta \geqslant 0, \\ (x_1 - k) + (x_2 - k) > 0, \\ (x_1 - k)(x_2 - k) > 0; \end{cases}$

方程有两根都小于 $k \Leftrightarrow \begin{cases} \Delta \geqslant 0, \\ (x_1 - k) + (x_2 - k) < 0, \\ (x_1 - k)(x_2 - k) > 0; \end{cases}$

方程有一根大于 k，一根小于 $k \Leftrightarrow \begin{cases} \Delta \geqslant 0, \\ (x_1 - k)(x_2 - k) < 0. \end{cases}$

■ **例4** 方程 $x^4 - kx^2 + k = 0$ 的四个根绝对值都不超过 1，求实数 k 的取值范围.

解：令 $x^2 = t$，则 $t^2 - kt + k = 0$ 的两根都为不超过 1 的非负数，于是 $\Delta \geqslant 0$，$0 \leqslant t_1 + t_2 \leqslant 2$，$t_1 t_2 \geqslant 0$，$(t_1 - 1)(t_2 - 1) \geqslant 0$，解得 $k = 0$.

三、求参数的范围

■ **例5** 若关于 x 的方程 $x^2 - 2(m+2)x + m^2 + 5 = 0$ 有两个正根，求实数 m 的取值范围.

解：设方程 $x^2 - 2(m+2)x + m^2 + 5 = 0$ 的两实根为 x_1、x_2，则 $\Delta = [-2(m+2)]^2 - 4 \times 1 \times (m^2 + 5) \geqslant 0$，$x_1 + x_2 = 2(m+2) > 0$，$x_1 x_2 = m^2 +$

$5 > 0$,解得 $m \geqslant 4$.

■ **例6** 已知方程 $2x^2 + mx - 2m + 1 = 0$ 的两实根的平方和为 $\dfrac{29}{4}$,求 m 的值.

解:设方程的两实根分别为 x_1、x_2,则 $x_1 + x_2 = -\dfrac{m}{2}$, $x_1 x_2 = \dfrac{1-2m}{2}$,于是

$\dfrac{29}{4} = x_1^2 + x_2^2 = (x_1 + x_2)^2 - 2x_1 x_2 = \left(-\dfrac{m}{2}\right)^2 - 2\left(\dfrac{1-2m}{2}\right)$,解得 $m = 3$ 或 $m = -11$.

经检验,$m = 3$ 符合条件,$m = -11$ 时方程无实根,不合条件.

■ **例7** 已知关于 x 的方程 $x^2 - 2mx + 9 = 0$ 的两实根 α、β 满足 $\dfrac{1}{\alpha} + \dfrac{1}{\beta} < 2$,求 m 的取值范围.

解:设方程的两实根分别为 α、β,则 $\alpha + \beta = 2m$,$\alpha\beta = 9$,于是 $2 > \dfrac{1}{\alpha} + \dfrac{1}{\beta} = \dfrac{\alpha + \beta}{\alpha\beta} = \dfrac{2m}{9}$,$m < 9$,又 $\Delta = (2m)^2 - 36 \geqslant 0$,解得 $m \geqslant 3$ 或 $m \leqslant -3$.

所以 $m \leqslant -3$ 或 $3 \leqslant m < 9$.

四、求最值

■ **例8** 求函数 $y = \dfrac{x-1}{x^2 - x + 1}$ 的值域.

解:由 $y = \dfrac{x-1}{x^2 - x + 1}$,得 $yx^2 - (y+1)x + y + 1 = 0$.

因为 x 为实数,即 $yx^2 - (y+1)x + y + 1 = 0$ 有实根.

当 $y \neq 0$ 时,有 $(y+1)^2 - 4y(y+1) \geqslant 0$,解得 $-1 \leqslant y \leqslant \dfrac{1}{3}$;当 $y = 0$ 时,$x = 1$.

所以 $y = \dfrac{x-1}{x^2 - x + 1}$ 的值域为 $\left\{ y \mid -1 \leqslant y \leqslant \dfrac{1}{3} \right\}$.

■ **例9** 实数 a、b 满足 $\dfrac{1}{a^2 + 2} + \dfrac{1}{b^2 + 2} = \dfrac{1}{3}$,求 $\dfrac{1}{a} + \dfrac{1}{b}$ 的最值.

解：设 $\dfrac{1}{a}+\dfrac{1}{b}=k$，则 $kab=a+b$，由 $\dfrac{1}{a^2+2}+\dfrac{1}{b^2+2}=\dfrac{1}{3}$ 得 $a^2b^2-a^2-b^2-8=0$，所以 $a^2b^2-(a+b)^2+2ab-8=0$，即 $(1-k^2)a^2b^2+2ab-8=0$. 因为 ab 为实数，当 $1-k^2\neq 0$ 时，即 $\Delta=4+32(1-k^2)\geqslant 0$，解得 $-\dfrac{3\sqrt{2}}{4}\leqslant k\leqslant \dfrac{3\sqrt{2}}{4}$.

当 $k=\dfrac{3\sqrt{2}}{4}$ 时，$\begin{cases}a=3\sqrt{2}+\sqrt{10}, \\ b=3\sqrt{2}-\sqrt{10}\end{cases}$ 或 $\begin{cases}a=3\sqrt{2}-\sqrt{10}, \\ b=3\sqrt{2}+\sqrt{10}.\end{cases}$

当 $k=-\dfrac{3\sqrt{2}}{4}$ 时，$\begin{cases}a=-3\sqrt{2}+\sqrt{10}, \\ b=-3\sqrt{2}-\sqrt{10}\end{cases}$ 或 $\begin{cases}a=-3\sqrt{2}-\sqrt{10}, \\ b=-3\sqrt{2}+\sqrt{10}.\end{cases}$

而 $-\dfrac{3\sqrt{2}}{4}<-1<1<\dfrac{3\sqrt{2}}{4}$，所以 $\dfrac{1}{a}+\dfrac{1}{b}$ 的最小值为 $-\dfrac{3\sqrt{2}}{4}$，$\dfrac{1}{a}+\dfrac{1}{b}$ 的最大值为 $\dfrac{3\sqrt{2}}{4}$.

■ **例 10** 如图 35-1，点 P 为矩形 $ABCD$ 内一点，$AB=4$，$BC=6$，$PE\perp AD$，求 $PB+PC+PE$ 的最小值.

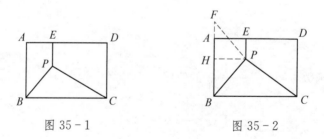

图 35-1　　　　　　图 35-2

解：如图 35-2，作 $PH\perp AB$ 于 H，作点 B 关于 PH 的对称点为 F，设 $BH=x$，则 $PE=4-x$，$PB+PC+PE=PF+PC+PE\geqslant FC+PE=\sqrt{4x^2+36}+4-x$.

设 $y=\sqrt{4x^2+36}+4-x$，则 $(x+y-4)^2=4x^2+36$.

整理得 $3x^2-2(y-4)x+36-(y-4)^2=0$.

$\Delta=4(y-4)^2-12[36-(y-4)^2]\geqslant 0$，解得 $y\geqslant 4+3\sqrt{3}$ 或 $y\leqslant 4-3\sqrt{3}$.

显然 $y > 0$,所以 $y \geqslant 4 + 3\sqrt{3}$,当 $x = \sqrt{3}$ 时取等号.

所以当 $x = \sqrt{3}$,点 E 为 AD 的中点时,$PB + PC + PE$ 的最小值为 $4 + 3\sqrt{3}$.

五、处理恒成立问题

一般地,对于二次函数 $f(x) = ax^2 + bx + c$,若对于任意实数 x,$f(x) \geqslant 0$ 恒成立的充要条件是 $a > 0$ 且 $\Delta = b^2 - 4ac \leqslant 0$;若对于任意实数 x,$f(x) \leqslant 0$ 恒成立的充要条件是 $a < 0$ 且 $\Delta = b^2 - 4ac \leqslant 0$.

■ **例 11** 对一切实数 m,关于 x 的方程 $ax^2 + (b - 2m)x + c - m^2 = 0$ 有两个相等的实根,求 a、b、c 之值.

解:因为对一切实数 m,方程有两等根,故 $a \neq 0$,且 $\Delta = (b - 2m)^2 - 4a(c - m^2) = 0$ 对一切实数 m 恒成立.

整理得 $4(1 + a)m^2 - 4bm + b^2 - 4ac = 0$ 对一切实数 m 恒成立.

于是 $1 + a = 0$,$b = 0$,$b^2 - 4ac = 0$,解得 $a = -1$,$b = c = 0$,经检验符合题意.

■ **例 12** 设 $f(x) = x^2 + ax + b$,对任意的实数 x 都存在实数 y,使得 $f(y) = f(x) + y$,求 a 的最大值.

解:依题意,$y^2 - (1 - a)y - x^2 - ax = 0$. 因为 y 为实数,所以 $(1 - a)^2 + 4(x^2 + ax) \geqslant 0$ 对任意实数 x 成立,从而 $\Delta = 16a^2 - 16(1 - a)^2 \leqslant 0$,解得 $a \leqslant \dfrac{1}{2}$.

■ **例 13** 已知对于任意实数 x,二次函数 $f(x)$ 始终满足 $x \leqslant f(x) \leqslant \dfrac{x^2 + 1}{2}$,且 $f(x - 4) = f(2 - x)$,求 $f(x)$ 的解析式.

解:设 $f(x) = ax^2 + bx + c(a \neq 0)$,且易知 $1 \leqslant f(1) \leqslant 1$,即 $f(1) = a + b + c = 1$.

又 $f(x - 4) = f(2 - x)$,得 $a(x - 4)^2 + b(x - 4) + c = a(2 - x)^2 + b(2 - x) + c$,整理得 $(2x - 6)(b - 2a) = 0$ 恒成立,所以 $b = 2a$.

从而 $f(x) = ax^2 + (2a - 1)x + 1 - 3a$,又 $f(x) \geqslant x$ 恒成立,从而 $\Delta = (2a -$

$1)^2 - 4a(1-3a) \leqslant 0$，且 $a > 0$，解得 $a = \dfrac{1}{4}$.

所以 $f(x) = \dfrac{x^2}{4} + \dfrac{x}{2} + \dfrac{1}{4}$.

六、处理一元二次方程的整数根问题

整系数一元二次方程 $ax^2 + bx + c = 0$ 有有理根，则 $\Delta = b^2 - 4ac$ 为完全平方数，反之，若 $\Delta = b^2 - 4ac$ 为完全平方数，则整系数一元二次方程 $ax^2 + bx + c = 0$ 有有理根.

■ **例 14** 当 m 是什么整数时，关于 x 的一元二次方程 $mx^2 - 4x + 4 = 0$ 与 $x^2 - 4mx + 4m^2 - 4m - 5 = 0$ 的根都是整数？

解：因方程 $mx^2 - 4x + 4 = 0$ 有整数根，故 $\Delta = 16 - 16m \geqslant 0$，得 $m \leqslant 1$.

又方程 $x^2 - 4mx + 4m^2 - 4m - 5 = 0$ 有整数根，故 $\Delta = 16m^2 - 4(4m^2 - 4m - 5) \geqslant 0$，得 $m \geqslant -\dfrac{5}{4}$.

综上所述，$-\dfrac{5}{4} \leqslant m \leqslant 1$，所以 x 可取的整数值是 -1，0，1.

当 $m = -1$ 时，方程为 $-x^2 - 4x + 4 = 0$ 没有整数解，舍去，而 $m \neq 0$，故 $m = 1$.

■ **例 15** 设 m 是不为 0 的整数，关于 x 的一元二次方程 $mx^2 - (m-1)x + 1 = 0$ 有有理根. 求 m 的值.

解：设 $\Delta = (m-1)^2 - 4m = n^2$，$n$ 为非负整数，则 $(m-3)^2 - n^2 = 8$，$(m-3-n)(m-3+n) = 8$，因 $m-3-n < m-3+n$，且其奇偶性相同，故 $\begin{cases} m-3-n = 2, \\ m-3+n = 4 \end{cases}$ 或 $\begin{cases} m-3-n = -4, \\ m-3+n = -2, \end{cases}$ 解得 $m = 6$，符合题意.

■ **例 16** 求所有的质数 p 使得 $p^2 - p + 1 = q^3$ 成立，其中 q 为整数.

解：由已知易得 $p(p-1) = p^2 - p = q^3 - 1 = (q-1)(q^2 + q + 1)$，易知 $q^2 < q^3 = p^2 - p + 1 < p^2$，所以 $q < p$，从而 $p \mid q^2 + q + 1$.

设 $q^2 + q + 1 = kp$，k 为正整数，从而 $q^2 + q + 1 = k(kq - k + 1)$，整理得 $q^2 +$

$(1-k^2)q+1-k+k^2=0.$

因为 q 为整数,所以 $\Delta=(1-k^2)^2-4(1+k^2-k)=k^4-6k^2+4k-3$ 为完全平方数.

当 $k=2$ 时,$\Delta=-3$ 不为平方数;当 $k\geqslant 3$ 时,$(k^2-4)^2<\Delta<k^4$,所以 $\Delta=(k^2-3)^2$,$(k^2-2)^2$ 或 $(k^2-1)^2$.

当 $\Delta=(k^2-3)^2$ 时,解得 $k=3$,从而 $p=3q-2$,$q^2-8q+7=0$,解得 $p=19$,$q=7$. 当 $\Delta=(k^2-2)^2$,$\Delta=(k^2-1)^2$ 时,方程没有整数解.

七、其他问题

■ **例 17**　已知 $(x-z)^2-4(x-y)(y-z)=0$,求证:$2y=x+z$.

解法 1:$0=(x-z)^2-4(x-y)(y-z)=[(x-y)+(y-z)]^2-4(x-y)(y-z)=[(x-y)-(y-z)]^2=(x+z-2y)^2$,故 $2y=x+z$.

解法 2:若 $x=y$,或 $y=z$,易知结论成立;若 $x\neq y$,构造方程 $(x-y)t^2-(x-z)t+y-z=0$,因为 $\Delta=(x-z)^2-4(x-y)(y-z)=0$,故方程有两等根,易知 1 是方程的一根,从而根据韦达定理得 $2=\dfrac{x-z}{x-y}$,即 $2y=x+z$.

■ **例 18**　已知 $x+y+z=6$,$x^2+y^2+z^2=18$,其中 x、y、z 是实数,求证:$0\leqslant x\leqslant 4$,$0\leqslant y\leqslant 4$,$0\leqslant z\leqslant 4$.

证法 1:$x+y=6-z$,$x^2+y^2=18-z^2$,从而 $xy=z^2-6z+9$.

于是 x、y 是关于 t 的方程 $t^2-(6-z)t+z^2-6z+9=0$ 的两实根.

从而 $\Delta=(6-z)^2-4(z^2-6z+9)\geqslant 0$,解得 $0\leqslant z\leqslant 4$.

同理,$0\leqslant x\leqslant 4$,$0\leqslant y\leqslant 4$.

事实上,若 $ax^2+bx+c=a(x-x_1)(x-x_2)$,则 $x_1+x_2=-\dfrac{b}{a}$,$x_1x_2=\dfrac{c}{a}$.

若 $(x_1-x_2)^2=(x_1+x_2)^2-4x_1x_2=\left(-\dfrac{b}{a}\right)^2-\dfrac{4c}{a}=\dfrac{b^2-4ac}{a^2}\geqslant 0$,则 x_1-x_2 是实数,从而 $x_1=\dfrac{-b-\sqrt{b^2-4ac}}{2a}$,$x_2=\dfrac{-b+\sqrt{b^2-4ac}}{2a}$ 都是实数. 因此

$(x_1-x_2)^2 \geqslant 0$ 与 $b^2-4ac \geqslant 0$ 等价. 于是，我们又有下面的证法：

证法2：因为 x、y 为实数，故 $(x-y)^2=(x+y)^2-4xy=(6-z)^2-4(z^2-6z+9) \geqslant 0$，解得 $0 \leqslant z \leqslant 4$. 同理，$0 \leqslant x \leqslant 4$，$0 \leqslant y \leqslant 4$.

■ **例 19**　已知实数 x、y、z 满足 $xyz=4$，$y+z+x=2$，求(1)x、y、z 中最大数的最小值；(2)求 x、y、z 的绝对值之和的最小值.

解：(1) 不妨设 x 最大，则 $x>0$，否则 $2=x+y+z \leqslant 0$，矛盾.

于是 $y+z=2-x$，$yz=\dfrac{4}{x}$. 因为 x、y 为实数，从而 $(y-z)^2=(y+z)^2-4yz=(2-x)^2-\dfrac{16}{x} \geqslant 0$，解得 $x \geqslant 4$，即 x、y、z 中最大数的最小值为 4，此时 $y=z=-1$.

(2) 设 x 最大，则 $x>0$，于是 y、z 均负，否则与 $xyz=4$ 矛盾，从而 $|x|+|y|+|z|=x-y-z=2x-2 \geqslant 6$，等号在 $x=4$，$y=z=-1$ 时取到.

■ **例 20**　如果方程 $x^2-6x+m=0$ 的两实根为等腰三角形的底边与腰长，且这样的三角形只有一个时，求实数 m 的取值范围.

解：设方程的两根分别为 a、b，则 $a+b=6$，$ab=m>0$，当 $a=b$ 时，此时三角形为正三角形，解得 $m=9$；当 $a \neq b$ 时，则 $2a>b$ 且 $2b \leqslant a$ 或 $2b>a$ 且 $2a \leqslant b$，这两种情况都只有一个等腰三角形，即 $(2a-b)(2b-a) \leqslant 0$，即 $9ab-2(a+b)^2 \leqslant 0$，又 $\Delta \geqslant 0$，解得 $0<m \leqslant 8$，所以 $0<m \leqslant 8$ 或 $m=9$.

■ **例 21**　已知关于 x、y、z 的方程组：$3x+2y+z=a$，$xy+2yz+3zx=6$ 有实数解，求正实数 a 的最小值.

解：$3x+2y=a-z$，$xy=6-z(2y+3x)=6-z(a-z)=z^2-az+6$.

因为 x、y 为实数，$(3x-2y)^2=(3x+2y)^2-24xy=(a-z)^2-24(z^2-az+6) \geqslant 0$，整理得 $23z^2-22az+144-a^2 \leqslant 0$，因为存在实数 z 使 $23z^2-22az+144-a^2 \leqslant 0$ 成立，所以 $\Delta=(22a)^2+4 \times 23 \times (a^2-144) \geqslant 0$，解得 $a \geqslant \sqrt{23}$. 所以 a 的最小值为 $\sqrt{23}$.

36 | 形形色色的平均数

在生活中,我们常与数据打交道,例如,电视台每天晚上都要报一下第二天当地的最低气温与最高气温,商店每天都要结算一下当天的营业额,每个班次的飞机要统计一下乘客的人数等等.平均数是我们经常接触的数之一,如平均工资、平均分数、平均作物单产、产品平均单位成本、粮食平均亩产量、平均物价、全国人口的平均寿命等等,但这些平均数都是指算术平均数,数学中还有许许多多的平均数,下面我们就来介绍这些平均数.

一、形形色色的平均数

1. 算术平均数

平均数是表示一组数据平均水平的量.设 x_1,x_2,$\cdots$,x_n 为实数,则称 $\bar{x} = \dfrac{x_1 + x_2 + \cdots + x_n}{n}$ 为 x_1,x_2,$\cdots$,x_n 的平均数,也称作算术平均数.

2. 截尾平均数

截尾平均数是指在一组数中,去掉两端的极端值后所计算的算术平均数.最常见的截尾平均数的例子是在一些比赛中,计算选手的最终得分需要"去掉一个最高分,去掉一个最低分",这种处理方法,即为计算截尾均值法.

公式:截尾平均数 $\bar{x} = \dfrac{除最高分和最低分后其余分数之和}{数据总个数 - 2}$.

3. 加权平均数

加权平均数即将各数值乘以相应的权数,然后加总求和得到总体值,再除以总的单位数. 平均数的大小不仅取决于总体中各单位的标志值（变量值）的大小，而且取决于各标志值出现的次数（频数）. 由于各标志值出现的次数对其在平均数中的影响起着权衡轻重的作用，因此叫做权数. 权重是一个相对的概念，是针对某一指标而言. 某一指标的权重是指该指标在整体评价中的相对重要程度.

公式：设 x_1，x_2，$\cdots$，x_n 为实数，$\dfrac{m_1}{n}$，$\dfrac{m_2}{n}$，$\cdots$，$\dfrac{m_n}{n}$ 是 x_1，x_2，$\cdots$，x_n 的权，则

$$\bar{x} = \frac{x_1 m_1 + x_2 m_2 + \cdots + x_n m_n}{n}，$$ 这里 $0 \leqslant \dfrac{m_i}{n} \leqslant 1$ 且 $\displaystyle\sum_{i=1}^{n} \dfrac{m_i}{n} = 1$.

4. 幂平均数

设 a_1，a_2，$\cdots$，a_n 为正实数，称 $\left(\dfrac{a_1^x + a_2^x + \cdots + a_n^x}{n}\right)^{\frac{1}{x}}$ 为正实数 a_1，a_2，$\cdots$，a_n 的 x 次幂平均数.

5. 加权幂平均数

设 a_1，a_2，$\cdots$，a_n 为正实数，称 $\left(\dfrac{a_1^x m_1 + a_2^x m_2 + \cdots + a_n^x m_n}{n}\right)^{\frac{1}{x}}$ 为正实数 a_1，a_2，$\cdots$，a_n 的加权幂平均数，这里 $\dfrac{m_1}{n}$，$\dfrac{m_2}{n}$，$\cdots$，$\dfrac{m_n}{n}$ 是 a_1，a_2，$\cdots$，a_n 的权，$0 \leqslant \dfrac{m_i}{n} \leqslant 1$ 且 $\displaystyle\sum_{i=1}^{n} \dfrac{m_i}{n} = 1$.

二、各平均数间的关系

1. 幂平均数无限多个

利用数学分析中一个基本极限：$\lim\limits_{x \to 0}(1+x)^{\frac{1}{x}} = \mathrm{e}$，我们可以证明：

$$\lim_{x \to 0}\left(\frac{a_1^x + a_2^x + \cdots + a_n^x}{n}\right)^{\frac{1}{x}} = \sqrt[n]{a_1 a_2 \cdots a_n}，$$

于是我们可以定义：$f(x) = \begin{cases} \left(\dfrac{a_1^x + a_2^x + \cdots + a_n^x}{n}\right)^{\frac{1}{x}}， & x \neq 0, \\ \sqrt[n]{a_1 a_2 \cdots a_n}， & x = 0. \end{cases}$ 则 $f(x)$ 是

$(-\infty, +\infty)$ 上的连续函数.

若设 $m \leqslant a_i \leqslant M$，则 $\lim\limits_{x \to +\infty} \left(\dfrac{a_1^x + a_2^x + \cdots + a_n^x}{n}\right)^{\frac{1}{x}} = M$，$\lim\limits_{x \to -\infty}$

$\left(\dfrac{a_1^x + a_2^x + \cdots + a_n^x}{n}\right)^{\frac{1}{x}} = m$，所以 $f(x)$ 的值域为 (m, M). 这说明幂平均数有无

限多个，且可"填满"区间 (m, M).

当 $m_1 = m_2 = \cdots = m_n$ 时，加权幂平均数就是幂平均数.

当 $x = 1$ 时，幂平均数就是算术平均数.

当 x 固定，$m < \left(\dfrac{a_1^x m_1 + a_2^x m_2 + \cdots + a_n^x m_n}{n}\right)^{\frac{1}{x}} < M$，当权重 m_i 变化时，也

可"填满"区间 (m, M).

2. $S \geqslant A \geqslant G \geqslant H$

令 $f(x) = \left(\dfrac{a_1^x + a_2^x + \cdots + a_n^x}{n}\right)^{\frac{1}{x}}$.

当 $x = -1$ 时，$f(-1) = \dfrac{n}{\dfrac{1}{a_1} + \dfrac{1}{a_2} + \cdots + \dfrac{1}{a_n}}$ 称为调和平均数（用 H 表示），

当 $x = 0$ 时，$f(0) = \sqrt[n]{a_1 a_2 \cdots a_n}$ 称为几何平均数（用 G 表示），

当 $x = 1$ 时，$f(1) = \dfrac{a_1 + a_2 + \cdots + a_n}{n}$ 称为算术平均数（用 A 表示），

当 $x = 2$ 时，$f(2) = \sqrt{\dfrac{a_1^2 + a_2^2 + \cdots + a_n^2}{n}}$ 称为平方平均数（用 S 表示）.

用导数相关知识可证明：$f(x)$ 是 $(-\infty, +\infty)$ 上的单调递增函数，故 $S \geqslant A \geqslant G \geqslant H$，等号当且仅当 $a_1 = a_2 = \cdots = a_n$ 时取到.

3. 平方平均数、算术平均数和几何平均数的几何意义

幂平均数中，当 $x = 0$ 时称为几何平均数，如图 36-1：三角形 ABC 中，$\angle ACB = 90°$，$CD \perp AB$，O 为 AB 的中点，设 $AD = a$，$BD = b$，则 $CD = \sqrt{ab}$，$OC = \dfrac{a+b}{2}$，因为 $OC \geqslant CD$，所以 $\dfrac{a+b}{2} \geqslant \sqrt{ab}$，当且仅当 $a = b$ 时，即 $\triangle ABC$ 为等腰直角三角形时取等号.

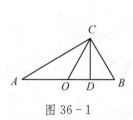

图 36 - 1

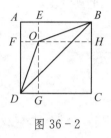

图 36 - 2

如图 $36 - 2$，$ABCD$ 为正方形，点 O 为对角线 AC 上一点，过点 O 作 $EG \perp AB$，$FH \perp AD$. 设 $AE = a$，$EB = b$，则 $OD = OB = \sqrt{a^2 + b^2}$，$BD = \sqrt{2}(a + b)$，因为 $OD + OB \geqslant BC$（当且仅当 B、O、D 共线时取等号），所以 $2\sqrt{a^2 + b^2} \geqslant \sqrt{2}(a + b)$，即 $\sqrt{\dfrac{a^2 + b^2}{2}} \geqslant \dfrac{a + b}{2}$，当且仅当 $a = b$ 时取等号. 当然几何意义解释也非唯一.

三、教材中与平均数关联的数学知识

1. 定比分点.

1）已知点 P 在线段 $P_1 P_2$ 所在直线上，且 $\overrightarrow{P_1 P} = \lambda \overrightarrow{P P_2}$，则 $\overrightarrow{OP} = \dfrac{\overrightarrow{OP_1} + \lambda \overrightarrow{OP_2}}{1 + \lambda}$（向量形式）；

2）若点 P、P_1、P_2 对应的复数分别为 P、P_1、P_2，则 $P = \dfrac{P_1 + \lambda P_2}{1 + \lambda}$（复数形式）；

3）若点 P、P_1、P_2 对应的坐标分别为 $P(x, y)$、$P_1(x_1, y_1)$、$P_2(x_2, y_2)$，则 $x = \dfrac{x_1 + \lambda x_2}{1 + \lambda}$，$y = \dfrac{y_1 + \lambda y_2}{1 + \lambda}$（坐标形式）.

2. 已知 $AB \ // \ CD \ // \ EF$，如图 $36 - 3$ 所示. $AC = \lambda CE$，若 $AB = m$，$EF = n$，则 $CD = \dfrac{m + \lambda n}{1 + \lambda}$.

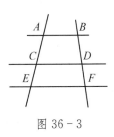

图 36-3

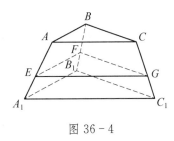

图 36-4

3. 已知截面 EFG 平行于棱台 $ABC-A_1B_1C_1$,如图 36-4 所示. 设三角形 ABC 的面积为 S_1,三角形 $A_1B_1C_1$ 的面积为 S_2,三角形 EFG 的面积为 S,则

$$\sqrt{S} = \frac{\sqrt{S_1} + \lambda\sqrt{S_2}}{1+\lambda}.$$

4. 在 ABC 中,D 是边 BC 所在直线上一点,G 是直线 AD 上一点,若 $\overrightarrow{AG}=k\overrightarrow{GD}$, $m\overrightarrow{BD}+n\overrightarrow{DC}=\vec{0}$, $\overrightarrow{BF}=x\overrightarrow{FA}$, $\overrightarrow{CE}=y\overrightarrow{EA}$,过 G 作直线 EF 分别交直线 AC、直线 AB 于 E、F,如图 36-5 所示,则 $\frac{m}{m+n}\cdot x + \frac{n}{m+n}\cdot y = \frac{1}{k}$(这里 m、n 不同时为 0,且 $m+n \neq 0$).

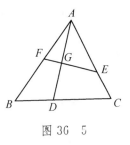

图 36-5

5. 离散型随机变量的数学期望

离散型随机变量 ξ 的概率分布如表 36-1.

表 36-1

X	x_1	x_2	$\cdots$	x_n
P	p_1	p_2	$\cdots$	p_n

则称 $E\xi = x_1p_1 + x_2p_2 + \cdots + x_np_n$ 为 ξ 的数学期望或平均数、均值,数学期望又简称为期望.

6. 琴生不等式

若函数 $f(x)$ 在 $[a,b]$ 上下凹,则 $f(\lambda x_1 + (1-\lambda)x_2) \leqslant \lambda f(x_1) + (1-\lambda)f(x_2)$.

几何意义:如图 36-6,设 A 的坐标为 $(x_1, 0)$,B 的坐标为 $(x_2, 0)$,则 $\lambda x_1 +$

$(1-\lambda)x_2$ 是点 E 的横坐标，

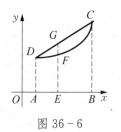

$$EF=f(\lambda x_1+(1-\lambda)x_2),$$

$$EG=\lambda f(x_1)+(1-\lambda)f(x_2),$$

于是有 $EF \leqslant EG$.

图 36-6

当 $\lambda=\dfrac{1}{2}$ 时，$f\left(\dfrac{x_1+x_2}{2}\right) \leqslant \dfrac{f(x_1)+f(x_2)}{2}$.

若函数 $f(x)$ 在 $[a,b]$ 上下凸，则 $f(\lambda x_1+(1-\lambda)x_2) \geqslant$ $\lambda f(x_1)+(1-\lambda)f(x_2)$.

当 $\lambda=\dfrac{1}{2}$ 时，$f\left(\dfrac{x_1+x_2}{2}\right) \geqslant \dfrac{f(x_1)+f(x_2)}{2}$.

一般地，若函数 $f(x)$ 在 $[a,b]$ 上下凹，$0<\lambda_i<1$ 且 $\sum\limits_{i=1}^{n}\lambda_i=1$，则 $f\left(\sum\limits_{i=1}^{n}\lambda_i x_i\right) \leqslant \sum\limits_{i=1}^{n}\lambda_i f(x_i)$. 当 $\lambda_i=\dfrac{1}{n}$ 时，$f\left(\dfrac{1}{n}\sum\limits_{i=1}^{n}x_i\right) \leqslant \dfrac{1}{n}\sum\limits_{i=1}^{n}f(x_i)$.

若函数 $f(x)$ 在 $[a,b]$ 上下凸，$0<\lambda_i<1$ 且 $\sum\limits_{i=1}^{n}\lambda_i=1$，则 $f\left(\sum\limits_{i=1}^{n}\lambda_i x_i\right) \geqslant$ $\sum\limits_{i=1}^{n}\lambda_i f(x_i)$. 当 $\lambda_i=\dfrac{1}{n}$ 时，$f\left(\dfrac{1}{n}\sum\limits_{i=1}^{n}x_i\right) \geqslant \dfrac{1}{n}\sum\limits_{i=1}^{n}f(x_i)$.

四、应用举例

1. 若 $0<a<1$，(1) 求 $a(1-a)$ 的最大值；(2) 求 $a(1-2a)$ 的最大值.

解：(1) 因为 $1=a+(1-a) \geqslant 2\sqrt{a(1-a)}$，所以 $a(1-a) \leqslant \dfrac{1}{4}$，当且仅当 $a=\dfrac{1}{2}$ 时取等号.

(2) 因为 $1=2a+(1-2a) \geqslant 2\sqrt{2a(1-2a)}$，所以 $2a(1-2a) \leqslant \dfrac{1}{4}$，即 $a(1-2a) \leqslant \dfrac{1}{8}$，当且仅当 $a=\dfrac{1}{4}$ 时取等号.

2. 已知 x、y 为正数，且 $x+y=1$，求 $\dfrac{4}{x+1}+\dfrac{9}{y+2}$ 的最小值.

解:由已知易得 $(x+1)+(y+2)=4$，故

$$\dfrac{4}{x+1}+\dfrac{9}{y+2}=\dfrac{(x+1)+(y+2)}{x+1}+\dfrac{9\left[(x+1)+(y+2)\right]}{4(y+2)}$$

$$=\dfrac{13}{4}+\dfrac{y+2}{x+1}+\dfrac{9(x+1)}{4(y+2)}$$

$$\geqslant \dfrac{13}{4}+2\sqrt{\dfrac{y+2}{x+1}\cdot\dfrac{9(x+1)}{4(y+2)}}=\dfrac{25}{4},$$

当 $\dfrac{y+2}{x+1}=\dfrac{9(x+1)}{4(y+2)}$，即 $x=\dfrac{3}{5}$，$y=\dfrac{2}{5}$ 时取等号.

3. 已知 $x>0$，$y>0$，且 $x+3y=5xy$，求 $3x+4y$ 的最小值.

解法 1:由已知易得 $\dfrac{3}{x}+\dfrac{1}{y}=5$，所以 $3x+4y=\dfrac{1}{5}(3x+4y)\left(\dfrac{3}{x}+\dfrac{1}{y}\right)=$

$\dfrac{1}{5}\left(13+\dfrac{12y}{x}+\dfrac{3x}{y}\right)\geqslant\dfrac{1}{5}\left(13+2\sqrt{\dfrac{12y}{x}\cdot\dfrac{3x}{y}}\right)=5.$

当 $\dfrac{12y}{x}=\dfrac{3x}{y}$ 且 $x+3y=5xy$ 时取等号，即 $x=1$，$y=\dfrac{1}{2}$ 时取等号.

解法 2:由已知易得 $y=\dfrac{x}{5x-3}>0$，故 $5x-3>0$，所以 $3x+4y=3x+$

$4\left(\dfrac{x}{5x-3}\right)=\dfrac{3}{5}(5x-3)+\dfrac{12}{5(5x-3)}+\dfrac{13}{5}\geqslant 5.$

当 $\dfrac{3}{5}(5x-3)=\dfrac{12}{5(5x-3)}$，即 $x=1$，$y=\dfrac{1}{2}$ 时取等号.

4. 已知 x、y 为正数，求(1) $\dfrac{y}{2x+y}+\dfrac{x}{x+2y}$ 的最小值；(2) $\dfrac{x}{2x+y}+$

$\dfrac{y}{x+2y}$ 的最大值.

解:令 $2x+y=a$，$x+2y=b$，则 $x=\dfrac{2a-b}{3}$，$y=\dfrac{2b-a}{3}$，从而 $\dfrac{y}{2x+y}+$

$\dfrac{x}{x+2y}=\dfrac{2b-a}{3a}+\dfrac{2a-b}{3b}=-\dfrac{2}{3}+\dfrac{2}{3}\left(\dfrac{b}{a}+\dfrac{a}{b}\right)\geqslant-\dfrac{2}{3}+\dfrac{4}{3}\sqrt{\dfrac{b}{a}\cdot\dfrac{a}{b}}=\dfrac{2}{3}.$ 当 $a=$

b，即 $x = y$ 时取等号.

$$\frac{x}{2x+y}+\frac{y}{x+2y}=\frac{2a-b}{3a}+\frac{2b-a}{3b}=\frac{4}{3}-\frac{1}{3}\left(\frac{b}{a}+\frac{a}{b}\right)\leqslant\frac{4}{3}-\frac{2}{3}\sqrt{\frac{b}{a}\cdot\frac{a}{b}}=$$

$\frac{2}{3}$. 当 $a = b$，即 $x = y$ 时取等号.

5. 已知 x、y 为正数，且 $xy + 2x + y = 4$，求 $x + y$ 的最小值.

解法 1：由已知易得 $(x+1)(y+2)=6$，从而 $x+1+y+2 \geqslant$
$2\sqrt{(x+1)(y+2)}=2\sqrt{6}$，即 $x+y \geqslant 2\sqrt{6}-3$，当 $x+1=y+2=\sqrt{6}$ 时取等号.

解法 2：$x+y=\frac{4-y}{y+2}+y=\frac{6-2-y}{y+2}+y=\frac{6}{y+2}+y+2-2=y+2+\frac{6}{y+2}-3\geqslant$
$2\sqrt{(y+2)\left(\frac{6}{y+2}\right)}-3=2\sqrt{6}-3$. 当 $x+1=y+2=\sqrt{6}$ 时取等号.

6. 设正实数 a、b、c 满足 $(a+c)(b^2+ac)=4a$，求 $b+c$ 的最大值.

解：由于 $4a=(a+c)(b^2+ac)=a(b^2+c^2)+c(a^2+b^2)\geqslant a(b^2+c^2)+2abc=a(b+c)^2$，从而 $b+c\leqslant 2$，当 $0<a=b<2$，$c=2-a$ 时取等号.

7. 设 x、y、z 为正实数，求代数式 $\left(x+\frac{1}{y}+\sqrt{2}\right)\left(y+\frac{1}{z}+\sqrt{2}\right)\left(z+\frac{1}{x}+\sqrt{2}\right)$ 的最小值.

解：$T=\left(x+\frac{1}{y}+\sqrt{2}\right)\left(y+\frac{1}{z}+\sqrt{2}\right)\left(z+\frac{1}{x}+\sqrt{2}\right)\geqslant\left(2\sqrt{\frac{x}{y}}+\sqrt{2}\right)$

$\left(2\sqrt{\frac{y}{z}}+\sqrt{2}\right)\left(2\sqrt{\frac{z}{x}}+\sqrt{2}\right)$

$=2\sqrt{2}\left(\sqrt{\frac{2x}{y}}+1\right)\left(\sqrt{\frac{2y}{z}}+1\right)\left(\sqrt{\frac{2z}{x}}+1\right)$

$=2\sqrt{2}\left[\sqrt{\frac{8xyz}{xyz}}+\sqrt{\frac{4x}{z}}+\sqrt{\frac{4y}{x}}+\sqrt{\frac{4z}{y}}+\sqrt{\frac{2x}{y}}+\sqrt{\frac{2y}{z}}+\sqrt{\frac{2z}{x}}+1\right]$

$\geqslant2\sqrt{2}\left[2\sqrt{2}+3\sqrt[3]{\sqrt{\frac{4x}{z}}\cdot\sqrt{\frac{4y}{x}}\cdot\sqrt{\frac{4z}{y}}}+3\sqrt[3]{\sqrt{\frac{2x}{y}}\cdot\sqrt{\frac{2y}{z}}\cdot\sqrt{\frac{2z}{x}}}+1\right]$

$\geqslant2\sqrt{2}\left[2\sqrt{2}+6+3\sqrt{2}+1\right]=20+14\sqrt{2}$，

当 $x = y = z = 1$ 时取等号.

8. 已知 x、y、z 均为正数,且 $x^2 + y^2 + z^2 = 1$. 求:(1) $\dfrac{1+z}{2xyz}$ 的最小值;

(2) $\dfrac{1}{2xyz^2}$ 的最小值.

解: $\dfrac{1+z}{2xyz} \geqslant \dfrac{1+z}{z(x^2+y^2)} = \dfrac{1+z}{z(1-z^2)} = \dfrac{1}{z(1-z)} \geqslant 4$,当 $z = \dfrac{1}{2}$,$x = y = \dfrac{\sqrt{6}}{4}$

时取等号.

$\dfrac{1}{2xyz^2} \geqslant \dfrac{1}{(1-z^2)z^2} \geqslant 4$,当 $x = y = \dfrac{1}{2}$,$z = \dfrac{\sqrt{2}}{2}$ 时取等号.

9. 已知 x、y、z 均为正数.(1)求 $\dfrac{xy + yz}{x^2 + y^2 + z^2}$ 的最大值;(2)求

$\dfrac{x^2 + y^2 + z^2}{xy + 2yz}$ 的最小值.

解:(1)$x^2 + ky^2 + (1-k)y^2 + z^2 \geqslant 2\sqrt{k}\,xy + 2\sqrt{1-k}\,yz = t(xy + yz)$,

由 $2\sqrt{k} = 2\sqrt{1-k} = t$,解得 $k = \dfrac{1}{2}$,$t = \sqrt{2}$,所以 $\dfrac{xy + yz}{x^2 + y^2 + z^2} \leqslant \dfrac{\sqrt{2}}{2}$,当 $x =$

$z = \dfrac{\sqrt{2}}{2}y$ 时取等号.

(2)$x^2 + ky^2 + (1-k)y^2 + z^2 \geqslant 2\sqrt{k}\,xy + 2\sqrt{1-k}\,yz = t(xy + 2yz)$.

由 $2\sqrt{k} = \sqrt{1-k} = t$,解得 $k = \dfrac{1}{5}$,$t = \dfrac{2\sqrt{5}}{5}$,所以 $\dfrac{x^2 + y^2 + z^2}{xy + 2yz} \geqslant \dfrac{2\sqrt{5}}{5}$,当 $x :$

$y : z = 1 : \sqrt{5} : 2$ 时取等号.

创设情境，欣赏数学的生命价值

——"数轴上两点间距离公式"教育价值探讨

上海市初中七年级第二学期数学教材中安排了"数轴上两点间的距离公式"的学习. 数轴上 A、B 两点对应的数分别为 a、b，则 A、B 两点之间的距离为： $|AB| = |a-b|$，配套教学参考书（以下称教参）认为："安排这一内容的目的，一是让学生体会数形结合的运用；二是它直接有用；三是为以后在平面直角坐标系中学习'两点间的距离'打下认识基础". 下面是我对这部分内容的分析、实践与思考.

一、问题与分析

由于数轴上的点与实数之间存在一一对应关系，这就使数轴上的"点"与"数"有了联系，那么，数轴上两点间距离可否用它们对应的"数"来表示呢？

"教参"上称"它直接有用"，如果知道了两"点"对应的"数"，要求它们之间的距离，可以不用再"量"，通过"数"与"形"结合解决. 问题是：如何帮助学生架起这座"桥梁"？它是否还蕴含更深层的意义？

上海市小学二年级，学生学过用尺量物体的长度：把尺的"0"刻度对准积木的左端，再看积木的右端对着几，则积木的长度就是几. 这里的"左端点"对应的数是0，当然是一种最特殊的情况.

更一般的情况呢？事实上，对于某一固定的积木，只要将直尺与积木的边缘叠合，无论左右端点对准何数，积木两端点所对应直尺上的两点之间的长度都是相等的！它是一个不变量，是绝对的，而不同量法，积木两端点所对应直尺的位置是相对的.

　　为归纳出数轴上两点间的距离公式,课本通过例 2 作为铺垫,然后引导学生思考、归纳出数轴上两点间的距离公式,符合学生的认知规律,安排妥当. 就知识层面而言,巩固了绝对值和减法运算两个知识点,获得了新知:数轴上两点间的距离公式;就思想方法而言,体验了归纳法发现新知的过程,还可感悟分类讨论与数形结合的数学思想的运用;就情感态度而言,可感受数学发现的乐趣. 但是,该内容的教育价值似乎还有值得开发之处,对学习者的生活有意义的知识才可能具有长久的生命力. 为了实现这一目标,笔者作了如下探索.

二、设计与实践

　　下面是我设计的两个问题及两个教学片段:

- **问题 1**:如何用直尺测量线段的长度?
- **片段 1**:学生甲:将直尺与线段叠合,读出两端点所对应的刻度数,然后计算这两个刻度数之差的绝对值即得这条线段的长度.

　　学生乙:将直尺与线段叠合,且直尺的零刻度与线段的左端点对齐,右端点所对应的刻度即为该线段的长度.

- **问题 2**:欧几里得(Euclid)生活在约公元前 325 年至公元前 265 年间,欧拉(Euler)生活在 1707 年至 1783 年间,高斯(Gauss)生活在 1777 年至 1855 年间,爱因斯坦生活在 1879 年至 1955 年间,陈省身生活在 1911 年至 2004 年间,陈景润生活在 1933 年至 1996 年间,请同学们计算出他们的岁数.

- **片段 2**:T:问题 1 中,学生甲、乙测量线段长度的方法正确吗? 对此你们有何看法?

　　S1:学生乙的方法方便,学生甲的方法麻烦.

　　S2:本质一样,学生乙测量结果可看作: $|AB|=|a-0|$.

　　S3:学生甲的方法更有意思,无论直尺如何放,只要叠合,测量结果相同,说明与线段起点、终点的位置无关,长度是绝对的,位置是相对的.这大概是"绝对"的内涵.

　　T:非常棒! 同学们已经学会了数轴上两点间距离公式,体会了"量一量"与

"数轴上两点间的距离公式"的统一性,感受了距离、坐标的绝对性与相对性的辩证关系.现在再请同学们在阅读并完成问题 2 的计算.谈谈你们的感悟.

S4:把时间轴看作数轴,每个人生活的起、止年份对应数轴上的数,用公式可得:欧几里得享年约 $|-325-(-265)|=60$ 岁,欧拉享年约 $|1707-1783|=76$ 岁,高斯享年约 $|1777-1855|=78$ 岁,爱因斯坦享年约 $|1879-1955|=76$ 岁,陈省身享年约 $|1911-2004|=93$ 岁,陈景润享年约 $|1933-1996|=63$ 岁.

S5:寿命是绝对的,起、止年份是相对的,同是 76 岁,但欧拉和爱因斯坦的起止年份均不同.

S6:时间是无穷无尽的,而生命是短暂的.

T:非常好,时间永恒,生命短暂.既然我们明白了这个道理,那我们该如何做呢?

S7:珍爱生命.

S8:多运动,强健体魄.

S9:努力学习,多为人类作贡献.

S10:及时行乐.

S11:活在当下,过好每一天.

……(气氛活跃)

T:同学们讲得很好,或许我们可作两方面的思考,一方面,珍爱生命,延长生命,另一方面提高有限生命的意义,过好快乐,丰满,有意义的短暂一生.

T:现在我们把视野再放大些,在茫茫时空中,两点组成的线段是何等的渺小,就算我们赖以生存的地球恐怕也是微不足道,那么,我们又该如何做呢?

S12:保护环境,保护地球.

S13:尊重自然,敬畏自然.

S14:合理利用资源.

S15:开发新的星球,供人类生活、居住.

……

T:同学们说得很好.地球科学家们认为,若任凭地球自由自在地运转,恐怕它会永远存在下去,但是外来因素干扰使地球的寿命充满变数.再说人类无限制的攫取地球资源,照目前的速度,人类自身也撑不了多久就会消失.因此我们应该尊重自然,按客观规律办事,保护自然,保护我们赖以生活的地球!

三、总结与思考

(1)本节课课堂气氛相当活跃,参与率很高,学生很乐意谈论这些话题,对数学中原来蕴含着这些道理,深感惊讶,表示以前没有这样想过,有点意思.问题的开放可提供学生更开放的思维空间和更广泛的思考内容.

(2)本课通过挖掘数学深邃的内涵找到了一个视角,提供学生思考的方向,引起学生思想上的共鸣,实现了数学价值、伦理与道德价值、生命价值的感悟.学生甲、乙测量长度做法上的差异思考实现了数学本质与现实应用之间关系的感悟.

(3)学科德育重在思考,重在体验,重在感悟,贵在潜移默化,评价学生的回答也宜理性、宜鼓励为主.

(4)数,科学的语言,数学,现实世界数与量的关系的反映,细品慢嚼,其中凝聚着人类对自然、社会的哲思;仔细玩味,其中许多内容是学生人生观,价值观教育的好素材.随着时代和科学技术的发展,如何获得知识比如何记忆知识更有意义,学会思考比套用模式更有价值,学会探索未知的知识比搜寻已知的知识更具魅力.重知识记忆和重现的教学和评价已越来越跟不上时代发展的步伐,教育或该为未知而教,为未来而教,因此,数学教育除关注知识、技能的获得外,也宜多关注思维方式和思想方法的习得与感悟,关注数学的价值追求与感悟.

38 | 合理引导，欣赏数学思考的过程
——以分数拆分为例

古代埃及人在进行分数运算时，只使用分子是 1 的分数，因此这种分数也叫做埃及分数，或者叫单位分数. 当有 2 个物品要平均分给 3 个人的时候，每个人可以取得 $\frac{2}{3}$，埃及的人们是怎么算的呢？首先，把 2 个物品分成 4 个 $\frac{1}{2}$，先给每个人 1 个 $\frac{1}{2}$，剩下的 1 个 $\frac{1}{2}$，再分成 3 等分，均分结果，每人分到 $\frac{1}{2}$ 加 $\frac{1}{2}$ 的 $\frac{1}{3}$，也就是 $\frac{1}{2}+\frac{1}{6}=\frac{2}{3}$. 1858 年，苏格兰考古学家莱登买到了一份古埃及草纸文件，成文年代约在公元前 1700 年，这份至今保存在大英博物馆的"莱登"草纸，用很大的篇幅记载着将真分数分解成单位分数之和，有人认为埃及人之所以未能把算术和代数发展到较高水平，其分数运算之繁杂也是原因之一. 然而从教育意义来看，对于培养学生的数感大有好处，所以上海市六年级安排了**探究活动**《将一个分数拆为几个不同的单位分数之和》.（九年制义务教育数学教材 P72，上海教育出版社）

一、问题提出

最近，我们在"分数拆分"的探究课上，遇到一个场景：老师要求学生将 $\frac{1}{4}$ 分拆为两个不同单位分数之和. 上课一开始，有两个学生表示他能解决这个问题. 并列举方法：

学生甲：以 $\frac{1}{4}$ 为例，1) 写出 4 的所有因数，1，2，4 共 3 个；2) 写出 4 因数中所

有两个数互素(可以相同)的所有可能:(1,1),(1,2),(1,4),共 3 种可能;3)对于以上每一对互素的两个数,可按下列方式操作可得到 $\frac{1}{4}$ 拆成两个单位分数的和. 于是得到 $\frac{1}{4}$ 的 3 种拆分方法:

$$\frac{1}{4} = \frac{1+1}{4 \times (1+1)} = \frac{1}{4 \times (1+1)} + \frac{1}{4 \times (1+1)} = \frac{1}{8} + \frac{1}{8},$$

$$\frac{1}{4} = \frac{1+2}{4 \times (1+2)} = \frac{1}{4 \times (1+2)} + \frac{2}{4 \times (1+2)} = \frac{1}{12} + \frac{1}{6},$$

$$\frac{1}{4} = \frac{1+4}{4 \times (1+4)} = \frac{1}{4 \times (1+4)} + \frac{4}{4 \times (1+4)} = \frac{1}{20} + \frac{1}{5}.$$

学生乙:以 $\frac{1}{4}$ 为例,先写出 4 的所有因数,有 1, 2, 4. 再写出所有可能的两个数互素的情况,有(1,1)、(1,2)、(1,4). 对于(1,1),先把这两个因数的倒数相加,$\frac{1}{1} + \frac{1}{1} = 2 = \frac{8}{4}$,两边除以 8 得到:$\frac{1}{8} + \frac{1}{8} = \frac{1}{4}$;对于(1,2),先把这两个因数的倒数相加,$\frac{1}{1} + \frac{1}{2} = \frac{3}{2} = \frac{6}{4}$,两边除以 6 得到:所以 $\frac{1}{6} + \frac{1}{12} = \frac{1}{4}$;对于(1,4),先把这两个因数的倒数相加,$\frac{1}{1} + \frac{1}{4} = \frac{5}{4}$,两边除以 5 得到:所以 $\frac{1}{5} + \frac{1}{20} = \frac{1}{4}$.

将 $\frac{1}{n}$(n 为给定正整数)拆为两个单位分数之和,实质为求不定方程 $\frac{1}{x} + \frac{1}{y} = \frac{1}{n}$ 的正整数解,通常我们有两种方法:因式分解法和不等式估计法. 用这两种方法验证学生甲、乙的结果都是正确的. 统计发现,班里很多同学以前学过这个方法,但都"知其然而不知其所以然",于是我们的课堂着力寻求所以然.

二、合理引导、思考所以然

师:这两种方法的给出了分拆的具体操作,很好! 但是对于给定的正整数 n,这样操作是否能找出全部的分拆?

生：(没有学生回答)

师：请求出一个分母为 70 且介于 $\frac{3}{5}$ 与 $\frac{5}{7}$ 之间的分数.

生：(很多学生) $\frac{3}{5}=\frac{42}{70}$，$\frac{5}{7}=\frac{50}{70}$，所以条件的分数有 $\frac{43}{70}$，$\frac{44}{70}$，…，$\frac{49}{70}$，共 7 个.

师：利用分数的基本性质放大或缩小分子、分母，便于解决问题. 请把 $\frac{1}{6}$ 拆成两个最简分数之和(不一定是单位分数).

生：$\frac{1}{6}=\frac{2}{12}=\frac{1}{12}+\frac{1}{12}$；

$\frac{1}{6}=\frac{3}{18}=\frac{1}{18}+\frac{2}{18}=\frac{1}{18}+\frac{1}{9}$；

$\frac{1}{6}=\frac{4}{24}=\frac{1}{24}+\frac{3}{24}=\frac{1}{24}+\frac{1}{8}$，$\frac{1}{6}=\frac{4}{24}=\frac{2}{24}+\frac{2}{24}=\frac{1}{12}+\frac{1}{12}$；

$\frac{1}{6}=\frac{5}{30}=\frac{1}{30}+\frac{4}{30}=\frac{1}{30}+\frac{2}{15}$，$\frac{1}{6}=\frac{5}{30}=\frac{2}{30}+\frac{3}{30}=\frac{1}{15}+\frac{1}{10}$；

$\frac{1}{6}=\frac{6}{36}=\frac{1}{36}+\frac{5}{36}$，$\frac{1}{6}=\frac{6}{36}=\frac{2}{36}+\frac{4}{36}=\frac{1}{18}+\frac{1}{9}$，$\frac{1}{6}=\frac{6}{36}=\frac{3}{36}+\frac{3}{36}=\frac{1}{12}+\frac{1}{12}$；

$\frac{1}{6}=\frac{7}{42}=\frac{1}{42}+\frac{6}{42}=\frac{1}{42}+\frac{1}{7}$，$\frac{1}{6}=\frac{7}{42}=\frac{2}{42}+\frac{5}{42}=\frac{1}{21}+\frac{5}{42}$，$\frac{1}{6}=\frac{7}{42}=\frac{3}{42}+\frac{4}{42}=\frac{1}{14}+\frac{2}{21}$；

$\frac{1}{6}=\frac{8}{48}=\frac{1}{48}+\frac{7}{48}$，$\frac{1}{6}=\frac{8}{48}=\frac{2}{48}+\frac{6}{48}=\frac{1}{24}+\frac{1}{8}$，$\frac{1}{6}=\frac{8}{48}=\frac{3}{48}+\frac{5}{48}$，$\frac{1}{6}=\frac{8}{48}=\frac{4}{48}+\frac{4}{48}=\frac{1}{12}+\frac{1}{12}$；……

师：(看到学生已经乘到 8，让他们停下来)有何发现？

生：有些分拆是单位分数之和，有些分拆不是. 有些分拆重复出现.

师：请观察和比较重复出现的分拆，找出重复的原因.

生：以 $\frac{1}{6}=\frac{1}{18}+\frac{1}{9}$ 为例，发现：分子 2，4 分别约去它们的最大公约数结果是 1，2；分子 3，6 分别约去它们的最大公约数结果也是 1，2.

师:很好,用你的发现去检验其他重复组,看看是否也有这样的规律?

生:也有类似规律.

师:为什么这种情况下分拆结果相同呢? 你能对一般情况做出解释吗?

生:设 $a = da_1$, $b = db_1$, $(a_1, b_1) = 1$,

则 $\dfrac{a}{n(a+b)} = \dfrac{da_1}{nd(a_1+b_1)} = \dfrac{a_1}{n(a_1+b_1)}$, $\dfrac{b}{n(a+b)} = \dfrac{db_1}{nd(a_1+b_1)} = \dfrac{b_1}{n(a_1+b_1)}$, $\dfrac{1}{n} = \dfrac{a+b}{n(a+b)} = \dfrac{a}{n(a+b)} + \dfrac{b}{n(a+b)} = \dfrac{a_1}{n(a_1+b_1)} + \dfrac{b_1}{n(a_1+b_1)}$,这

说明若 $(a, b) = d$,当 $d = 1$ 与 $d > 1$ 时分拆的结果相同.所以不妨设 $(a, b) = 1$.

师:非常棒! 现在观察分子 a、b 互质时,满足何条件能分拆成功?

生:为保证 $\dfrac{a}{n(a+b)}$、$\dfrac{b}{n(a+b)}$ 是单位分数,则 $a \mid n(a+b)$,$b \mid n(a+b)$,

但 $(a, a+b) = 1$,$(b, a+b) = 1$,故 a、b 都是 n 的约数,因此 $\dfrac{1}{n} = \dfrac{1}{\dfrac{n}{a_1}(a_1+b_1)} + $

$\dfrac{1}{\dfrac{n}{b_1}(a_1+b_1)}$.

师:太好了! 这一方面说明若 $(a, b) = 1$,$\dfrac{1}{n}$ 能分拆为两个的分数 $\dfrac{a}{n(a+b)}$,

$\dfrac{b}{n(a+b)}$ 之和,且它们都是单位分数,则 a、b 均为 n 的正约数.反之,若 a、b 均为

n 的正约数,且 $(a, b) = 1$,则 $\dfrac{1}{n}$ 一定能分拆为两个单位分数 $\dfrac{1}{\dfrac{n}{a}(a+b)}$、$\dfrac{1}{\dfrac{n}{b}(a+b)}$

之和.

师:学生甲和学生乙的方法有何关联?

生:对于正整数 n 的两个互素的因数 a_1、b_1,设 $n = a_1 b_1 c$,则

$$\dfrac{1}{a_1} + \dfrac{1}{b_1} = \dfrac{a_1+b_1}{a_1 b_1} = \dfrac{c(a_1+b_1)}{a_1 b_1 c} = \dfrac{c(a_1+b_1)}{n},$$

所以 $\dfrac{1}{n} = \dfrac{1}{a_1 c(a_1+b_1)} + \dfrac{1}{b_1 c(a_1+b_1)} = \dfrac{1}{\dfrac{n}{b_1}(a_1+b_1)} + \dfrac{1}{\dfrac{n}{a_1}(a_1+b_1)}$.因此,两法

实质一样.

三、再接再厉,思考其他方法

实际教学中发现,小学生拿到这样的数学问题是用具体数字尝试,所以我接下来从估值角度引导学生思考."将 $\dfrac{1}{6}$ 分拆为两个单位分数之和"可转化为"已知 a、b 为正整数,且 $a \leqslant b$,求 $\dfrac{1}{a} + \dfrac{1}{b} = \dfrac{1}{6}$ 的正整数解".

师:请问 $a = 1$ 可以吗? $a = 30$ 可以吗? 能否利用 $\dfrac{1}{a} + \dfrac{1}{b} = \dfrac{1}{6}$ 估计 a 的取值范围?

生:(交流讨论后) $\dfrac{1}{a} < \dfrac{1}{a} + \dfrac{1}{b} = \dfrac{1}{6}$, $\dfrac{1}{6} = \dfrac{1}{a} + \dfrac{1}{b} \leqslant \dfrac{2}{a}$,所以 $6 < a \leqslant 12$.

师:有了 a 的范围我们就可以有针对性地去尝试,减少了盲目性. 将 $a = 7$, 8, 9, 10, 11, 12,分别代入 $\dfrac{1}{a} + \dfrac{1}{b} = \dfrac{1}{6}$ 中计算得到符合条件的解为

$(a, b) = (7, 42), (8, 24), (9, 18), (10, 15), (12, 12)$.

考虑到也有学生超前学习,会因式分解,于是继续追问,还有其他方法吗?

生:去分母化简整理得 $(a - 6)(b - 6) = 36$.

前面已估计到 $a > 6$,所以 $\begin{cases} a - 6 = 1, 2, 3, 4, 6, \\ b - 6 = 36, 18, 12, 9, 6. \end{cases}$

从而 $(a, b) = (7, 42), (8, 24), (9, 18), (10, 15), (12, 12)$.

四、扩大战果,深度思考

从上面的讨论我们知道:将 $\dfrac{1}{6}$ 分拆为两个单位分数之和,结果有 5 组;将 $\dfrac{1}{12}$ 分拆为两个单位分数之和,结果有 8 组;一般地,若 $\dfrac{1}{n} = \dfrac{1}{a} + \dfrac{1}{b}$($n$、$a$、$b$ 为正整数,

且 $a \leqslant b$），这样的 (a, b) 有几组呢？

从学生的两种方法来看，首先要找到 n 的正约数个数，其次找到这些正约数组成的互素对的对数，后者似乎有困难；不等式估计法更难，因为估计的范围有时粗糙，有时精准，即使估计精准，对于每个 a、b 也未必符合要求；因式分解法则提供了一个解决问题的好途径．从特例 $\dfrac{1}{6}$ 的分拆我们可以看出：36 分拆为两个正整数乘积，它的每对分拆对应着 a、b 的一组解，即 $\dfrac{1}{6}$ 的一种分拆．想一想，你们能把这个特例一般化吗？

确实有学生给出答案．事实上，去分母化简整理得 $(a - n)(b - n) = n^2$．由于 $\dfrac{1}{n} = \dfrac{1}{a} + \dfrac{1}{b} > \dfrac{1}{a}$，故 $a > n$，所以 (a, b) 的组数等于将 n^2 拆成两个正整数乘积的方法数，每一拆分对应单位分数 $\dfrac{1}{n}$ 的一个拆分．记 $A(n)$ 表示正整数 n 的因数个数．因此，将单位分数 $\dfrac{1}{n}$ 写成两个单位分数的和 $\dfrac{1}{n} = \dfrac{1}{a} + \dfrac{1}{b}$，共有 $\dfrac{A(n^2) + 1}{2}$ 种拆分方法．如当 $n = 12$ 时，$A(12^2) = A(3^2 \times 2^4) = 15$，所以 $\dfrac{1}{12}$ 共有 $\dfrac{15 + 1}{2} = 8$ 种拆分方法．

五、问题一般化

上面我们探究了单位分数 $\dfrac{1}{n}$ 的分拆，那么分数 $\dfrac{m}{n}$（m、n 为互质的正整数，$m < n$）能否分拆为两个单位分数之和呢？ 如果能，又如何分拆呢？

请将 $\dfrac{3}{4}$，$\dfrac{7}{12}$ 分拆为两个不同的单位分数之和．

不难知道 $\dfrac{3}{4} = \dfrac{1 + 2}{4} = \dfrac{1}{4} + \dfrac{1}{2}$，$\dfrac{7}{12} = \dfrac{3 + 4}{12} = \dfrac{1}{4} + \dfrac{1}{3}$．

那么如何将 $\dfrac{2}{3}$，$\dfrac{4}{15}$ 分拆为两个不同的单位分数之和？ 有了上面的思考，有学生想到解不定方程,也有学生想到利用分数的基本性质改变分数的分子、分母,然后将分子分拆为分母的两个不同因素之和.

$$\frac{2}{3}=\frac{4}{6}=\frac{1+3}{6}=\frac{1}{6}+\frac{1}{2},\ \frac{4}{15}=\frac{1+3}{15}=\frac{1}{15}+\frac{1}{5},\ \frac{4}{15}=\frac{8}{30}=\frac{3+5}{30}=\frac{1}{10}+\frac{1}{6},$$

$$\frac{4}{15}=\frac{8}{30}=\frac{2+6}{30}=\frac{1}{15}+\frac{1}{5}.$$

如何找出所有的不同的分拆呢?

$$\frac{2}{3}=\frac{8}{12}=\frac{2+6}{12}=\frac{1}{6}+\frac{1}{2},\ \frac{2}{3}=\frac{12}{18}=\frac{3+9}{18}=\frac{1}{6}+\frac{1}{2},$$ …… 通过不断将分子、分母同乘以一个大于 1 的正整数后,分拆的结果出现重复,且不会出现新的分拆结果.

$$\frac{4}{15}=\frac{12}{45}=\frac{3+9}{45}=\frac{1}{15}+\frac{1}{5},\ \frac{4}{15}=\frac{16}{60}=\frac{1+15}{60}=\frac{1}{60}+\frac{1}{4},\ \frac{4}{15}=\frac{16}{60}=\frac{4+12}{60}=$$

$$\frac{1}{15}+\frac{1}{5},\ \frac{4}{15}=\frac{16}{60}=\frac{6+10}{60}=\frac{1}{10}+\frac{1}{6},$$ …… 通过不断将分子、分母同乘以一个大于 1 的正整数后,分拆的结果出现重复,且不会出现新的分拆结果.

这说明:若一个真分数能够分拆为两个不同的单位分数之和,那么不断将这个分数的分子、分母同乘以一个大于 1 的正整数后,可以找出所有的不同分拆结果.

请将 $\frac{7}{12}$、$\frac{3}{5}$、$\frac{5}{6}$ 分拆为三个不同的单位分数之和.

类比前面的方法,易得 $\frac{7}{12}=\frac{1+2+4}{12}=\frac{1}{12}+\frac{1}{6}+\frac{1}{3}$,$\frac{3}{5}=\frac{9}{15}=\frac{1+3+5}{15}=$

$$\frac{1}{15}+\frac{1}{5}+\frac{1}{3},\ \frac{5}{6}=\frac{10}{12}=\frac{1+3+6}{12}=\frac{1}{12}+\frac{1}{4}+\frac{1}{2}.$$

事实上,当一个分数能分拆为 4 个、5 个、……甚至 n 个不同的单位分数之和时,我们都能运用这种方法进行分拆,而且若一个真分数能够分拆为几个不同的单位分数之和,那么不断将这个分数的分子、分母同乘以一个大于 1 的正整数后,可以找出所有的不同分拆结果.

有位同学的拆法很有意思,他没有选择上面的方法,而是 $\frac{5}{6}=\frac{1}{2}+\frac{1}{3}$,$\frac{1}{3}=$

$\frac{4}{12}=\frac{1+3}{12}=\frac{1}{12}+\frac{1}{4}$,所以 $\frac{5}{6}=\frac{1}{2}+\frac{1}{4}+\frac{1}{12}$. 他为何不拆 $\frac{1}{2}$ 呢? 因为 $\frac{1}{2}=\frac{1}{3}+\frac{1}{6}$,

这样会出现 $\frac{5}{6}=\frac{1}{3}+\frac{1}{3}+\frac{1}{6}$,不合题意,而拆 $\frac{1}{3}$ 则不会出现这种情况. 如果分数

$\frac{m}{n}$(m、n 为互质的正整数,$m<n$)若能分拆为两个单位分数之和,则用这种方法

一定能分拆为三个不同的单位分数之和,进而分拆为 4 个、5 个、…… 甚至 n 个不同

的单位分数之和,这体现了一种化归的数学思想.

上面的方法也许并不完美,但还是能解决问题,关键是我们体验了探究的过

程,学会了思考方法.另外,给定一个真分数,是否一定能分拆为两个单位分数之

和吗? 给定一个真分数,是否一定能分拆为三个单位分数之和吗? ……这些问题

还有待继续思考.

六、感悟和建议

学生给出的方法能快速地找到了 $\frac{1}{n}$ 的所有可能的拆分,这是积极意义,若是

学生自己发现的,那就更有意义.但若不知来源,只是按程序操作,则没有太大意

义.对于低年级学生,培养学生的数感非常重要,学生能通过估值、计算等手段给

出尽可能多的分数分拆结果,对于培养同学的数感大有好处.数学的学习有它应

有的规律,我们应该多给学生思考的空间,让学生多问一些为什么? 提出问题比

解决问题更重要! 作为教师,激发学生思考问题、提出问题或许比讲具体知识更

重要.数学是一种文化,其中活生生的思考过程比结果更有意义,期待学会欣赏数

学,欣赏数学思考的过程.

求角的度数是平面几何中的常见问题. 从获得结果的途径来看, 通常有两种类型: 一种是通过角之间的数量关系获得结果, 一种是通过边的数量关系获得结果. 如三角形中三边之比 $1:\sqrt{3}:2$, 则可求得该三角形三内角分别为 $30°$、$60°$、$90°$; 再如直角三角形中两直角边之比为 $2+\sqrt{3}$, 则较大直角边所对角的度数为 $75°$, 其实质上是通过三角比求角的度数. 这为我们解决问题提供了思考的方向, 但在具体解题实践过程中, 如何建立各角之间的数量关系呢? 如何建立各线段(边)之间的数量关系呢? 本文将例说处理这类问题的一些基本的思路.

一、利用全等或相似

相似(全等)三角形对应角相等, 对应边成比例, 利用相似(全等)三角形的性质可以实现条件的转移和集中, 这是求角的度数常用办法.

■ **例1** 如图 39 - 1, 在 $\triangle ABC$ 中, $\angle CAB$、$\angle ABC$ 的平分线 AD 与 BE 交于点 I, 已知 $S_{\text{四边形} ABDE} = 2S_{\triangle ABI}$, 求 $\angle C$ 的度数.

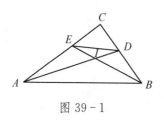

图 39 - 1

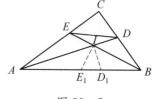

图 39 - 2

分析及解:由于角平分线,容易想到作对称图形,构造全等,如图 39-2.

将 $\triangle AEI$、$\triangle BDI$ 分别沿 AI、BI 翻折,得到 $\triangle AE_1I$、$\triangle BD_1I$.

由 $S_{\text{四边形}ABDE}=2S_{\triangle ABI}$ 可得 $S_{\triangle IDE}=S_{\triangle D_1E_1I}$,从而 $\angle DIE$ 与 $\angle D_1IE_1$ 相等或互补.

但 $\angle D_1IE_1 < \angle AIB = \angle DIE$,所以 $\angle DIE$ 与 $\angle D_1IE_1$ 互补.

于是 $\angle D_1IE_1 = 180° - \angle DIE = \angle AIE = \angle AIE_1 = \angle BID = \angle BID_1 = 45°$.

从而由一个熟知结论 $\angle AIB = 90° + \dfrac{1}{2}\angle C$ 解得 $\angle C = 90°$.

■ **例 2** 已知 $\triangle ABC$、$\triangle BCD$ 均为正三角形,如图 39-3,且点 A、D 位于 BC 的异侧,过 D 的直线交 AB 的延长线于点 P、交 AC 的延长线于点 Q,连结 PC、QB 交于点 M,求 $\angle BMC$ 的度数.

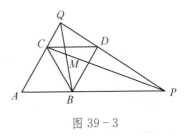

图 39-3

分析及解:正三角形 $\triangle ABC$、$\triangle BCD$ 为我们提供了两组平行线,于是想到考虑寻找相似三角形. 因 $\angle ACB = \angle CBD = 60°$,从而 $AQ \parallel BD$,于是 $\dfrac{BP}{BA} = \dfrac{BD}{AQ}$,注意到 $AB = BC = AC$,从而 $\dfrac{BP}{BP+BC} = \dfrac{BC}{BC+CQ}$,整理得 $\dfrac{BP}{BC} = \dfrac{BC}{CQ}$,又 $\angle PBC = \angle BCQ$,所以 $\triangle PBC \backsim \triangle BCQ$,从而 $\angle CQB = \angle BCP$.

于是 $\angle BMC = \angle MCQ + \angle MQC = \angle MCD + \angle DCQ + \angle BCP = \angle CPB + \angle DCQ + \angle BCP = \angle ABC + \angle DCQ = 120°$.

■ **例 3** 如图 39-4,在 $\triangle ABC$ 的 AC 及 BC 边上分别取点 X、Y,使 $\angle ABX = \angle YAC$,$\angle AYB = \angle BXC$,$XC = YB$,求 $\triangle ABC$ 的所有内角.

证明:因为 $\angle AYB = \angle BXC$,所以 $\angle AXB = \angle CYB$,结合 $\angle ABX = \angle YAC$ 知 $\triangle AXB \backsim \triangle CYA$,从而 $\dfrac{AX}{AB} = \dfrac{CY}{CA}$,且 $\angle XAB = \angle YCA$,于是 $AB = BC$,且 $\dfrac{AC-XC}{BC} = \dfrac{BC-YB}{CA}$,

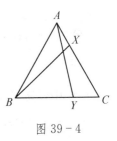

图 39-4

整理得 $AC^2 - BC^2 = XC \cdot AC - YB \cdot BC$. 注意到 $XC = YB$，从而 $(AC - BC)(AC + BC - XC) = 0$，又 $AC + BC - XC = XA + BC > 0$，所以 $AC = BC$，从而 $AB = BC = CA$，即 $\triangle ABC$ 个内角都等于 $60°$.

说明：由 $\triangle AXB \backsim \triangle CYA$ 得 $AB = BC$，使得从 $\dfrac{AC - XC}{BC} = \dfrac{BC - YB}{CA}$ 中能推出 $AC = BC$ 成为可能.

二、构造特殊的三角形

在初中，由于没有学习反三角函数，正弦定理、余弦定理，所以通过三角比求角多出现在几个特殊的情形中，如含为 $30°$ 角的直角三角形，等腰直角三角形，正三角形，顶角为 $120°$ 的等腰三角形等，这些特殊的三角形边的特殊关系可以推出角的度数，反之，角的度数也可推出边的特殊关系.

■ **例 4** 在 $\triangle ABC$ 中，D 是 BC 上一点，$\angle B = 45°$，$\angle ADC = 60°$，$DC = 2BD$，如图 39 - 5，求 $\angle C$ 的度数.

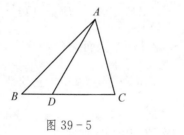
图 39 - 5

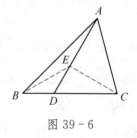
图 39 - 6

分析及解：作 $CE \perp AD$ 于 E，连结 BE，如图 39 - 6，设 $BD = k$，则 $CD = 2k$.

因为 Rt$\triangle DEC$ 中，$\angle ADC = 60°$，故 $DE = k$，$CE = \sqrt{3}k$，$\angle ECD = 30°$. 在 $\triangle DEB$ 中容易得到 $BE = \sqrt{3}k$，又 $\angle EBA = \angle DBA - \angle EDB = 15° = \angle ADC - \angle ABC = \angle BAD$，

所以 $AE = BE = \sqrt{3}k = CE$，从而 $\angle ACE = 45°$，于是 $\angle ACB = \angle ACE + \angle ECB = 75°$.

说明：这里 $45°$、$60°$ 都是特殊角，如何利用值得揣摩.

■ **例5**　已知 O 为锐角 $\triangle ABC$ 的外心，BE、CF 分别为 AC、AB 上的高，自垂足 E、F 分别作 AB、AC 的垂线，垂足为 G、H，EG、FH 交于 K，如图 $39-7$，若 $AK=OK$，求 $\angle BAC$ 的度数.

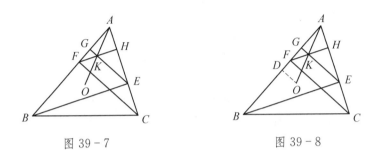

图 $39-7$　　　　　　　　图 $39-8$

分析及解：从图形中看，K 可能为 AO 中点，若如此，则 $AB=4AG$，这是问题的突破口. 连结 OA、OB、OC，因为 $OA=OB=OC$，则 $\triangle OAB$、$\triangle OBC$、$\triangle OCA$ 均为等腰三角形，从而 $\angle OAB=\dfrac{180°-\angle AOB}{2}=90°-\angle ACB$，又点 K 为 $\triangle AEF$ 的垂心，延长 AK 交 EF 于 T，则 $AT\perp EF$，从而易证 $\angle KAB=\angle KAG=\angle KET=\angle KEF$，又 $EG\parallel CF$，从而 $\angle KEF=\angle EFC$，注意到 $CF\perp AB$，$BE\perp AC$，所以 E、F、B、C 四点共圆，于是 $\angle EFB=\angle EBC=90°-\angle ACB$，故 $\angle KAB=\angle EBC=90°-\angle ACB$，所以 $\angle OAB=\angle KAB$，这说明 A、K、O 三点共线. 作 $OD\perp AB$ 于 D，如图 $39-8$.

由于 $AK=OK$，则 $AG=\dfrac{1}{2}AD=\dfrac{1}{4}AB$. 在 $\mathrm{Rt}\triangle AEB$ 中，$EG\perp AB$，从而 $AE^2=AG\cdot AB=\dfrac{1}{4}AB^2$，即 $AB=2AE$，所以 $\angle CAB=\angle EAB=60°$.

■ **例6**　如图 $39-9$，点 P 是 $\triangle ABC$ 内的一点，BP 交边 AC 于 Q，CP 交边 AB 于 R，且 $AR=RB=CP$，$CQ=PQ$，求 $\angle BRC$ 的度数.

解：注意到点 R 为中点，因此想到倍长 CR 至点 D，在 DR 上截取 $DE=RP$，如图 $39-10$，则不难证明 $\triangle BDE\cong\triangle BPR$，且 $ER=DR-DE=CR-RP=CP=BR$，从而 $\triangle BRP$ 为正三角形，$\angle BRC=120°$.

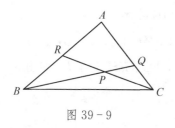
图 39 - 9

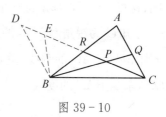
图 39 - 10

■ **例 7** 如图 39 - 11，已知四边形 $BCDE$ 中，$\angle EBD = 20°$，$\angle DBC = 60°$，$\angle ECB = 50°$，$\angle ECD = 30°$，求 $\angle BED$ 的度数.（2008 年天津市初中数学竞赛试题）

解:如图 39 - 12，作 $FD \parallel BC$ 交 BE 延长线于 F，连结 FC 交 BD 于 O，连结 EO，易知 $\triangle FOD$ 为正三角形，从而 $FD = OD$；$\triangle BOC$ 为正三角形，所以 $BO = BC$.

又 $\angle EBC = 80°$，$\angle ECB = 50°$，从而 $BE = BC$，于是 $BE = BO$，结合 $\angle DBC = 60°$，不难得到 $\angle EOB = 80°$，从而 $\angle DOE = 100°$. 由于 $FD \parallel BC$，且 $\angle EBC = 80°$，从而 $\angle DFE = 100°$. 注意到 $\angle DFO = \angle DOF = 60°$，所以 $\angle EFO = \angle EOF = 40°$，即有 $EF = EO$，从而 $\triangle DFE \cong \triangle DOE$，所以 $\angle FDE = 30°$.

从而可得 $\angle FED = 50°$，故 $\angle BED = 130°$.

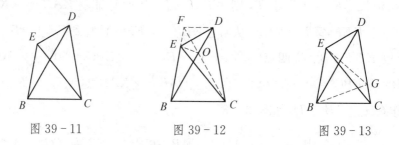
图 39 - 11 　　　　　图 39 - 12 　　　　　图 39 - 13

说明:如图 39 - 13，作 $\angle CBG = 20°$，点 G 在边 CD 上，连结 EG，则 $\triangle EGB$ 为正三角形，也不难求得 $\angle BED = 130°$.

三、利用同一法

有些时候，符合条件的点唯一，但直接证明不方便，我们可以先作一个符合条件的点，然后证明所作的点与原来的点重合，这种方法我们称为同一法.

■ **例8**　$\triangle ABC$ 中，$\angle A = 80°$，$\angle B = 60°$，点 P 为 $\triangle ABC$ 内一点，且 $\angle ACP = \angle PAC = 10°$，如图 39 - 14，求 $\angle PBA$ 的度数.

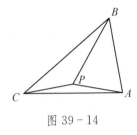
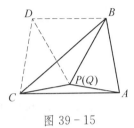

图 39 - 14　　　　　　图 39 - 15

解： 易知 $\angle ACB = 40°$，如图 39 - 15，作 $\angle BCD = 40°$，且 $CD = BA$，连结 BD、PD，则四边形 $ABDC$ 为等腰梯形，$BD \parallel AC$，从而 $\angle ABD = \angle CDB = 100°$，于是 $\angle CBD = 40°$，因 $AB = CD = BD$，以 BD 为边向形内作正三角形 BDQ，容易计算：$\angle ACQ = \angle QAC = 10°$，故 P 与 Q 重合. 所以 $\angle PBA = 40°$.

四、利用三角形的内心(旁心)

■ **例9**　如图 39 - 16，四边形 $ABCD$ 的对角线相交于点 O，$\angle BAD = \angle BCD = 60°$，$\angle CBD = 55°$，$\angle ADB = 50°$，求 $\angle AOB$ 的度数.

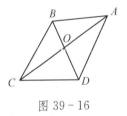

图 39 - 16

解： 通过计算 $\angle ABC$ 的外角度数是 $55°$，$\angle ADC$ 的外角度数是 $65°$，于是想到延长 AB 至 F，延长 AD 至 G，如图 39 - 17，则 CB 平分 $\angle FBD$，CD 平分 $\angle BDG$，于是断定 C 是 $\triangle ABD$ 的旁心，所以 CA 平分 $\angle BAD$，于是 $\angle CAD = 30°$，所以 $\angle AOB = \angle OAD + \angle ODA = 80°$.

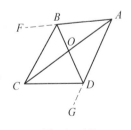

图 39 - 17

五、通过代数方法计算边的关系

■ **例10**　三角形 ABC 的中线 AD 与它的内切圆 O 相交于点 X 和 Y，若 $AC = AB + AD$，如图 39 - 18，求 $\angle XOY$ 的度数.

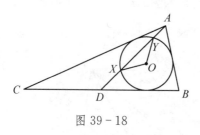

图 39 - 18

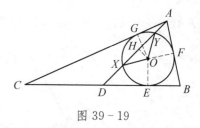

图 39 - 19

解: 如图 39 - 19, 设内切圆分别与 AB、BC、CA 切于 F、E、G, $OE = r$, 则 $S_{\triangle ADB} = S_{\triangle AOD} + S_{\triangle DOB} + S_{\triangle AOB}$, $\frac{1}{2} \cdot \frac{r}{2}(AB + BC + CA) = \frac{1}{2} \cdot AD \cdot OH + \frac{r}{2} \cdot BD + \frac{r}{2} \cdot AB$, 注意到 $AC = AB + AD$, 且 $AG = AF$, $CG = CE$, $BE = BF$, 故 $AD = CE - BE$, 所以 $\frac{1}{2} \cdot \frac{r}{2}(AB + BC + CA) = \frac{1}{2} \cdot AD \cdot OH + \frac{r}{2} \cdot BD + \frac{r}{2} \cdot AB$.

整理得 $2OH \cdot (CE - BE) = r \cdot (CE - BE)$, 又若 $CE = BE$, 则 $AC = AB$, 从而 $AD = 0$, 不合题意, 所以 $CE - BE \neq 0$, 从而 $\frac{1}{2} = \frac{OH}{r} = \frac{OH}{OX}$, 所以 $\angle HOX = 60°$, 即 $\angle XOY = 120°$.

■ **例 11** 已知正方形 $ABCD$ 中, P 是 BC 边上一点, 直线 DP 交 AB 的延长线于点 Q. 若 $DP^2 - BP^2 = BP \cdot BQ$, 如图 39 - 20, 求 $\angle CDP$ 的度数.

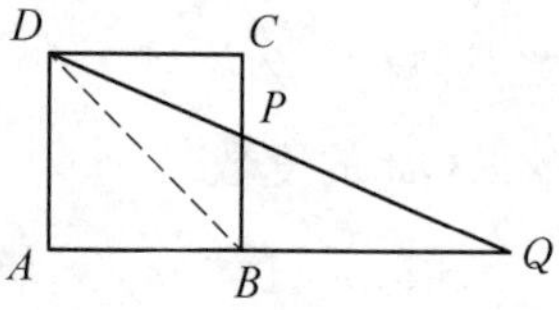

解: 设 $AB = 1$, $CP = x$, 则 $BQ = \frac{BP}{CP} \cdot CD = \frac{1-x}{x}$.

图 39 - 20

于是由 $DP^2 - BP^2 = BP \cdot BQ$ 得 $1 + x^2 - (1-x)^2 = \frac{(1-x)^2}{x}$, 解得 $x = \sqrt{2} - 1$.

从而 $\frac{CP}{BP} = \frac{\sqrt{2} - 1}{2 - \sqrt{2}} = \frac{1}{\sqrt{2}} = \frac{DC}{DB}$. 所以 DP 平分 $\angle CDB$, 于是 $\angle CDP = 22.5°$.

六、利用圆的性质

圆中关于角的定理很多,最主要的是同弧所对的圆周角相等,这个定理来源于圆上任意一点到圆心的距离相等,此结论使得我们非常方便地实现等角的转移.

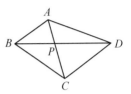

图 39-21

■ **例 12** 凸四边形 $ABCD$ 的对角线 AC、BD 相交于点 P,$\angle ABD = 35°$,$\angle ADB = 20°$,$\angle ACB = 40°$,$\angle ACD = 70°$,如图 39-21,求 $\angle APB$ 的度数.

解: 如图 39-22,延长 AC 至 E 使得 $CE = BC$,则 $\angle AEB = \dfrac{1}{2} \angle ACB = \angle ADB$,所以 A、B、E、D 四点共圆,从而 $\angle DEA = \angle ABD = 35°$,而 $\angle ACD = 70°$,故 $\angle CDE = \angle ACD - \angle CED = 35°$,即 $\angle CED = \angle CDE$,所以 $CD = CE = CB$,点 C 是四边形 $ABED$ 外接圆圆心,从而 $CA = CE$,EA 为四边形 $ABED$ 外接圆的直径,$\angle EBA$ 为直角,所以 $\angle PBC = 55°$,从而 $\angle APB = 75°$.

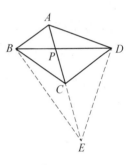

图 39-22

1991 年环球城市数学竞赛秋季赛初中组高级卷中有一道试题:

已知等腰三角形 ABC 中,$\angle BAC = 20°$,$AB = AC$,P 在 AC 上,$AP = BC$,求 $\angle CBP$.

分析:首先从角度上考虑,$\angle BAP = 20° = 80° - 60°$,其次考虑如何用好 $AP = BC$,从而联想到一个工具,即正三角形 —— 边角的转换器.

简证:如图 40 - 1,以 BC 为边作正 $\triangle OBC$,连结 OA,则在 $\triangle ABO$ 与 $\triangle BAP$ 中,$\angle PAB = \angle OBA = 20°$,$AB = BA$,$OB = PA$,从而 $\triangle ABO \cong \triangle BAP$,于是 $\angle ABP = \angle BAO = 10°$,所以 $\angle CBP = 70°$.

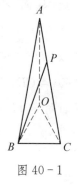

图 40 - 1

从上面的证明,我们不难得到下面的结论:

已知等腰三角形 ABC 中,$\angle BAC = 20°$,$AB = AC$,P 在 AC 上,若 $\angle CBP = 70°$,则 $AP = BC$.

这道题,利用正三角形这一工具还可给出很多漂亮的证法. 这道题图形简洁,角度也颇有意思,都是 10 的整数倍,因此比较容易用 10° 角拼合成其他 10° 的整数倍角,从而引起关注,为方便表达,称上述试题为**命题 1**:

■ **命题 1** 已知等腰三角形 ABC 中,$\angle BAC = 20°$,$AB = AC$,P 在 AC 上,则 $AP = BC$ 的充要条件为 $\angle ABP = 10°$.

下面将例说命题 1 的应用.

■ **例 1** 如图 40 - 2,$\triangle ABC$ 中,$\angle ABC = 50°$,$\angle ACB = 30°$,$\angle NAC = \angle NCB = 20°$,$N$ 为三角形内部一点,求 $\angle NBC$ 的度数.

分析:$\triangle ANC$ 中,$\angle NAC = 20°$,$\angle NCA = 10°$,联想到命题 1,从而构造等腰

三角形 ADC,于是问题得解.

解:延长 AN 至 D 使得 $AD=AC$,交 BC 于 P,连结

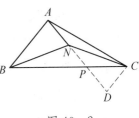

DC,所以 $AN=DC$,不难得到 $\triangle DPC$、$\triangle BAP$ 为等腰

三角形,从而 $AB=AP=DN$,$\angle BAN=\angle NDC=80°$,

即 $\triangle BAN \cong \triangle NDC$,所以 $\angle ABN=\angle DNC=30°$,从

图 40-2

而 $\angle NBC=20°$.

■ **例 2**　如图 40-3,$AB=AC$,$\angle BAC=80°$,$\angle PBC=20°$,$\angle PCB=10°$,求

$\angle PAC$ 的度数.

解:作 $\angle DCA=30°$,使 D 在 BP 的延长线上,连结

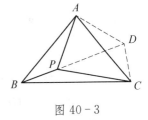

AD,根据命题 1,$BP=CD$.

又 $AB=AC$,$\angle ABP=\angle ACD=30°$,则 $\triangle ABP \cong$

$\triangle ACD$,所以 $AP=AD$.

因为 $\angle PAD=\angle PAC+\angle CAD=\angle PAC+$

图 40-3

$\angle PAB=80°$,$\angle PAB=20°$,所以 $\angle PAC=\angle PAD-$

$\angle CAD=\angle BAC-\angle PAB=60°$.

■ **例 3**　如图 40-4,$\triangle ABC$ 中,$\angle BAC=120°$,

$AB=AC$,$\angle DAB=80°$,$\angle ABE=20°$,求 $\angle ADE$

的度数.

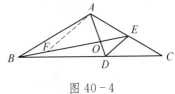

分析:问题中 $\triangle ABO$ 为顶角是 $20°$ 的等腰三角

形,作 $\angle BAF=10°$,一方面将 AO 转化为 BF,另一

图 40-4

方面构造了 $\triangle AFO \backsim \triangle DBA$,从而为寻求 $\triangle AFO$ 与 $\triangle DEO$ 创造了条件.

解:在 BO 上取点 F 使得 $\angle BAF=10°$,由命题 1 知 $AO=BF$,又易证 $\triangle AFO$

$\backsim \triangle DBA$,所以 $FO \cdot DA=BA \cdot AO$.注意到 $AB=BO$,$AO=BF=OE$.

从而 $FO \cdot (DO+OA)=(BF+FO) \cdot AO$,所以 $FO \cdot DO=BF \cdot OE$.

又 $\angle AOF=\angle DOE$,于是 $\triangle AFO \backsim \triangle DEO$,故 $\angle ADE=\angle OAF=70°$.

说明:本题解法并非漂亮,但若熟悉命题 1,容易入手.本题另有一个非常漂

亮的解法:作 $\angle BAF=20°$,以 AB 为边作正三角形 ABG,可证 $\triangle BAF \cong$

$\triangle GAD$.

■ **例4** 已知等腰三角形 ABC 中，$BA=BC$，$\angle ABC=80°$，P 为形内一点，使得 $\angle PAC=30°$，$\angle ACP=10°$，求 $\angle PBC$.（1983 年南斯拉夫数学奥林匹克试题）

解：如图 40-5，延长 AP 交 BC 于 D，则易知 $\triangle DPC$ 为等腰三角形，$PD=DC$.

又 $\triangle DAB$ 为等腰三角形，$AD=BD$，所以 $AP=AD-PD=AB-PD=BC-DC=BD$.

由命题 1 知 $\angle PBC=70°$.

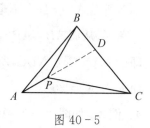

图 40-5

■ **例5** 如图 40-6，已知 $\triangle ABC$ 中，$AB=AC$，$\angle ABC=50°$，D、E 分别在 BC、AC 上，BE 与 AD 交于 P，若 $\angle ABE=30°$，$\angle BAD=50°$，连结 DE，求 $\angle BED$.

解：不难得知 $\triangle BPD$ 为顶角是 $20°$ 的等腰三角形，在 BP 上截取 $BF=DP$.

根据命题 1，可知 $\angle PFD=30°$.

又 $\angle DAE=30°$，所以 F、D、E、A 四点共圆，从而 $\angle BED=\angle FAP$.

由于 $AP+PD=AD=BD=BP=BF+FP$，所以 $PF=AP$，从而 $\angle BED=\angle FAP=40°$.

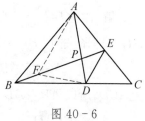

图 40-6

■ **例6** 已知点 P 为 $\triangle ABC$ 内一点，使得 $2\angle PBA=\angle BAP=20°$，$\angle PCB=30°$，$\angle CBP=40°$，求证：$AB=AC$.

分析：从条件及结论综合分析，$\triangle ABC$ 为顶角是 $80°$ 的等腰三角形，不难证明在 $\triangle ABC$ 中存在点 P 满足条件，然后我们可用同一法证明唯一性.

解：首先，如图 40-7，作 $\triangle BCF$，且 $\angle FBC=\angle FCB=50°$，作 $\angle FCD=20°$，边 CD 交 FB 于 D，作 $\angle DFG=20°$，边 FG 交 CD 于 G，连结 BG，在 CD 上截取 $CE=FD$，根据命题 1，知 $\angle EFC=10°$，又容易证明 $\triangle BFG \cong \triangle FCE$，所以 $\angle GBF=\angle EFC=10°$.

其次，因为 $BC=BC$，$\angle GBC=\angle PBC=40°$，

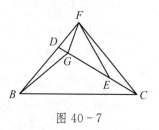

图 40-7

$\angle GCB = \angle PCB = 30°$，从而 $\triangle GBC \cong \triangle PBC$，所以 G、P 重合，故 $BP = BG$.

又因为 $\angle GBF = \angle PBA = 10°$，$\angle GFB = \angle PAB = 20°$.

从而 $\triangle GFB \cong \triangle PAB$，所以 A、F 重合，从而 $AB = AC$.

■ **例 7**　如图 $40 - 8$，已知 $\triangle ABC$ 中，$AB = AC$，$\angle A = 100°$，延长 AC 至 D，若 $\angle CBD = 10°$，求证：$AD = BC$.

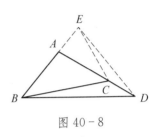

图 40 - 8

解：如图，作 $\angle ADE = 20°$，延长 BA 与 DE 交于 E，则易知 $BA + AE = BE = DE = AD = AC + CD$，从而 $AE = CD$.

根据命题 1，$\angle AEC = 70°$，$\angle ACE = 30°$，于是可得 $BC = BE = ED = AD$.

■ **例 8**　已知 $\triangle ABC$ 中，$AB = AC$，$\angle A = 100°$，延长 AC 至 D，使得 $AD = BC$，求 $\angle CBD$ 的度数.

解：如图 $40 - 9$，作 $\angle ADE = 20°$，交 BA 的延长线于 E，则 $\angle AED = \angle EAD = 80°$，根据命题 1，在 DA 上截取 $DF = EA$，则 $\angle AEF = 70°$，$\angle AFE = 30°$，作 $\angle AFG = 40°$，边 FG 交 AB 于 G，不难计算得知：

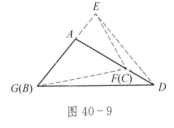

图 40 - 9

$$\angle FEG = \angle EFG = 70°, \quad \angle AFG = \angle AGF = 40°.$$

所以 $GF = EG = AG + AE = AF + FD = AD = BC$.

又 $\angle AFG = \angle ACB = 40°$，故 $FG /\!/ BC$，$\triangle ABC \backsim \triangle AFG$，所以 G、B 重合，F、C 重合. 从而 $\angle EBD = \angle EDB = 50°$，$\angle ADB = 30°$，于是 $\angle CBD = 10°$.

■ **例 9**　$\triangle ABC$ 中 $\angle A = 80°$，$\angle B = 70°$，P 为 $\triangle ABC$ 内一点，且 $\angle CBP = \angle PCB = 10°$，求 $\angle BAP$ 的度数.

解：如图 $40 - 10$，作 $\angle ABD = 20°$，延长 BP 交 AC 于 E，根据**例 8** 知：$BE = DC$，从而 $DE + EC = BP + PE$. 又 $\angle AEB = 40°$，$\angle ECP = 20°$，$\angle EPC = 20°$，故 $PE = EC$.

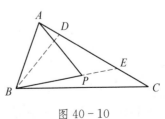

图 40 - 10

所以 $AB = BD = DE = PB$.

由于 $\angle ABP = \angle ABC - \angle PBC = 60°$，从而 $\angle BAP = 60°$.

■ **例 10** △ABC 中，$AB = AC$，$\angle A = 100°$，点 P 为 △ABC 内一点，使得 $\angle ACP = 10°$，$\angle PAC = 20°$，求 $\angle PBA$ 的度数.

解： 如图 $40 - 11$，作 $\angle ACD = 80°$，边 CD 与 AP 的延长线交于 D，则 △ADC 为顶角是 $20°$ 的等腰三角形，根据命题 1 知：$AP = CD$，又 $AB = AC$，$\angle BAP = \angle ACD = 80°$，所以 △$ABP \cong$ △CAD，即 $\angle PBA = 20°$.

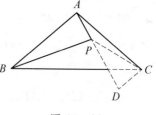

图 $40 - 11$

主要参考文献

1. 中华人民共和国教育部. 义务教育数学课程标准(2011年版)[M].北京:北京师范大学出版社,2011:37,63,68.

2. 张奠宙,赵小平.会做数学,也要会欣赏数学[J].数学教学,2008,8.

3. 黄秦安,刘达卓,聂晓颖.论数学欣赏的"含义""对象"与"功能"——数学教育中的数学欣赏问题[J].数学教育学报,2013,1:8—12.

4. 刘东升.初中课堂教学中数学欣赏的认识、实践与思考[J].中学数学月刊,2012,6.

5. 姚进.初中数学数学欣赏课的教学设计探究[J].数学学习与研究,2015,14.

6. 何慧萍.初中数学数学欣赏课设计分析[C].《教师教学能力发展研究》总课题组科研成果集(第十六卷).

7. 方厚良.对数学欣赏与数学思维关系的思考[J].教育纵横,2016,3.

8. 任念兵.从"数学欣赏"教学谈课程整合[J].教育研究与评论(中学教育教学),2018(1).

9. 张敏.基于数学欣赏,提升学科素养[J].数学教学通讯,2018,4(下旬).

10. 张奠宙,柴俊.欣赏数学的真善美[J].中学数学教学参考,2010,1:1—2,3—7.

11. 张奠宙.谈课堂教学中如何进行数学欣赏[J].中学数学月刊,2010(10)(11)(12).

12. 全文贵.欣赏经典内容体验数学魅力[J].中学数学教学参考,2016,9.

13. 莫恩勤.欣赏数学之美感受数学之乐[J].数学学习与研究,2013,5.

14. 高劲松.欣赏学生智慧、培养数学能力[J].数学教学通讯,2016(36).

15. Jams M. Royer. Designing Instruction to Produce Understanding: An Approach

Based on Cognitive Theory Cognitive Classroom Learning：Understanding，Thinking，and Problem Solving ［M］. Cambridge：Academic Press，Inc. ，1986.

16. Susan Pirie，Thomas Kieren. Growth in Mathematical Understanding：How Can We Characterise It and How Can We Represent It? ［J］. Educational Studies in Mathematics，1994(26).

17. James Hiebert，Thomas P. Carpenter. Learning and Teaching with Understanding［C］. Handbook of Research on Mathematics Teaching and Learning. Edited by Douglas A. Groups. 1992.

18. 张奠宙. 数学教育中的"创新"工程大纲[J]. 数学教学,1999.4.

19. 莫里斯. L. 比格. 学习的基本理论与教学实践[M]. 张敷荣,张粹然,王道宗,译. 北京:文化教育出版社,1984.

20. 上海教育出版社. 九年义务教育课本——数学[M]. 上海:上海教育出版社,2011.

21. G. 波利亚. 怎样解题[M]. 涂泓,冯承天,译. 上海:上海科技教育出版社,2004.

22. 张奠宙,戴再平. 中学数学问题集[M]. 上海:华东师范大学出版社,1996.

23. 张奠宙,邹一心. 现代数学与中学数学[M]. 上海:上海教育出版社,1991.

24. 曹锡华,叶家琛. 群表示论[M]. 北京:北京大学出版社,1998.

25. 史济怀. 平均[M]. 北京:人民教育出版社,1964.

26. 少年儿童出版社. 九年义务教育课本——数学(一年级第二学期)(试用本)[M]. 上海:少年儿童出版社,2016.

27. David N. Perkins. 为未知而教,为未来而学[M]. 杨彦捷,译. 杭州:浙江人民出版社,2015.